KB168157

백청일 전공유아 ~~연간 강의~~ 계획

구분	강좌명	강의 안내	비고
교육 과정	기초반 | 유아교육개론반	유아교육사상가, 발달이론, 놀이이론, 부모교육론, 교사론 등의 영역의 기초개념을 학습하여 전공 점수의 40%를 습득하도록 지도하는 과정이다.	교육과정 + 교직논술 연간패키지 구매 시 혜택 · 스파르타 관리반 (직강 수업 후) · 자습실 및 스터디실 사용 · 1:1 피드백 관리
	적응반 | 누리과정반	2019 개정 누리과정의 각 영역인 신체운동 · 건강영역의 동작교육, 안전교육, 영양교육, 의사소통영역의 유아언어교육 / 사회관계영역의 사회교육 / 예술경험영역의 음악교육, 미술교육 / 자연탐구영역의 과학교육, 수학교육에 관련된 제반 이론을 지도하여 전공 점수의 60%를 습득하도록 지도하는 과정이다.	
	적용반 | 영역별 문제풀이반	전공시험에 필수인 유아교육론 9개 영역과 누리과정의 5개 영역의 중요한 핵심내용에 대한 체크와 문제 푸는 요령을 지도하는 과정이다.	
	응용반 | 실전 최종 모의고사반	전공 80점의 전 영역을 전공 A(40점)와 전공 B(40점)를 실전 대비로 연습하여 부족한 영역에 대한 오답노트를 통하여 전공 점수를 최대한 향상시키는 과정이다.	
	2차 | 면접/수업실연반	모든 수업은 1:1 스파르타로 실전 대비를 위해 이루어지며, 수업능력평가, 심층면접평가는 실제 관리 위원 및 감독관의 평가기준으로 지도하는 과정이다.	

구분	강좌명	강의 안내	비고
교직 논술	기초반 | 서론-본론-결론쓰기반	교직논술의 논리적 체계인 서론-본론-결론의 형식을 학습하고 글쓰기에 적용해 보는 과정이다.	무한첨삭 1:1 (신청방법 별도 안내)
	적응반 | 논제파악반	논술의 핵심인 본론쓰기에 대한 논제파악연습 및 개요도 작성을 통하여 글쓰기의 정석을 지도하는 과정이다.	
	적용반 | 논제실전반	새롭게 바뀐 교직논술의 체계에 필요한 이론과 글쓰기 지도를 통하여 만점전략을 지도하는 과정이다.	
	응용반 | 주제별 연습반	장학, 교사론, 교육학 기초이론 등의 각 영역의 논제를 연습하여 논술점수를 향상시키기 위한 지도과정이다.	
	실전반 | 모의고사반	실전 대비로 연습하며 논술의 20점 만점을 통하여 부족한 글쓰기를 재검토하며 지도하는 과정이다.	

※ 강좌계획은 상황에 따라 변경될 수 있으며, 세부계획은 강좌별 수업계획서를 참조

해커스임용

백청일

알짜배기
유아 교직논술

해커스임용

백청일

약력

현 | 해커스임용 전임 교수

전 | 박문각 임용고시학원 전임 교수

　　희고고시학원 전임 교수

　　수원여자대학교 유아교육학과 교수

　　중앙대, 성결대, 동덕여대 등 다수 대학 강의

　　EBS 교육방송 특강 교수

저서

백청일 유아 포인트리딩, 비전에듀테인먼트

백청일 알짜배기 누리과정, 비전에듀테인먼트

백청일 유아 알짜배기 기출문제집, 비전에듀테인먼트

2021 백청일 알짜배기 유아교육론, 비전에듀테인먼트

백청일 유아 알짜배기 마인드 맵, 미래가치

백청일 박사의 유치원 교사 임용고시 대비 합격의 구조, 비전에듀테인먼트

저자의 말

2021학년도 유치원 교사임용 시험부터 교직논술의 답안 형태가 변경되어 답안 형태에 따라 양의 조절과 논술 주제의 다양성이 교직논술을 준비하는 데 가장 큰 어려움일 것입니다. 이러한 교직논술 시험을 보다 철저하게 대비하기 위해 〈해커스임용 백청일 알짜배기 유아 교직논술〉 교재는 교직논술에 대한 기초와 더불어 논제파악 만점 전략을 학습할 수 있도록 아래와 같이 구성하였습니다.

첫째, 논술의 서론, 본론, 결론 쓰기 기초 원리부터 탄탄하게 학습하여 교직논술 시험에 대비할 수 있도록 **내용을 단계별로 구성**하였습니다.

교직논술을 처음 준비하는 예비 선생님들도 손쉽게 학습할 수 있도록 먼저, 논술 작성 원리를 습득하게 하고, 기출문제 분석을 통해 출제 경향을 파악할 수 있도록 하였습니다. 또한, 연습문제와 탐구문제로 실전 연습이 가능하도록 심화·확대하였습니다. 이러한 단계별 학습을 통해 교직논술 만점을 대비하게 하였습니다.

둘째, 2021학년도 교직논술부터 변경된 논술의 체계와 답안 작성 유의사항을 제시하였습니다.

변경된 답안지 형태 및 답안에 따른 배점 항목에 알맞게 답안을 작성하고, 주제에서 요구하는 서론과 본론과 결론의 연계성을 고려한 작성법을 학습할 수 있도록 하였습니다.

셋째, 18개년(2004학년도~2021학년도) 기출문제에 대한 지도답안과 첨삭을 수록하였습니다.

기출문제를 통해 출제 경향을 파악할 수 있도록 문제에 대한 지도답안과 첨삭 내용을 같이 수록하여 기출문제 분석을 통한 논제파악 연습을 돕도록 하였습니다.

이러한 교재의 특징을 학습에 활용하여 체계적인 교직논술 작성법을 습득하고, 강의와 스터디를 통해 다양한 답안과 자신의 답안을 비교하며 부족한 부분을 채워나간다면 교직논술 시험에서 누구나 고득점을 받을 수 있을 것입니다. 아울러, 꼭 첨삭지도를 받아 만점을 받도록 노력해야 합니다.

유치원 교사임용 시험에서는 교직논술이 합격에 커다란 영향을 미칠 수 밖에 없습니다. 예비 선생님들이 변화된 시험에서 겪게 될 시행착오를 줄이는 데 이 교재가 도움이 되기를 희망하며, 예비 선생님들의 합격에 디딤돌이 되고자 노력하겠습니다.

백청일

목차

Part 1 교직논술 작성 원리

Part 2 교직논술 출제 경향

Part 3 교직논술 실전 연습

부록 1

부록 2

임용 합격을 앞당기는 백청일 교수님의 고퀄리티 강의
해커스임용 teacher.Hackers.com

이 책의 활용법

단계 1 교직논술에 대해 원리부터 체계적으로 학습하기!

2021학년도 교직논술 시험부터 적용되는 새로운 답안지 양식에 따른 답안지 작성법과 논술 답안 작성 원리부터 교수님의 노하우까지 담아내어 기초부터 탄탄하게 교직논술을 대비할 수 있습니다.

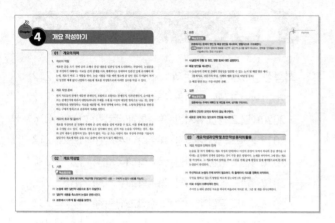

핵심포인트

핵심 내용과 교수님만의 노하우가 담긴 팁을 정리하였습니다. 이를 활용하여 학습하면 빠르고 쉽게 핵심내용을 파악할 수 있으며, 상대적으로 답안 작성 시간도 단축할 수 있습니다.

고득점 공략!

이론과 더불어 함께 학습하면 도움이 되는 개념을 정리한 부분으로 이를 통해 논술 작성에 대한 추가 개념도 습득할 수 있습니다.

단계 2 다년간의 기출문제로 교직논술 출제 경향 파악하기!

가장 최근 기출문제를 포함한 18개년의 기출문제 및 지도답안을 제공하여 출제 경향뿐 아니라 답안 작성에 대한 방향성을 확인할 수 있으며, 이를 통해 완성도 높은 답안 작성 방법을 학습할 수 있습니다.

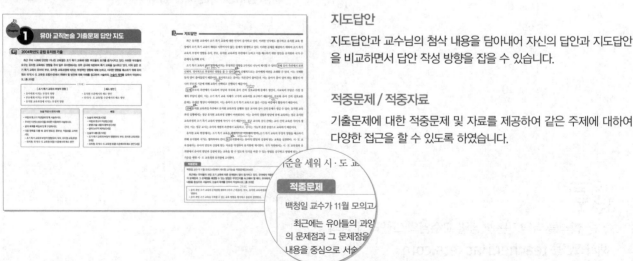

지도답안

지도답안과 교수님의 첨삭 내용을 담아내어 자신의 답안과 지도답안을 비교하면서 답안 작성 방향을 잡을 수 있습니다.

적중문제 / 적중자료

기출문제에 대한 적중문제 및 자료를 제공하여 같은 주제에 대하여 다양한 접근을 할 수 있도록 하였습니다.

단계 3 | 다양한 문제를 통한 실전 연습으로 실력 향상시키기!

지금까지 학습한 이론 및 출제 경향을 문제에 직접 적용하면 보다 다양한 주제에 대한 논술 작성이 가능하여 확실한 만점 대비를 할 수 있습니다.

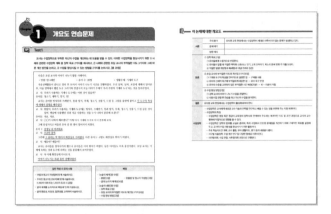

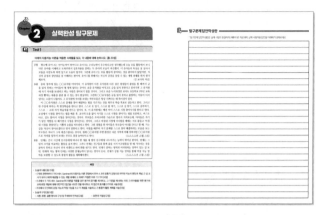

개요도 연습문제

실제 시험보다 간단한 주제의 문제로 글의 뼈대를 작성하는 연습을 할 수 있습니다. 나만의 개요도 작성 후, 제시된 모범 개요도와 비교하여 학습하면 짜임새 있는 답안을 완성시킬 수 있습니다.

실력완성 탐구문제

유아교육 관련 중요하고 심화된 논제를 문제를 접해보고, '답안작성란'에 직접 답안을 기입해보며 실전 대비를 할 수 있습니다. 지도답안과 개요도를 통해 본인이 작성한 답안을 점검하며 복습할 수 있습니다.

마무리 | 기출문제 모음과 추가 이론으로 고득점을 노리기!

최근 9개년 기출문제와 유아교육 및 교육학 관련 추가 이론으로 시험 전 빠르게 기출문제 복습 및 관련 추가 배경지식을 쌓을 수 있습니다.

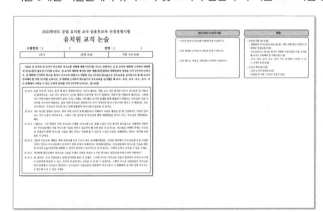

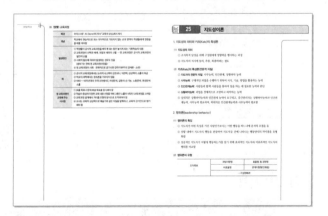

최종점검 9개년 기출문제

2021~2013학년도의 기출문제의 분석을 위하여 지도답안을 활용하여 다시 복습하면 자신의 답안을 빠르게 점검하고 보완할 수 있습니다.

최종 합격을 위한 최신 경향 이론

최신 경향을 반영한 유아교육 및 교육학 관련 이론 및 추가자료를 통해 충분한 배경지식을 쌓을 수 있으며, 새로운 이론에 대한 보다 깊이 있는 답안을 작성할 수 있도록 돕습니다.

유아임용 시험안내

* 임용 시험에 관한 자세한 정보는 시·도 교육청별로 상이하므로, 응시하고자 하는 시·도 교육청 홈페이지의 공고문을 꼭 확인하세요.

1. 임용 시험이란?

- 임용 시험(유·초등교원)은 "유치원·초등학교·특수학교(유치원·초등)교사 임용후보자 선정경쟁시험"의 준말로, 교사로서의 전문적인 능력을 평가하여 공립(국, 사립) 유치원·초등학교 교사를 선발하는 시험입니다.
- 임용 시험에 응시하기 위해서는, 2개의 자격증(교원자격증, 한국사능력검정시험 3급 이상)이 반드시 필요합니다.
- 임용 시험은 1년에 한 번만 진행되며, 1차 시험 합격 시 2차 시험에 응시할 수 있습니다.
- 임용 시험은 1차 시험과 2차 시험으로 나누어져 있습니다.

2. 시험 유형 및 배점

- 1차 시험은 논술형·기입형·서술형으로 구성된 필기시험이며, 2차 시험은 수업실연 및 면접 등으로 구성된 실기시험입니다.
- 1차 시험(교직논술, 교육과정 A·B)의 성적이 각 과목별 해당 배점의 40% 미만인 경우 과락으로 2차 시험에 응시할 수 없습니다.
- 부득이한 사정으로 2차 시험에 응시하지 못하거나 불합격한 경우, 다음 연도에 다시 1차 시험부터 응시해야 합니다.
- 최종점수는 '1차＋2차 시험 성적'을 합산하여 점수가 높은 사람부터 차례로 최종 합격자가 결정됩니다.
- 1차 시험 성적은 1차 합격자 발표일에, 2차 시험 성적은 최종 합격자 발표일에 확인할 수 있습니다.

1) 1차 시험

교시	1교시: 교직논술	2교시: 교육과정 A		3교시: 교육과정 B	
출제 분야	유치원 교직·교양	유치원 교육과정			
시험 시간	60분 (09:00~10:00)	70분 (10:40~11:50)		70분 (12:30~13:40)	
문항 유형	논술형	기입형	서술형	기입형	서술형
문항 수	1문항	16문항 내외			
배점	20점	80점			
총 배점	100점				

* 논술형: '서론-본론-결론'이 전체적으로 이어지는 하나의 틀을 가지고 답을 작성하는 방식
* 기입형: 주로 풀이과정을 작성하라는 별도의 지침 없이, 단답으로 답안을 작성하는 방식 (=단답형)
* 서술형: 2~3가지의 답이 이어지도록 문장의 형태로 답안을 작성하는 방식

2) 2차 시험

시험 과목	시험 시간	총 배점
교직적성 심층면접, 교수·학습과정안 작성, 수업실연	시·도 교육청 결정	100점

* 2차 시험은 시·도별/과목별로 시험 과목, 출제 범위 및 내용 등이 다르므로, 응시하고자 하는 시·도 교육청 홈페이지의 공고문을 꼭 확인하세요.

3. 시험 과목

시험 과목		출제 범위 및 내용
1차 시험	교직논술 (1교시)	• 출제 범위는 유치원 교직 · 교양 전 영역이며, '논술형' 문항 유형으로 출제됩니다. • 2021학년도 시험부터 답안지가 원고지 형태에서 일반 답안지로 변경되어 주어진 면수(2면 이내)의 답안지에 작성하고, 글자 수를 제한하지 않으며 분량에 대해 배점하지 않습니다.
	교육과정 A, B (2, 3교시)	• 2019년 7월 24일 고시된 2019 개정 누리과정이 확정 및 발표되어, 2021학년도 시험부터 2019 개정 누리과정으로 학습해야 합니다. • 전공 A(2교시) 및 전공 B(3교시)는 '기입형 + 서술형' 문항 유형으로 출제됩니다.
2차 시험	교직적성 심층면접, 교수 · 학습과정안 작성, 수업실연	• 시 · 도 교육청별로 과목별 배점, 문항 수, 시간, 출제 범위 등의 세부 사항이 다르므로 반드시 시험 시행 공고문을 확인하여 준비해야 합니다.

4. 응시원서 접수 안내

1) 응시원서 접수 방법

• 응시원서는 시 · 도 교육청별 온라인 채용시스템을 통하여 인터넷으로만 접수가 가능하며, 방문 / 우편 접수는 불가합니다.
• 접수기간 내에는 24시간 접수하며, 접수마감일은 18 : 00까지 접수가 가능합니다.
• 응시원서 접수 마감시간에 임박하면 지원자의 접속 폭주로 인하여 사이트가 다운되거나 속도가 저하되는 등 마감시간까지 접수를 완료하지 못할 수 있으므로 미리 접수하는 것이 좋습니다.
• 응시원서 최종 접수 결과는 각 시 · 도 교육청 홈페이지에서 확인할 수 있습니다.

2) 접수 준비물

한국사능력검정시험 3급 이상	• 국사편찬위원회에서 주관하는 한국사능력검정시험의 3급 또는 심화 3급 이상 시험 성적이 필요하며 1차 시험 합격자 결정일 전날까지 점수가 발표된 시험 중 인증등급(3급) 이상인 시험 성적에 한하여 인정함 ※ 한국사능력검정시험 급수체계 개편에 따라 제46회 시험 이전 응시자는 3급, 제47회 시험 이후 응시자는 심화 3급의 인증등급이 필요함 ※ 2022학년도 임용 시험의 경우 2016.1.1 이후 실시된 한국사능력검정시험까지의 성적에 한함 ※ 반드시 임용 시험 응시원서 접수 마감시간 전까지 한국사능력검정시험 원서접수를 완료한 후, 인터넷 임용 시험 응시원서 접수도 완료되어야 함 • 응시원서 접수 전 인증등급 취득자는 응시원서에 합격등급, 인증번호, 인증(합격) 일자 등을 정확히 기재해야 함 • 인증등급 취득 예정자는 응시원서에 응시예정등급, 원서접수번호를 정확히 기재하여야 하며, 미취득자는 결시로 처리함 (응시 수수료 환불 불가) ※ 시험 시행 공고문에 취득 예정 인증 회차가 기재되어 있으므로 참고하여 응시원서 접수해야 함
사진	• 최근 6개월 이내 촬영한 3.5cm × 4.5cm의 여권용 컬러 증명사진 • 파일은 jpg, gif, jpeg, png로 된 30KB 이상 100KB 이내 사이즈이어야 함
응시료	시 · 도 교육청별로 상이함

* 스캔파일 제출 대상자는 원서 접수 시 입력내용과 동일한 각종 증명서류를 스캔하여 반드시 파일 첨부로 제출해야 합니다.

* 교원자격증 또는 교원자격취득예정증명서는 1차 합격자 발표 이후 합격자에 한해서만 제출합니다.

⚠️ 응시원서 중복 지원 금지: 아래 17개 시 · 도 교육청 중 본인이 응시하길 원하는 1개의 지역에만 지원 가능합니다.

서울특별시 교육청, 부산광역시 교육청, 대구광역시 교육청, 인천광역시 교육청, 광주광역시 교육청, 대전광역시 교육청, 울산광역시 교육청, 경기도 교육청, 강원도 교육청, 충청북도 교육청, 충청남도 교육청, 전라북도 교육청, 전라남도 교육청, 경상북도 교육청, 경상남도 교육청, 제주특별자치도 교육청, 세종특별자치시 교육청

유아임용 1차 시험 미리보기

1. 1차 시험 진행 순서

시험장 가기 전	• 수험표, 신분증, 검은색 펜, 수정테이프, 아날로그(바늘시계) 손목시계를 반드시 준비합니다. (전자시계, 탁상시계 및 휴대전화는 반입 불가) • 중식시간 없이 시험이 진행되므로, 필요할 경우 간단한 간식(또는 개인도시락) 및 음용수를 준비합니다. 참고 • 유효 신분증: 주민등록증, 운전면허증, 여권, 장애인등록증 또는 장애인복지카드 • 수험표: 이면지를 사용하여 출력할 수 없고, 컬러로 출력해야 하며, 수험표 앞 / 뒷면에 낙서 및 메모 금지 • 검은색 펜: 답안지는 지워지거나 번지지 않는 동일한 종류의 검은색 필기구만을 사용해야 하며, 연필 또는 사인펜은 사용 불가 • 수정테이프: 수험번호를 수정하고자 할 때는 사용 가능하지만, 답안 수정 시 수정테이프 또는 수정액 등은 사용 불가
시험장(시험실) 도착 및 착석	• 시험 당일 오전 8시 20～30분까지 입실 완료하여 지정된 좌석에 앉아야 합니다. 참고 시·도별로 입실 시간이 상이하므로 시·도 교육청 홈페이지의 공고문을 꼭 확인하세요. • 시험장 입구에서 선발과목 및 수험번호를 확인한 후 시험실 위치를 확인합니다. • 시험실에 부착된 좌석배치도를 확인하여 착석합니다.
시험 준비 및 대기	• 매 교시 시험 시작 후에는 입실과 퇴실이 금지되므로, 화장실을 미리 다녀옵니다. 참고 부득이한 사정(생리현상 등)으로 시험 시간 중 불가피하게 퇴실할 경우, 해당 시험 시간 중 재입실이 불가하며, 시험 종료 시까지 시험 관리 본부 지정 장소에서 대기하여야 합니다. • 시험실에 모든 전자기기(휴대폰, 태블릿 PC, 넷북, 스마트워치 등)를 포함한 '소지(반입)금지물품'을 반입한 경우, 전원을 끈 후 시험 시작 전에 감독관에게 제출합니다. (시험장 내에서 이를 사용 또는 소지할 경우 부정행위자로 간주하여 처분함) • 기타 보조기구(귀마개, 모자 등)는 착용이 불가합니다.
답안지 및 시험지 배부	• 감독관의 지시에 따라 시험지의 인쇄상태를 확인합니다. (인쇄상태 확인 후 시험 시작 전에 계속 시험지를 열람하는 행위는 부정행위로 간주됨) • 감독관의 지시에 따라 답안지의 상단 부분을 작성합니다.
시험 시간	• 총 3교시로 나눠서 시험이 진행됩니다. 1교시 교직논술　09:00 ～ 10:00 (60분) 2교시 교육과정 A　10:40 ～ 11:50 (70분) 3교시 교육과정 B　12:30 ～ 13:40 (70분) • 정해진 시험 시간 안에 답안 작성까지 완료해야 하므로, 시험 시간을 고려해가며 문제를 풀고 답안을 작성합니다. • 시험 종료종이 울리면 답안지를 제출합니다. (시험지는 제출하지 않음)
쉬는 시간	• 총 2번의 쉬는 시간이 있습니다. 1교시 후 쉬는 시간 10:00 ～ 10:40 (40분) 2교시 후 쉬는 시간 11:50 ～ 12:30 (40분) • 쉬는 시간에는 화장실을 다녀오거나, 준비해온 간식을 먹으며 휴식합니다. • 다음 시험이 시작하기 전 미리 착석하여 대기합니다.
시험 종료	• 전체 시험이 종료되면 감독관의 지시에 따라 퇴실합니다. • 시험 전 제출한 '소지(반입)금지물품'이 있을 경우, 물품을 받은 뒤 퇴실합니다.

2. 교직논술 시험 답안지 작성 시 유의 사항

답안지 관련 정보	• 답안지는 총 2면이 제공되며, 답안지 수령 후 문제지 및 답안지의 전체 면수와 인쇄 상태를 확인하여야 합니다.
작성 시간	• 별도의 답안 작성 시간이 제공되지 않으므로, 시험 종료 전까지 답안 작성을 완료해야 합니다. • 시험 종료 후 답안 작성은 부정행위로 간주됩니다. • 시험이 종료되면 답안지를 제출해야 합니다.
답안란 상단 작성 및 수정	• 답안지 모든 면의 상단에 검은색 펜을 사용하여 성명과 수험번호를 기재하고, 수험번호를 해당란에 '●'로 표기해야 합니다. • '●'로 표기한 부분을 수정하고자 할 경우에는 반드시 흰색 수정테이프를 사용해야 합니다. • 답안을 작성하지 않은 빈 답안지에도 성명과 수험번호를 기재·표기한 후, 답안지를 순서대로 정리하여 2면을 모두 제출해야 합니다.

답안란 작성	• 문제지에 제시된 '답안 작성 시 유의 사항' 및 '배점'을 읽어 보고 답안을 작성해야 합니다.
	• 답안은 지워지거나 번지지 않는 동일한 종류의 검은색 필기구(연필이나 사인펜 종류 사용 불가)를 사용하여 작성해야 합니다.
	• 답안지에는 하위 문항의 번호 또는 기호와 함께 답안을 작성해야 합니다. 문항의 내용은 필요한 경우에만 일부 활용하여 작성할 수 있습니다.
	• 답안의 초안 작성은 초안 작성 용지를 활용해야 합니다.
	  – 문항에 대한 답안 내용 이외의 것(답안의 특정 부분을 강조하기 위한 밑줄이나 기호 등)은 일절 표시하지 말아야 합니다.
	    [참고] 일반적인 글쓰기 교정 부호는 사용이 가능함
	  – 문항에서 요구하는 내용의 가짓수가 제한되어 있는 경우, 요구한 가짓수까지의 내용만 답안으로 작성해야 합니다.
	    [참고] 첫 번째로 작성한 내용부터 문항에서 요구한 가짓수에 해당하는 내용까지만 순서대로 채점합니다.
	• 아래에 해당하는 답안은 채점하지 않습니다.
	  – 답안란 이외의 공간에 작성한 부분
	  – 내용이 지워지거나 번지는 등 식별이 불가능한 부분
	  – 연필로 작성한 부분 및 수정테이프나 수정액을 사용하여 수정한 부분
	  – 개인 정보를 노출하거나 암시하는 표시(성명 및 수험번호 기재란 예외)가 있는 답안지 전체

답안 수정	• 답안을 수정할 때에는 반드시 수정할 부분에 두 줄(=)을 긋고 수정할 내용을 작성해야 합니다. • 수정테이프 또는 수정액을 사용하여 답안을 수정할 수 없습니다. • 답안지 교체가 필요한 경우에는 답안 작성 시간을 고려해야 합니다. [주의] 답안지 교체한 후, 교체 전 답안지는 폐답안지로 처리함

* 임용 유아 전용 답안지는 해커스임용 사이트(teacher.Hackers.com)의 [학습자료실] 〉 [과년도 기출문제]에서 무료로 다운받으세요.
* 해당 정보는 2021학년도 시험 유의 사항 기준이며, 더 자세한 답안지 작성 시 유의 사항은 교육과정평가원 홈페이지에서 확인하세요.

한눈에 파악하는 교직논술 출제 경향

* 2021 ~ 2013학년도의 기출문제를 분석하여 출제된 이론 및 기출문제를 정리하였습니다. 이를 통해 출제 경향을 파악할 수 있습니다.

교직논술 학습 Tip

유치원 교사임용 시험에서 1차 시험 1교시에 해당하는 교직논술의 출제 범위는 유치원 교직 · 교양 전 영역입니다.
시험 공고의 시험 범위가 포괄적이므로 이를 위해 철저한 기출분석과 이에 따른 시험 대비가 필요합니다.

교직논술을 철저하게 준비하기 위한 학습 Tip

Tip 1 유아교사론, 유아교육 및 교육학 이론에 대한 이해가 필요하다!
교사론 영역 중 조직론과 지도성 등의 기초이론을 완벽하게 암기해야 합니다.

Tip 2 기본적인 논술 작성 방법을 익히고, 다양한 글을 읽어본다!
글쓰기에 대한 기본 개념 학습뿐 아니라, 다양한 글을 많이 읽으면 글에 대한 이해도가 높아집니다.

Tip 3 기출문제에 대한 충분한 분석을 해야 한다!
시험문제에 대한 적응력을 높일 수 있도록 기출문제를 내 것으로 만드는 연습이 필요합니다.

Tip 4 논제의 지문에서 '사례'를 찾는 연습이 필요하다!
각 사례에서 핵심 포인트를 찾을 수 있는 문장 사례 찾기 연습을 많이 해야 합니다.

영역별 기출이론

구분	교수법	부모교육론	유아교사론	장학	평가
총계	1	2	5	2	1
2021학년도 (정시)		워크숍			
2020학년도 (정시)			교직윤리		
2019학년도 (추시)				멘토링	
2019학년도 (정시)				동료 장학	
2018학년도 (정시)		유치원 – 가정 연계 (브론펜브레너 + 앱스테인)			
2017학년도 (정시)			역할갈등		
2016학년도 (정시)	교육과정의 탄력적 운영				
2015학년도 (정시)			반성적 사고		
2014학년도 (정시)			직무 스트레스		
2013학년도 (추시)			조직문화		
2013학년도 (정시)					포트폴리오

연도별 기출문제

시험	내용
2021학년도 (정시)	• 양방향적 의사소통의 필요성, 대면 개별(개인) 면담과 전화면담 장점 [5점] • 부모교육으로 워크숍 형식이 적합한 이유와 이를 실시할 때 교사가 준비해야 할 사항 [4점] • 교사-유아, 교사-부모, 유아-부모 관계에서 나타날 수 있는 긍정적 효과 [6점]
2020학년도 (정시)	• 세 교사가 갈등한 내용 [3점] • 세 교사가 선택한 행동의 이유 [3점] • 세 교사의 문제 해결 방안 [3점] • 유아교사가 유아, 학부모, 동료 교사에 대해 갖추어야 할 덕목(3점)과 그 이유(3점) [6점]
2019학년도 (추시)	• 안전사고 관련 적절하지 못한 행동의 수정(3점), 그 이유(3점) [6점] • 정서적 지원의 기대 효과(3점)와 전문적 지원의 기대 효과(3점) [6점] • 교사 역량과 그 개발의 필요성 [3점]
2019학년도 (정시)	• 교사의 관심사(3점)와 동료 장학 내용(3점) [6점] • 동료 장학의 기대 효과 [4점] • 신입 교사의 관심사(1점)와 동료 장학 내용(2점) [3점] • 신입 교사의 대인관계에서의 어려움 극복 방안 [2점]
2018학년도 (정시)	• 유치원-가정 연계의 필요성 [3점] • 유치원-가정 연계의 유형(3점)과 사례(3점) [6점] • 김 교사 유치원이 가정과 관계 맺는 방식에서 초래되는 교육상 문제점(3점)과 해결 방안(3점) [6점]
2017학년도 (정시)	• 유아교사의 역할 [4점] • 역할갈등의 개념(3점)과 내용(2점) [5점] • 개인 차원의 역할갈등 해결 방안 [4점] • 조직 차원의 지원 방안 [2점]
2016학년도 (정시)	• 교육과정의 탄력적 운영이 필요한 이유 [2점] • 교육과정의 탄력적 운영 시 고려한 사항과 의의 [6점] • 교직의 전문직 관점에서 교사에게 요구되는 특성 [2점]
2015학년도 (정시)	• 반성적 사고가 교사의 전문성 신장에 미치는 긍정적 효과 [2점] • 반성적 사고를 통해 안 교사가 개선해야 할 교수행동과 대안 [6점] • 반성적 사고 증진 방안 [2점]
2014학년도 (정시)	• 직무 스트레스의 유발 요인 [2점] • 직무 스트레스가 교사와 유치원에 미치는 부정적 영향 [4점] • 자기 관리 능력 개발과 문제 해결 능력 개발 차원에서의 직무 스트레스 대처 방안 [4점]
2013학년도 (추시)	• (가)의 사례에 나타난 A 초등학교 병설유치원 조직문화의 긍정적 측면 2가지 [2점] • (나)의 사례에 나타난 B 초등학교 병설유치원 조직문화의 문제점 4가지 [4점] • 문제점에 대한 해결 방안 4가지 [4점]
2013학년도 (정시)	• 유아 평가의 목적 2가지 [2점] • 김 교사가 포트폴리오 평가 수행 과정에서 범한 문제점 4가지 [4점] • 문제점에 대한 해결 방안 4가지 [4점]

학습 성향별 맞춤 학습법

 개별학습 | 혼자 공부할 때, 학습효과가 높다!

- **자신에게 맞는 학습계획을 세운다.**

  교재의 목차를 참고하여 자신에게 맞는 학습계획을 세워 시간을 효율적으로 활용할 수 있도록 합니다. 월별 / 주별 / 일별로 계획을 구체적으로 세워 스스로 점검합니다.

- **교재를 꼼꼼히 학습한다.**

  해커스임용 교재로 핵심 내용을 꼼꼼히 학습합니다. 학습 중 교재에 관하여 궁금한 사항이 생기면, 해커스임용 사이트의 [고객센터] < [1:1 고객센터] 게시판에 질문합니다.

- **해커스임용 사이트를 적극 활용한다.**

  해커스임용 사이트를 적극적으로 활용하면 수험정보, 최신정보, 기출문제 등 참고자료를 얻을 수 있습니다. 또한, 학습 시 부족한 부분은 해커스임용 동영상 강의를 통해 보충할 수 있습니다.

 스터디학습 | 여러 사람과 함께 공부할 때, 더 열심히 한다!

- **자신에게 맞는 스터디를 선택하고 준비한다.**

  자신의 학습성향 및 목표에 맞는 스터디를 선택하고, 스터디 구성원들끼리 정한 계획에 따라 공부해야 할 자료를 미리 준비합니다.

- **스터디 구성원들과 함께 학습하며 완벽하게 이해한다.**

  개별적으로 학습할 때, 이해하기 어려웠던 개념은 스터디를 통해 함께 학습하며 완벽하게 이해합니다. 또한, 학습 내용 및 시험 관련 정보를 공유하며 학습 효과를 높일 수 있습니다.

- **스터디 자료 및 부가 학습자료로 개별 복습한다.**

  스터디가 끝난 후, 스터디 구성원들의 자료와 자신의 자료를 비교하며 학습한 내용을 복습합니다. 또한, 해커스임용 사이트에서 제공하는 다양한 학습자료를 활용하여 학습 내용을 보충합니다.

동영상학습 | 자유롭게 시간을 활용해 강의를 듣고 싶다!

- **자신만의 학습플랜을 세운다.**

  해커스임용 사이트의 샘플강의를 통해 교수님의 커리큘럼 및 강의 스타일을 미리 파악해 보고, 수강할 동영상 강의 커리큘럼을 참고하여 스스로 학습계획을 세웁니다.

- **[내 강의실]에서 동영상 강의를 집중해서 학습한다.**

  학습플랜에 따라 공부해야 할 강의를 듣습니다. 자신의 학습속도에 맞게 '(속도) 배수 조절'을 하거나, 놓친 부분이 있다면 되돌아가서 학습합니다.

- **[학습 질문하기] 게시판을 적극 활용한다.**

  강의 수강 중 모르는 부분이 있거나 질문할 것이 생기면 해커스임용 사이트의 [고객센터] > [문의하기] > [학습 질문하기] 게시판을 통해 교수님께 직접 문의하여 확실히 이해하도록 합니다.

학원학습 | 교수님의 생생한 강의를 직접 듣고 싶다!

- **100% 출석을 목표로 한다.**

  자신이 원하는 학원 강의를 등록하고, 개강일부터 종강일까지 100% 출석을 목표로 빠짐없이 수업에 참여합니다. 스터디가 진행되는 수업의 경우, 학원 수업 후 스터디에 참여하여 학습 효과를 높일 수 있습니다.

- **예습과 복습을 철저히 한다.**

  수업 전에는 그날 배울 내용을 미리 훑어보고, 수업이 끝난 후에는 그날 학습한 내용을 철저하게 복습합니다. 복습 시 이해하기 어려운 부분은 교수님께 직접 질문하여 완벽하게 이해할 수 있도록 합니다.

- **수업에서 제공하는 자료를 적극 활용한다.**

  수업 시 교재 외 부가 학습자료를 제공하는 경우가 많으므로, 해커스임용 교수님의 노하우가 담긴 학습자료를 자신만의 방식으로 정리 및 암기합니다.

Part 1

교직논술 작성 원리

Chapter 1

유아 교직논술의 이해

01 교직논술에 대한 이해

1. 논술(論述)이란

(1) 논술의 의미

논술은 논리적 서술의 글을 의미한다. 즉, 어떤 주제나 논제에 대하여 여러 가지 논거 또는 근거를 제시하며 자신의 주장을 합리적이고 논리적으로 펼치는 서술방식을 말한다. 따라서 이러한 서술능력에는 필연적으로 논리력, 사고력, 창의력, 종합력, 문제 해결력, 응용력 등 고등사고 능력을 필요로 하게 된다.

(2) 논리적으로 설득하는 글인 논술

① 논술은 글짓기가 아니고 글쓰기이다. 어떤 주제에 대하여 자신의 견해를 가지고 글을 지어내는 것이 아니라 그 주제에 맞게 논리적 근거를 통하여 글을 써 나가는 것이다. 즉, 자신의 주관적 생각이나 견해를 가지고 글을 쓰는 것이 아니라 누구나 공감할 수 있는 객관적인 근거를 가지고 자신만의 글로 상대에게 논리적으로 설득하는 글을 써야 한다.

② 논술은 개인의 억지 주장으로 타인을 설득하는 것이 아니라, 합리적이고 설득력 있는 논거를 바탕으로 자신의 견해를 주장하여 타인을 이해시키고 설득하는 것임을 명심하여야 한다. 예비 선생님들의 글을 보면 글을 잘 쓰다가도 중간중간에 자신의 의견을 주장하거나 감정이 개입되어 자신의 글을 망치는 것을 종종 볼 수 있다. 하지만, 논술은 객관성이 생명이다. 어떠한 경우에도 자신의 주관적 입장을 제시하면 안 된다.

(3) 논술 쓰기의 자세

이러한 논술의 이해가 글을 쓰기 전에 가져야 할 중요한 태도이며 자세이다. 항상 모든 글을 객관적으로 읽고 객관적으로 써 보려는 노력이 필요하다. 또한 글을 잘 쓰려면 당연히 타인의 글을 많이 읽어야 한다. 그리고 당연히 타인의 글을 비판적으로 읽고 객관적으로 평가할 수 있어야 한다.

2. 교직논술의 시작 방법

지금, 예비 선생님들에게는 학습할 수 있는 절대적인 시간이 부족하다. 그래서 많은 시간을 할애하여 타인의 글을 읽어 볼 시간이 없다. 그래서 짧은 시간에 논술을 쓰기 위하여 도움이 되는 자료를 소개하면 교육부의 간행물 또는 교육전문지 및 신문 사설을 활용하고, 기출문제를 철저히 분석하는 것이 좋다. 다시 말해, 우선 교육에 관련된 최신 자료를 많이 읽어 보는 첫 단계부터 시작을 하자. 그 다음에는 논술의 구조가 어떤 것인지를 이해하는 단계로 넘어가도록 한다.

핵심포인트

글을 쓰기 전에 글을 많이 읽고 기출문제를 분석한다.

3. 교직논술 체계에 대한 이해

논술은 서론, 본론, 결론의 구조로 글의 논리성, 일관성, 조리성이 잘 나타나야 한다. 그렇다면, 서론, 본론, 결론의 각 기능이 무엇인지를 이해하여야 한다. 그리고, 서론, 본론, 결론의 관계는 어떻게 되는가를 알고 있는지가 논술의 핵심이다. 지금부터 이야기하는 것은 교직논술 만점에 도전하는 중요한 내용이므로 정신을 바짝 차리고 공부를 해야 한다. 우선, 모든 예비 선생님들이 교직논술 점수를 얻기 위해 해야 할 출발점부터 시작하면 다음과 같다.

(1) 논제의 의도 파악하기

지금 우리는 문제 파악을 통하여 점수를 얻고자 한다. 모든 문제에서는 문제를 출제한 의도가 있기 마련이다. 그 문제를 어떻게 파악하는가가 제일 중요한 출발점이다. 즉, 모든 논제에 대한 문제 파악 연습이 선행되어야 한다. 그러나 논제에서 요구하는 문제의 조건파악을 통하여 출제자의 의도를 파악하는 것도 그리 만만한 것은 아니다. 하지만 이것이 모든 문제 해결을 위한 출발점이다. 모든 문제에는 문제에 대한 조건이 있다. 그것을 잘 파악한다면 그 문제는 이미 푼 것이나 마찬가지이다. 모든 문제를 해결하기 위하여 가져야 할 습관은 꼭 문제 속에서 조건을 파악하려는 습관을 가져야 한다는 것이다. 즉, 문제를 보고 또 보고 다시 보아 문제에서 단서를 찾고, 문제 속에서 글의 실마리를 찾아야 한다. 이러한 연습은 기출문제를 통하여 백 번을 연습하여도 지나침이 없다. 글을 쓰기 전에 꼭 기출문제를 읽고 그 문제 속에서 논제의 의도를 파악하는 노력이 교직논술 만점의 출발점임을 잊지 말아야 한다.

핵심포인트

백 번 잘 쓴 글도 문제의 초점과 맞지 않으면 아무런 의미가 없다. 반드시 기출문제를 분석하고 꼭 써 보는 연습을 한다.

(2) 서론, 본론, 결론은 무엇인가?

지금까지 기출문제 속에서의 논제의 의도 파악에 대하여 알아 보았다. 이어서 서론, 본론, 결론에는 무엇을 써야 할지를 살펴 보려 한다. 서론, 본론, 결론을 정리하면 다음과 같다.

① 서론은 모든 글의 출발이다.

서론의 기능은 문제에 대한 인식 또는 문제에 대한 제기이다. 명확한 문제 인식이 있어야 한다.

② 본론은 논리적 근거를 제시한다.

본론의 기능은 서론에서 제시한 문제에 대한 객관적이고 논리적인 근거를 통하여 타인의 인식을 변화시키는 것이다.

③ 결론은 주장을 제시한다.

　　서론에서 제시한 문제를 통하여 그 문제의 근거를 본론에서 제시하여 객관적 설득력을 가졌다면, 이제 서론에서 제시한 문제에 대한 답이 필요하다. 다시 말하면, 문제에 대한 답이 제시되어야 누구나 납득을 할 수 있다는 의미이다. 즉, 결론에서는 서론의 문제에 대한 답을 제시한다는 것으로 이해하면 된다. 그것이 주장이라 할 수 있다. 그리고 결론에는 주장을 쓰지만 그 안에는 자신의 글에 대한 요약과 전망도 함께 제시할 수도 있다. 하지만 결론에서 중요한 점은 서론의 문제를 해결할 주장을 제시한다는 것을 잊지 말아야 한다.

서론	문제 제기

↓

본론	논거 제시 (논리적 근거 제시)

↓

결론	주장 (요약 + 전망)

④ 이제, 조금은 논술이 무엇인가에 대한 도식이 머릿속에 그려졌을 것이다. 다음의 예를 보고 다시 논술에 대해 상기해 보도록 하자.

> 　　갈수록 신문지상에서 영어 사용이 늘어나는 것 같아 걱정스럽다. 20일자 어느 신문에 등장한 영어 단어는 150여 개였다. 이 중에서 명확하게 구분하기는 어렵지만, 외래어로서 거의 우리말이 된 단어를 제외하면 20개 정도의 생소한 영어 단어가 사용되었다.
>
> 　　그러나 외래어로 분류한 103여 개 단어도 처음에는 생소한 단어에 속했다는 것을 알아야 한다. 자꾸 쓰면서 점점 익숙해진 것이다. 물론 컴퓨터 용어같이 우리말 표현이 없는 전문 용어를 사용하는 것에 시비를 걸 수는 없다. 그러나 집에 머무르는 것을 '홈스테이'라고 하고, 사물함을 '로커'라고 쓰는 것은 옳지 않다. 결국 신문에서 계속 영어 단어를 사용하면 영어가 점차 국민에게 낯익은 단어가 되어 우리말이 밀려나고 말 것이다.
>
> 　　우리말 표현이 있는 것은 우리말로 적어야 한다. 신문이 우리말 지키기에 앞장섰으면 한다.

⑤ 위 글을 정리하면 아래와 같다.

서론	신문 → 영어를 많이 써서 걱정스럽다.	문제 제기: 무엇이 문제인가?

↓

본론	신문 → 영어를 쓰면 우리말이 밀린다.	논거 제시: 그렇게 주장하는 근거는 무엇인가?

↓

결론	신문 → 영어를 쓰지 말아라.(우리말을 써라.)	주장: 주장하는 것이 무엇인가?

⑥ 이제, 각 서론, 본론, 결론의 중심 문장을 찾아 보자.

| 서론 | 신문지상에서 영어 사용이 늘어나는 것이 걱정스럽다. |
| 본론 | 신문지상에서 계속 영어 단어를 사용하면 우리말이 밀려날 것이다. |

결론의 중심 문장에 대해 추가 설명하면, 예시 글에서 결론에 있는 두 문장 중에서 '우리말 표현이 있는 것은 우리말로 적어야 한다.'가 이 글의 궁극적 주장이 되지 못한 이유는 본론에 논거가 없고, 또 서론, 본론과 연결되어 '신문'이라는 일관성도 놓쳤기 때문이다.

⑦ 예시 글에 대한 예처럼 타인의 글을 읽고 요약하는 연습이 필요하다. 꼭 교육 관련 서적이나 신문 사설을 읽고 예를 든 것처럼 연습을 해 보자.

⑧ 방금 해본 것과 같이 글에 대한 단순한 구조를 머릿속에 꼭 가지고 있어야 모든 글을 쓸 수 있다. 이해가 되지 않는다면 다시 한번 앞에서 다룬 예를 보고, 열 번을 더 읽어 보도록 한다. 글을 읽으면서 머릿속에 그림을 그려야 하며, 서론, 본론, 결론의 유기적 연관을 파악하여야 한다.

(3) 서론, 본론, 결론의 관계는 어떻게 되어야 하는가?

① 지금부터 이야기하는 것은 글을 쓰는 데 있어야 하는 가장 중요한 요소이다. 서론이 있고, 본론, 결론이 없거나, 서론과 본론은 있는데 결론이 없는 글은 어떨까? 아무런 의미가 없다. 그런데 종종 예비 선생님들의 글에서 이러한 오류가 많이 발견되고 있다.

② 서론, 본론, 결론은 밀접한 관련이 있다. 절대 떨어질 수 없다. 예를 들어, $1 + X = 3$ (서론)이고, $X = 3 - 1$ (본론)이라면, $X = 2$ (결론) 이렇게 되어야 한다. 수학적 풀이가 아닌 글 속에서 이러한 관계가 형성되어야 한다는 것을 말하는 것이다. 따라서 모든 글은 아래와 같은 형식으로 진행되어야 한다.

㉠ **서론:** 서론만을 가지고도 본론과 결론을 알 수 있어야 한다.

서론	신문 → 영어를 많이 써서 걱정스럽다.
	↓
본론	
	↓
결론	

㉡ **본론:** 본론만을 가지고도 서론, 결론을 알 수 있어야 한다.

서론	

↓

본론	신문 → 영어를 쓰면 우리말이 밀린다.

↓

결론	

ⓒ **결론:** 결론만을 가지고도 서론과 본론을 알 수 있어야 한다.

서론	

↓

본론	

↓

결론	신문 → 영어를 쓰지 말아라.

③ 즉, 모든 글은 서론, 본론, 결론이 이렇게 유기적 관계이어야 함을 잊지 말아야 한다. 이것이 좋은 글의 대표적 예이다. 이렇게 유기적 관계를 잘 파악하기 위해서는 타인의 글에서도 그 관계를 찾는 연습을 게을리하지 말아야 할 것이다. 잘 쓰기를 위해서는 많이 읽고 평가해보는 연습도 중요하기 때문이다.

④ 예를 들어 아래와 같이 주어진다면 어떻게 서론과 본론을 써야 할까? 바로 연습해보자.

서론	

↓

본론(근거)	

↓

결론(주장)	교육 문제를 개선할 개혁 조치를 환영한다.

연습해보세요.

(4) **논술에 대한 편견**

① 논술을 단지 주관식 평가의 일종으로 알고 준비하는 예비 선생님들이 많다. 그러나 이렇게 생각하는 사람들은 논술 평가에서 절대로 높은 점수를 받을 수 없다. 주관식 평가 방법에 대한 효율적인 대책은 체계적인 정리와 암기이지만, 논술은 그 형식에 있어 주관식 문제의 옷을 입고 있을 뿐 평가 목표와 방법 및 그 내용에 있어서 주관식 문제와 전혀 다르다. 따라서 그에 따른 준비도 달라야 한다. 즉, 채점은 핵심키워드 중심으로 이루어진다.

② 논술을 잘 쓰기 위해서는 획일화된 정형성을 피하고 자신의 주장에 대한 객관적 논거를 찾는 일에 관심을 가지며 꾸준히 사고하는 습관이 요구된다. 논술은 주관식 공부 방법과는 달리 많은 시간을 요하고 있다. 따라서, 시간을 효율적으로 활용하여 사고력을 증진하는 노력과 글을 읽고 쓰는 노력을 지속적으로 기울여야 한다.

(5) 교직논술, 준비는 어떻게 할 것인가?

① 지금 당장 시작하자.

㉠ 최근 기출문제부터 논제 파악을 한다.

㉡ 한 편의 잘 쓰여진 글이 열 편의 엉성한 글보다 낫다.

㉢ 기출문제부터 써 보자.

 핵심포인트

기출문제는 반드시 열 번을 써 보는 연습을 한다.

② 논술의 형식을 갖추어 매일 한 편씩 읽고 써 보자.

㉠ 교육에 관련된 신문의 사설 등, 교육 자료를 매일 읽고 분석한다.

㉡ 논술문은 서론 – 본론 – 결론의 형식을 갖추어야 한다. 주관식 시험과 논술 시험은 근본적으로 다르다. 단순한 형식 차원을 넘어 내용상으로도 분명한 구별이 있어야 한다. 논리 전개 방식에 있어 첫째, 둘째, 셋째, …와 같은 방법은 대안적으로 쓸 수는 있지만, 이는 논리 전개의 맥을 끊어 버리기 때문에 가급적이면 삼가야 한다.

㉢ 또한, 매일 한 편씩 써 보는 습관이 필요하다. 혹시 쓸 시간이 부족한 경우에는 반드시 어떤 문제에 대하여 주제를 설정해본 후, 자신의 주장을 몇 가지로 정리하고 그 주장을 뒷받침하는 근거를 찾아 전체적으로 논리적이며 합리적인 사고 과정까지는 거치도록 한다.

③ 합리적인 주장이되, 남과 다른 독창적인 주장을 하는 습관을 기르자.

평가위원은 논술 내용의 합리성과 독창성에 많은 점수를 준다. 평가위원이 수많은 답안지 가운데서 천편일률적이지 않은 독창적인 답안지 한 장을 발견했다고 생각해 보라. 마치 한여름에 시원한 냉수를 마신 듯 갈증을 해소시켜 줄 것임은 자명하다. 이제부터는 획일화된 답안지 또는 주관식화된 답안지를 외울 것이 아니라 독창적인 주장을 하는 연습을 해야 한다. 그 독창적인 주장에 논리적 논거가 뒷받침된다면, 합리적이며 설득력 있는 주장이 되는 것이다.

④ 논거 또는 근거를 찾자.

ⓐ 논술의 생명은 논거이다. 논거를 찾는 연습은 바로 논술 공부의 핵심이라 할 수 있다. 아무리 훌륭한 주제문이 작성되고 그럴듯한 주장을 해도 그를 뒷받침해주는 논거가 부족하거나 타당성이 없으면 공허한 헛소리에 불과하기 때문이다.

ⓑ 논거란 자신의 견해에 대한 잠정적 또는 명백한 반대자를 전제로 함을 특징으로 한다. 따라서 논거란 반대 의견을 가진 상대방을 설득할 수 있는 타당하고 논리적인 것이어야 한다. 즉, 논거는 핵심키워드 중심으로 작성해야 한다.

ⓒ 만약 고교 평준화 정책을 찬성한다는 주장을 한다면 고교 평준화 정책을 반대하는 사람들이 압도적임을 전제로 하여 그들을 설득할 수 있도록 논거를 제시해야 한다. 상대방을 설득할 수 없는 논거이거나, 아예 논거가 없거나 또는 자신의 주장이 마치 절대적인 것처럼 기정사실화하여 감상적인 수필식으로 전개한다면 이는 100% 실패한 주장이 된다. 이런 글을 쓰는 예비 선생님들은 논술문의 성격을 모르고 교직논술을 준비하였거나 교직논술을 단순한 주관식 문제로 착각하고 배웠기 때문이다.

⑤ 논거를 활용하여 토론하는 습관을 기르자.

논거를 찾고 활용할 수 있는 가장 좋은 방법은 토론을 하는 것이다. 논술뿐 아니라 일반 학습에서도 정보를 습득할 경우 정보의 자기화 공헌도를 살펴보면, 읽는 것이 10%, 들은 것이 20%, 본 것이 30%, 다른 사람과의 토론이 70%, 체험한 것이 80%, 다른 사람을 가르치는 것이 95%로 나타난다. 논술의 경우도 읽고 듣고 보는 것보다 토론하고 체험하며 때론 상대방을 가르쳐 보는 것이 훨씬 효과적이다. 이처럼 논술 학습에 있어서도 이를 활용할 수 있는 그룹 스터디(Group study)나 세미나식 교수법이 가장 효과적인 것이다.

⑥ 주요 교육 관련 이론, 칼럼, 사설 등을 분석·평가·정리해 놓자.

시사적이거나 당시 이슈화되는 문제에 관해서는 항상 칼럼이나 사설 등을 스크랩해서 분석·평가하고, 그에 관련되는 교육학 이론 등의 핵심키워드를 찾아서 함께 정리해 두어야 한다. 이러한 습관은 글을 쓸 때 자신의 주장에 상당히 효율적이고 충분한 논거로 작용된다. 논술을 학습할 때에는 항상 자기주도적인 학습 태도가 요망된다.

핵심포인트

교직논술은 꼭 만점을 목표로 한다.

Chapter 2

유아 교직논술의 변화

01 교직논술 답안지 및 배점 관련 변경

1. 유의 사항 및 답안지 양식 예시

* 해당 답안지는 2021학년도 시험 대비 답안지로, '한국교육과정평가원'에서 제공하는 것입니다.

(1) 유의 사항

2021학년도 공립 ○○○ 교사 임용후보자 선정경쟁시험 (1차)

○○○ 교직 논술

수험번호 : (   )   성명 : (   )

1교시	1문항 20점	시험 시간 60분

응시자 유의 사항

1. 문제지와 답안지의 전체 면수와 인쇄 상태를 확인하시오.
   ◇ 답안지는 총 2면입니다.

2. 문제지 표지에 해당하는 이 면의 상단에 수험번호와 성명을 기재하고, 시험이 종료되면 답안지를 제출하시오.

3. 답안지 모든 면의 상단에 검은색 펜을 사용하여 성명과 수험번호를 기재하고, 수험번호를 해당란에 '●'로 표기하시오.
   '●'로 표기한 부분을 수정하고자 할 경우에는 반드시 흰색 수정테이프를 사용하시오.

4. 답안을 작성하지 않은 빈 답안지에도 성명과 수험번호를 기재·표기한 후, 답안지를 순서대로 정리하여 2면을 모두 제출하시오.

5. 문제지에 제시된 '답안 작성 시 유의 사항' 및 '배점'을 읽어 보고 답안을 작성하시오.

6. 답안은 지워지거나 번지지 않는 동일한 종류의 검은색 필기구를 사용하여 작성하시오.
   ◇ 연필이나 사인펜 종류는 사용할 수 없습니다.

7. 답안의 초안 작성은 초안 작성 용지를 활용하시오.

8. 답안지에는 하위 문항의 번호 또는 기호와 함께 답안을 작성하시오. 문항의 내용은 필요한 경우에만 일부 활용하여 작성하시오.

9. 문항에 대한 답안 내용 이외의 것(답안의 특정 부분을 강조하기 위한 밑줄이나 기호 등)은 일절 표시하지 마시오.
   ◇ 단, 일반적인 글쓰기 교정 부호는 사용이 가능합니다.

10. 문항에서 요구하는 내용의 가짓수가 제한되어 있는 경우, 요구한 가짓수까지의 내용만 답안으로 작성하시오.
    ◇ 첫 번째로 작성한 내용부터 문항에서 요구한 가짓수에 해당하는 내용까지만 순서대로 채점합니다.

11. 답안을 수정할 때에는 수정할 부분에 두 줄(═)을 긋고 수정하시오.
    ◇ 수정테이프 또는 수정액을 사용하여 답안을 수정할 수 없습니다.

12. 답안지 교체가 필요한 경우에는 답안 작성 시간을 고려하시오.
    ◇ 답안지 교체 후에는 교체 전 답안지를 폐답안지로 처리합니다.

13. 시험 종료 전까지 답안 작성을 완료하시오.
    ◇ 시험 종료 후의 답안 작성은 부정행위로 간주됩니다.

14. 다음에 해당하는 답안은 채점하지 않으니 유의하시오.
    ◇ 답안란 이외의 공간에 작성한 부분
    ◇ 내용이 지워지거나 번지는 등 식별이 불가능한 부분
    ◇ 연필로 작성한 부분 및 수정테이프나 수정액을 사용하여 수정한 부분
    ◇ 개인 정보를 노출 또는 암시하는 표시(성명 및 수험번호 기재란 예외)가 있는 답안지 전체

15. 위의 사항을 위반하여 작성한 답안은 채점 시 불이익을 받을 수 있으니 유의하시오.

※ 시험이 시작되기 전까지 표지를 넘기지 마시오.

---

(2) 답안지 양식

총 2매가 제공될 예정으로 주어진 답안지 면수를 고려하여 서술해야 하며, 답안지 규격은 25.4cm*35.6cm입니다.

memo

| **1교시** | **2021학년도 공립 유치원, 초등학교, 특수학교(유치원·초등) 교사 임용후보자 선정경쟁시험 (제 1차) 답안지** |

본인은 응시자 유의사항을 숙지하였으며 이를 지키지 않아 발생하는 모든 불이익을 감수할 것을 서약합니다.			① ②			※ **결시자 확인란**(응시자는 표기하지 말 것)	
성 명	수	⓪ ① ② ③ ④ ⑤ ⑥ ⑦ ⑧ ⑨		− 결시자 성명과 수험번호 기재	
	험	⓪		− 검은색 펜으로 결시자 수험번호와 우측란에 '●'로 표기	○
	번	① ② ③ ④ ⑤ ⑥ ⑦ ⑧	
		⓪ ① ② ③ ④ ⑤ ⑥ ⑦ ⑧ ⑨		※ **감독관 확인란**(응시자는 표기하지 말 것)	
유치원, 초등학교, 특수학교(유치원·초등) 교직 논술 전용 답안지	쪽 번호 ❶ ②	호	⓪ ① ② ③ ④ ⑤ ⑥ ⑦ ⑧ ⑨		− 본인 여부, 성명, 수험번호, 기록 및 쪽수가 정확한지 확인 후 서명/날인 − 결시자는 위의 결시자 확인란에도 표기	(서명 또는 날인)
			⓪ ① ② ③ ④ ⑤ ⑥ ⑦ ⑧ ⑨	

1. 수험번호는 검은색 펜을 사용하여 '●'로 표기하시오.
2. 답안은 지워지거나 번지지 않는 동일한 종류의 검은색 펜을 사용하여 작성하시오.(연필/사인펜/수정테이프/수정액 등 사용 불가)
3. 연필로 작성한 부분, 수정테이프(수정액)를 사용하여 수정한 부분, 문항별 답안란 이외의 부분에 작성한 답안은 채점하지 않으니 유의하시오.

memo

1교시 | **2021학년도 공립 유치원, 초등학교, 특수학교(유치원·초등) 교사 임용후보자 선정경쟁시험 (제 1차) 답안지**

본인은 응시자 유의사항을 숙지하였으며 이를 지키지 않아 발생하는 모든 불이익을 감수할 것을 서약합니다.

성 명		수 험 번 호	① ②

			⓪ ① ② ③ ④ ⑤ ⑥ ⑦ ⑧ ⑨
			⓪
			① ② ③ ④ ⑤ ⑥ ⑦ ⑧

유치원, 초등학교, 특수학교(유치원·초등) 교직 논술 전용 답안지

쪽 번호
① ❷

		수 험 번 호	⓪ ① ② ③ ④ ⑤ ⑥ ⑦ ⑧ ⑨
			⓪ ① ② ③ ④ ⑤ ⑥ ⑦ ⑧ ⑨
			⓪ ① ② ③ ④ ⑤ ⑥ ⑦ ⑧ ⑨
			⓪ ① ② ③ ④ ⑤ ⑥ ⑦ ⑧ ⑨

※ 결시자 확인란(응시자는 표기하지 말 것)

– 결시자 성명과 수험번호 기재
– 검은색 펜으로 결시자 수험번호와 우측란에 '●'로 표기   ○

※ 감독관 확인란(응시자는 표기하지 말 것)

– 본인 여부, 성명, 수험번호, 기록 및 쪽수가 정확한지 확인 후 서명/날인
– 결시자는 위의 결시자 확인란에도 표기

(서명 또는 날인)

1. 수험번호는 검은색 펜을 사용하여 '●'로 표기하시오.
2. 답안은 지워지거나 번지지 않는 동일한 종류의 검은색 펜을 사용하여 작성하시오.(연필/사인펜/수정테이프/수정액 등 사용 불가)
3. 연필로 작성한 부분, 수정테이프(수정액)를 사용하여 수정한 부분, 문항별 답안란 이외의 부분에 작성한 답안은 채점하지 않으니 유의하시오.

2. 답안지 형태 및 배점 관련 사항

memo

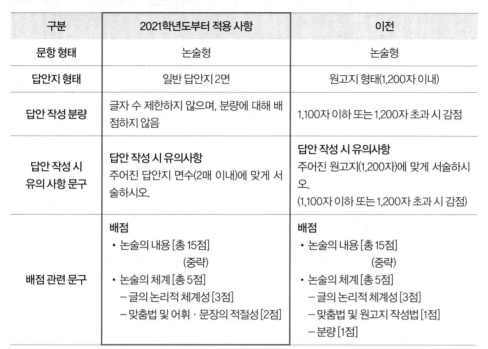

구분	2021학년도부터 적용 사항	이전
문항 형태	논술형	논술형
답안지 형태	일반 답안지 2면	원고지 형태(1,200자 이내)
답안 작성 분량	글자 수 제한하지 않으며, 분량에 대해 배점하지 않음	1,100자 이하 또는 1,200자 초과 시 감점
답안 작성 시 유의 사항 문구	**답안 작성 시 유의사항** 주어진 답안지 면수(2매 이내)에 맞게 서술하시오.	**답안 작성 시 유의사항** 주어진 원고지(1,200자)에 맞게 서술하시오. (1,100자 이하 또는 1,200자 초과 시 감점)
배점 관련 문구	**배점** • 논술의 내용 [총 15점] 　　　　　(중략) • 논술의 체계 [총 5점] 　- 글의 논리적 체계성 [3점] 　- 맞춤법 및 어휘 · 문장의 적절성 [2점]	**배점** • 논술의 내용 [총 15점] 　　　　　(중략) • 논술의 체계 [총 5점] 　- 글의 논리적 체계성 [3점] 　- 맞춤법 및 원고지 작성법 [1점] 　- 분량 [1점]

02 '중등교사임용시험교육학' 기출문제 분석

1. 2013학년도 특수학교(중등) 교육학 기출

　다음은 박 교사가 담당학급의 쌍둥이 남매인 철수와 영희의 어머니와 상담을 실시한 사례이다. 박 교사가 ㉠에서 말했을 법한 영희의 IQ에 대한 올바른 해석에 기반을 두고 영희의 문제를 해결하고자 할 때, '기대×가치 이론'과 Maslow의 '욕구위계 이론'을 각각 활용하여 영희가 학습동기를 잃게 된 원인과 그 해결 방안을 논하시오. [총 20점]

> 어머니: 선생님, 얼마 전에 외부 상담기관에서 받은 철수와 영희의 지능검사 결과에 대해 상의하고 싶어서 왔어요. 철수는 IQ가 130이라고 나왔는데 자기가 생각한 것보다 IQ가 높지 않다며 시무룩해 있네요. 영희는 IQ가 99로 나왔는데 자신의 IQ가 두 자리라고 속상해하고, 심지어 초등학교 때부터 늘 가지고 있던 간호사의 꿈을 포기 한다면서 그동안 학교 공부는 철수보다 오히려 성실했던 아이가 더 이상 공부도 안하려고 해요.
>
> 박 교사: 그런 일이 있었는지 몰랐습니다. 사실 IQ의 의미에 대한 자세한 설명 없이 검사 점수만 알려주게 되면 지금 철수나 영희처럼 IQ의 의미를 오해하는 경우가 많습니다. 아이들은 물론이고 일반 어른들도 IQ의 개념을 정확히 이해하기는 좀 어렵거든요.
>
> 어머니: 선생님, 그러면 아이들에게 어떻게 이야기해 주어야 할까요? 영희의 IQ가 두 자리라면 문제가 있는 건가요?
>
> 박 교사: 10부터 99까지가 다 두 자리인데, IQ가 두 자리라고 무조건 문제가 있는 것은 아닙니다.
>
> 어머니: 그럼, 영희의 IQ는 대체 어느 정도인가요?
>
> 박 교사: _____㉠_____
>
> 어머니: 아, 그렇군요. 더 높았으면 당연히 좋겠지만 그렇게 실망할 일은 아니네요. 그럼, 철수의 IQ는 어떤가요?
>
> 박 교사: 철수의 IQ 130은 철수의 지능검사 점수가 자기 또래 학생들 중에서 상위 2% 정도에 해당한다는 것을 말해줍니다. 따라서 철수가 매우 높은 수준의 지능을 가지고 있다는 것을 알 수 있습니다. 철수가 시무룩해할 이유가 전혀 없는 것이죠.
>
> 어머니: 그렇군요. 하여튼 요즘은 영희 때문에 걱정인데, 수업 시간에는 잘하고 있나요? 선생님이 보시기에는 어떤가요?
>
> 박 교사: 사실 영희의 경우에는 학습에 더 신경을 써야 할 것으로 보입니다. 그저께 실시했던 중간고사를 채점하는 중인데, 영희의 성적이 많이 떨어졌더라고요. 오늘 어머님의 말씀을 듣고 보니 그 이유를 알겠네요.

배점
• 논술의 체계 [총 5점] • 논술의 내용 [총 15점] 　– IQ의 해석 [3점] 　– 기대×가치이론에 따른 원인 및 해결 방안 [6점] 　– 욕구위계 이론에 따른 원인 및 해결 방안 [6점]

📋 백청일 교수의 분석 내용

(1) 서론 작성

① 서론은 5줄 이내로 작성하는 것이 적절하며, ① 주의 환기, ② 문제 제기, ③ 방향 제시로 시작할 수 있다. 서론을 주의 환기로 작성할 경우에는 다음과 같은 예를 들 수 있다.

> ⓐ 학생들이 학습의 동기를 유발하는 것은 문제를 해결하는 데 중요한 출발점이 될 수 있다.
>
> ⓑ IQ가 높은 모든 일을 해결하는 데 많은 도움이 될 수 있다.

② 두 예를 비교하면, 주의 환기로는 ⓑ보다는 ⓐ가 더 적절하다고 할 수 있다.

(2) 논제의 키워드

① 해당 문제의 논제에서 키워드는 '학습동기'임을 찾을 수 있어야 한다. 즉, IQ와 '기대×가치 이론', Maslow의 '욕구위계 이론'으로 논제의 키워드가 학습동기임을 알아야 한다. 이러한 큰 핵심을 찾는 것이 서론에서 가장 중요한 점이라고 할 수 있다. 그래야 서론과 본론 및 결론의 연계성이 가능하기 때문이다.

② 서론, 본론, 결론은 다음과 같이 작성할 수 있다.

서론 (주의 환기)	학생들이 학습의 동기를 유발하는 것은 문제를 해결하는 데 중요한 출발점이 될 수 있다. 이러한 학생들의 동기를 유발하기 위해서는 다양한 동기 이론에 대한 이해가 필요하다. 따라서, 학생의 **IQ에 기반을 둔** '**기대×가치 이론**'과 Maslow의 '**욕구위계 이론**'을 **설명하고** 그 교육적 의의를 논하고자 한다.
본론	1) 지능검사의 특성 　① 측정오차 　② 상대적 평가 　③ 유동성 2) 기대×가치 이론 　① 성공에 대한 기대: "내가 이 과제를 할 수 있을까" 　　→ 목표, 능력과 자기도식에 대한 판단, 과제 난이도에 대한 지각, 정서적 기억 등에 영향 받음 　② 가치: "내가 왜 이 과제를 해야 하지" 　　→ 내재적 흥미, 과제 자체의 중요성, 미래에의 효용성, 비용 등에 영향 받음 3) 매슬로우의 욕구위계 이론 　① 생리적 욕구 　② 안전 욕구 　③ 소속감 욕구 　④ 자아존중감 욕구 　⑤ 자아실현 욕구
결론 (요약 및 주장)	교사는 학생의 동기를 유발할 수 있도록 노력하고, 학생의 기대와 가치를 동시에 높이고 학생의 욕구를 높혀 문제 해결력에 도움을 주어야 한다.

2. 2014학년도 중등교사 임용 시험 교육학 기출

다음은 A 중학교 초임 교사인 박 교사와 경력 교사인 최 교사의 대화 내용이다. 다음 대화문을 바탕으로 학생들이 수업에서 소극적으로 행동하는 문제를 2가지 관점(① 잠재적 교육과정, ② 문화실조)에서 진단하고, 수업에 소극적인 학생들의 학습동기를 유발하기 위한 방안을 3가지 측면(① 협동학습 실행, ② 형성평가 활용, ③ 교사 지도성 행동)에서 각각 2가지씩만 논하시오. [총 20점]

박 교사: 선생님께서는 교직 생활을 오래 하셨으니 학교의 일상적인 업무뿐만 아니라 가르치는 일에서도 큰 어려움이 없으시죠? 저는 새내기 교사라 그런지 아직 수업이 힘들고 학교 일도 낯섭니다.

최 교사: 저도 처음에는 선생님과 마찬가지로 교직 생활이 힘들었지요. 특히 수업 시간에 반응을 잘 보이지 않으면서 목석처럼 앉아 있는 학생이 있을 때는 어떻게 해야 할지 모르겠더군요.

박 교사: 네, 맞아요. 어떤 학급에서는 제가 열심히 수업을 해도, 또 학생들에게 질문을 던져도 몇몇은 그냥 고개를 숙인 채 조용히 있습니다. 심지어 어떤 학생은 수업 시간에 아예 침묵으로 일관하기도 하고, 저와 눈도 마주치지 않으려고 해요. 또한 가정환경이 좋지 않은 몇몇 학생은 다양한 문화적 경험을 가질 기회가 상대적으로 부족해서 그런지 수업에 관심도 적고 적극적으로 참여하지도 않는 것 같아요.

최 교사: 선생님의 고충은 충분히 공감해요. 그렇다고 해서 수업 시간에 학생들을 그대로 방치해서는 안됩니다. 교육적으로 바람직하지 않아요.

박 교사: 그럼 수업에 소극적인 학생들을 적극적으로 참여시킬 수 있는 동기 유발 방안을 고민해 보아야겠네요. 이를테면 수업방법 차원에서 학생들끼리 서로 도와 가며 학습하는 형태로 수업을 진행하면 어떨까요?

최 교사: 그거 좋은 생각이네요. 다만 학생들끼리 함께 학습을 하도록 할 때는 무엇보다 서로 도와주고 의존하도록 하는 구조가 중요하다는 점을 유의해야겠지요. 그러한 구조가 없는 경우에는 수업활동에 열심히 참여하지 않는 학생들이 많아진다는 문제가 발생할 수 있어요.

박 교사: 아, 그렇군요. 그런데 선생님, 요즘 저는 수업방법뿐만 아니라 평가에서도 고민거리가 있어요. 저는 학기 중에 수시로 학업성취 결과를 점수로 학생들에게 알려 주고 있는데요. 이렇게 했을 때 성적이 좋은 몇몇 학생들을 제외하고는 나머지 학생들은 자신의 성적을 보고 실망하는 것 같아요.

최 교사: 글쎄요. 평가 결과를 선생님처럼 그렇게 제시할 수도 있겠죠. 하지만 학습동기를 유발하기 위해서는 평가를 어떻게 활용하느냐가 중요해요.

박 교사: 그렇군요. 그런데 제가 보기에는 학생들의 수업 참여 정도가 교사의 지도성에 따라서도 다른 것 같아요.

최 교사: 그렇죠. 교사의 지도성 행동에 따라 달라질 수 있죠. 그래서 교사는 지도자로서 학급과 학생의 상황을 고려하여 학생들의 학습동기를 불러일으킬 수 있는 지도성을 발휘해야겠지요.

박 교사: 선생님과 대화를 하다 보니 교사로서 더 고민하고 노력해야겠다는 생각이 듭니다.

최 교사: 그래요. 선생님은 열정이 많으니 잘하실 거예요.

배점
• 답안의 논리적 구성 및 표현 [총 5점] • 논술의 내용 [총 15점] 　– 잠재적 교육과정 관점에서의 진단 [3점] 　– 문화실조 관점에서의 진단 [3점] 　– 협동학습 실행 측면, 형성평가 활용 측면, 교사 지도성 행동 측면에서의 동기 유발 방안 논의 [9점]

📋 백청일 교수의 분석 내용

서론	1. 학습동기는 수업에의 집중, 학습과제 해결을 위한 노력 등에 영향을 미치므로, 학업 성취를 결정하는 중요한 요인이 된다. 2. 교사가 수업 목표를 효율적으로 달성하기 위해서는 학생들의 학습동기를 유발하고 이를 유지하기 위해 노력해야 한다. 3. 학생들의 학습동기를 높이기 위해서는 잠재적 교육과정과 문화실조론의 입장에서 학습동기를 낮추는 요인을 분석하고, 소극적인 학생들의 학습동기를 유발하기 위한 방안을 협동학습 실행, 형성평가 활용, 교사의 지도성 행동이라는 측면에서 논하고자 한다.
본론	1) 잠재적 교육과정의 관점 　① 군집성 　② 평가 2) 문화실조론 　① 언어능력의 부족 　② 낮은 학습능력 3) 자기결정성 이론 　① 유능감 　② 자율성 　③ 관계성 4) 협동학습 　① 과제의 분담 　② 집단 보상 제공 5) 형성평가 　① 학습을 위한 기회 및 자료를 제공 　② 평가의 결과에 대한 구체적 및 긍정적인 피드백 제공 6) 교사의 지도성 행동 　① 교사와 학생들이 서로 배려하고 존중하는 학습 환경 조성 　② 개방형 질문 활용
결론	학생들의 동기 수준에 맞는 학습동기 유발 방안을 활용하여 학습효과를 극대화하여야 한다.

3. 2014학년도 중등교사 임용 시험(추시) 교육학 기출

다음은 A 고등학교의 최 교사가 작성한 성찰 일지의 일부이다. 일지 내용을 바탕으로 철수의 학교 부적응 행동의 원인을 청소년 비행 이론에서 2가지만 선택하여 설명하고, 철수의 학교생활 적응을 향상시키기 위한 상담 기법을 2가지 관점(① 행동중심 상담, ② 인간중심 상담)에서 각각 2가지씩만 논하시오. 그리고 최 교사가 수업 효과성을 높이기 위하여 선택한 2가지 방안(① 학문중심 교육과정 이론에 근거한 수업 전략, ② 장학 활동)에 대하여 각각 논하시오. [총 20점]

일지 #1 2014년 4월 ○○일 ○요일

우리 반 철수가 의외로 반 아이들과 잘 지내지 못하는 것 같아 마음이 쓰인다. 철수와 1학년 때부터 친하게 지냈다는 학급 회장을 불러서 이야기를 해보니 그렇지 않아도 철수가 요즘 거칠어 보이는 동네 친구들과 어울려 다니는 모습을 자주 보게 되어 학급 회장도 걱정을 하던 중이라고 했다. 그런데다 철수가 반 아이들에게 괜히 시비를 걸어 싸움이 나게 되면, 그럴 때마다 아이들이 철수를 문제라고 하니까, 그 말을 들은 철수가 더욱 더 아이들과 멀어지고 제멋대로 행동한다고 한다. 오늘도 아이들과 사소한 일로 다투다가 갑자기 소리를 지르고 물건을 던지고는 교실에서 나가 버렸다고 한다. 행동이 좋지 않은 친구들과 몰려다니며 그 아이들의 행동을 따라서 철수의 행동이 더 거칠어진 걸까? 1학년 때 담임 선생님 말로는 가정 형편이 그리 넉넉하지 않고 부모님이 철수에게 신경을 쓰지 못함에도 불구하고 행실이 바른 아이였다고 하던데, 철수가 왜 점점 변하는 걸까? 아무래도 중간고사 이후에 진행하려고 했던 개별 상담을 당장 시작해야겠다. 그런데 철수를 어떻게 상담하면 좋을까?

일지 #2 2014년 5월 ○○일 ○요일

중간고사 성적이 나왔는데 영희를 포함하여 몇 명의 점수가 매우 낮아서 답안지를 확인해 보았다. OMR 카드에는 답이 전혀 기입되어 있지 않거나 한 번호에만 일괄 기입되어 있었다. 아이들이 시험 자체를 무성의하게 본 것이다. 점심시간에 그 아이들을 불러 이야기를 해보니 학교에서 배우는 내용이 대학 진학을 하지 않고 취업할 본인들에게는 전혀 쓸모없이 느껴진다고 했다. 특히 오늘 내 수업 시간에 휴대 전화만 보고 있어서 주의를 받았던 영희의 말이 아직도 귀에 생생하다. "저는 애견 미용사가 되려고 하는데, 생물학적 지식 같은 걸 배워서 뭐 해요? 내신 관리를 해야 하는 아이들조차 어디 써먹을지도 모르는 개념을 외우기만 하려니까 지겹다고 하던데, 저는 얼마나 더 지겹겠어요."라고 말하는 것이었다. 학교에서 배우는 기초 지식이나 원리가 직업 활동의 근간이 되기도 한다는 것을 어떻게 아이들이 깨닫게 할 수 있을까? 내가 일일이 다 설명해 주지 않아도 아이들이 스스로 교과의 기본 원리를 찾을 수 있게 하려면 어떤 종류의 과제와 활동이 좋을까? 이런 생각들로 머릿속이 복잡하던 중에, 오후에 있었던 교과 협의회에서 수업 전문성 개발을 위한 장학 활동을 몇 가지 소개받았다. 이제 내 수업에 대해 차근차근 점검해 봐야겠다.

배점
• 답안의 논리적 구성 및 표현 [총 5점]
• 논술의 내용 [총 15점]
– 청소년 비행 이론 관점에서의 설명 [3점]
– 행동중심 상담 관점에서의 기법 논의 [3점]
– 인간중심 상담 관점에서의 기법 논의 [3점]
– 학문중심 교육과정 이론에 근거한 수업 전략 논의 [3점]
– 교사 전문성 개발을 위한 장학 활동 논의 [3점]

📋 백청일 교수의 분석 내용

서론	교사는 생활지도, 교수 – 학습지도, 학급경영 등을 통하여 차별접촉 이론과 낙인 이론에 근거하여 철수의 문제 행동의 원인을 설명하고, 철수가 문제 행동에서 벗어날 수 있도록 돕는 방안을 행동중심 상담과 인간중심 상담 이론에 토대하여 제시하고, 학문중심 교육과정 이론에 근거하여 학생들이 교과의 기초 지식과 원리를 찾는 데 도움을 줄 수 있는 수업 전략을 제시하고, 교사의 수업 전문성 신장을 위한 장학 방법으로 자기 장학과 컨설팅 장학에 대해 논하고자 한다.
본론	1) 차별접촉 이론 2) 낙인 이론 3) 상담 기법 　① 상반행동의 강화 　② 행동계약 　③ 내담자 중심 4) 학문중심 교육과정 　① 학생들이 관심을 가질 수 있는 다양한 직업 활동의 구체적인 사례들을 주고 이와 관련된 학습 자료와 도움을 제공한다. 　② 최 교사의 인도하에 학생들 스스로 탐구와 추론을 통해 사례와 관련된 기초 지식이나 원리를 찾도록 하고, 이를 다른 구체적 사례에 적용해 보도록 함으로써 기초 지식과 원리가 직업 활동의 토대가 된다는 것을 깨닫도록 한다. 5) 장학 　① 자기 장학 　② 컨설팅 장학
결론	학문중심 교육과정 이론이 제안하는 발견 – 탐구 학습을 활용하면 학생들이 기초 지식과 원리가 직업 활동의 토대가 된다는 것을 깨닫도록 할 수 있으며, 자기 장학과 컨설팅 장학을 활용하면 교사가 자발적으로 수업 전문성을 신장시킬 수 있다.

4. 2015학년도 중등교사 임용 시험 교육학 기출

다음은 A 중학교의 학교 교육계획서 작성을 위한 워크숍에서 교사들의 분임 토의 결과의 일부를 교감이 발표한 내용이다. 이 내용을 바탕으로 A 중학교가 내년에 중점을 두고자 하는 1) 교육목적을 자유교육의 관점에서 논하고, 2) 교육과정 설계 방식의 특징, 3) 학습동기 향상을 위한 학습 과제 제시 방안, 4) 학습조직의 구축 원리를 각각 3가지씩 설명하시오. [총 20점]

이번 워크숍은 우리 학교의 교육에서 드러난 몇 가지 문제점을 확인하고, 개선 방안을 제시하는 방식으로 진행되었습니다. 주요 내용을 말씀드리면 다음과 같습니다.

먼저, 교육목적에 관한 문제점과 개선 방안입니다. 우리 학교는 학생들의 합리적 정신을 계발하기 위해 지식 교육을 추구해 왔습니다. 그런데 지난해 도입된 국어, 수학, 영어 교과에 대한 특별 보상제 시행으로 이들 교과의 성적은 전반적으로 상승하였지만, 학교가 추구하고자 한 것과 달리 반별 경쟁에서 이기거나 포상을 받기 위한 것으로 교육목적이 왜곡되는 경향이 있었습니다. 이러한 교육목적의 왜곡으로 인하여 교사는 주로 문제 풀이식 수업이나 주입식 수업을 하게 되었고, 학생들은 여러 교과에 스며 있는 다양한 사고방식을 내면화하지 못하는 결과가 초래되었습니다. 이러한 문제점을 보완하기 위하여 내년에는 교육 개념에 충실한 지식 교육, 즉 자유교육(liberal education)의 이상을 구현하는 데 중점을 두고자 합니다.

다음으로, 교육과정 설계 방식 및 수업 전략에 관한 문제점과 개선 방안입니다. 교육과정 설계 방식 측면에서, 종전의 방식은 평가 계획보다 수업 계획 중심으로 설계되어 있어서 교사가 교과의 학습 목표에 비추어 학생들이 배우는 내용을 올바르게 이해하였는지를 확인하는 데 한계가 있었습니다. 교사는 계획한 진도를 나가기에 급급한 나머지, 학생들의 학습 결손을 예방하지 못하였습니다. 내년에는 학생들의 학습 목표 달성 정도를 확인하는 데 유용한 교육과정 설계를 하고자 합니다. 또한 수업 전략 측면에서 볼 때, 수업에 흥미를 잃어 가는 학생들이 있음에도 불구하고 교사는 학생들의 학습동기를 높일 수 있는 전략을 적극적으로 사용하는 데 소홀했습니다. 수업 상황에서 학생들이 배워야 할 학습 과제 그 자체는 학생들에게 흥미로울 수도 있고 그렇지 않을 수도 있습니다. 교사가 수업에 흥미를 잃은 학생들에게 학습 과제를 어떻게 제시하느냐에 따라 학습동기를 높일 수 있습니다. 내년에는 이들의 학습동기를 향상할 수 있는 학습 과제 제시 방안을 마련하는 데 관심을 기울이고자 합니다.

내년에 우리 학교는 교육 개념에 충실한 지식 교육을 하고, 학생들의 학업 성취와 학습동기를 향상하는 데 좀 더 세심한 관심을 가져야 할 것입니다. 이 일의 성공 여부는 교사가 변화의 주체로서 자발적인 노력을 얼마나 기울이느냐에 달려 있습니다. 그래서 우리 학교는 교사 모두가 교육 활동에 능동적으로 참여하여, 지식과 학습 정보를 서로 공유하면서 지속적으로 변화해 가는 학습조직(learning organization)을 구축하고자 합니다.

배점

- 논술의 내용 [총 16점]
  - 자유교육 관점에서의 교육목적 논술 [4점]
  - 교육과정 설계 방식의 특징 3가지 설명 [4점]
  - 학습동기 향상을 위한 학습 과제 제시 방안 3가지 설명 [4점]
  - 학습조직의 구축 원리 3가지 설명 [4점]
- 답안의 논리적 구성 및 표현 [총 4점]

백청일 교수의 분석 내용

서론	학교가 추구하는 교육목적과 이를 실현하기 위한 교육과정 설계 방식, 교사가 사용하는 수업전략 및 학교조직의 운영 방식은 학생들의 학습동기와 학업성취뿐만 아니라 삶에도 영향을 미치므로 이에 대한 신중한 선택이 요구된다. 이에 대한 A 중학교가 추구하고자 하는 교육목적을 자유교육의 관점에서 논하고, 학생들의 학습 목표 달성 정도를 확인하는 데 유용한 교육과정 설계 방식으로 선정하고자 하는 백워드 교육과정 설계의 특징을 제시하고, 켈러(Keller)의 ARCS 이론에 근거하여 학생들의 학습동기를 높일 수 있는 학습 과제 제시 방안을 제안하고, 학교를 학습조직으로 구축할 수 있는 원리에 대하여 논하고자 한다.
본론	1) 자유교육이 추구하는 교육목적 ① 교육의 내재적 목적을 추구 ② 각 학문의 기본적인 개념과 원리인 지식의 형식을 내면화하여 세상과 삶을 이해할 수 있는 지적 안목을 형성할 수 있도록 하는 데 초점을 둠 ③ 세상과 삶에 대한 지적 안목을 토대로 합리적 마음을 계발하여 좋은 삶을 살 수 있도록 하는 데 궁극적인 목적을 둠 2) 백워드 교육과정 설계 ① 성취 목표를 확인하고 진술 ② 목표 확인 후 평가 계획을 수립 ③ 평가 계획에 근거하여 수업 계획을 작성 3) 켈러(Keller)의 ARCS 이론의 학습동기를 높일 수 있도록 학습 과제 ① 시청각 매체 등 다양한 매체를 활용 ② 현실에서 부딪칠 수 있는 실제적 과제 ③ 학습 과제를 쉬운 것에서 어려운 것 순으로 조직 4) 학습조직 원리 ① 교사 모두가 공유할 수 있는 비전을 확립 ② 교사들의 전문성을 중심으로 팀을 구성하고 팀 학습 ③ 팀 학습의 결과를 학교 전체가 공유하도록
결론	학교의 교사들이 모두 참여하여 학교의 비전을 확립하고, 전문성에 근거하여 팀을 나눈 후에 팀 학습을 하고 이 결과를 학교 전체가 공유하도록 하는 학습조직은 교사 개개인의 발전뿐만 아니라 학교 전체의 변화를 촉진하는 데 기여할 수 있다.

03 답안지에의 적용: 서론, 본론, 결론

1. 서론 쓰기

 핵심포인트

서론은 세 문장으로 쓴다. (답안지에서 3~5줄 정도)

(1) 글쓰기

① 주의 환기

② 문제 제기

③ 방향 제시

(2) 글의 분량

시험 답안지를 기준으로 살펴보면, 글의 분량은 다음과 같다. 답안지에서 표시된 부분 정도까지 작성하는 연습을 해본다.

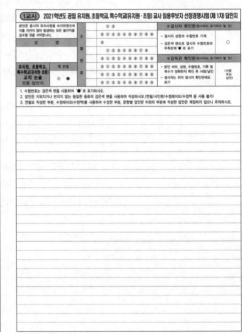

2. 본론 쓰기

 핵심포인트

> 본론은 다음 장 윗 부분까지 쓰는 것이 좋다.

(1) 글쓰기

① 본론에서는 각 단락의 첫 문장(주제문)이 중요하다.

② 한 단락은 두 문장 이상이어야 한다.

③ 본론에서는 주제문 다음에 꼭 논의 문장을 쓴다.

④ 본론에서는 핵심키워드로 주제문을 작성해야 한다.

⑤ 본론에서는 구체적인 논거를 제시한다.

(2) 글의 분량

시험 답안지를 기준으로 살펴보면, 글의 분량은 다음과 같다. 답안지에서 표시된 부분 정도까지
작성하는 연습을 해본다.

3. 결론 쓰기

 핵심포인트

결론은 주장으로 세 문장 이내로 쓴다. (답안지에서 3~4줄 정도)

(1) 글쓰기

① 결론의 첫 문장이 가장 큰 주장이다.

② 결론에서는 접속사를 사용하지 않는다.

(2) 글의 분량

시험 답안지를 기준으로 살펴보면, 글의 분량은 다음과 같다. 답안지에서 표시된 부분 정도까지 작성하는 연습을 해본다.

유아 교직논술의 적용

01 2009년 유아 임용 시험 기출 변형

교사의 전문성 신장과 관련하여 1) 교수 능력 향상을 위한 자기 장학의 필요성을 논하고, 2) 다음의 수업 사례에 나오는 김 교사가 자기 장학을 한다고 할 때, 사례에 나타난 문제점 중 3가지를 찾아서 각각의 개선 방안을 제시하시오. 그리고 3) 찾아낸 문제점 중 하나를 택하여 그에 대한 자기 장학 계획(목표, 내용, 방법)을 작성하고, 효과적인 자기 장학 방법을 2가지를 쓰고, 그 이유에 대하여 논하시오. [총 20점]

김 교사의 학급은 만 4세 유아 20명으로 구성되어 있다. 김 교사가 유아들에게 모두 모이라고 하자, 유아들은 교실 바닥에 자기 이름표가 붙은 자리에 앉았다. 유아들이 계속 떠들자 김 교사는 손 인형으로 주의를 집중시켰다.

김 교사가 "사람들이 사용하는 기계와 도구에는 어떤 것이 있을까?"라고 질문하였다. 유아들의 반응이 없자, 다시 한번 같은 질문을 하였다. 한 유아가 "인형, 레고"라고 대답하자, 김 교사는 "아니야, 사람들이 사용하는 기계와 도구는 청소기, 세탁기, 가위, 칼 등이야."라고 말했다.

김 교사는 '기계와 도구' 글자 카드를 한 장씩 보여주면서, 각각의 용도를 설명해 주었다. 설명이 끝난 후, 김 교사는 "이제 글자 카드를 기계와 도구로 나누어 보자."고 말하였다. 그러자 일부 유아들은 친구와 떠들기 시작하였고, 영철이는 바닥에 드러누웠다. 김 교사는 '기계와 도구' 글자 카드를 융판에 분류해서 보여준 후, 활동을 끝냈다.

배점

- 논술의 내용 [총 15점]
  - 교수 능력 향상을 위한 자기 장학의 필요성 5가지 [5점]
  - 수업 사례의 3가지 문제점과 각각의 개선 방안 [6점]
  - 한 가지 문제점에 대한 자기 장학 계획 [2점]
  - 자기 장학의 방법을 쓰고, 그 이유를 서술하시오. [2점]
- 논술의 체계 [총 5점]
  - 글의 논리적 체계성 [3점]
  - 맞춤법 및 어휘 · 문장의 적절성 [2점]

1. 서론, 본론, 결론으로 글쓰기

(1) 서론 쓰기

구분	본인 작성 글	백청일 교수의 첨삭 내용
주의 환기	최근 유치원 교육에서 자기 장학에 대한 인식이 증가하고 있다.	
문제 제기	이러한 인식에도 불구하고 유치원 교육 현장에서 자기 장학에 따른 문제가 발생하고 있다.	
방향 제시	이러한 문제를 해결하기 위하여 자기 장학의 필요성과 수업 사례의 문제점 및 개선 방안을 살펴보고 자기 장학 계획에 대하여 논의하고자 한다.	이러한 문제를 해결하기 위하여 자기 장학의 필요성과 제시된 사례의 문제점과 해결 방안을 제시하고, 한 가지 문제점에 대한 자기 장학 계획에 대하여 논의하고자 한다.

(2) 본론 쓰기

구분	본인 작성 글	백청일 교수의 첨삭 내용
본론 1단락	자기 장학의 필요성을 2가지로 제시할 수 있다. 자기 장학은 교사의 전문성 신장을 위하여 필요하다. 이는 교사가 반성적으로 사고하는 과정을 통하여 전문적 능력을 향상시킬 수 있기 때문이다.	자기 장학의 필요성을 두 가지로 제시할 수 있다.
	또한 수업의 질을 높이기 위하여 필요하다. 이는 교사 스스로 자신의 수업을 발전시키기 위하여 연구하고 노력함으로써 더 나은 수업을 유아들에게 제공할 수 있기 때문이다.	또한,
본론 2단락	제시된 수업 사례의 문제점과 개선 방안을 3가지로 제시할 수 있다. 첫째, 유아들에게 고정된 자리에 앉도록 한 점이다. 이는 유아 자신이 앉고 싶은 자리를 선택하여 앉는 유아의 자율성을 침해하기 때문이다. 개선 방안으로 유아 자신이 앉고 싶은 자리를 선택하여 앉을 수 있도록 자리 선택에 자유를 준다.	제시된 수업 사례의 문제점과 개선 방안을 세 가지로 제시할 수 있다. 첫째, _____. 개선 방안은 유아 자신이 앉고 싶은 자리를 선택하여 앉을 수 있게 한다.
	둘째, 유아의 대답에 '아니야'라는 부정적 반응을 한 점이다. 이는 유아들로 하여금 자신의 의견에 대한 자신감을 잃게 하기 때문이다. 개선 방안으로 교사는 유아들의 대답에 개방적이고 수용적인 태도로 반응하여 유아들이 자유롭게 자신의 의견을 제시할 수 있도록 한다.	둘째, _____. 개선 방안은 교사가 유아들에게 긍정적으로 반응한다.

| 본론
2단락 | 셋째, 글자 카드를 보여주며 설명한 점이다. 이는 언어능력이 완전하지 않은 유아들의 발달 능력을 고려하지 않은 것이기 때문이다. 해결 방안은 글자 카드에 맞는 실제 사진을 준비해 보여주는 것이다. | 셋째,
＿＿＿＿＿＿＿＿＿＿＿＿＿＿＿.
이는 언어적 이해력이 부족한 유아에게 어렵기 때문이다. 개선 방안은 글자 카드에 맞는 구체물을 보여준다. |
| 본론
3단락 | 세 번째 문제점에 대한 자기 장학을 목표, 내용, 방법으로 제시할 수 있다. 목표는 (구체물을 이용하여) 직접 분류하게 한다. 내용은 바깥 놀이 용품, 요리 도구와 기계 등 다양한 구체물을 활용한다. 방법은 전문 서적을 읽어 구체물을 활용한 수업을 연구한다. | |

(3) **결론 쓰기**

구분	본인 작성 글	백청일 교수의 첨삭 내용
결론	유치원 교육 현장에서는 자기 장학에 따른 인식을 활성화하여야 한다. 따라서 교사는 자기 장학에 대한 전문성을 신장한다.	유치원 현장에서 자기 장학을 활성화하여야 한다. 교사는 자기 장학에 대한 전문성을 신장한다.

Chapter 4

개요 작성하기

01 개요의 의미

1. 개요의 역할

개요란 글을 쓰기 전에 글의 소재나 중심 내용을 일관성 있게 도식화하는 작업이다. 논술문을 잘 작성하기 위해서는 자료들 간의 관계를 더욱 체계적이고 상세하며 일관성 있게 유지해야 하는데, 개요가 바로 그 역할을 한다. 논술 시험을 치를 때면 평소에 잘 알던 것도 두서없이 적거나 일정한 체계 없이 나열하기 쉬운데 개요를 작성함으로써 이러한 실수를 막을 수 있다.

2. 개요 작성 준비

먼저 자료들의 관계가 대등한 관계인지, 포함하고 포함되는 관계인지, 인과관계인지, 순서를 따르는 관계인지에 따라서 대항목(하나의 주제를 크게 둘 이상의 대등한 항목으로 나눈 것), 중항목(대항목을 뒷받침하는 자료를 세분할 때, 하위 영역에 속하는 주제), 소항목(중항목을 뒷받침하는 구체적 항목)으로 분류하여 차례를 정한다.

3. 개요의 효과 및 글쓰기

개요를 작성하면 글 전체의 주제와 쓴 글의 내용을 쉽게 비교할 수 있고, 이를 통해 틀린 부분을 수정할 수도 있다. 개요와 전체 글은 일치해야 한다. 흔히 처음 논술을 시작하는 경우, 개요와 글의 내용이 동떨어져 있는 경우가 많다. 이는 글 쓰는 사람이 개요 작성에 주의를 기울이지 않았거나 개요에 따라 글을 쓰는 습관이 되어 있지 않기 때문이다.

02 개요작성법

1. 서론

 핵심포인트

서론에서는 문제 제기하며, 역삼각형 구조(일반적인 내용 → 구체적 논점의 내용)를 지닌다.

(1) 논점에 대한 일반적 내용으로 동기 유발한다.

(2) 일반적 내용을 축소하여 논점과 관련된 문제제기를 제시한다.

(3) 본론에서 다루게 될 내용을 밝힌다.

2. 본론

핵심포인트

본론에서는 문제의 원인 및 해결 방안을 제시하며, 병렬식으로 구조화한다.

참고 병렬식 구조화: 문장의 재료를 시간적·공간적 순서를 밟지 아니하고, 항목별·단위별로 나열하여 서술해나가는 문장 구성 방식

(1) 사실(문제 현황 및 원인, 영향 등)에 대한 핵심키워드 중심으로 설명한다.

(2) 해결 방안을 핵심키워드로 제시한다.

① 논술자의 견해 및 견해의 정당성을 입증할 수 있는 논거 및 해결 방안 제시
　(통계자료, 전문가의 학설, 사례와 예화 등으로 타당성 강조)

② 해결 방안 또는 가장 타당한 견해

3. 결론

핵심포인트

결론에서는 주제의 재확인 및 제안을 하며, 삼각형 구조이다.

(1) 본론의 간단한 요약과 독자의 결심 촉구한다.

(2) 새로운 과제 또는 앞으로의 전망을 제시한다.

---

03 개요 작성과 단락 및 초안작성 용지의 활용

1. 개요 작성과 단락의 전개

논술을 잘 하기 위해서는 개요 작성과 단락(하나 이상의 문장이 모여서 하나의 중심 생각을 나타내는 글 단위)의 전개에 집중하는 것이 가장 좋은 방법이다. 논제를 파악하여 그에 맞는 개요를 작성하고, 그 개요에 따라 단락을 꾸며 그것을 전체 글에 통일성 있게 배치함으로써 한 편의 논술문이 완성된다.

(1) 우선적으로 논점의 주제 파악이 필요하다. 즉 출제자의 의도를 정확히 파악하라.(핵심키워드로 정리)

무엇을 원하고 있는지 방향을 바르게 잡는다면 1차 성공이다.

(2) 자료 수집이 이루어져야 한다.

주어진 논제와 관련된 자료를 하나씩 떠올리며 적어본 뒤, 그중 몇 개를 취사선택한다.

(3) **서론 – 본론 – 결론에 무엇이 와야 할지 생각한다.**

각 부분에 알맞은 세부적인 내용을 배치한다.

(4) **서론과 결론은 한 단락으로 해도 무방하지만, 본론은 여러 단락으로 나누어 서술하는 것이 모범적이다.**

2. 초안 작성 용지의 활용

제공되는 초안 작성 용지를 활용하여 글의 개요 및 답안의 초안을 작성해본다.

교직논술 초안 작성 용지 (샘플)

04 개요 작성을 완료한 후

1. 개요 작성 후 확인 사항

⑴ 논제와 개요(전체 시스템)가 일치하는가?

⑵ 서론, 본론, 결론의 내용이 적절한가?

⑶ 항목에 따라 비슷한 내용끼리 맞게 짜여 있는가?

⑷ 전체적인 구성 순서와 부분적 항목 순서가 적절한가?

⑸ 놓친 부분이 있거나 너무 거리가 먼 내용을 쓰지는 않았는가?

⑹ 논리성, 일관성, 통일성은 잘 이루어졌는가?

⑺ 개요도에 핵심키워드를 잘 구성하였는가?

답안 작성법

01 답안지 작성 방법의 기본

1. 답안 작성 시 유의 사항

(1) 글씨는 정자로 깨끗하게 써야 한다.

내용이 아무리 좋은 글이라 할지라도 처음 글을 봤을 때 글씨가 엉망이고 지저분하면 읽고 싶은 마음이 없어진다. 그만큼 글씨는 중요하다. 채점자들은 글을 쓴 사람이 얼마나 정성을 들여서 글을 썼는지도 파악한다. 따라서 자신이 말하고자 하는 바를 논리적으로 표현하는 것도 중요하지만 정성을 들여 깨끗하게 원고를 작성하는 것 역시 중요하다.

(2) 답안 작성법에 유의한다.

① 들여쓰기

㉠ 각 문단이 시작될 때는 들여쓰기를 한다.

㉡ 대화체의 경우는 들여쓰기를 한다.

㉢ 인용문이 길 때는 행을 따로 잡아 쓰되, 인용 부분 전체를 들여서 쓴다.

② 기타

㉠ 한자(漢字)로 쓸 때는 띄어 쓰지 않는다. 단, 한자와 한글이 함께 쓰이면 띄어 쓴다.

㉡ 한자를 잘못 써서 감점 당하는 일이 없도록 해야 한다.

㉢ 논술문 답안지에는 교정부호를 최소한으로 사용하는 것이 좋다. 교정부호 자체가 부정의 소지가 될 수 있기 때문이다. 따라서 정정하고자 할 때는 해당 부분에 두 줄을 긋고 그 위에 쓴다.

(3) 단락은 글에서 3~5개 정도가 적절하다.

(4) 논술문은 기본적으로 문어체이므로 구어에서 필요한 느낌표, 줄표, 말없음표 등은 쓰지 않는다.

(5) 인용문일 경우 따옴표를 쓰지 말고, 되도록 간접 인용을 한다.

(6) 고치고 싶은 부분은 두 줄(＝)을 긋고 그 위에 새 내용을 쓴다.

(7) 퇴고할 때 교정부호는 띄어쓰기 관계(∨,∧), 삭제(＝), 삽입(✓)만 사용한다.

02 글쓰기 기본 맞춤법

1. 띄어쓰기와 붙여쓰기

(1) 조사는 붙여 쓴다.

① **조사:** -처럼 / -부터 / -까지 / -밖에 / -같이 / -조차 / -마저 / -에서 / -보다 / -치고 / -는커녕 / -에서부터 / -조차도 / -야말로 / -마저도

[참고] 한글 맞춤법 제5장 제1절: 조사는 그 앞말에 붙여 쓴다.

예 꽃이	꽃마저	꽃밖에	꽃에서부터	꽃으로만
꽃이나마	꽃이다	꽃입니다	꽃처럼	어디까지나
거기도	멀리는	웃고만		

(2) 의존 명사는 띄어 쓴다.

① **의존 명사:** 그루 / 켤레 / 채 / 쪽 / 년(年) / 가지 / 분 / 이 / 바 / 따위 / 등 / 따름 / 터 / 때문

고득점 공략!

> **'대로', '만큼', '뿐'의 띄어쓰기**
>
> • **체언 + -대로 / -만큼 / -뿐:** 조사이므로 붙여 쓴다.
>   **예** 마음대로 / 너만큼 / 이것뿐
>
> • **용언 + 대로 / 만큼 / 뿐:** 의존 명사이므로 띄어 쓴다.
>   **예** 말하는 대로 / 좋아할 만큼 / 먹을 뿐

[참고] 한글 맞춤법 제5장 제2절: 의존 명사, 단위를 나타내는 명사 및 열거하는 말 등

ⓐ 의존 명사는 띄어 쓴다.

예 한 개	차 한 대	금 서 돈	소 한 마리
옷 한 벌	열 살	조기 한 손	연필 한 자루
버선 한 죽	집 한 채	신 두 켤레	북어 한 쾌

ⓑ 의존 명사에서 순서를 나타내는 경우나 숫자와 어울려 쓰이는 경우에는 붙여 쓸 수 있다.

예 두시 삼십분 오초	제일과	삼학년	육층
1446년 10월 9일	2대대	16동 502호	제1실습실
80원	10개	7미터	

ⓒ 수를 적을 적에는 '만(萬)' 단위로 띄어 쓴다.

예 십이억 삼천사백오십육만 칠천팔백구십팔
12억 3456만 7898

ⓓ 두 말을 이어 주거나 열거할 적에 쓰이는 말들은 띄어 쓴다.

예 국장 겸 과장	열 내지 스물	청군 대 백군	책상, 걸상 등이 있다
이사장 및 이사들	사과, 배, 귤 등등	사과, 배 등속	부산, 광주 등지

ⓔ 단음절로 된 단어가 연이어 나타날 적에는 붙여 쓸 수 있다.

예 그때 그곳	좀더 큰 것	이말 저말	한잎 두잎

ⓗ 의존 명사는 앞말과 띄어 쓰되, 다음의 경우는 윗말과 굳어 버린 것으로 보고 붙여 쓴다.

- **것**: 이것 / 저것 / 그것 / 아무것 / 이것저것 / 날것 / 생것
  참고 산∨것 / 가진∨것 / 해야 할∨것 / 어느∨것
- **번**: 이번 / 저번 / 요번 / 먼젓번 / 지난번 / 요전번
- **이**: 이이 / 저이 / 그이 / 늙은이 / 젊은이 / 못난이 / 사랑하는 이
  참고 저기 가는∨이는 누구인가?
  　　　우리의 마음을 아는∨이는 알 것이다.
- **분**: 이분 / 저분 / 그분 / 여러분
  참고 손님 두∨분
- **때**: 아침때 / 점심때 / 저녁때 / 이때 / 그때 / 접때
  참고 어려울∨때
- **편**: 이편 / 저편 / 그편 / 오른편 / 왼편 / 건너편 / 맞은편
  참고 너희∨편 / 우리∨편
- **쪽**: 동쪽 / 서쪽 / 남쪽 / 북쪽 / 위쪽 / 아래쪽 / 앞쪽 / 뒤쪽 / 양쪽 / 옆쪽 / 한쪽 / 반대쪽 / 오른쪽 / 왼쪽 / 겉쪽 / 안쪽 / 바깥쪽
  참고 '쪽'과 '편'이 동시에 이어질 때에는 띄어 쓴다.
  　　예 이편∨쪽 / 어느∨쪽∨편 / 어느∨편∨쪽

ⓢ 기 타

- **한편**
  - 부사일 경우에만 붙여 쓴다.
    예 그녀는 피아노를 배우는 **한편**, 틈나는 대로 뜨개질도 배운다.
  - '편'이 명사일 경우에는 띄어 쓴다.
    예 **한**∨**편**에서는 식사를 준비하고, 다른 **한**∨**편**에서는 텐트를 친다.
    　　한∨**편**의 글
- **뿐**
  - 체언에 붙을 때는 붙여 쓴다. [접미사]
    예 이 일을 해결할 사람은 너**뿐**이다. → 대명사에 붙음
    　　그녀를 치유할 약은 사랑**뿐**이다. → 명사에 붙음
    　　전남에는 고교 야구부가 하나**뿐**이다. → 수사에 붙음
    참고 이 글은 선인들의 생활 감정이나 풍류를 더불어 누린다는 점에서**뿐**∨아니라, 오늘을 사는 우리들의 시심을 형상화하는 장르로서 그 가치가 더욱 중요시된다.
    　　　→ 조사에 붙음
  - 용언에 붙을 경우에는 띄어 쓴다. [의존 명사]
    예 공부를 할∨**뿐**이다. → 동사 뒤에 붙음
    　　그저 황홀할∨**뿐**이다. → 형용사 뒤에 붙음
    　　그녀는 얼굴이 예쁠∨**뿐**만 아니라, 마음씨도 곱다. → 형용사 뒤에 붙음
    참고 '뿐만 아니다'도 '뿐'에 준하여 적는다.

- 밖에
  - '–뿐'의 뜻으로 쓰일 경우는 붙여 쓴다.(이 경우 반드시 부정어가 따름)
    - 예 사랑**밖에** 없다. → 사랑뿐이다.

      이 일을 할 사람은 너**밖에** 없다. → 너뿐이다.

      하나**밖에** 없는 귀한 아들 → 하나뿐인 아들이다.

      남은 것이라곤 그것**밖에** 없다. → 그것뿐이다.
  - '이외의' 뜻일 경우와 '안'과 상대적 의미로 '바깥'을 나타낼 때는 명사이므로 띄어 쓴다.
    - 예 이∨**밖에** 또 더하여 무엇하리.

      체육 대회에서 3반이 이긴 것은 예상∨**밖의** 일이었다.

      돌을∨**밖으로** 치워라.

      동구∨**밖**/서대문∨**밖**
- 대로
  - 체언 뒤에서는 붙여 쓴다.
    - 예 너는 너**대로**, 나는 나**대로**

      내가 한 약속**대로** 해 주었다.

      네 맘**대로** 행동하지 마라.
  - 용언 뒤에서는 띄어 쓴다.
    - 예 될 수 있는∨**대로** 쉬운 말로 써라.

      본∨**대로**, 느낀∨**대로**
- 중(中)
  - '도중'의 뜻으로 쓰일 경우는 붙여 쓴다.
    - 예 은연**중** 압력을 가했다.

      무심**중**에 일을 저질렀다.
  - '(무엇을) 하는 동안'이나 '여럿 가운데 하나'를 가리킬 경우에는 띄어 쓴다.
    - 예 식사∨**중**에 시끄럽게 해서는 안 된다.

      다음∨**중** 옳지 않은 것은?

      이것들∨**중**에서 골라라.

      사실과 의견∨**중** 어느 쪽인가?
- 판
  - 다른 명사와 결합하여 합성어를 만들 때는 붙여 쓴다.
    - 예 씨름**판** / 노름**판** / 살얼음**판**
  - 수 관형사 뒤에 붙어 '일의 수효'를 나타낼 때는 띄어 쓴다. [의존 명사]
    - 예 씨름 한∨**판** / 장기 한∨**판**
- 들
  - 명사나 (복수)대명사 뒤에 붙어 동일한 성질의 집합이 여럿임을 나타낼 때는 붙여 쓴다. [복수 접미사]
    - 예 사람**들**, 할 일**들**, 여느 여자**들**, 젊은 아이**들**, 그네**들**, 저희**들**, 우리**들**

– 부사나 용언의 활용꼴 뒤에 붙어 그 행위의 주체가 여럿임을 나타낸다.

   예 어서들 오세요.

   여기 앉아들 있어라.   2인칭 복수 생략

– 같은 무리에 속하는 것을 열거한 다음에 쓰여 '그와 같은 여러 가지'를 나타낼 때에는 띄어 쓴다. [의존 명사]

   예 소, 말, 개, 돼지V들은 가축이다. 사과, 배, 감V들이 먹음직스럽다.

• 등: '들'의 세 번째 항목과 같이 처리한다.

   예 거리에는 자동차, 버스, 오토바이V등이 달리고 있다.

(3) 두 말을 이어주는 부사도 띄어 쓴다.

   예 내지 / 및 / 겸 / 대

(4) 복합 명사는 띄어 쓰는 것이 원칙이다.

(5) 본용언과 보조 용언의 띄어쓰기는 자유롭지만, 글 전체에 일관성이 있어야 한다.

(6) 성과 이름, 성과 호 등은 붙여 쓰고, 덧붙이는 호칭어, 관직명 등은 띄어 쓴다. 다만, 성과 이름, 성과 호를 분명히 구분할 필요가 있을 경우에는 띄어 쓸 수 있다.

  참고 한글 맞춤법 제5장 제4절

예	김양수(金良洙)	서화담(徐花潭)	채영신 씨
	최치원 선생	박동식 박사	충무공 이순신 장군
	남궁억/남궁 억	독고준/독고 준	황보지봉(皇甫芝峰)/황보 지봉

03   주의해야 할 맞춤법

1. 자주 틀리는 맞춤법

(1) 부사의 끝음절이 분명히 〈이〉로만 나는 것은 〈-이〉로 적고, 〈히〉로만 나거나 〈이〉나 〈히〉로 나는 것은 〈-히〉로 적는다.

> 예) 깨끗**이** / 버젓**이** / 번번**이**
> 극**히** / 딱**히** / 정확**히** / 솔직**히** / 열심**히** / 가만**히**

(2) 지난 일을 나타내는 어미는 〈-더라 / -던〉으로 적고, 물건이나 일의 내용을 가리지 아니하는 뜻을 나타내는 조사와 어미는 〈-든지〉로 적는다.

> 예) 지난 겨울은 몹시 춥**더라**.   깊**던** 물이 얕아졌다.
> 배**든지** 사과**든지** 마음대로   가**든지** 오**든지** 마음대로 해라.

(3) 지위나 신분 또는 자격을 나타낼 때는 〈-로서〉로 적고, 어떤 일의 수단이나 도구를 나타내거나 어떤 물건의 재료나 원료를 나타낼 때는 〈-로써〉를 쓴다.

> 예) 그것은 교사**로서** 할 일이 아니다.   언니는 아버지의 딸**로서** 부족함이 없다고 생각했었다.
> 콩으**로써** 메주를 쑤다.   말**로써** 천 냥 빚을 갚는다고 한다.

(4) 이미 있는 상태 그대로 있다는 뜻을 나타내는 의존 명사 〈채〉로 적고, 그럴듯하게 꾸미는 거짓 태도나 모양을 나타낼 때는 〈체〉를 쓴다.

> 예) 옷을 입은 **채**로 물에 들어간다.   노루를 산 **채**로 잡았다.
> 애써 태연한 **체**를 하다.   나를 보고서도 그는 못 본 **체** 딴전만 피웠다.

(5) 기술자에게는 〈-장이〉, 그 외에는 〈-쟁이〉가 붙는 형태를 표준어로 삼는다.

> 예) 미**장이** / 간판**장이** / 땜**장이** / 양복**장이** / 옹기**장이** / 칠**장이**
> 겁**쟁이** / 고집**쟁이** / 떼**쟁이** / 멋**쟁이** / 골목**쟁이** / 개구**쟁이**

> **고득점 공략!**
>
> **'-쟁이'**
>
> '그것과 관련된 일을 업으로 하는 사람'의 뜻을 더하는 접미사로서의 〈-쟁이〉는 그런 사람을 낮잡아 이를 때 쓴다.
> 예) 관상**쟁이** / 그림**쟁이** / 중매**쟁이** / 점**쟁이**

(6) 한자 + 한자의 합성어에서는 사이시옷을 쓰지 않는다.

> (참고) 예외: 곳간(庫間), 셋방(貰房), 숫자(數字), 찻간(車間), 툇간(退間), 횟수(回數)

(7) 한자어의 음을 정확히 알고 쓴다.

> 예) 역할(役割), 재고(再考)

(8) '어떤 일을 전문적으로 / 잘하는 / 습관적으로 / 즐겨 하는 사람'이라는 뜻의 접미사 〈-군 / -꾼〉은 〈꾼〉으로 통일하여 적는다.

예 살림꾼 / 소리꾼 / 심부름꾼 / 낚시꾼 / 노름꾼 / 잔소리꾼 / 구경꾼 / 일꾼

2. 그 밖에 참고해야 할 한글 맞춤법

(1) 보조 용언(한글 맞춤법 제5장 제3절)

① 보조 용언은 띄어 씀을 원칙으로 하되, 경우에 따라 붙여 씀도 허용한다.
(ㄱ을 원칙으로 하고 ㄴ을 허용함.)

ㄱ	ㄴ
불이 꺼져 간다.	불이 꺼져간다.
내 힘으로 막아 낸다.	내 힘으로 막아낸다.
어머니를 도와 드린다.	어머니를 도와드린다.
그릇을 깨뜨려 버렸다.	그릇을 깨뜨려버렸다.
비가 올 듯하다.	비가 올듯하다.
그 일은 할 만하다.	그 일은 할만하다.
일이 될 법하다.	일이 될법하다.
비가 올 성싶다.	비가 올성싶다.
잘 아는 척한다.	잘 아는척한다.

② 다만, 앞말에 조사가 붙거나 앞말이 합성 동사인 경우, 그리고 중간에 조사가 들어갈 적에는 그 뒤에 오는 보조 용언은 띄어 쓴다.

예 잘도 놀아만 나는구나!　　　　　　　책을 읽어도 보고…….
네가 덤벼들어 보아라.　　　　　　　강물에 떠내려가 버렸다.
그가 올 듯도 하다.　　　　　　　　잘난 체를 한다.

(2) 고유 명사 및 전문 용어(한글 맞춤법 제5장 제4절)

① 성과 이름, 성과 호 등은 붙여 쓰고, 이에 덧붙는 호칭어, 관직명 등은 띄어 쓴다.

예 김양수(金良洙)　　　　　　서화담(徐花潭)　　　　　　채영신 씨
최치원 선생　　　　　　　박동식 박사　　　　　　충무공 이순신 장군

② 다만, 성과 이름, 성과 호를 분명히 구분할 필요가 있을 경우에는 띄어 쓸 수 있다.

예 남궁억 / 남궁 억　　　　　　독고준 / 독고 준　　　　　　황보지봉(皇甫芝峰) / 황보 지봉

③ 성명 이외의 고유 명사는 단어별로 띄어 씀을 원칙으로 하되, 단위별로 띄어 쓸 수 있다.
(ㄱ을 원칙으로 하고 ㄴ을 허용함.)

ㄱ	ㄴ
대한 중학교	대한중학교
한국 대학교 사범 대학	한국대학교 사범대학

④ 전문 용어는 단어별로 띄어 씀을 원칙으로 하되, 붙여 쓸 수 있다.
(ㄱ을 원칙으로 하고 ㄴ을 허용함.)

ㄱ	ㄴ
만성 골수성 백혈병	만성골수성백혈병
중거리 탄도 유도탄	중거리탄도유도탄

04 어법

1. 어법 관련 유의 사항

(1) **문장의 주 성분인 주어, 술어, 목적어, 보어의 호응관계를 명확히 한다.**

(2) **부속 성분끼리의 호응에도 유의한다.**
　　예 비록 - 일지라도 / 결코 - 하지 않는 / 하물며 - 하랴 / 왜냐하면 - 때문이다
　　아무리 - 한다 해도 / 만약 - 라면 / 그다지 - 하지 않은

(3) **높임법의 호응에 유의한다.**
　　단, 논설문의 기본 어조는 해라체임에 유의해서, 지나친 존대는 피해야 한다.

(4) **복문일 경우 술어의 시제가 서로 모순되지 않게 쓴다.**

(5) **'- 되다', '- 지다' 등의 피동문은 되도록 피한다.**

(6) **최상급 표현을 남용하지 않는다.**
　　예 가장 많이 / 결사반대 / 아주 / 굉장히 / 심각한 / 절대로 / 최고의

05 단어

1. 단어 사용 관련 유의 사항

(1) **단어의 의미 층위를 명확히 활용한다.**

> **예** 어머니−모친 / 아버지−부친 / 아우−동생 / 아내−처

(2) **외래어는 세련된 느낌을 주지만 남용해서는 안 된다.**

> **예** 잔치−연회−파티 / 식당−레스토랑−밥집

(3) **한자어는 비교적 경어법과 연관되므로 필요한 경우에만 사용한다.**

> **예** 사람들이 많이 죽은 꽤 비행기 사고가 났을 때, 그의 조모가 돌아가셨다.
> 마침 법정 스님의 입적 소식까지 듣게 되어, 작년에 운명하신 조부의 모습이 떠올랐다.
> 백부께서는 치아가 좋지 않으시다.
> 이를 잘 관리하자.
> 하이에나는 사자만큼 강한 이빨을 가졌다.

(4) **단어의 반의 관계를 명확히 파악해두면 유용하다.**

> **예** 거시적 사고는 미시적 사고와 대조적이다. 사안을 총체적이고 종합적으로 바라보는 거시적 사고는 세부적이고 부분적으로 진단하는…….

(5) **조사나 어미를 잘 활용하면 논리적 관계를 드러내기가 쉽다.**

> **예** 돌이는 영희를 좋아하는데 영희는 돌이를 좋아하지 않아서 돌이가 영희에게 전화를 걸어도 영희는 받으려고 하지 않는다.

(6) **추상어(관념어)를 사용할 때는 신중해야 한다. 꼭 필요할 때 쓰고 되도록 자세히 설명한다.**

> **예** 오늘날 보편화된 이데올로기란 말은 이전에는 신념이라고 부르던 것과 거의 같은 의미를 지니고 있다. 이데올로기라는 것은 공사의 일체 행동을 지도하는 하나의 신념 체계이며…….

(7) **대중 매체에서 사용하는 저널리즘의 어투를 사용하지 말아야 한다.**

저널리즘의 어투란 대중 매체, 즉 신문, 잡지, 텔레비전, 라디오 등에서 전달하고자 하는 내용을 좀 더 자극적으로 표현하기 위해 사용하는 말로서 대부분이 자의적이다. 이러한 어투는 논설문에서 어울리지 않으므로 삼가고 지시적이고 사실적인 어휘를 써야 한다.

> **예** 개인주의 → 개인 위주의 사고   황금만능주의 → 돈이면 무엇이든 다 된다고 생각하는 견해
> 배금주의 → 물질 중심의 사고   차원 → 수준
> **참고** 차원이라는 말은 일차원, 이차원, 삼차원 등에서만 사용된다.

(8) **영문은 외래어로, 외래어는 우리말로 쓰는 것이 좋다.**

> **예** TV → 텔레비전   캠페인 → 운동
> 알리바이 → 현장 부재 증명   팬터마임 → 무언극

(9) **한자어는 우리말로 쉽게 표현한다.**

> **예** 부단히 → 끊임없이   예측하다 → 미리 짐작하다
>
> 개입하다 → 끼어들다   야기하다 → 일으키다

(10) **같은 어휘를 중복 사용하거나 같은 내용을 반복, 부연하지 않도록 해야 한다.**

> **예** 김장 담그다 → 김장하다
>
> (참고) '김장'이라는 뜻이 '김치, 깍두기를 담그는 일'이므로 '김장 담그다'라는 말은 중복된 표현이다.
>
> 즉, 다시 말하면…
>
> (참고) '즉'과 '다시 말하면'은 같은 말이므로 둘 중에 하나를 생략해야 한다.

(11) **본디말로 써야 한다.**

> **예** 넌 → 너는   건 → 것은   게 → 것이
>
> −에선 → −에서는   간단치 → 간단하지

06   문장

1. 주어와 서술어

(1) 주어와 서술어의 수를 일치시킨다.

> **고득점 공략!**
>
> **주어와 서술어의 수**
>
> 주 1 술 1 주 2 술 2 = 주 3 술 3
>
> **예** 그가 말한 것은 전부 사실임이 확실하다.

(2) 주어가 생략되었어도 반드시 염두에 두고 문장을 써야 한다.

> **예** 살아가면서 좋은 일을 많이 해야 한다.

(3) 주어가 문장 중간에 있으면 좋은 느낌을 받을 수 없다.

> **예** 지금까지 부모님의 말씀을 거스른 적이 없던 그는 효자이다.

2. 수식어와 피수식어

(1) 체언 수식: 중의적인 표현으로 혼란스럽지 않도록 수식어의 위치에 각별히 신경 써야 한다.

> **예** 늙은 사또와 기생 / 아버지의 초상화

(2) 용언 수식: 의미가 중복되지 않도록 주의한다.

> **예** 뿌리 깊은 과외의 병폐를 완전히 근절하여야 한다.
>
> (참고) '근절'은 '뿌리째 없앤다'는 의미로, '완전히'와 의미상 중복되어 있다.

3. 시제와 높임법의 호응

(1) **시제**

> 예 그는 요즘 슬퍼지는 때가 있었다.
>
> 참고 요즘이므로 '있었다'를 '있다'로 수정해야 함

(2) **높임법**

> 예 그 선생님은 따님이 두 분 계시다. (○)
>
> 선생님은 딸이 두 명 있으시다. (○)

4. 어 순

(1) **문장 성분의 배열을 바꾸면 의미가 미묘하게 달라짐에 유의해야 한다.**

> 예 나는 어제 밥을 먹었다.
>
> 나는 밥을 어제 먹었다.

(2) **한 문장의 길이는 사용하는 답안지에서 두 줄 이상 넘어가지 않는 편이 좋다.**

고득점 공략!

논설문을 잘 쓰는 법

- **첫 번째, 의문문이나 청유문은 가능하면 피한다.**

  논설문은 논리적으로 자신의 주장을 펴는 글이기 때문에 스스로 묻고 대답하는 과정에서 오류에 빠질 가능성이 있는 의문문이나 청유문은 피하는 것이 좋다. 예를 들어 '그렇다면 인문·사회 과학에서는 전혀 법칙을 찾아낼 수 없는가? 그렇지는 않다.'라든지 '마지막으로 많은 종교인들이 반대하고 있는데, 그렇다면 종교적 관점에서 살펴보자.'와 같은 표현은 쓰지 않는 것이 좋다. 이러한 문장은 '인문·사회 과학에서도 법칙을 찾을 수 있다.'와 '마지막으로 많은 종교인들이 반대하고 있는데 이것을 종교적 관점에서 본다면 ~하다.' 정도로 고치는 것이 좋다.

- **두 번째, 신문, 잡지 등의 기사를 절대적인 논거로 삼지 않는다.**

  신문이나 잡지 기사에 실린 내용이라고 해서 반드시 객관성을 확보했다고 보장할 수 없다. 따라서 이러한 기사를 함부로 인용할 경우 논박의 대상이 될 수도 있으므로 논설문에는 사용하지 않는 것이 좋다.

- **세 번째, 문장은 짧게 쓴다.**

  문장이 길어지면 주술의 호응 관계를 맞추기가 어려워지고, 문장 성분을 빠뜨리는 경우가 많으므로 자연스럽지 못한 글이 될 수 있다. 그러면 설득력이 떨어지게 되므로 문장은 짧게 쓰도록 한다.

  > 예 …… 또한 모두 하나의 중심적인 개체 및 이들의 집합체를 취급한다는 공통된 특성으로 인하여 하나의 중심적 개체를 취급하는 데 있어서 비교적 구성 요소들로 분리하는 데 관심을 모은다는 것도 유사성이 있다.

  코멘트 위 문장은 너무 길어서 문장 끝부분에 가서는 무엇을 말하려고 하는지 명확하게 드러나지 않으므로, 한 문장에 하나의 생각이 들어가도록 문장을 나누어야 합니다. 이 문장의 의미가 명확하지 않은 또 다른 이유는 '개체', '취급', '분리' 등의 어려운 한자어를 많이 사용하고 있기 때문이니 이러한 단어는 쉬운 우리말로 고치는 것이 좋겠습니다.

- 네 번째, 누구나 다 아는 내용을 자신만이 알고 있다는 듯이 써서는 안 된다.

  '부자는 돈이 많은 사람이다.', '사람은 물 없이는 살지 못한다.'와 같이 누구나 다 아는 평범한 내용을 자신만 알고 있다는 듯이 진술해서는 안 된다. 또한 '윤리의 필요성'이라는 논제가 주어 졌을 때 누구나 아는 '윤리란 무엇인가'에 대한 일반론적인 진술을 지나치게 길게 해서 자기만 이 아는 듯이 써서는 안 된다.

- 다섯 번째, 가장 핵심적인 논점부터 쓰는 것이 좋다.

  본론부터 바로 쓰기 시작해야 한다. 여기서의 '본론'이란 서론·본론·결론의 본론이 아니라 '하고 싶은 얘기 있으면 본론만 말해.'라고 할 때의 본론을 의미한다. 가령 '영어 조기 교육'에 대한 글을 쓸 때 '영어 조기 교육에 대해 알아보는 것은 참으로 중요하다.'처럼 주위 환기나 문 제에 대한 당위를 제시할 필요 없이 영어 교육의 현 실태나 영어 조기 교육이 필요한 원인 분석 등을 바로 쓰는 것이 좋다.

- 여섯 번째, 자신의 글쓰기 과정을 나타내는 표현은 하지 말아야 한다.

  '환경 문제를 해결하기 위해 우리가 해야 할 일은 다음과 같다.', '앞서 문제점들을 여기서 살펴 보기로 하자.', '이상으로 살펴본 바와 같이', '앞서 말했듯이' 등과 같이 자신의 글쓰기 과정을 드러내는 표현은 논지를 펴는 데 불필요하므로 쓰지 말아야 한다.

- 일곱 번째, 사적인 신변담과 생활 체험은 구분해서 사용해야 한다.

  논설문 가운데 자신의 생활 체험과 관련지어 글을 쓰라고 하는 것이 있다. 생활 체험을 쓰라고 하는 것은 논지를 좀 더 쉽게 드러나게 하기 위해서이다. 따라서 경험을 진술하는 것이 논지를 약화시키거나 주제와 무관한 것일 때에는 사적인 신변담이 된다. 그러므로 생활 체험을 쓸 때 에는 그것이 글의 주제와 관련이 있는지를 생각해 보고 써야 한다.

- 여덟 번째, 생각의 깊이가 부족한 글은 쓰지 않도록 주의한다.

  생명 복제에 대한 자신의 의견을 쓰는데 '나는 생명 복제를 반대한다. 왜냐하면 생명은 소중하 기 때문이다.'라고 쓴다면 글쓴이의 자질을 의심할 수밖에 없다. 논설문의 목적은 논리적이고 합리적으로 자신의 견해를 제시하여 다른 사람을 설득해야 하는 것인데, 위의 문장은 원론적 인 말만 하고, 자신의 의견은 제시되어 있지 않기 때문이다. 많이 생각한 뒤에 글을 썼다면 생 명 복제를 반대하는 이유에 대한 여러 가지 의견을 제시했을 것이다.

- 아홉 번째, 단락구성에 나열식 전개 방식은 사용하지 말아야 한다.

  '첫째 …, 둘째 …, 셋째 …' 등 항목을 나열식으로 전개하는 나열식 구성 방식은 단락만 많아지 게 할 뿐 그다지 좋은 방법이 아니다. 또한 진부한 글쓰기 방법이므로 피하는 것이 좋다.

07 문단

1. 문단의 구성

문단은 주제문과 뒷받침 문장으로 이루어진다. 따라서 명확하게 개요를 짜두어야 문단을 쉽게 구성할 수 있다.

2. 자주 쓰이는 문단의 유형

(1) 서론, 본론, 결론에서의 유형

① 서론의 유형(수험논술에서는 가급적 피하는 것이 좋다.)

㉠ 시사적인 내용으로 시작하는 방식

> 예 최근 불어 닥친 IMF라는 한파는 우리의 생활방식을 여러 면에서 바꾸어 놓고 있다. 특히 실물 경제를 담당하고 있는 기혼 여성들에게는…….

㉡ 고사, 어구, 격언, 속담 등을 인용하며 시작하는 방식

> 예 공부하는 것은 물을 거슬러 배를 타고 올라가는 것과 같다는 말이 있다. 잠시 멈추는 것은 쉬는 것이 아니라 곧 퇴보하고 만다는 이야기이다.

㉢ 일정 어휘를 해석하거나 정의하며 시작하는 방식

> 예 최근 사회학자들에 의하면 성은 선천적으로 타고나는 생물학적인 성과 그렇게 살도록 교육되는 사회학적인 성으로 대별된다고 한다.

㉣ 일반적인 상식과 그에 반하는 주장으로 시작하는 방식

> 예 암탉이 울면 집안이 망한다는 말이 있다. 그러나 지식과 정보가 사회 발전을 선도하는 이러한 시대에 여성들의 사회 참여는…….

㉤ 제시문의 요구를 상기하며 시작하는 방식

> 예 생텍쥐페리의 『어린왕자』 중에 왕자와 여우가 만나는 대목이 있다. 왕자는 여우와 만나서…….

㉥ 통계적인 사실을 제시하며 시작하는 방식

> 예 현재 우리의 총 외채는 900억 달러라고 추산되고 있다.

② 본론의 유형

㉠ **열거법으로 쓰기:** 가장 초보적인 글쓰기 형태이므로, 아주 불가피한 경우가 아니면 되도록 다른 방식을 택해 본다. 흔히 연역법과 귀납법의 틀 안에서 사고할 때, 이 방식을 벗어나지 못한다. 요컨대 설명할 때 자주 쓰이는 방법이다.

㉡ **인과법으로 쓰기:** 논지의 일관성을 유지하는 데 가장 적합한 형태이다. 특히 글의 비중이 결론에 있거나 논증할 때 유용하게 방식이다.

㉢ **변증법으로 쓰기:** 흔히 변증법을 사용할 때 저지르기 쉬운 오류가 정(正)과 반(反)이 모여 합(合)에 이른다는 것이다. 합이란 두 테제(These)의 절충이 아니라, 두 테제와 반대되는 새로운 대안일 때 의의를 갖는다.

③ **결론의 유형:** 지나치게 상투적이고 도덕적인 마무리보다는 참신하고 현실적인 내용이 어울린다. 자칫 결론이 길어져 논지를 흐리지 않도록 분량은 서론보다 약간 적게 잡는다.

○ **본론의 요약**: 단순 요약이 아니라 내용 전체를 압축적·함축적으로 보여줄 수 있는 어구나 격언, 속담 등을 찾는 것이 효과적이다.

> **예** '천리 길도 한 걸음부터'라는 말이 있다. 우리가 당면한······.

○ **구체적인 대안이나 해결 방법 제시**: 너무 동떨어지고, 추상적인 것이 아니라 본론의 내용과 직접적으로 연관될 수 있는 것이 효과적이다.

> **예** 결국 우리는 자주적 국방력을 키우는 데 최선을 다해야 할 것이다.

© 개인적이거나 공적인 소망, 기원으로 결말을 짓는다.

> **예** 우리 사회가 더욱 여유 있고 인정미 넘치는 사회가 될 수 있었으면 한다.

3. 문단의 연결

① **순접**: 조건, 이유에 대한 결과

> **예** 그러니 / 그래서 / 그러므로

② **역접**: 대립, 대조되는 내용

> **예** 그러나 / 그렇지만

③ **첨가**: 부연, 해설할 때

> **예** 그리고 / 더구나

④ **전환**: 내용을 전환할 때

> **예** 한편 / 그런데

08 글의 진술방식

1. 설명

설명 진술 방식은 논제 분석 시 사용한다.

(1) 지시

설명을 위해 답을 직접 지정하는 방법을 말한다.

> **예** 『혈의 누』는 우리나라 최초의 신소설이다.

(2) 비교와 대조

공통점과 차이점을 이용한 방법을 말한다.

> **예** 자전거와 오토바이는 모두 이륜차이지만, 자전거에는 엔진이 없다.

(3) 정의

종차와 유개념을 통해 설명하는 방법을 말한다.

> **예** 고래는 수중에 사는 포유동물이다.
>
> (참고) '포유동물'은 고래를 포함하는 유개념이고, 여타 포유동물에 속하는 다른 종들과의 차이인 '수중에 서식함'이 종차가 된다.

(4) 분석

대상을 기능별로 세분하여 설명하는 방법을 말한다.

예 자전거는 페달, 안장, 체인 등으로 이루어져 있다.

(5) 분류

대상의 종류별로 묶어서 설명하는 방법을 말한다.

예 축구, 배구, 야구는 구기 종목이다.

2. 논증

논증 진술 방식은 자신의 주장을 증명하는 진술 방법으로, '주장 + 논거'의 형식을 띤다.

(1) 논거의 종류

논거는 사실 논거와 의견 논거(전문가, 권위자의 말)로 분류된다. 이 둘 중 어느 하나에 치우치지 말고 두 부류를 모두 사용해야 한다.

(2) 연역법

일반적인 원리를 근거로 특수한 사실을 증명해 보인다.

예 사람이란 누구나 욕심을 갖고 있다. 너도 사람이지? 너라고 욕심이 없겠니?

참고 상대방에게도 욕심이 있음을 논증해 보이고 있다.

(3) 귀납법

여러 구체적 사례를 통해 일반적인 원리를 증명한다.

예 미국도 이 법을 도입했고, 유럽 선진국들도 마찬가지였어. 선진국이라면 이 법을 도입하는 게 당연하지.

참고 선진국이면 자신이 지적한 법을 도입했음을 논증하기 위해 앞에 구체적 실례를 들었다.

(4) 유추법

두 사안이 지닌 유사점을 근거로 한다.

예 그는 여러 면에서 그의 조부를 닮았어. 생긴 것도 그렇고, 말씨나 행동도 비슷해. 그러니까 그의 조부처럼 성실한 사람일 거야.

참고 그의 외모가 여러모로 조부와 닮았음을 제시하고, 이를 근거로 그가 조부의 성격까지 비슷할 것임을 논증하고 있다.

(5) 예증법

구체적인 사례를 들어 주장의 타당성을 입증하는 방법. 단, 사례가 진실성이 보장되어야만 논증의 타당성을 획득할 수 있다.(수험논술에 가장 적합하다.)

예 과외는 비용에 비해 그 효과를 기대할 수 없다. 실제 모 일간지의 설문 조사 결과, 과외를 받고 성적이 올랐다는 학생이 30퍼센트 이하였고……

09 　 논술문 작성법

고득점 공략!

> **논술문의 종류**
>
> 논술문은 글을 쓰는 목적과 동기에 따라 크게 논증적 논술문과 설득적 논술문으로 나눌 수 있다. 연설문, 신문 사설, 성명서, 학술논문이나 연구보고서, 문화, 사상, 학술, 정치, 경제 분야 등을 비평한 글이 모두 이에 속한다.

1. 논제 파악

(1) 논제 파악 시 유의 사항

① 문제에서 요구하는 항목은 평균 3~4가지 정도로, 이 사항마다 각각 배점이 되어 있으므로 하나도 빠뜨리지 않아야 한다.

② 문제의 요구 사항을 파악하며 제시문을 읽는다. 제시문을 이해하는 동안에는 문제에서 직접 제시한 관점 이외의 것이 개입되지 않도록 한다. 제시문에 등장하는 핵심적인 개념어들을 따로 간추리고, 이를 글을 쓰는 과정에서 적극 활용하도록 한다.

③ 문제의 요구와 제시문을 상호 연관 지어 최종적으로 출제 의도를 파악해야 한다. 과연 어떤 부분의 능력을 요구하는지를 주의 깊게 살펴본 후, 글을 쓰는 관점과 방향을 결정해야 한다.

2. 개요도 작성 및 논거 수집

(1) 논제 정하기

논제를 정할 때는 누구나 관심을 가질 만한 문제로 사회에서 논의될 만한 가치가 있고 아직 해결되지 않은 것이어야 한다.

(2) 증거 수집하기

증거를 수집할 때는 자신의 견해를 잘 정리하면서 다른 사람의 견해도 두루 분석·검토하여 논거 자료로 쓸 계획을 세운다. 자료 수집은 문헌조사, 현장조사, 문의와 사고의 과정을 거친다.

(3) 서술하기

논거는 논리적이며 효과적으로 구성하여 알기 쉽고 명쾌하게 서술해 나간다.(사례에 근거하여 제시한다.)

3. 서론 쓰기

서론은 본론을 예고하는 출발점이므로 읽는 이의 관심을 끌 수 있도록 표현한다. 서론에서는 글의 논제를 제시하면서 동시에 그에 대한 자신의 생각을 드러내는 것이 좋다. 서론을 잘 써야 글 전체가 살아난다. 창의성을 발휘해서 참신하게 글의 서두를 시작해 보자. 상투적인 표현도 삼가자. 글이 쓸데없이 길게 늘어지는 것도 곤란하다. 간결하게 논제를 제시하는 정도가 적당하다. 분량은 전체 원고의 1/4~1/3 정도가 적당하다. 어떤 글이든 처음이 가장 쓰기 어려운 법이지만, 논술은 비교적 정형화된 글이기 때문에 전문가들이 제시하는 서론 쓰기 유형을 알아두면 도움이 될 것이다.

① 논제에 대한 주의환기로 시작한다.

분량이 정해져 있기 때문에 논제에 대한 자신의 관심을 바로 밝히며 시작하면 글이 늘어지지 않아 좋다.

② 문제 제기로 시작한다.

많이 사용되는 방법으로, 논제와 관련된 문제를 제기하고 이에 대한 답변을 제시하는 형식으로 글을 전개하는 방식이다. 논지가 명확하게 드러나고 박진감이 있다는 장점이 있지만 자칫 상투적인 글이 될 수 있다.

③ 화제를 제시하며 시작하지 않는다.

수험논술에서는 부적절한 표현이다.

④ 주제와 대비되는 말로 시작하지 않는다.

⑤ 용어 설명으로 시작하지 않는다.

수험논술에서는 부적절한 표현 방법으로, 개념정의를 하지 않는다.

4. 본론 쓰기

(1) 본론은 서론에서 제시한 논제를 구체적으로 설명하는 역할을 한다. 여기서는 구체적인 논점을 제시해야 한다. 본론에서는 문제 제기, 분석, 대안 제시 등의 과정이 모두 이루어지는 것이 좋다. 본론은 제시된 문제를 풀어 나가는 구성 단계이기 때문에 구체적으로 써야 한다. 원론적인 표현은 쓰지 않도록 한다.

(2) 본론을 작성하면서 가장 많이 저지르는 실수 중의 하나가 서론에서 제시한 논제의 범위를 무시하고 쓴다는 것이다. 서론의 방향 설정에 충실하면서 글을 쓰도록 한다. 또한 본론에서는 자신의 주장이 뚜렷하게 드러나야 하며, 그것이 옳다는 것을 입증할 적절한 논거를 제시해야 한다. 좋은 논거는 지문에 있는 사례의 구체성이 있는 논거이다.

memo

5. 결론 쓰기

(1) 결론에서는 본론에서 전개한 논점들을 대논점으로 종합하여 요약하고, 논점을 반복 강조하며 실천을 촉구한다. 요약과 실천을 촉구하는 문장은 간결하고 강렬한 인상을 주어야 한다. 또한 서론에서 제시한 글의 방향에 맞게 글을 매듭짓고, 본론의 내용을 요약하여 정리하는 것이 글의 논지를 명확하게 하고 깔끔하게 끝맺음하는 느낌을 준다. 본론에서 다루지 않은 내용을 결론에서 언급하는 것은 글의 초점을 흐리기 때문에 좋지 않은 방법이다.

(2) 논술문은 자신의 생각을 논리적으로 서술한 글이다. 그러므로 논술문을 쓰기 위해 필요한 것은 화려한 문장력이나 타고난 글재주가 아니다. 자신의 생각을 표현할 정도의 어휘력과 문장력만 있으면 충분하다. 논술문은 신문 사설이나 칼럼과는 또 다른 글이다. 신문 사설과 칼럼은 해당 신문사의 견해를 밝히는 글이다. 그러나 논술문은 자신의 견해가 드러나게 쓰되 주장에 머물러서는 안 된다. 이를 위해 필수적으로 논증하는 절차를 거쳐야 한다. 논증이란 사물의 옳고 그름을 밝히는 일이다. 논증은 논증되어야 할 판단과 논증의 근거가 그 주요 구성 요인이다. 논증에서는 논리적인 근거를 내세워 분명하게 확증시키는 것이 무엇보다 중요하다.

💡 핵심포인트

논술문의 특성

- 첫째, 자신의 견해가 확연히 드러나야 한다.
- 둘째, 글의 구성이 논리적이어야 한다.
- 셋째, 논증 과정이 꼭 있어야 한다.

고득점 공략!

논술문 작성법

- **첫 번째, 논제 파악**

  논제를 정확히 파악하고, 제시문을 꼼꼼하게 읽어 논제와 연관성을 가진 부분을 찾아내는 것이 중요하다.

- **두 번째, 자신의 생각 정리**

  문제가 던지는 논제에 대한 자신의 입장을 명확하게 정하고, 생각을 정했으면 그에 맞는 주제를 선택한다.

- **세 번째, 개요도 작성**

  개요도는 글의 구성이 어색해지지 않고, 서론-본론-결론이 논리적으로 맞물리는 역할을 한다. 이 단계에서 각 단락의 요지문도 작성한다.

- **네 번째, 논거 수집**

  개요도 작성 시에 작성한 요지를 뒷받침할 수 있는 논증 자료를 수집한다. 이때 모든 자료를 열거한 후 중요한 순서대로 재배치한다.

- **다섯 번째, 논술문 작성**

  개요표와 수집한 논거를 바탕으로 논술문을 작성한다. 이때 지시문의 주의 사항을 유의해야 한다. 채점 기준에 지시 사항을 잘 지켰는지도 포함되기 때문이다. 작성을 마친 후에는 다시 한번 훑어보면서 틀리게 쓴 단어는 없는지, 지시 사항을 제대로 지켰는지 퇴고의 과정을 거치는 것이 좋다.

10 올바른 논술 문장 작성법

1. 문장을 짧게 하자.

한 문장에 생각을 하나만 담아 전달해야 읽는 사람이 쉽게 이해할 수 있다. 그래서 되도록 문장은 짧게 쓰는 것이 좋다. 사람들이 문장을 길게 만드는 것은 입에서 나오는 대로(생각나는 대로) 계속 이어 쓰거나, 영어 공부를 많이 하여 영어식 문장에 익숙하기 때문이다.

자기 생각을 제대로 전달하려면 한 문장을 30자 안팎으로 하는 것이 좋다. 문장이 길어지더라도 50자를 넘지 말아야 한다. 장황한 문장은 객관성을 잃기 쉽고, 논리적 흐름에서 벗어나기 쉽다. 말하고자 하는 것을 단 한 마디로 정리한다는 기분으로 서술해야 한다.

그러나 아주 짧은 문장만 계속 늘어놓으면, 문장의 호흡이 짧아져 글의 분위기가 딱딱해질 수 있다. 그럴 때는 내용에 따라 짧은 두 문장을 길게 하나로 묶어서, 문장의 흐름에 길고 짧게 강약을 주는 것이 좋다.

2. 문장 끝을 분명하게 하자.

자기주장을 확실히 하려면 문장이 되도록 짧아야 한다. 그런데도 어떤 사람들은 필요 이상으로 문장을 길게 쓰고, 특히 문장 끝을 아주 지루할 정도로 빙빙 돌리는 경우가 많다. 예로 "그런 의견이 옳지 않다고 보지 않을 수 없다."와 같이 서술어를 이중 부정으로 만드는 사람들이 많다. 이런 식으로 표현하게 되면 그런 의견이 옳다는 것인지, 옳지 않다는 것인지 단번에 알기가 어렵다.

이런 것을 어떤 사람은 상대방을 정중하게 대하는 표현법이라고 하나, 이것은 자기 속을 분명하게 드러내지 못하기 때문에 논술 글에서는 피해야 할 표현법이다. 대개 자기가 주장하는 내용에 자신이 없거나 근거가 확실하지 못하니까 심리적을 말끝을 흐리는 것이다.

심하면 어떤 이는 자기 의견을 펴지 않고 여운을 남기기도 한다. 예컨대 "결국 환경은 우리 인류가 모두 힘을 합해 보존해 나가야 하는 것이 아닐까?"라는 문장처럼 상대방(채점자)에게 되묻는 경우가 있는데 이것은 상대방이 알아서 판단하라는 식이다. 이러한 글은 자기 확신이 없는 글로 볼 수 있다. 이러한 문장 끝과 비슷한 것으로 '~라고 본다.' '~측면에서는 말이다', '~이 아닌가 한다', '~이 아닐까 싶다', '~했으면 한다' 등이 있다.

만약에 친구가 "그러니까 네 말을 결국 이렇게 저렇게 하자는 말이지?"라고 당신에게 되묻는다면, 그것은 당신의 말이 핵심을 찌르지 못하고 빙빙 돌고 있다는 것을 의미한다. 그러니 어떤 문제에 대해 주장을 펼 때는 근거를 대고 문장 꼬리를 잘라 단호하게 진술하는 연습을 해야 한다. 논거가 미약한지 혹은 논리의 흐름이 어설픈지는 어차피 채점자가 평가하는 것이니 망설일 필요가 없다.

3. 외래어를 제대로 쓰자.

글은 자기 생각이나 뜻을 상대방에게 전달하려고 쓰는 것이다. 그래서 그 사회구성원까지 표기 방식을 약속하여 뜻을 전달한다. 그러나 때에 따라서는 자기들이 미처 생각지 못한 말을 다른 나라에서 받아들이기도 한다. 그럴 때는 그 '외국어'를 자기나라어로 바꾸려고 하지만, 채 바꾸기도 전에 받아들이는 말의 원지음이 그대로 통용되는 경우가 있다.

예로 우리가 영어 'telephone'을 받아들일 때 뜻을 살려 한글로 '전화'라고 바꾸어 쓰지만, 또 한편으로 'bus'는 다른 말로 바꾸지 못한 채 원지음을 살려 한글로 '버스'라고 적고 있다. 이럴 때 이 '버스'라는 말을 우리는 '외래어'라고 한다.

1985년에 확정한 《외래어 표기법》에서 외래어는 되도록 그 언어권의 원지음에 충실하게 표기해야 한다고 규정하고 있다. 물론 원지음을 살린다고 사람마다 달리 써서도 안 된다. 이 외래어 표기법에 따라야 한다.

(1) 중국어를 한글로 적을 때 옛날 사람이면 우리 한자음대로 한글로 쓴다. 📧 이태백, 공자

(2) 일본어는 사람 이름이나 땅 이름을 모두 원지음대로 한글로 적는다. 📧 히데요시

(3) 외래어를 표기할 때 파열음(ㅂ, ㄷ, ㄱ 따위)을 된소리로 표기해서는 안 된다.
   📧 뻐스(X) 버스(O), 떠블(X) 더블(O), 께임(x) 게임(O)

(4) 외래어를 한글로 표기할 때 'ㄱ, ㄴ, ㄹ, ㅁ, ㅂ, ㅅ, ㅇ' 일곱 자만 받침으로 쓸 수 있다.
   📧 초코렡(X) 초콜릿(O), 커피슢(X) 커피숍(O), 케잌(X) 케이크(O), 테잎(X) 테이프(O)

4. '의'를 되도록 쓰지 말자.

우리말에는 원래 관형격 조사 '의'가 없었으나 대한제국 말엽 개화기에 지식인들이 일본 말 '노'를 '의'로 받아들이면서 차츰 쓰이기 시작하였다.

그러나, 문장을 압축하여 경제적으로 쓰려고 하다가, 압축이 너무 심하여 자기가 전달하고 싶은 내용을 제대로 전달하지 못하는 경우가 많다. 그런 문장은 상대방이 여러 번 읽어야 내용을 겨우 짐작할 수 있어서 오히려 '비경제적인 문장'이라 할 수 있다. 특히, '의'를 고리로 하여 한자어 명사 여러 개를 연결하면 우리말 서술성이 사라져 의미가 제대로 전달되지 않는다. 그래서 조사를 여러 개 무리하게 결합시켜 뜻을 전달하려고 한다. 📧 너와의 대결에서, 목표에로의 접근은

수험생들이 쓴 논술 글을 보면 글 앞쪽에 '의'가 많고 뒤로 갈수록 '의'가 적어진다. 멋있게 쓰려고 처음에는 힘이 들어가다가 뒤에 가서는 평소 습관대로 쓰기 때문이다. 즉 글 첫머리는 아주 잘 쓰려고 하다가 오히려 문장이 나빠진 셈이다.

따라서, 우리말에서는 되도록 '의'를 쓰지 않는 것이 좋다. 그렇지 않으면 '의'를 빼고 다른 조사로 바꾸어 주거나, '의' 대신 우리말답게 길게 풀어 주어야 뜻이 분명해진다.

5. 주어와 서술어를 호응시키자.

우리말에는 주어를 맨 처음에 쓰고 다음에 목적어(또는 보어)를 놓고, 끝에 서술어를 놓는다. 이때 주어는 표현할 주체를 뜻하며, 서술어는 이 주체의 속성이나 행위를 드러낸다. 그래서 주체–속성, 주체–행위가 바로 묶어야 "주술이 호응하고 있다."라고 말한다.

"철수가 빵을 먹었다."라는 문장과 "빵이 철수를 먹었다."는 문장이 문법적으로 바로 쓰였다고 해도, 앞 문장만 옳다고 하는 것은 서술어 '먹었다'의 주체가 당연히 '사람'이고, 대상이 '빵'이기 때문이다. 이럴 때 앞 문장에서 '철수가(주어)'와 '먹었다(서술어)'를 서로 호응한다고 하며, 뒤 문장에 있는 '빵이(주어)'와 '먹었다(서술어)'는 호응하지 않는다고 한다.

그러나 "내가 개를 무서워한다."와 "개가 나를 무서워한다." 같은 문장은 모두 주어, 서술어가 호응하는 경우이다. 두 내용이 모두 가능하기 때문이다.

하지만 "바람이 집을 흔들었다."와 "술이 많이 취했다."라는 문장은 둘 다 주어, 서술어가 호응하지 않는다. 무생물인 '바람, 술'이 행위의 주체가 될 수 없기 때문이다. 이럴 때는 서술어와 호응하는 주체를 주어로 써야 한다. 예를 들어 "바람에 집이 흔들렸다.", "(아저씨가) 술에 많이 취했다.", "(아저씨가) 술을 마셔 많이 취했다."로 써야 옳다.

문장에서 주술을 호응시키지 못하는 것은 우리말이 주어를 잘 생략하는 언어라서, 수험생들은 글을 쓰다가 문장 끝에 가서 앞에 있던 주어를 종종 잊어버리기 쉽다. 그러므로 글을 다 쓴 뒤, 어떤 주어를 생략했는지 살펴보고, 주술 호응이 잘 안되면 주어를 확실히 하는 뜻에서 주어를 다시 한번 써주는 것이 필요하다. 그리고 문장이 길어져 처음에 나온 주어를 뒤에 가서 잊어버리기도 하므로, 문장을 짧게 써야 앞에서 나온 행위의 주체를 뒤에 가서 놓치지 않을 수 있다.

6. 영어 단어를 직역한 문장은 지양하자.

언어학자들은 우리말을 첨가어로 분류한다. 첨가어의 가장 큰 특성은 용언을 활용한다는 것이다. 즉 '가다, 예쁘다'에서 어간 '가–, 예쁘–'에 다양한 어미를 붙이기만 하면 얼마든지 의미를 바꿀 수 있다. 예를 들어 '가고, 가지, 가니, 가서, 예쁘고, 예쁘지, 예쁘니, 예뻐서'와 같이 다양하게 변한다는 것이다.

그러나 영어는 용언을 제대로 활용하지 못하기 때문에 명사와 전치사를 주로 많이 이용하고, 단어를 적절히 배합하여 뜻을 전달한다. 그래서 단어를 놓는 순서가 아주 중요하다. 말하자면 영어 문법은 기준이 아주 많고 복잡하다.

그런데 요즘 수험생들은 서술 어미를 이용하여 우리말답게 표현하지 않고, 참고서 문장처럼 명사와 조사를 이용하여 영어식으로 서술한다. 조사도 우리말다운 조사를 쓰지 않고 영어 단어를 직역한 조사를 자주 사용하는데 이를 주의해야 한다.

7. 관형어(절)를 부사어나 서술어로 바꾸자.

한 문장이 다른 문장 속에서 관형어로 쓰일 때, 관형어로 쓰인 문장을 관형절이라고 한다. 예를 들어 "밥을 먹은 사람이 많다."라는 문장에서 '밥을 먹은'이 뒤에 오는 '사람'을 꾸며 주는 관형절이다. 우리말은 단어 중심으로 뜻을 전달하기 때문에 관형절이 대체로 짧은 편이다. 관형절이 길어 봤자 서너 단어 안쪽이다.

그러나 영어는 문장 중심으로 뜻을 전달하기 때문에 여러 문장을 관계 대명사나 관계부사를 이용하여 연결한다. 그래서 영어에서는 체언을 꾸며 주는 관형절이 아주 길거나, 관형절 여러 개가 체언을 꾸며 준다. 말하자면 영어는 우리말보다 문장이 길고, 관계부사 뒤에 있는 관형절이 앞에 있는 단어를 수식하기도 하여 무척 복잡하다.

예를 들어 "모양이 아주 늘씬한, 기능이 다양한, 가격이 비싸지 않은 승용차가 있다."라는 문장을 읽을 때, 사람들은 '승용차'라는 단어에 와서야 앞에 있는 여러 관형절이 '승용차'를 설명하고 있다는 것을 알 수 있다. 그래서 한 번 더 문장 앞으로 가야 문장 전체의 뜻을 분명히 알 수 있다.

그러나 이런 문장도 우리말답게 쓰면 의미를 이해하는 시간이 훨씬 절약된다. 즉 "승용차가 있는데, 모양이 아주 늘씬하며, 기능이 다양하고, 가격이 비싸지 않다."로 바꾸면 문장 앞으로 한 번 더 되돌아가지 않아도 된다.

그러니 관형절을 쓰더라도 짧은 관형절을 이용하는 것이 좋다.

8. 영어식 피동문을 우리말답게 쓰자.

우리말에도 영어 수동태 같은 문장이 있다. 그러나 우리말 피동문이 영어 수동태 문장과 근본적으로 다른 점은 문장 안에서 사람에 비중을 두고 사람을 행동의 주체로 앞세운다는 것이다. 말하자면 우리말에서는 영어의 '물주 구문'과 달리, 사물이 한 문장 안에서 행동의 주체로 거의 쓰이지 않는다. 따라서 문장에서 행동의 주체를 사람으로 내세우기만 하면 피동이나 능동에 상관없이 우리말다운 문장이라고 할 수 있다.

예를 들어 "아기가 벌에 쏘였다."라는 문장은 영어 수동태 같은 문장이지만, 우리가 평소에 흔히 쓰는 문장이다. '아기'를 문장의 주체로 내세운 것이다. 사람들이 '무엇'이 아기를 쏘았을까 궁금해하면 그때야 "벌이 아기를 쏘았다."라고 표현한다. 말하자면 "누가 낙서했니?"라고 해야 우리말이지, "낙서가 누구에 의해 됐니?"라고 하면 우리말답지 않은 것이다.

문장 속에 사물만 등장할 때는 피동, 능동에 상관없이 강조하고자 하는 것을 앞에 놓으면 된다. "과자가 개 발에 밟혔다."라고 하면 '과자'를 강조한 것이고, "개가 과자를 밟았다."라고 하면 '개'를 강조한 것이다.

두 사람이 등장할 때는 대개 어른이나 윗사람을 행동의 주체로 내세운다. 그래서 "장군이 정찰병한테 보고받았다."로 써야 좀 더 적극적인 표현이라고 할 수 있다.

많은 사람들이 아무데나 피동접사 '-이-, -히-, -리-, -기-'를 붙이기도 하고 '-어지다, 되다, 당하다, 받다'를 붙이고 있다. 심지어는 '약화되어졌다'처럼 세 겹 피동을 만들기도 한다(화, 되다, -어지다).

그리고 자기 의지나 판단을 표현할 때는 전혀 '피동'으로 쓸 수 없는데도 '생각되다, 당황되다, 존경되다, 추진되다, 판단되다, 전망되다, 지속되다, 예상되다, 추정되다, 서술되다' 같이 잘못 표현하고 있다. 이 말은 '–되다'를 빼고 모두 '–하다'를 붙여야 옳다.

물론 우리말에서도 '만들어지다, 어떤 상태에 놓이다' 같은 뜻일 때는 '되다'를 붙인다. 그러므로 '의사가 되다, 얼음이 되다, 한 시간 정도 되다, 떨어지게 되다, 도움이 되다.' 같은 것은 옳은 표기이다.

11 교정부호 사용법

1. 교정부호의 실례

사이 띄우기 / 붙이기 / 삭제하기 / 수정 / 삽입 / 자리 바꾸기 / 내어쓰기 / 들여쓰기 / 줄 잇기 / 줄 바꾸기 / 줄 삽입 / 원래대로 두기 / 글자 바로 하기

[교정부호 사용법]

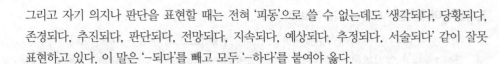

교정부호	쓰임의 예	교정부호	쓰임의 예
∨	오고 있는이는	⌐→	원고지에→
⌒	가는 지 모르겠다.	↰	…라고 했다. / 그러나 그는
ℓℓ	노래한 사람은은	⌐_	바람이 있다. 연못 가운데
⌐	교정저에 적었다. 지	⌐●	하였다 ●
⌒	높기가 으이고 뜸	●⌐	그는 웃었다 그러나
～	교지정에	⊓	붉은 잎이
⊢⌐	⊢⌐ 편지지에	⊔	네모진 구석마다
℮	응리 나라는		

Part

2

교직논술 출제 경향

Chapter 1

유아 교직논술 기출문제 답안 지도

2004학년도 공립 유치원 기출

최근 우리 사회에 만연한 지나친 교육열은 조기 특기 교육에 대한 부모들의 요구를 증가시키고 있다. 이러한 부모들의 요구는 유치원 교육에도 영향을 주어 일부 유치원에서는 외부 강사에 의존하여 특기 교육을 실시하고 있다. 이와 같은 조기 특기 교육이 유아와 부모, 유치원 교육과정에 미치는 부정적인 영향에 대해 논하고, 이러한 영향을 해소하기 위해 유치원과 국가(시·도 교육청 포함)수준에서 취해야 할 방안에 대해 아래를 참고하여 서술하되, <u>논술의 체계</u>를 갖추어 작성하시오. [총 20점]

───〈아래〉───

[조기 특기 교육의 부정적 영향]	[해소 방안]
• 유아에게 미치는 부정적 영향 • 부모에게 미치는 부정적 영향 • 유치원 교육과정에 미치는 부정적 영향	• 유치원 수준에서의 해소 방안 • 국가(시·도 교육청) 수준에서의 해소 방안

논술 작성 시 유의 사항	배점
• 어법과 원고지 작성법에 맞게 서술하시오. • 주어진 지면(2,000자)을 최대한 이용하여 서술하시오. • 글의 체계를 짜임새 있게 구성하시오. • 다음 항목을 다룰 때, 글의 명료성, 풍부성, 적절성을 고려하시오. 　－조기 특기 교육의 부정적 영향(유아, 부모, 유치원 교육과정) 　－유치원, 국가(시·도 교육청 포함) 수준에서의 해소 방안	• 논술의 체계 [총 10점] 　－어법과 원고지 작성법 [3점] 　－분량(서술 내용의 풍부성) [3점] 　－글의 논리적 체계성 [4점] • 논술의 내용 [총 10점] 　－조기 특기 교육의 부정적 영향(유아, 부모, 유치원 교육과정) 　　[6점] 　－유치원, 국가(시·도 교육청 포함) 수준에서의 해소 방안 [4점]

지도답안

최근 유치원 교육에서 조기 특기 교육에 대한 인식이 증가하고 있다. 이러한 인식에도 불구하고 유치원 교육 현장에서 조기 특기 교육이 제대로 이루어지지 않는 문제가 발생하고 있다. 이러한 문제를 해결하기 위하여 조기 특기 교육의 부정적 영향을 유아, 부모, 유치원 교육과정 측면에서 논하고 이를 해소하기 위한 방안을 유치원과 국가 수준에서 논의해 보자.

조기 특기 교육이 ~~유아 교육에~~ 미치는 부정적인 영향을 3가지로 나누어 제시할 수 있다. 첫째 유아 측면에서 보면 신체적, 정서적으로 부정적인 영향을 줄 수 있다. ~~면저~~ 신체적으로는 유아에게 비만을 초래할 수 있다. 이는 신체활동의 양이 줄어들었기 때문이다. 정서적으로는 유아는 자존감이 줄어든다. 이는 유아가 흥미 있어 하는 활동이 아니라 부모의 기준에 의해 교육이 선택되고 진행되기 때문이다.

둘째 부모의 측면에서 사교육비 부담과 부모와 유아 간의 상호교류에 문제가 생긴다. 사교육비 부담은 가정 경제의 부담이 된다. 이는 조기 특기 교육 자체가 고가의 교육비를 요구하기 때문이다. 부모와 유아 간의 상호교류 문제는 유대감 형성이 어려워진다. 이는 유아가 조기 특기 교육으로 많은 시간을 바깥에서 활동하기 때문이다.

셋째 유치원 교육과정 측면에서 유치원 교육과정 실행과 정규 교사와 강사 간의 문제가 생길 수 있다. 유치원 교육과정 실행에서는 정규 유치원 교육과정 실행이 어려워진다. 이는 유아의 경험과 발달에 맞게 교육하는 정규 유치원 교육과정과 조기 특기 교육의 방법에 차이가 나기 때문이다. 정규 교사와 강사 간에는 교사 간의 교육관 차이가 생긴다. 이는 정규 교사는 유아의 개별적 측면에서 교육하고, 강사는 기능적 훈련 중점으로 교육하기 때문이다.

유치원 교육 현장에서는 조기 특기 교육을 ~~체계적으로 지도해야 한다.~~ 조기 특기 교육의 부정적 영향을 해소하기 위해 유치원과 국가는 협력하여야 한다. 또 유치원에서는 유아의 발달과 강점에 맞는 교육을 실천한다. 시·도 교육청에서는 유아의 발달과 강점에 맞는 자료를 작성하여 유치원에 제시한다. 국가 차원에서는 시·도 교육청과 유치원에서 유아의 발달과 강점에 맞는 교육을 할 수 있도록 인식을 바꿀 수 있는 방법을 강구하고 방법에 맞는 교육 기준을 세워 시·도 교육청과 유치원에 고시한다.

적중문제

백청일 교수가 11월 모의고사반에서 제시한 교직논술 적중문제(2004년)

최근에는 유아들의 과잉 조기 교육에 따른 문제점이 많이 증가하고 있다. 유아에게 적합한 교육을 위해 과잉 조기 교육의 문제점과 그 문제점을 해결할 수 있는 방법은 무엇인지를 숙고해야 할 때다. 유아에게 적합한 교육 방법에 대하여 아래 내용을 중심으로 서술하되, 논술의 체계를 갖추어 작성하시오. [총 20점]

───── 〈아래〉 ─────

- 유아 과잉 조기 교육의 문제점에 대하여 3가지 근거(유아, 부모, 유치원 교육과정)를 제시하고, 각각에 대하여 충분히 설명한다.
- 유아 과잉 조기 교육을 극복할 수 있는 교육 방법을 제시하고 충분히 설명한다.

2004년 1월 제정·공포된 유아교육법은 우리나라 유아들의 교육 받을 권리를 보다 견실하게 보장해 줄 수 있는 법적 근거를 마련한 것이라고 볼 수 있다. 유아교육법 제정의 의의를 아래의 내용을 중심으로 논의하되 논술의 체계를 갖추어 작성하시오. [총 20점]

〈아래〉

- 교육법 체제 차원에서의 의의
- 유아교육 기회 균등 차원에서의 의의
- 유아교육 질적 향상 차원에서의 의의

논술 작성 시 유의 사항	배점
• 어법과 원고지 작성법에 맞게 서술하시오. • 주어진 원고지(1,200자)를 최대한 이용하여 서술하시오. (초과 시 감점) • 글의 체계를 논리적으로 짜임새 있게 구성하시오. • 글의 명료성, 타당성, 일관성을 고려하여 서술하시오.	• 논술의 체계 [총 10점] – 분량 [3점] – 원고지 작성법 [3점] – 글의 논리적 체계성 [4점] • 논술의 내용 [총 10점] – 교육법 체제 차원에서의 의의 [4점] – 유아교육 기회 균등 차원에서의 의의 [3점] – 유아교육 질적 향상 차원에서의 의의 [3점]

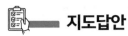 **지도답안**

최근 유아교육에서 유아교육법에 대한 인식이 증가하고 있다. 이러한 인식에도 불구하고 유아교육법은 현실을 반영하지 못하는 문제가 발생하고 있다. 이러한 문제를 해결하기 위하여 유아교육법 제정의 의의를 논의해 볼 필요가 있다.

유아교육법 제정의 의의를 교육법 체제 차원, 유아교육 기회 균등 차원, 유아교육 질적 향상 차원으로 나누어 살펴보면 다음과 같다. 먼저 교육법 체제 차원에서는 첫째, 유아교육법으로서의 전환은 유치원도 공교육 체제로 운영된다는 의미이다. 초·중등 교육과 어깨를 나란히 하는 엄연한 교육과정으로 운영되어질 것을 기대해 볼 수 있다. 둘째, 교육법 체제에 있어서 유아 단계부터 체계화하였다. 유아교육법은 유치원 관련 법 조항을 정비하여 유아 단계부터 교육법 체계를 완성하였다. 이는 유아교육을 초등학교 교육과의 연계성도 고려한 내용이라 할 수 있을 것이다.

다음으로 유아교육 기회 균등 차원에서 생각해 보면 취학 직전 1년의 무상교육을 들 수 있다. 유아교육법은 무상교육을 규정하고 있는 바, 유아교육의 기회를 균등하게 가질 수 있게 되었다. 또한, 무상교육의 대상이 아니라 할지라도 저소득층 자녀에 대하여 유아교육에 필요한 비용의 전부 또는 일부를 지원하도록 하고 있다.

마지막으로 유아교육 질적 향상 차원에서 바라보면 첫째, 활동 중심, 놀이 중심의 교육을 할 수 있는 법적 기반을 갖게 되었다. 만 3세~만 5세의 발달 특성에 맞춰진 활동과 놀이 중심의 교육은 유아교육의 질적 향상을 도모할 수 있다. 둘째, 교원자격기준을 갖추지 아니한 자를 교원으로 임용한 때에는 이미 교부한 보조금의 전부 또는 일부의 반환을 명할 수 있도록 하였다. 이러한 유아교육법 내용에 따라 유아교육의 질적 수준 향상이 이루어진다.

적중문제

백청일 교수가 11월 모의고사반에서 제시한 교직논술 적중문제(2005년)

　최근에 유아교육법이 새로이 제정되었다. 이 법이 가지는 의의를 국가적 측면, 교육적 측면으로 제시하고, 유아교육법이 제대로 잘 시행되기 위하여 국가 수준, 지역 수준, 유치원 수준에서 노력해야 할 점에 대해 아래를 참고하여 서술하되, 논술의 체계를 갖추어 작성하시오. [총 20점]

〈아래〉

[유아교육법의 의의]	[노력해야 할 점]
• 국가적 측면	• 국가 수준에서 노력해야 할 점
• 교육적 측면	• 지역 수준에서 노력해야 할 점
	• 유치원 수준에서 노력해야 할 점

다음은 어떤 유아의 생활에 대한 이야기이다.

나는 마음놓고 오래 놀 시간이 없어요. 놀이터도 없어졌고요, 같이 놀 수 있는 친구도 없어요. 다들 학원에 가기 때문에 친구들을 만나려면 학원에 가야 해요. 학원에 갔다 오면 캄캄해져요. 유치원에서도 공부하고, 학원에서도 공부하고, 하루 종일 공부하느라고 놀 시간이 없어요. 나는 실컷 놀고 싶어요.

위의 이야기와 관련된 유아의 권리를 기술하고, 그 권리의 중요성을 유아의 발달 측면에서 제시하시오. 또, 그 권리를 보호하기 위하여 부모, 유아 교육 기관, 국가 정책 기관이 해야 할 일에 대해 논술의 체계를 갖추어 논하시오. [총 20점]

논술 작성 시 유의 사항	배점
• 국어 어문 규정과 원고지 작성법에 맞게 논술하시오. • 주어진 원고지(1,200자)을 최대한 이용하여 논술하시오. (초과시 감점) • 글의 구조를 논리적으로 짜임새 있게 구성하시오. • 글의 명료성, 타당성, 일관성을 고려하여 논술하시오.	• 논술의 체계 [총 10점] 　– 분량 [3점] 　– 원고지 작성법 [3점] 　– 글의 논리적 체계성 [4점] • 논술의 내용 [총 10점] 　– 관련된 유아의 권리 [2점] 　– 발달 측면에서 본 권리의 중요성 [5점] 　– 권리 보호를 위한 부모, 유아 교육 기관, 국가 정책 기관의 역할 [3점]

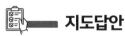
최근 유치원 교육에서 조기 특기 교육에 대한 관심이 증가하고 있다. 이러한 관심에도 불구하고 유치원 교육 현장에서 조기 특기 교육에 대한 문제가 발생하고 있다. 이러한 문제를 해결하기 위하여 유아와 부모, 유치원 교육과정에 미치는 부정적인 영향과 이러한 영향을 해소하기 위해 유치원과 국가 수준에서 취해야 할 방안에 대해 논의해 볼 필요가 있다.

조기 특기 교육의 부정적인 영향을 유아, 부모, 유치원 교육과정으로 나누어 살펴보면 다음과 같다.

유아에게 미치는 부정적 영향으로는 *(을 두 가지로 제시할 수 있다.)* 첫째, 유아의 자율성이 박탈된다. 대부분의 조기 특기 교육은 유아의 의지와 상관없이 강압적으로 이루어지기 때문이다. 둘째, 창의성을 저해할 수 있다. 틀에 박힌 시간과 구성은 유아의 창의성 신장에 문제가 될 수 있다.

다음으로 부모에게 미치는 부정적 영향으로는 *(을 두 가지로 제시할 수 있다.)* 첫째, 사교육비 증가를 들 수 있다. 사교육비 증가로 인한 맞벌이의 증가 및 저출산의 문제로까지 이어질 가능성이 높다. 둘째, 부모로서의 기능을 제대로 수행하지 않는 상황이 발생할 수 있다. 조기 특기 교육을 실시하는 것만으로 부모로서의 기능을 모두 다하였다고 생각할 우려가 존재한다.

마지막으로 유치원 교육과정에 미치는 부정적 영향으로는 *(을 두 가지로 제시할 수 있다.)* 첫째, 유치원 본질의 교육을 간과할 우려가 있다. 특기 교육의 중요성만 강조하게 되어 유치원에서 시행하는 기본적인 교육들을 필요 없는 교육이라 여길 수 있다. 둘째, 유아 중심의 교육이 아닌 특기 교육 중심의 일과 계획으로 진행될 수 있다. 유치원 교육과정은 유아가 중심이 되고 상황에 따라 융통성 있는 교육이 이루어져야 한다. 그럼에도 특기 교육 중심의 일과 계획이 수립될 가능성이 크다.

이러한 부정적 영향을 해소하기 위한 방안을 유치원 수준과 국가 수준으로 나누어 살펴보고자 한다. 유치원 수준에서의 해소 방안으로는 정기적인 부모교육을 실시하여 유아교육 본질의 이해를 도울 수 있다. 국가 수준에서의 해소 방안으로는 교육의 다양한 프로그램을 개발하여 보급하는 방법이 있다. 또한 교사들의 교육 및 연수를 통하여 다양한 교육을 실행하도록 도울 수 있다.

코멘트 *이 논제는 마지막 단락의 내용이 결론에 제시되어야 합니다.*

백청일 교수가 11월 모의고사반에서 제시한 교직논술 적중문제(2006년)

부모들의 과도한 교육열에 따른 과잉 조기 인지 교육이 비디오 증후군, 학습지 증후군을 유발하는 사회적 문제로 대두되고 있다. 이러한 과잉 조기 인지 교육이 나타나는 원인을 지적하고, 그에 따른 부정적 영향에 대해 논하고, 이를 극복할 수 있는 방안에 대해 아래를 참고하여 서술하되, 논술의 체계를 갖추어 작성하시오. [총 20점]

───────〈 아래 〉───────

[과잉 조기 인지 교육의 원인 및 부정적 영향]	[극복 방안]
• 유아 측면 • 부모 측면	• 국가 수준에서 노력해야 할 점 • 지역 수준에서 노력해야 할 점 • 유치원 수준에서 노력해야 할 점

백청일 교수가 제시한 교직논술 적중문제(2005년)

제시된 지문을 읽고 최근의 유아교육과 관련하여 발생되는 문제를 지적하고, 그러한 문제가 발생하는 원인과 개선책을 논술하시오. [총 20점]

언제부터인가 조기 교육 열풍이 젖내 나는 영유아로까지 번져 너나없이 '똑똑이' 만들기에 열중이다. 영어, 수학, 컴퓨터에서부터 음악, 미술, 무용 등 예능에 이르기까지 선행학습을 위해 학원을 전전한다. 심지어는 젖먹이까지도 엄마 품에 안겨 TV 화면 등을 보면서 '애플', '오렌지'를 반복하도록 학습 받는 게 우리 가정의 현실이다.

특히 '외국어 공부는 이르면 이를수록 좋다'는 속설에 현혹된 일부 어머니들은 3살 때부터 유아 영어학원을 보내는가 하면 중국어, 일본어, 프랑스어까지 과외 선생을 두고 있다. 오죽했으면 영어 스트레스에 시달리던 5살짜리 아이가 한밤중 자다 말고 헛소리를 했겠는가. 과외 스트레스로 얼굴 근육이 마비된 아이도 있다. 결국 이 아이들은 '과잉 학습 장애'라는 충격적인 진단을 받았다.

최근 교육부의 조기 교육 세미나에서 "조기 영어교육은 오히려 심신장애를 초래할 수 있다"는 연구 결과가 나왔다. 언어교육은 언어를 담당하는 뇌의 측두엽이 집중적으로 발달하는 만 6~12세 때 이뤄지는 게 효과적이라는 연구 결과도 제시되었다. 좋은 영어 발음을 위해 원어민 강사에게서 배우는 것은 스트레스를 더욱 크게 한다는 것이다.

언어학자들은 인간에게는 LAD(Language Acquisition Device; 언어습득장치)가 생득적으로 존재해 언어를 습득하도록 해준다고 말한다. 그리고 이 LAD는 고등학교와 대학 시절에 100%로 가동된다고 한다. 조기에 외국어를 배워도 중고교와 대학 시절에 더욱 익히지 않으면 통달했다고 볼 수 없다는 이야기다. 조기 교육에 대한 총체적 점검과 함께 영유아들의 인권에 대해서도 비상한 관심을 가져야 할 때이다.

과잉 조기 학습이 어린이 정신건강에 미치는 영향 신의진(연세대학교 의과대학 정신과 교수)

(1) 과잉 조기 인지 교육의 현황

① 우리 사회의 유아에 대한 문화 중 과거와 가장 차별되는 부분은 어린 시절부터 잘 가르쳐야 한다는 부모들의 열성과 노력일 것이다. 불과 10년 전만 하더라도 학습은 초등학교 들어가서야 부모들의 중요한 관심사였다. 하지만 이제는 동네 곳곳에 어린 아이들을 위한 학원이 들어서고 유치원에서도 글자를 가르치지 않으면 원생들을 모집할 수가 없다고 한다.

② 무슨 이유로 이렇게 어린 시절부터 인지학습을 강조하게 되었는지 정확한 이유는 밝히기 어려우나, 이런 현상이 미치는 효과와 파장은 시급하게 논의가 되어야 할 사항이다. 불행하게도 아직 조기 인지 교육이 아동의 발달에 미치는 영향에 대한 발달 연구 결과는 많지 않다.

③ 유아의 뇌는 발달 가능성이 많기 때문에, 어린 시절부터의 인지 교육이 아동들의 인지 발달을 촉진시켜, 소위 말하는 후천적 영재를 만들 수 있을까? 아니면 오히려 조기 과잉 인지적 자극이 뇌의 정상 발달에 오히려 부작용을 일으킬 것인가?

④ 아직 누구도 이러한 문제에 대한 확답을 과학적 연구 결과를 바탕으로 하기에는 무리가 있다. 그리고 이런 문제에 대한 해답이 밝혀지기 전까지는 여태껏 우리 아이들을 잘 길러온 과거의 육아법이나 유아교육 방법을 지켜 나가는 것이 안전하다고 할 수 있다. 하지만 우리 사회가 변하고 있고 이에 따라 아동에 대한 가치관, 기대가 달라지기 때문에 이러한 변화에 맞는 아동의 육아 방법에 대한 올바른 방향성 제시가 시급하게 필요하다. 이러한 검증 과정이 없이 현재 유아들에게 시행되는 과잉 인지 교육의 결과에 대해 우려를 금할 수 없다. 오히려 영재를 만들려고 하다가 아이가 타고난 잠재 능력 개발조차 제대로 하지 못해 미래의 우리 사회 생산성에 막대한 손실을 가져오게 될 수도 있는 것이다.

(2) 과잉 조기 인지 교육이 아동의 두뇌 발달에 미치는 영향

① 뇌는 태어날 때부터 어른과 유사한 기능을 할 수 있는 다른 장기와 달리 자라면서 구조와 기능의 변화가 계속되어 사춘기가 지나야 어른과 유사하게 된다. 즉, 두뇌 발달은 적어도 생의 초기 약 만 4~5세까지는 환경의 영향을 많이 받는다는 의미이다. 많은 아동 발달 연구의 결과에 의하면 어린 시절 뇌 발달에 부모를 비롯한 사람과의 상호작용이 필수적이라고 한다. 이런 직접적 상호작용에 의해 두뇌 발달이 촉진되면서 향후 살아가는 데 필수적인 사회성 발달, 정서 발달, 인지 발달 등이 이루어지게 된다.

② 하지만 이 시기에 직접적 사람과의 상호작용 대신 문자를 비롯한 학습 형태의 지적인 자극을 많이 접하게 되었을 때 두뇌 형성에 어떠한 영향을 미치는지에 대한 정확한 연구 결과는 없는 실정이다. 사실 아동들의 발달 시기마다 이해를 할 수 있는 지적인 자극이 어느 정도 한정되어 있다. 예를 들어, 동그라미, 세모, 네모를 인지하여 그릴 수 있는 능력이 아동의 발달 연령에 따라 가능하므로, 오히려 이런 능력을 이용하여 아동의 지적인 발달 정도를 평가하기도 한다. 정상적인 지능을 지닌 아동이라면 어느 시기에 어느 정도의 지적인 자극을 소화해 낼 수 있다는 연구들은 이미 많이 이루어져 있다.

③ 유아기에는 주로 직접 만지고 듣고 탐색하면서 주변 환경에 대한 학습이 일어나는 수준의 지능을 가진다. 특히 피아제의 인지 이론에 의하면 생후 1세 이전에는 직접적·감각적 경험 없이는 사고가 불가능하고 2~3세부터 상상력이 가능해진다고 본다. 즉 영유아기에는 직접적 경험이 가장 아동의 발달 수준에 맞는 지적 자극이라는 의미로 해석된다. 학령기에 이르러서야 집합 개념 등의 논리적 사고력이 가능하며 만 10~11세가 되어야 완전히 추상적 사고가 가능해진다고 피아제는 밝혔다. 이는 아동의 두뇌 발달이 이루어지면서 아동은 스스로 주변의 자극을 탐색하여 지능이 개발된다는 의미이다. 아무리 주변에서 고난이도의 지적 자극을 미리 주어도 아동은 일정한 수준의 발달 단계에 이르러서야 그 자극을 소화해 낼 수 있다. 요즘 유아의 조기 교육이 붐을 이루는데, 부모들은 이런 과학적 사실을 토대로 아동의 발달에 적합한 인지 자극을 주고 있는지 심각하게 고려해야 할 것이다.

④ 어린 시절 아동의 발달보다 훨씬 앞선 인지 자극이 조기에 주어졌을 때 과연 아이의 뇌 발달이 촉진되어 후천적인 영재로 발달할 것인지, 아니면 타고난 잠재 지능을 개발하는 데 오히려 방해가 될 것인지에 대해서는 아직 확답을

내릴 수 없다. 하지만 과잉으로 아동의 발달보다 훨씬 앞지른 인지 자극이 조기에 주어지게 되면, 그 시기에 적절히 발달해야 할 다른 인지 발달, 정서 발달, 사회성 발달 등의 영역이 제대로 발달할 기회가 부족할 가능성이 높다.

⑤ 최근의 뇌 발달 연구들에 의하면 스트레스를 많이 받으면 기억을 담당하는 해마라는 뇌의 부위가 줄어들고 기억력이 감소한다고 한다. 과잉 조기 교육에 의해 정신적 스트레스를 많이 받게 되면 오히려 기억력이 떨어지는 아이로 자랄 수 있다는 이야기다. 향후 인간의 뇌 기능과 그 발달에 대한 연구들이 진행되면 보다 과학적으로 아동에게 적합한 인지 자극에 대한 논의가 가능할 것이다. 하지만 아직 과학적인 검증이 없이 어린 아동에게 많은 학습 자극을 주는 것이 부작용을 일으킬 가능성이 있다면 오히려 별로 문제가 없었던 예전의 육아 방법을 선택하는 것이 더욱 현명하리라 생각된다.

(3) 과잉 조기 인지 교육이 아동의 학습동기 및 창의성에 미치는 영향

① 모든 아기는 태어날 때부터 주변의 새로운 자극에 호기심이 많고 새로운 것을 자기 것으로 만들기 위해 부단히 노력하는 mastery motivation을 타고난다. 어쩌면 우리 인류는 이런 본능을 타고났기 때문에 굳이 누가 가르치지 않아도 스스로 환경을 개척해나가는 능력이 뛰어나고 다른 종보다 진화를 빨리 이룰 수 있었다고 생각된다.

② 따라서 아기 때부터 수동적으로 주어지는 지적인 자극들은 아이들의 타고난 mastery motivation을 줄여 향후 배움에 있어 지극히 수동적인 아동으로 자라게 할 가능성이 높다. 주로 수동적 자세로 텔레비전 시청을 많이 한 초등학생들의 읽기 능력이 저하되고 사고력이 떨어진다는 연구 결과들은 이런 생각을 간접적으로 지지한다.

③ 또한 아동기의 인지 특성에 의하면 이 세상을 자기 나름대로 해석하고 사고할 수 있는 능력이 뛰어난 데 이런 능력이 창의력과 연관이 된다. 이런 시기에 기존의 틀에 맞추는 암기 위주의 조기 교육은 아동의 이런 창의성을 감소시킬 위험이 높다.

(4) 과잉 조기 인지 교육이 아동의 정서 및 사회성 발달에 미치는 영향

① 어려서 간접적인 경험, 예를 들어 텔레비전이나 비디오를 많이 시청한 아동들은 사회성 발달에서 타인지향적 관심도보다는 자기지향적 관심의 성향이 높다고 한다. 즉 세상을 남의 입장에서 보다는 자신의 관점에서만 주로 보기 때문에 사회성이 결여될 수 있다. 또한 타인의 고통에 공감하는 능력이 떨어져 친사회적 도덕성의 발달도 지연된다고 한다. 그리고 부정적 감정에 노출되었을 때 이를 조절하는 능력이 떨어지고 타인의 감정에 공감하는 능력도 저하된다고 한다.

② 현재 우리 사회에서 주로 시행되는 조기 교육도 카드 혹은 그림을 보여주거나 책을 읽거나 비디오를 시청하는 등의 형태로 진행되고 있는데 이러한 자극들도 주로 감정이 교환되는 직접적 상호작용보다는 간접적인 지적 자극만이 주로 교류된다. 따라서 자기중심적이고 타인의 감정에 대한 공감 능력이 발달할 수 있는 기회가 부족하여 도덕성 발달과 사회성 발달에 부정적 영향을 줄 수 있다.

③ 또한 어려서부터 학원 등에서 다른 친구들과 비교되는 경험을 많이 하거나 능력 이상의 지적 자극을 소화해 내도록 요구된다면 이 또한 아동에게 정신적 스트레스를 주게 된다. 이런 아동들은 자신감의 저하, 수행에 대한 두려움 등으로 인해 정서적인 안정감이 부족하여 성장 후에도 스트레스에 대한 인내력이 떨어지게 된다.

(5) 결론

현재 영유아 때부터 시작되는 타율적 조기 인지 교육이 아동의 여러 가지 정상 발달에 어떤 영향을 미치는지에 대한 과학적 연구가 절실하다. 아동에게 어떤 영향을 미칠지에 대한 고려가 없이 단순히 남이 하니까 안하면 뒤쳐질까 두려운 마음에 많은 부모들이 경제적 부담을 안고 조기 인지 교육을 시키는 것이 현실이다. 학자들은 이런 추세로 가면 미래 우리의 국가 경쟁력이 약화될 수 있다는 우려를 금치 못하고 있다. 다시 한번 조기 인지 교육에 대해 각 부모들이 올바른 인식을 가질 수 있도록 사회적 홍보와 교육이 절실하며 국가적, 사회적 차원에서도 심사숙고해야 할 것이다.

2007학년도 공립 유치원 기출

유치원 교육은 유아기의 성장, 발달에 중요한 역할을 하는 고유한 특성을 갖는다. 그러나 유치원을 초등학교 진학 준비를 위한 기관으로만 바라보는 시각은 유치원 교육이 그 고유의 가치를 실현하는 데 어려움을 주고 있다.

바람직한 유치원 교육을 위해서는 유치원 교육의 본질적 특성에 대한 바른 인식이 선행되어야 한다. 이러한 입장에서 1) 유치원 교육의 본질적 특성을 〈보기 1〉의 항목에 따라 기술하고, 2) 본질에 부합하는 유치원 교육을 수행하는 데 장애가 되는 요인 및 그에 대한 해결 방안을 〈보기 2〉의 항목에 따라 논하시오. [총 20점]

―〈보기1〉―

[유치원 교육의 본질적 특성]

• 유치원 교육의 목적
• 유치원 교육의 내용
• 유치원 교육의 방법
• 유치원 교육의 평가

―〈보기2〉―

[장애 요인 및 해결 방안]

• 정책적 측면
• 사회적 측면
• 교육 기관 및 교사의 측면

논술 작성 시 유의 사항

• 어법과 원고지 작성법에 맞게 서술하시오.
• 주어진 원고지(1,200자)에 맞게 서술하시오.
 (1,100자 이하 또는 1,200자 초과 시 감점)
• 글의 체계를 논리적으로 짜임새 있게 구성하시오.
• 글의 명료성, 타당성, 일관성을 고려하여 서술하시오.

배점

• 논술의 체계 [총 10점]
 ─ 분량 [3점]
 ─ 맞춤법 및 원고지 작성법 [3점]
 ─ 글의 논리적 체계성 [4점]
• 논술의 내용 [총 10점]
 ─ 유치원 교육의 본질적 특성 제시 [4점]
 ─ 장애 요인 제시 [3점]
 ─ 해결 방안 제시 [3점]

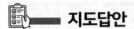
최근 유아교육에서 유치원 교육의 본질적 특성에 대한 인식이 증가하고 있다. 이러한 인식에도 불구하고 유치원을 초등학교 진행 준비를 위한 기관으로만 바라보는 문제가 있다. 이러한 문제를 해결하기 위해서 유치원 교육의 본질적 특성과 장애 요인 및 해결 방안에 대해 논의해 볼 필요가 있다.

유치원 교육의 목적은 다음과 같다. 유아에게 알맞은 교육 환경 제공으로 심신의 조화로운 발달을 돕는 것이다. 만 3세에서 만 5세 유아기는 인지, 사회, 정서, 언어 및 신체발달 등 발달적 기초를 형성하는 시기이기 때문이다.

유치원 교육의 내용은 5가지 영역으로 나누어 제시할 수 있다. 첫째, 건강생활은 기본운동능력과 건강과 안전한 생활 습관을 기른다. 둘째, 사회생활은 자신을 존중하고 다른 사람과 더불어 생활하는 태도를 기른다. 셋째, 표현생활은 아름다운 것에 관심을 가지고 창의적으로 표현하는 능력을 기른다. 넷째, 언어생활은 의사소통 능력을 키우며 바른 언어 사용 습관을 기른다. 다섯째, 탐구생활은 호기심을 가지고 주변 세계를 탐구하며 수학적·과학적 문제 해결 능력을 기른다.

유치원 교육의 방법은 4가지로 제시할 수 있다. 첫째, 유아의 흥미를 고려한 교육 방법이다. 교사는 유아의 발달과 흥미를 고려하여 교육활동을 전개하여야 한다. 둘째, 유아의 경험을 중심으로 교육한다. 교사는 주변의 다양한 자료를 적극 활용하여 유아들이 직접적·구체적으로 경험을 할 수 있도록 하여야 한다. 셋째, 교사는 융통성을 발휘하여야 한다. 교육이 이루어질 때의 상황에 따라 융통성 있게 조절하면서 교육하여야 할 것이다. 넷째, 놀이 중심의 교육 방법이다. 유아에게 있어서 놀이는 어떤 것보다 중요하고, 흥미로운 것이다. 때문에 교사는 놀이 중심의 통합적인 교육이 이루어질 수 있도록 하여야 한다.

유치원 교육의 평가는 2가지로 제시할 수 있다. 첫째, 교육과정의 목표와 내용을 준거로 평가한다. 평가에 있어서 각 영역별, 수준별 목표와 내용을 기준으로 삼을 수 있다. 둘째, 교육활동 전반에 걸쳐서 평가한다. 교사가 유아를 평가하는 데 있어서 일시적이고 부분적인 것만 보고 쉽게 평가를 해서는 안 될 것이다.

코멘트 단락 구성을 잘못 잡았군요. 앞에서 목적, 내용, 방법, 평가를 한 단락에 쓰고 그 다음 단락에 장애 요인과 해결 방안을 제시하여야 합니다.

백청일 교수가 11월 모의고사반에서 제시한 교직논술 적중문제(2007년)

21세기에 들어서면서 OECD 국가들은 인간 생애의 각 교육 단계 중 유아교육의 중요성을 재인식하여 교육개혁 과정에서 유아교육의 역할을 강화하고 있다. 이러한 교육 선진국의 유아교육에 대한 재인식은 OECD의 유아교육에 대한 정책 제안에 반영되어, 2010년까지 만 3세에서 5세 유아 90% 이상의 취원율 확보와 무상교육 체제를 적극 권고하고 있다. 그러나 최근에 유아교육 관련 학제 개편의 방향은 주로 초등학교 취학연령을 1년 단축하고, 만 5세 아동을 초등학교에 취학하게 하려는 방향으로 논의가 진행되고 있다. 이러한 논의가 가지는 당위성을 바로 인식하는 것은 유치원 교사가 가져야 할 자세이다. 바람직한 유아교육에 대한 학제 개편의 당위성 인식을 위한 근거를 제시하고, 유아교육 학제 개편의 올바른 방향에 대하여 논술의 체계를 갖추어 작성하시오.

백청일 교수가 제공한 교직논술 적중자료(2007년)

21세바람직한 유아교육 학제 개편 방향(요약)

① 21세기에 들어서면서 OECD 국가들은 인간 생애의 각 교육 단계 중 유아교육의 중요성을 재인식하여 교육개혁 과정에서 유아교육의 역할을 강화하고 있다. 이러한 교육 선진국의 유아교육에 대한 재인식은 OECD의 유아교육에 대한 정책 제안에 반영되어, 2010년까지 만 3세에서 5세 유아 90% 이상의 취원율 확보와 무상교육 체제를 적극 권고하고 있다. 우리나라는 영·유아교육에 대한 사회적 관심은 높으나 국가적인 관리와 지원정책이 부족하고, 그 과정에 유아교육 전문가의 관점이나 부모들의 교육적 열의가 제대로 반영되지 못하는 현실적 문제가 있다. 이러한 현상은 인간 발달의 기초가 형성되는 3세에서 5세 유아기의 결정적 중요성을 간과하여 유아교육을 국민 기본 교육 체제로 인식하고 기간 학제로 수용하지 못한 정책의 부재에서 일어나는 문제로 진단할 수 있다.

② 현재까지 논의되었던 유아교육 관련 학제 개편의 방향은 주로 초등학교 취학연령을 1년 단축하고 만 5세아를 초등학교에 취학하게 하려는 것이다. 이러한 개편안의 취지는 만 5세아 의무교육에 의한 유아교육의 공교육화 실현과 그에 의한 가정의 사교육비 감소, 취학시기와 수학연한 단축을 통한 젊은이의 사회 진출 시기 단축 및 부모 세대의 자녀 양육 부담 경감 효과 등이다. 유아교육 학계 및 현장전문가의 입장에서 볼 때, 2004년 이후 제안된 학제 개편의 방향에는 유아교육에 대한 전문적 시각이 부족하고 유아의 삶, 즉 유아의 발달적 적합성이나 UN에서 제안하는 어린이의 권리보다는 경제적 원리가 우선하고 있다. 더 나아가 유아교육의 교육적 효과와 교육 기회비용의 효율성을 반영하지 못하는 학제로 나아갈 수 있음을 주시할 필요가 있다.

③ 2005년 현재 OECD 19개 국가 및 유럽 연합 33개국의 유아교육 및 초등교육 학제를 살펴보면, 대부분의 국가는 만 6세 초등학교 취학 학제를 채택하여 만 5세 유아는 유치원과 학령 전 유치원 학급에 취원하고 있음을 알 수 있다. OECD 국가 중 만 5세에 초등학교에 취학하는 국가는 네덜란드와 영국 2개국이며, 특히 만 5세 조기 입학의 대표적 국가인 영국에서는 만 5세 초등학교 조기입학의 문제점에 대한 반성과 함께 유아학교와 초등학교 저학년 연계를 위한 놀이 중심 교육과정으로의 교육개혁을 실시하고 있고, K학년 체제의 문제점을 인식한 미국은 pre-K에 관심을 집중하고 있다. 또한 초등학교 만 7세 만기 입학의 대표적 국가인 스웨덴은 7세 초등학교 입학에 대한 장기적 교육 효과의 평가 결과, 초등학교 만 7세 입학을 고수함과 동시에 국가 우수인적 자원 개발을 위한 교육개혁을 통하여 영유아기 교육의 효율성 고양을 위하여 0세에서 만 6세 영유아 교육의 교육부 일원화를 완성한 바 있다.

④ 이와 같은 선진국의 유아교육 학제에 대한 경험을 토대로 볼 때, 우리나라 유아교육 학제는 초등학교와 독립된 만 3세~만 5세 유아학교 체제가 바람직하다. 이러한 학제 개편을 통하여 유아를 위한 교육의 기회 평등과 동시에 유아교육의 질적 수월성을 확보할 수 있고, 미래 사회에서 요구하는 바람직한 인간 육성이라는 국가 교육 목표에 부합할 수 있을 것이다.

유아교육학제

1. 유아교육학제의 심리적 근거

(1) 뇌인지 과학 연구의 결과

① 출생 후 만 3세 미만의 시기에 급속한 증가로 초밀도화 된 신경세포 연접부(synapse; 시냅스)는 만 3세부터 선택적 가지치기를 통해 고도의 사고기능을 위한 신경 회로를 형성한다.(Huttenlocher, 1990, 1994)

㉠ 만 3세에서 5세에 신경세포 연접부, 즉 시냅스의 선택적 가지치기 과정을 통하여 고도의 정신기능을 위한 대부분의 신경회로 생성이 완료된다.(Banich, 1997)

㉡ 만 3세부터 5세 사이의 신경세포 연접부의 가지치기와 신경회로의 변형은 인간의 개인별 경험, 학습, 훈련 등의 환경 요인, 즉 유아교육을 통해 이루어지며, 이 시기에 형성된 신경회로에 기초하여 유아기 이후 인간은 각기 개별화된 뇌인지 능력을 갖게 된다.

(2) 과잉 조기 교육의 부정적 영향에 관한 입증

① 출생 후 만 5세까지 뇌 성장이 활발한 어린 나이에 만성적 스트레스를 받으면 성장 후 조그마한 좌절도 견디지 못하게 된다.(우남희 등, 2002)

② 유아들도 초등학교는 공부 및 공부와 관련된 활동을 하는 곳으로 인식하고, 초등학교 진학 후의 공부나 시험 등에 대한 학업 스트레스를 가지고 있다.(조경자, 2005)

③ 유아기의 공부에 대한 스트레스는 유아의 정서발달에 부정적 영향, 장기적으로는 학습능력 자체에 부정적 영향을 미칠 수 있다.

(3) 유아기의 왜곡된 교육 방법의 부정적 영향 입증

① 영유아기 때부터 놀이와 활동 중심의 능동적 교육보다 수동적 경험을 통한 과도한 비디오 시청은 언어 및 인지 발달 지연을 일으킬 수 있으며, 사회성 결여와 정서적 불안을 야기할 수 있고, 비디오에 대한 중독성 및 습관성이 될 수 있다.(문혁준, 2001)

② 뇌인지 과학 및 뇌생리학 연구의 결과, 부모가 조기 과잉 인지 교육으로 자녀에게 지나치게 영상물을 많이 보여주거나 영상물 시청 시 자녀와 효과적인 상호작용을 하지 않는 경우, 자녀의 건강발달 저해는 물론 이상발달까지도 초래할 수 있다.(신의진, 2004)

③ 유아기 학부모들의 학습과제 중심의 왜곡된 유아교육의 요구로 유아의 심리적 스트레스가 심각하게 나타난다. (허영림, 윤혜진, 2002)

(4) 현행 인지발달 중심의 유아 이해 및 교육에 대한 반성

① 인간 교육의 목적 및 가치에 대한 논의

㉠ 유아교육은 인지발달 이론의 영향이 강하여 가장 기본적인 교육의 목적에 대한 논의는 부재하고 교육 방법이나 교과내용에 대한 논의가 중점화되는 경향이 있었다.(윤은주, 2004)

㉡ 인지심리학이 제시한 인간발달 메커니즘은 하나의 가설이요, 설명 방식일 뿐이다. 특정 메커니즘을 법칙적으로 주장하거나 수용하는 것은 역동적·실존적 인간 이해의 입장에서 보면 커다란 과오일 수 있다.(정금자, 2001)

② 인지 중심의 유아 이해에 대한 반성

㉠ 보편적이고 객관적인 발달 이론에 기초하여 인지 중심으로 유아의 모든 행동을 이해하려는 것은 편협한 태도이다.

㉡ 인간의 심리 영역은 인지·정서·심층 등으로 다양하고 복잡하며, 논리적 사고만큼 실천적 사고·직관적 사고·창의적 사고·문제 해결도 중요하다. 대표적으로 Gardner의 다중지능론이 있다.

③ 뇌인지 연구 결과, 인간의 감성지능·정서지능의 중요성 강조

유아의 정서지능과 인지지능은 관련성이 있으며(이승은, 2005), 정서지능은 적응행동 예측 변인으로, 학급에서 인기있는 아동은 인지발달이 아닌 정서지능이 높은 유아였다.(김수영, 정정희, 2001)

(5) 사회적·문화적 측면을 포함한 한층 포괄적인 이해 필요

① 최근까지 유아교육에 대한 연구들은 심리학적 접근에만 치우쳐 있다. 아동과 아동이 가지고 있는 사회적 측면에 대한 더 체계적이고 심층적인 접근이 필요하며, 유아기 아동을 총체적으로 이해하려는 자세가 필요하다.

② 유아 개개인의 독특한 배경과 교육이 이루어지는 상황에 대한 체계적이고 심층적인 접근이 필요하다.
(전제아, 권희경, 김원경, 2002)

(6) 유아교육과 초등교육의 내용, 교수 방법, 평가를 위한 교육 접근법의 차이점 인식

① 유아교육은 지식의 이해, 과정 기술, 태도의 전인적 교육 내용에 기초하여 교육 활동과 수행 중심의 평가를 통합하여 교육한다.

② 유아교육은 놀이 중심의 통합적 접근에 의하여 개별화 교육에 중심을 둔 교육 접근법으로 교육하여야 한다.

③ 조기 취학 아동은 적령에 취학하는 아동에 비해 학습을 위한 준비가 부족하고 적응에 어려움을 겪는다는 결과가 보고된 반면, 취학연령과 학업성취도 간에는 관계가 없다는 결과도 일부 제시되고 있다.

④ 조기 취학이 적령 취학에 비해 전반적인 학업성취나 사회적응 등에서 긍정적이라고 보기 어렵다.

⑤ 발달의 개인차는 반드시 인정되어야 하나 취학시기에 대한 연령별 공통적인 특성이나 적합성 또한 고려되어야 한다.

⑥ 학업성취나 단순한 학교 생활 적응뿐 아니라 개인의 정서적·신체적 문제까지 깊이 있게 고려하여 신중하게 취학 연령을 결정하는 것이 필요하다.

2. 유아교육 학제의 사회적 근거

(1) 교육 기회의 균등화에 대한 사회적 요구

① 유아교육에 대한 투자 확대

㉠ OECD 국가의 평균 유아교육 투자는 GDP의 0.5%인데 반해 한국은 0.1%로 선진국에 비하여 유아교육 투자비가 적다.(Education at a Glance, 2004)

㉡ 만 5세 유치원 취원율이 1975년 1.7%에서 2005년 32%로 급격히 증가하였으나 선진국에 비해 낮은 수준이다. 한국은 취원율이 32%(교육인적자원부, 2005), OECD 국가는 평균 66.8%이다.(OECD Education Database, 2001) [연합뉴스 보도자료 2006.02.08.]

㉢ 유치원 취원율은 29.8%로 초등학교 97.7%, 중학교 91.9%, 고등학교 90.1%, 대학교 61.7%에 비하여 크게 떨어지며 초등학교 취학률의 약 1/3에도 미치지 못하고 있다.

㉣ 만 3~4세의 취원율이 특히 저조하여 만 5세의 절반 수준에 불과하다. 만 3~4의 취원율은 23.9%로, 스웨덴에 비하면(88.5%) 약 1/3에 그치고 있다. 미국은 60%, 벨기에는 100%이다.(2005년 기준)

㉤ 교육 환경도 선진국에 비해 열악한 상황이다. 유치원 교원 1인당 학생 수는 21.0명으로, OECD 평균인 14.4명보다 많다.(OECD Education at a Glance, 2005: OECD indicators) [연합뉴스 보도자료 2005.09.13.]

② 학부모의 교육비 부담 경감

㉠ 성인들을 대상으로 한 사회문제 인식 조사에 따르면, 사교육비 부담이 가장 심각한 사회문제로 나타났다.
[경향신문, 2006.01.19. 009면]

㉡ 학부모들은 사교육비로 인해 가계에 과도한 부담을 느끼고 있다.

(2) 유아교육 정상화의 필요성

① 유아에게 적합한 유치원 교육과정에 대한 요구 증대

㉠ 부모들이 자녀 학습에 대한 상당한 압박감을 느끼고 있다.

㉡ 유아기에 지나친 학업성취를 추구하는 조기 교육의 열풍은 어머니들의 자의적인 선택이기보다는 사회구조적인 상황 때문이다. 유아기 자녀를 둔 부모들은 '정규 유아교육'에 대한 분명한 요구를 가지고 있다.(한지혜, 2004)

㉢ 만 5세가 될수록 학부모들이 한글 학습에 압박감을 더 느끼고 있는 것으로 나타난다.(전지형, 2005)

ㄹ 서울을 비롯한 전국 16개 도시에서 3세와 5세 유아 2,283명을 대상으로 조사한 바에 의하면 방과 후 정규 유아 교육 기관 이외에 한두 가지 조기 교육을 받는 유아가 74.8%이었다.(이기숙, 박은혜, 김희진, 김현정, 2004)

② 공교육화를 통한 정상적인 유치원 교육에 대한 사회적 요구

ㄱ 과열된 조기 교육으로 인한 피해가 우려되며, 부모들에게 명확한 자녀교육 방향을 제시하는 공적 차원의 노력 이 필요하다. [경향신문, 2006.02.10.]

ㄴ Elkind는 '달리기에서 빨리 출발한다고 도착점에 먼저 도착하는 것은 아니다'라고 비유하며 이러한 현상을 우 려하였다.(2005)

ㄷ 취학 전 자녀를 둔 부모들은 자녀의 초등학교 준비와 적응에 많은 관심을 가지고 있으며, 정상화된 유아교육을 통한 체계적 교육 체제를 원하고 있다.

ㄹ 유아 인성교육의 중요성을 인정하고 이를 학원과 같은 조기 교육 형태보다는 유치원에서 담당하여 주기를 바라고 있다.(한지혜, 2004)

ㅁ 유아기에는 조기 인지 교육보다 더불어 살아갈 수 있는 사람으로 성장할 수 있는 힘을 길러주는 인성교육이 우선 적으로 이루어져야 한다. [조선일보, 2005.05.30. 기타 D2면]

(3) 초등학교 조기 취학자 감소

현재 우리나라의 취학연령의 계산은 「초·중등교육법」 제13조에 따라 학기 개시일인 3월 1일 현재 만 6세가 된 아동 (3월 1일생부터 익년 2월 말일생까지)을 대상으로 하고 있으나, 만 5세 아동의 경우 조기 취학이 가능하다. 유예 조항 에 의하면 만 7세에도 취학할 수 있다.

(4) 초등학교 취학 유예자 증가

만 5세 아동의 조기 취학과 더불어 취학 유예도 가능한데, 최근 이러한 취학 유예가 증가하고 있는 추세이다.

(5) 취학연령에 대한 부모, 교사, 일반인들의 인식

① 만 5세 조기 취학에 대해서 여러 가지 논의가 이루어지고 있으나 전반적인 인식이 긍정적이라고 보기 어렵다.

② 취학연령 하향화에 대한 국회의원들의 제안이 있었다.

ㄱ 취학연령을 현재 만 6세에서 1년 낮추는 것을 골자로 한 학제 개편안을 제안하였다. [매일경제신문, 2005.10.17. 서울신문, 2005.09.16. 오마이뉴스, 2005.10.12.]

ㄴ 이는 아동의 빨라진 성장 속도에 맞춰 일찍 공교육으로 흡수하기 위함이다.

ㄷ 부모가 유치원 때문에 얽매이는 부분을 해소해 여성의 경제활동 참여를 활발하게 한다.

ㄹ 사교육비를 줄이는 효과도 낼 수 있을 것으로 전망된다.

ㅁ 전체 수학연한이 줄어듦으로써 젊은이의 사회 진출에 걸리는 시간을 단축할 수 있다.

③ 그러나 취학연령 하향화에 대하여 교육단체, 유아교육학계, 시민들은 우려를 제기한다.

ㄱ 교육단체는 이 같은 학제 개편이 현실과 동떨어진 것이어서 오히려 역효과가 나타날 수 있다며 우려의 시선을 보내고 있다. [조선일보, 2005.11.18.]

- 현실적으로는 초등학교 취학 유예를 신청하는 학생 비율이 매년 증가하고 있다.
- 정부가 지난 1996년부터 추진한 만 5세 아동의 초등학교 조기 취학도 갈수록 시들해지고 있다.
- 취학연령을 하향 조정할 경우 아동들이 어릴 때부터 입시 전쟁에 내몰릴 위험성이 있다.

ㄴ 유아교육학자들은 만 5세 조기 취학이 여러 측면에서 문제가 있다고 본다.(신은수, 2005; 장영희, 2005)

- 우리 사회의 과도한 교육 열기 속에서 유아들이 학습에 대한 과도한 부담감과 경쟁으로 어려움을 겪을 수 있다.
- 아동의 성장 발달이 빨라졌음을 입증할 만한 연구와 근거에 입각한 학제 개편이 되어야 하는데 현실적으로 이러한 근거는 불확실하다.
- 2004년에 「유아교육법」이 제정됨으로써 만 3~5세 유아들이 놀이와 활동 중심의 유치원 교육을 보장받게 되었으나, 취학연령을 낮출 경우 이러한 혜택을 받기 어렵다.

ㄷ 포털사이트 '네이버'의 사이버 투표에서 63%가 넘는 네티즌들이 만 5세 취학에 반대 입장을 표명하는 등 일반 시민들도 반대 의견이 높다. [조선일보, 2005.11.18.]

3. 만 3, 4, 5세 유아학교 체제로의 유아교육 학제 개편의 바람직한 방향

⑴ 유아의 발달에 적합한 유아교육 과정과 교수학습 체제 구축

① 인지 면에 편향되지 않은 사회, 정서, 언어, 신체 등의 총체적이며 전인적 유아 발달을 목표로 한다.

② 만 3~5세 유아의 발달적 개별성과 특수성을 고려한 유아교육 과정과 교수 방법 적용을 통해 발달적 보편성이 확보된 통합적 교육(특수교육과의 통합)을 목표로 한다.

⑵ 우수 인재 양성을 위한 유아교육의 질적 고양을 구축하는 학제 개편

① 만 3세부터 체계적이고 질 높은 유아교육을 통해 우수 인재 양성 체제 구축을 목표로 한다.

② 만 3세 이후~초등교육 이전 시기 유아의 수월성을 지원하여 강화할 수 있는 교육 체제 구축(유아 영재 특수교육과의 통합)을 목표로 한다.

⑶ 유아교육 기회의 평등을 위한 보편성 확보

① 유아교육의 공교육화를 위한 법률, 행정, 재정 지원체제 구축과 그에 기초한 유아교육 기회의 공평성과 평등성 확보를 목표로 한다.

② 만 3세 이후 유아교육 공교육 체제를 구축하여 국민 기본교육 체제의 보편성 확보를 통한 교육기회 확대 및 강화를 목표로 한다.

다음은 부모 면담을 끝낸 후, 김 교사가 기록한 내용이다.

> 오늘 은지 어머니와 부모 면담을 하였다. 은지 어머니는 우리 유치원에서도 학습지*로 아이들을 지도해 주기를 원하셨다. 나는 학습지를 사용하는 교육은 유아교육에 바람직하지 않다고 말씀드렸지만, 은지 어머니는 학습지로 교육하는 다른 유아교육 기관들과 비교하며 아이가 유치원에서 놀기만 하고 배우는 게 없는 것 같다는 불만을 이야기 하셨다. 나는 오늘 은지 어머니가 납득하실 수 있도록 충분히 설명해 드리지 못한 것이 매우 아쉽다. 앞으로 은지 어머니와 같은 학부모님들에게 우리 유치원의 교육관을 제대로 알릴 수 있는 방법을 생각해 봐야겠다.
>
> *교과학습용 학습지

위 사례에 나타난 교사의 입장에서, 1) 유아교육의 교수·학습 원리에 비추어 학습지 사용의 문제점 세 가지를 제시하고, 2) 학습지 지도와 같이 유아교육에 적합하지 않은 학부모의 요구와 인식을 변화시키기 위해 교사가 할 수 있는 구체적인 해결 방안(또는 활동) 두 가지를 논하시오. [총 20점]

답안 작성 시 유의 사항	배점
• 어법과 원고지 작성법에 맞게 서술하시오. • 주어진 원고지(1,200자)에 맞게 서술하시오. 　(1,100자 이하 또는 1,200자 초과 시 감점) • 글의 체계를 논리적으로 짜임새 있게 구성하시오. • 글의 명료성, 타당성, 일관성을 고려하여 서술하시오.	• 논술의 체계 [총 10점] 　– 분량 [3점] 　– 맞춤법 및 원고지 작성법 [3점] 　– 글의 논리적 체계성 [4점] • 논술의 내용 [총 10점] 　– 교수·학습 원리 및 이와 연계된 학습지 사용의 문제점 　　세 가지 [6점] 　– 문제 해결 방안 두 가지 [4점]

최근 학부모들 사이에서 학습지에 대한 관심이 증가하고 있다. 이러한 관심으로 인하여 ~~유치원에서도 학습자료~~
~~아이들을 지도해 주길 바라는 문제가 발생하고 있다.~~ 이러한 문제를 해결하기 위해 교수·학습 원리에 비추어 학습지
유치원에서 학습지 지도에 따른 문제가 발생하고 있다.
사용의 문제점과 학부모의 요구와 인식을 변화시키기 위한 해결 방안에 대해 논의해 볼 필요가 있다.

유아교육의 교수·학습 원리에 비추어 학습지 사용의 문제점을 세 가지로 제시~~하면 다음과 같다.~~ 첫째, 개별화의
할 수 있다.
원리에 ~~맞지 않는다.~~ 학습지는 유아의 연령에 따라 나누어져서 연령별로 공통적 내용이 나오는 경우가 대부분이다.
위배된다.
이는 같은 연령이라 하더라도 개인적 차이가 있음을 반영하지 ~~않은 것이다.~~ 둘째, 자발성의 원리에 ~~맞지 않는다.~~ 학
않기 때문이다.   위배된다.
습지를 중심으로 교육이 이루어질 경우 학습지에 나와 있는 내용에 중점을 두는 교육이 이루어지게 된다. 학습지
외의 내용에 유아가 흥미를 가지더라도 그를 고려하지 않고 수업을 진행하게 될 수 ~~있다.~~ 셋째, 융통성의 원리에 ~~맞~~
있기 때문이다.
~~지 않는다.~~ 학습지 교육의 경우 틀에 맞춰진 내용과 구성으로 상황에 따른 융통성이 발휘될 수 없기 때문이다.
위배된다.
학습지 지도와 같이 유아교육에 적합하지 않은 학부모의 요구와 인식을 변화시키기 위해 교사가 할 수 있는 구체
적 해결 방안으로 두 가지를 제시할 수 있다. 첫째, 유치원에서의 정기적인 부모교육을 실시한다. 학부모들을 대상
으로 유아의 발달적 특성에 대해 자세히 설명한다. 또한 일반적인 학습지의 내용과 구성에 대해 설명하며 학습지로
교육을 진행하였을 때의 문제점에 대하여 자세히 알려주고 생각하는 시간을 갖도록 한다. 둘째, 다양한 교육 프로
그램 개발 및 공개수업을 진행한다. 교사가 다양한 교육에 참여하고 유아의 발달에 맞춘 여러 가지 교육 프로그램
을 개발하는 것은 교사의 능력 향상도 일으킬 수 있다. 또한 그에 따라 공개수업도 진행한다. 이는 부모들이 직접
수업을 참관하면서 유아들의 흥미 위주로 즐겁게 교육을 받는 것이 다른 어떤 교육보다 가장 중요하다는 생각이
들도록 할 수 있다.

[코멘트] 둘째에서 부모 강연회 등 부모교육에 관련된 내용을 제시하면 좋겠네요.

　　교사의 전문성 신장과 관련하여 1) 교수 능력 향상을 위한 자기 장학의 필요성을 논하고, 2) 다음의 수업 사례에 나오는 김 교사가 자기 장학을 한다고 할 때, 사례에 나타난 문제점 중 세 가지를 찾아서 각각의 개선 방안을 제시하시오. 그리고 3) 찾아 낸 문제점 중 하나를 택하여 그에 대한 자기 장학 계획(목표, 내용, 방법)을 작성하시오. [총 20점]

> 　　김 교사의 학급은 만 4세 유아 20명으로 구성되어 있다. 김 교사가 유아들에게 모두 모이라고 하자, 유아들은 교실 바닥에 자기 이름표가 붙은 자리에 앉았다. 유아들이 계속 떠들자 김 교사는 손 인형으로 주의를 집중시켰다.
> 　　김 교사가 "사람들이 사용하는 기계와 도구에는 어떤 것이 있을까?라고 질문하였다. 유아들이 반응이 없자, 다시 한 번 같은 질문을 하였다. 한 유아가 "인형, 레고"라고 대답하자, 김 교사는 "아니야, 사람들이 사용하는 기계와 도구는 청소기, 세탁기, 가위, 칼 등이야."라고 말했다.
> 　　김 교사는 '기계와 도구' 글자 카드를 한 장씩 보여주면서, 각각의 용도를 설명해 주었다. 설명이 끝난 후, 김 교사는 "이제 글자 카드를 기계와 도구로 나누어 보자"고 말하였다. 그러자 일부 유아들은 친구와 떠들기 시작하였고, 영철이는 바닥에 드러누웠다. 김 교사는 '기계와 도구' 글자 카드를 융판에 분류해서 보여준 후, 활동을 끝냈다.

답안 작성 시 유의 사항	배점
• 어법과 원고지 작성법에 맞게 서술하시오. • 주어진 원고지(1,200자)에 맞게 서술하시오. 　(1,100자 이하 또는 1,200자 초과 시 감점) • 글의 체계를 논리적으로 짜임새 있게 구성하시오. • 글의 명료성, 타당성, 일관성을 고려하여 서술하시오.	• 논술의 체계 [총 10점] 　- 분량 [3점] 　- 맞춤법 및 원고지 작성법 [3점] 　- 글의 논리적 체계성 [4점] • 논술의 내용 [총 10점] 　- 교수 능력 향상을 위한 자기 장학의 필요성 [2점] 　- 수업 사례의 세 가지 문제점과 각각의 개선 방안 [6점] 　- 한 가지 문제점에 대한 자기 장학 계획 [2점]

최근 유치원 교육에서는 자기 장학에 대한 관심이 증가하고 있다. 이러한 관심에도 불구하고 실제 유치원 교육 현장에서는 자기 장학을 활용한 수업이 제대로 이루어지지 않는 문제가 발생하고 있다. 이러한 문제를 해결하기 위하여 자기 장학의 필요성을 논하고 수업 사례의 문제점과 개선 방안을 제시하고 문제점 중 한 가지를 선택하여 자기 장학 계획을 작성해 볼 필요가 있다.

자기 장학은 수업 개선과 교사의 전문성 신장을 위하여 필요하다. 수업 개선 측면에서는 교사의 수업의 질을 향상 시킬 수 있다. 이는 교사가 자신의 수업에 대한 분석을 통하여 문제점을 파악하고 이를 해결하는 과정에서 질 높은 수업이 이루어질 수 있기 때문이다. 교사의 전문성 신장 측면에서는 교사의 수업에 대한 전문적인 안목을 형성할 수 있다. 이는 자기 장학을 통한 끊임없는 반성과 연구를 통하여 전문가로서의 능력 향상을 이룰 수 있기 때문이다.

자기 장학 사례에서 나타난 문제점과 개선 방안을 세 가지로 제시할 수 있다. 첫째, 유아를 자신의 이름이 붙은 자리에 앉도록 한 것은 부적절하다. 이는 정해진 자리에 유아를 앉도록 함으로써 유아의 자율적 의사를 저해하기 때문이다. 해결 방안은 유아가 자신이 원하는 자리에 앉아서 활동에 참여할 수 있는 기회를 제공한다. 둘째, 유아의 대답에 "아니야"라고 반응한 것은 부적절하다. 이는 유아가 틀린 답에 대하여 심리적으로 위축될 수 있기 때문이다. 해결 방안은 유아의 대답이 교사가 원하는 답이 아니더라도 긍정적으로 수용하는 태도를 가지도록 한다. 셋째, 글자 카드를 보여주며 설명한 것은 부적절하다. 이는 유아기는 언어적 이해력이 미숙하여 설명 위주의 수업은 어렵기 때문이다. 해결 방안은 '기계와 도구'와 관련된 구체물을 활용하여 직접 만져보고 분류할 수 있도록 한다.

도구와 기계 분류해보기에 대한 자기 장학 계획을 목표, 내용, 방법으로 나누어 제시할 수 있다. 목표는 '쓰임새가 비슷한 도구를 분류해 볼 수 있다'로 정한다. 내용은 교실이나 주변에서 흔히 접해 볼 수 있는 도구와 기계에는 어떤 것들이 있는지 조사하고 이를 접해보는 기회를 제공한다. 방법은 각각의 조사한 도구와 기계를 여러 가지 기준에 따라 분류활동을 해 본다.

유치원 교육 현장에서는 자기 장학을 활용한 수업이 활성화되어야 한다. 교사는 전문 서적 등을 통하여 교사의 전문성 신장과 수업 개선을 위하여 노력하여야 한다. 지역 교육청에서는 자기 장학과 관련된 실천 중심의 장학자료를 제공하여야 한다.

 코멘트 아주 잘하였습니다.

다음은 유치원 혼합 연령 종일반에서 일어난 일이다. 1) 단일 연령 종일반에 비해 혼합 연령 종일반이 유아에게 미치는 긍정적 영향 2가지를 사례와 관련지어 논하고, 2) 박 교사가 정희와 지수의 갈등을 중재한 방법이 두 유아 각각에게 미칠 부정적 결과를 논하시오. 그리고 3) 혼합 연령 종일반의 장점을 살리기 위해 이 사례에서 박 교사가 계획해야 할 교육 활동 3가지를 제안하고, 각각의 이유를 논하시오. [총 20점]

오후 1시가 되면 지수(만 3세), 은서(만 4세), 정희(만 5세) 등은 혼합 연령 오후 재편성 종일반인 무지개 반으로 이동하여 자유선택놀이를 한다.

은　서: (무지개 반 교실로 들어가 여기저기 둘러보며) 뭐 하지? 아휴, 할 것도 별로 없네.

정　희: (은서에게 다가가) 우리 게임판 할래?

은　서: 그래, 언니. 근데 나 이 게임판 안 해 봤는데······.

정　희: 걱정 마, 언니가 알려줄게. (게임판에 말을 올려 놓으며) 잘 봐, 여기에 이렇게 놓고 시작하면 돼. 그런데 여기 주사위가 어디 갔지?

은　서: (교실을 둘러본 후) 저기 있다. 지수가 가져갔나 봐.

정　희: (지수에게 다가가 목소리를 높이며) 김지수, 너! 누가 그거 가져가도 된다고 했어? 언니들한테 허락받았어?

지　수: (아무 말도 못하고 울음을 터트린다.)

박 교사: (철수에게 점토를 꺼내주다 울음소리를 듣고 다가가) 너희들 왜 그러니? 정희야, 동생들하고 싸우면 어떻게 해?

정　희: (아무 말도 없다.)

지　수: (더 크게 울며) 나, 보라 반으로 갈래요.

박 교사: 지수야, 선생님이 여러 번 말했잖니? 보라 반은 오전 반이고, 지금은 무지개 반에서 놀이하는 시간이야. 정희야, 지수는 아직 어리니까 네가 데리고 놀아 줘야지. 그런 것도 안하면 언니가 아니지.

정　희: (마지못해 작은 목소리로) 아휴, 얘랑은 게임판도 못하는데······. (큰 소리로) 김지수, 그럼 너 뭐 할래?

지　수: (아무 말 없이 정희만 쳐다본다.)

정　희: 그럼 언니가 시키는 대로 해야 해. 말 안 들으면 혼난다. (오전 반에서 만든 가면을 가방에서 꺼내며) 얘들아, 이걸로 우리 동극놀이 하자.

박 교사: (정희가 가면 꺼내는 것을 보고 다가가) 다른 애들은 가면이 없으니까 동극놀이는 하면 안 되지.

답안 작성 시 유의 사항

- 어법과 원고지 작성법에 맞게 서술하시오.
- 주어진 원고지(1,200자)에 맞게 서술하시오.
  (1,100자 이하 또는 1,200자 초과 시 감점)
- 글의 체계를 논리적으로 짜임새 있게 구성하시오.
- 글의 명료성, 타당성, 일관성을 고려하여 서술하시오.

배점

- 논술의 체계 [총 10점]
  - 분량 [3점]
  - 맞춤법 및 원고지 작성법 [3점]
  - 글의 논리적 체계성 [4점]
- 논술의 내용 [총 10점]
  - 혼합 연령 종일반의 긍정적 영향 2가지 [2점]
  - 교사의 갈등 중재 방법이 두 유아 각각에게 미칠 부정적 결과 [2점]
  - 교육 활동 3가지와 각각의 활동 계획 이유 [6점]

최근 유치원 교육에서 혼합 연령 종일반에 대한 관심이 증가하고 있다. 이러한 관심에도 불구하고 실제 유치원 교육 현장에서는 혼합 연령 종일반에 제대로 운영되지 않는 문제가 발생하고 있다. 이러한 문제를 해결하기 위하여 혼합 연령 종일반의 긍정적 영향을 사례와 관련하여 논하고 교사의 갈등 중재 방법이 유아에게 미친 부정적 결과와 적절한 교육 활동에 대하여 논의해 볼 필요가 있다.

사례에서 혼합 연령 종일반이 유아에게 미치는 긍정적인 영향은 2가지로 제시할 수 있다. 은서의 인지 발달에 도움을 준다. 이는 높은 연령의 정희와의 게임 활동을 통하여 새로운 규칙을 배우고 습득하는 과정에서 인지 발달에 영향을 주기 때문이다. 또한, 은서의 사회성 발달에 도움을 준다. 이는 은서와 정희와의 상호작용을 통하여 서로 협력하고 배려하는 친사회적 행동을 배울 수 있기 때문이다.

사례에서 박 교사의 갈등 중재가 유아에게 미친 부정적 결과를 두 가지로 제시할 수 있다. 정희가 반항적인 성향을 가지도록 한 점이다. 이는 박 교사가 사건의 전후 상황을 파악하지 않고 정희를 나무람으로써 동생들과의 놀이에 부담을 가지게 하였기 때문이다. 또한, 지수에게 종일반에 대한 소속감을 가지지 못하게 점이다. 이는 지수에게 종일반도 자신이 속한 반이라는 것을 충분하게 설명하지 못하였기 때문이다.

사례에서 혼합 연령 종일반의 장점을 살린 박 교사의 교육 활동 계획을 세 가지로 제시할 수 있다. 첫째, "빨리 도착하는 사람은 누구일까요."라는 주제로 게임 활동을 진행한다. <u>이는 여러 연령의 유아들이 함께 게임에 참여하여 서로 친밀감을 가질 수 있기 때문이다.</u> 둘째, '커다란 순무'라는 동화를 읽고 동극활동을 계획한다. 이는 유아들이 각자 맡은 역할에 대한 책임감을 배우고 소속감도 느낄 수 있기 때문이다. 셋째, 동극활동에 필요한 소품을 만드는 조형활동을 계획한다. 이는 유아들 간의 상호작용의 기회를 제공하여 서로를 이해하고 배려하는 마음을 가지도록 할 수 있기 때문이다.

유치원 교육 현장에서는 혼합 연령 종일반의 운영이 활성화되어야 한다. 교사는 유아의 발달 수준과 흥미 등을 충분히 고려하여 교육과정 편성과 운영에 반영하여야 한다. 지역 교육청에서는 혼합 연령 종일반과 관련된 실천 중심의 장학자료를 개발하여 유치원에 제공하여야 한다. 시·도 교육청에서는 혼합 연령 종일반과 관련된 교육과정 편성·운영지침을 개발하여 제공하여야 한다.

코멘트 아주 잘하였습니다. 밑줄 친 부분만 다시 써 보세요.

다음은 어느 유치원에서 효율적인 멘토링을 위해 멘토 – 멘티 사전 협의회를 하는 장면이다. 1) 멘토링에서 멘토 – 멘티 사전 협의회가 필요한 이유 2가지를 사례와 관련지어 논하고, 2) 멘토링이 효율적으로 이루어질 수 있는 조건 2가지를 멘토의 자질과 멘티의 자세 측면에서 각각 1가지씩 사례에서 찾아 논하시오. 그리고 3) 김 교사가 겪고 있는 어려움을 교사 발달의 측면 중 ① 지식과 기술 ② 자기 이해 ③ 인간관계에서 찾고, 각각에 대해 박 교사가 멘토링 과정에서 지원할 수 있는 방법을 서로 중복되지 않도록 논하시오. [총 20점]

멘토 – 멘티 사전 협의회에서 박 교사(유치원 교사 경력 10년, 멘토 경력 6년)와 김 교사(유치원 교사 경력 3개월)가 대화를 나누고 있다.

박 교사: 김 선생님이 늘 열심히 해서 도움을 주고 싶었는데, 제가 선생님의 멘토가 되어서 참 좋아요. 멘토링을 통해 좋은 교사로 성장했으면 좋겠어요.

김 교사: 평소에도 선생님께서 편하게 대해 주셨는데 이렇게 제 멘토가 되어 주셔서 정말 감사해요. 꼭 선생님하고 멘토링을 하고 싶었어요. 선생님을 보면서 저도 선생님처럼 좋은 교사가 되고 싶었거든요.

박 교사: 그래요……. 어려운 점이 많지요?

김 교사: 열심히 하려고 하는데, 생각보다 잘 안 돼요.

박 교사: 어떤 점이 힘들지요?

김 교사: 대학에서 이론도 배우고 실습도 해서, 교사가 되면 수업만큼은 잘할 수 있을 줄 알았어요. 그런데 아무리 수업 준비를 많이 해도 계획대로 잘 안 돼요.

박 교사: 그렇군요. 또 다른 어려운 점은 없나요?

김 교사: 우리 반 유아들 부모님께서 전화하셔서 유아 문제로 불만을 이야기하실 때 어떻게 해야 할지 잘 모르겠어요. 어떤 부모님은 저를 교사로 여기지 않으시는지 반말을 하실 때도 있어요. 그런 때는 좀 위축되기도 해요.

박 교사: 그런 일도 있었군요.

김 교사: 또, 제가 정말 교사로서 자질이 있는지 모르겠어요. 끝까지 교사를 할 수 있을지도 불안하고 걱정이 돼요.

박 교사: 그래요……. 여러 가지 어려움이 있군요. 멘토링을 통해 하나씩 해결해 갑시다. 그럼 지금 어떤 도움이 가장 필요하죠?

김 교사: 아무래도 유아들 부모님들과의 관계가 가장 어려워요. 그 부분에서 도움이 절실해요.

박 교사: 오늘 사전 협의회가 잘 됐네요. 그럼, 다음 주에 멘토링을 본격적으로 시작할 때, 부모 관련 문제부터 다뤄 볼까요?

답안 작성 시 유의 사항	배점

• 어법과 원고지 작성법에 맞게 서술하시오.
• 주어진 원고지(1,200자)에 맞게 서술하시오.
  (1,100자 이하 또는 1,200자 초과 시 감점)
• 글의 체계를 논리적으로 짜임새 있게 구성하시오.
• 글의 명료성, 타당성, 일관성을 고려하여 서술하시오.
	• 논술의 체계 [총 10점]
	  – 분량 [3점]
	  – 맞춤법 및 원고지 작성법 [3점]
	  – 글의 논리적 체계성 [4점]
	• 논술의 내용 [총 10점]
	  – 멘토–멘티 사전 협의회의 필요성 2가지 [2점]
	  – 효율적인 멘토링을 위한 멘토의 자질과 멘티의 자세 각각 1가지 [2점]
	  – 김 교사의 어려움 3가지와 각각에 대한 지원 방법 [6점]

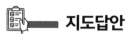

최근 유치원 교육에서 멘토링에 대한 관심이 증가하고 있다. 이러한 관심에도 불구하고 유치원 교육 현장에서 멘토링이 잘 이루어 지자 않는 (에 따른) 문제가 발생하고 있다. 이러한 문제를 해결하기 위하여 사전 협의회가 필요한 이유와 멘토링이 효율적으로 이루어질 수 있는 조건을 멘토와 멘티의 자질과 자세 측면에서 찾고 김 교사의 어려움과 지원 방안에 대하여 논의해 보고자 한다.

멘토링의 사전 협의회가 필요한 이유를 두 가지로 제시할 수 있다. 서로 멘토와 멘티가 되어 좋다는 긍정적 관계(친밀감) 형성이다. 이는 서로 공감대가 형성되어 긍정적 관계가 형성되기 때문이다. 또한, 멘토와 멘티가 서로 어떤 도움을 줄 수 있고 필요한지 미리 알 수 있다. 이는 멘티의 구체적 상황을 알고 멘토가 효율적이고 구체적으로 도움을 줄 수 있기 때문이다.

멘토링이 효율적으로 이루어질 수 있는 조건 두 가지를 멘토의 자질과 멘티의 자세로 각각 제시해 볼 수 있다. 멘토는 멘티에게 전문성 발달을 돕기 위해 지원하며 자문해 주어야 한다. 이는 현장에서 겪는 어려움을 멘토의 지원과 자문으로 멘티는 전문성 발달에 도움이 되기 때문이다. 또한, 멘티는 멘토의 피드백을 경청하며 지적된 내용에 반응적 태도를 취하여야 한다. 이는 멘티의 반응적 태도에 멘토는 피드백이 이해되었는지 확인할 수 있기 때문이다.

제시된 사례에서 김 교사의 어려움을 찾고, 멘토링에서 박 교사가 지원할 수 있는 방법을 세 가지로 제시할 수 있다. 첫째, 지식과 기술의 부족으로 김 교사가 수업에 어려움을 겪고 있다. 이는 이론과 실제와 달리 수업 준비를 많이 해도 수업이 잘 이루어지지 않기 때문이다. 박 교사는 자신의 경험과 사례를 통하여 김 교사에게 수업에 관하여 도움을 줄 수 있다. 둘째, 자기이해 측면에서 끝까지 교사를 할 수 있을지에 대한 불안감과 걱정이 있다. 이는 김 교사가 교사로서의 자질에 관하여 스스로 자신감을 갖고 있지 않기 때문이다. 박 교사가 김 교사의 장점을 찾아 조언해 주며 자신감을 가질 수 있도록 도와줄 수 있다. 셋째, 인간관계의 어려움으로 부모님들과 원만한 관계를 형성하기에 어려움을 느끼고 있다. 이는 학부모와의 대화에 김 교사가 위축되어 있기 때문이다. 박 교사가 김 교사에게 부모 상담에 관한 자료와 대화 방법을 함께 논의해 봄으로써 도움을 줄 수 있다.

유치원 교육 현장에서 멘토링이 활성화되어야 한다. 교사는 멘토와 멘티의 활동에 적극 참여해야 한다. 유치원에서는 멘토링이 효율적으로 운영될 수 있도록 환경적 지원을 제공한다. 교육 지원청에서는 멘토링에 관한 실천 중심의 장학자료를 개발하여 보급하여야 한다.

 코멘트 전체적으로 논리적 체계에 맞게 잘 제시한 글입니다.

교사의 신념은 교육적 실천의 토대이며 교육 현장에 중요한 영향을 미친다. 1) (가)에서 박 교사가 성숙주의 교사 신념을 형성하는 데 영향을 준 요인 2가지를 찾아 논하고, 2) (나)에서 박 교사가 성숙주의 교사 신념을 실천하고 있다고 판단되는 이유 4가지를 박 교사의 수업 활동에서 찾아 논하시오. 그리고 3) (다)에서 박 교사가 성숙주의 교사 신념을 실천하기 어려운 요인 2가지를 찾고, 각각에 대한 해결 방안을 1가지씩 논하시오. [총 20점]

(가) 박 교사의 배경

박 교사는 자녀의 의견을 존중하고 스스로 문제를 해결하게 하는 가정 환경에서 자랐다. 그리고 대학에서 유아교육을 전공하면서 유전적 요인이 유아의 성장 발달에 중요한 영향을 미친다는 것을 배웠다. 박 교사는 유치원에 다니는 2명의 자녀를 키우면서 예전에 이해하지 못했던 유아들의 다양한 행동을 이해하게 되었다. 그리고 현재는 ○○유치원에 재직 중이다.

(나) 혼합 연령반 자유선택 놀이활동 장면 (민희·수철 만 4세, 영수 만 5세)

수　철: 선생님, 저는 블록 영역으로 가서 성을 쌓을 거예요.

박 교사: 그래, 네가 생각한 대로 블록 영역에 가서 해 보렴.

민　희: 선생님, 저는 뭘 해야 할지 모르겠어요.

박 교사: 그러니? 민희야, 좀 더 생각해 볼래?

영　수: 선생님, 저는 미술 영역에 갈래요.

박 교사: 그래, 오늘 미술 영역에는 여러 가지 재료들이 준비되어 있단다.

민　희: (밝은 표정으로) 아, 저도 미술 영역에 갈래요.

박 교사: 민희와 영수는 미술 영역에 가고 싶구나. 그래, 우리 같이 가 보자.

　(미술 영역에는 색종이, 깡통, 종이 상자, 휴지 속대, 병뚜껑, 풀, 가위 등 다양한 활동 재료들이 준비되어 있다.)

영　수: 우와, 여기 여러 가지가 있네. (종이 상자를 잡으며) 나는 이것으로 자동차를 만들어야지.

민　희: 오빠는 자동차 만들어? (잠시 고민하더니) 선생님, 저는 자동차는 못 만들겠어요.

박 교사: 민희야, 네가 만들고 싶은 것을 만들면 돼.

민　희: 음, 난 너무 어려울 것 같은데……. (잠시 후 밝은 목소리로) 선생님, 저는 소꿉놀이 하러 갈래요.

박 교사: 그래, 소꿉놀이 영역에도 재미있는 놀잇감이 많이 있단다.

(다) 박 교사와 어머니의 대화

어머니: 우리 영수가 내년에 초등학교에 가야 하는데 숫자를 몰라서 걱정이에요. 무슨 방법이 없을까요?

박 교사: 글쎄요. 직접 가르치기보다는 영수가 궁금해 하면 도와줄 수는 있어요.

어머니: 선생님, 그래도 내년에 학교 가야 하니까 숫자를 빨리 가르쳐 주세요.

박 교사: 얼마 전에도 영수가 수 영역에서 숫자 세기 게임을 하고 있기에 옆에서 관찰해 보았지요. 12개를 13개로 잘못 세고 있었어요. 그래서 제가 12개라고 정확하게 알려주었어요.

답안 작성 시 유의 사항	배점
• 어법과 원고지 작성법에 맞게 서술하시오. • 주어진 원고지(1,200자)에 맞게 서술하시오. 　(1,100자 이하 또는 1,200자 초과 시 감점) • 글의 체계를 논리적으로 짜임새 있게 구성하시오. • 글의 명료성, 타당성, 일관성을 고려하여 서술하시오.	• 논술의 체계 [총 10점] 　－분량 [3점]　　　－맞춤법 및 원고지 작성법 [3점] 　－글의 논리적 체계성 [4점] • 논술의 내용 [총 10점] 　－성숙주의 교사 신념을 형성하는 데 영향을 준 요인 2가지 [2점] 　－성숙주의 교사 신념을 실천하고 있다고 판단되는 이유 4가지 [4점] 　－성숙주의 교사 신념을 실천하기 어려운 요인 2가지와 각각의 해결 방안 1가지 [4점]

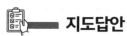 **지도답안**

교사는 교육을 실천하는 데 있어 교육에 대한 신념을 바탕으로 하며 이는 교육 현장에서 중요한 영향을 미친다. 그러나 유치원 현장에서 교사들은 자신의 신념 실천에 어려움을 가지고 있다. 따라서 성숙주의 신념을 가진 박 교사 사례를 통해 신념 형성의 요인과 신념의 실천 그리고 실천의 어려움과 개선 방안에 대해 논의하고자 한다.

성숙주의 교사 신념을 형성하게 된 요인은 2가지로 볼 수 있다. 첫째, 자녀의 의견을 존중하고 스스로 문제를 해결하게 하는 가정 환경이다. 이는 성인 주도보다는 자녀의 요구와 능력을 중요시하기 때문이다. 둘째, 대학에서 유전적 요인이 유아 성장 발달에 중요한 영향을 미침을 배운 점이다. 이는 발달에 있어 환경보다 유아 발달의 내부 성숙인 준비도 교육을 중요시하기 때문이다.

성숙주의 신념을 실천하는 활동을 네 가지로 볼 수 있다. 첫째, 네가 생각한 대로 블록 영역에 가서 해보라고 말한 점이다. 이는 유아가 스스로 놀이 계획을 세우고 선택하는 기회를 줌으로써 발달 수준에 적합한 활동이 가능해진다. 둘째, 민희가 뭘 해야 할지 모를 때 생각할 시간을 준 점이다. 이는 직접적인 교사의 개입을 줄이고 기다려 줌으로써 유아가 결정하여 활동을 주도할 수 있다. 셋째, 미술 영역에 다양한 활동 재료들을 준비한 점이다. 이는 다양한 자료 중 개별 유아가 자신의 흥미와 발달적 수준에 적합한 활동을 선택함으로써 놀이에 몰입할 수 있다. 넷째, 민희에게 네가 만들고 싶은 것을 만들면 된다고 말한 점이다. 이는 유아가 활동에 어려움을 느낄 때 교사가 직접 교수하기보다는 수용하고 격려함으로써 허용적 분위기를 만들어 주었다.

성숙주의 교사 신념을 실천하기 어려운 요인 두 가지를 제시할 수 있다. 첫째, 학부모에게 영수가 궁금해하면 도와줄 수 있다고 말한 점이다. 이는 성숙주의 교사의 신념을 학부모가 이해할 수 있도록 적절히 설명을 하지 않았기 때문이다. 따라서 집단 및 개인 면담을 통하여 교사의 성숙주의 교육 방법에 대해 충분히 알려주어야 한다. 둘째, 영수가 12개를 13개로 잘못 세자 12개라고 정확하게 알려준 점이다. 이는 유아가 생각해 볼 시간 없이 바로 교정해 준 것으로 성숙주의 교육에 대한 이해가 부족하기 때문이다. 따라서 교사는 전문 서적, 자기 장학, 연수 등을 통해 성숙주의 교육지식과 실천기술을 길러야 한다.

교육 현장에서 교사의 신념과 실천 능력은 중요하다. 따라서 교사는 교육 신념을 확고히 할 필요가 있으며 더 나아가 교수 방법에 대한 전문성을 향상시키고 질적으로 개선하려는 태도가 요구된다.

코멘트 서론, 결론 부분이 부족합니다. 다시 써보세요.

유아에 대한 이해와 평가는 유아교육의 질을 높이는 데 중요하다. 1) 유아 평가의 목적 2가지를 (가)와 관련지어 논하시오. 2) (나)에서 김 교사가 포트폴리오 평가 수행 과정에서 범한 문제점 4가지를 논하고, 3) 각 문제점에 대한 해결 방안을 서로 중복되지 않게 논하시오. [총 20점]

(가) 송 교사가 작성한 저널

학기 시작한 지도 벌써 한 달이 되었다. 그동안 내가 맡은 아이들의 개인별 특성을 파악하려고 나름대로 노력하였고, 그로 인해 얻은 것이 참 많다. 아이들에 대해 파악한 특성을 최대한 반영하여 교육과 보육 활동을 개선한다면 더욱 멋진 한 해가 되겠지! 다음 주부터 학부모 상담이 시작된다. 학부모를 상담하는 자리가 조금은 부담스럽다. 그러나 학부모 상담은 내가 각 아이에 대해 파악한 것이 맞는지, 더 알아야 할 것은 없는지, 부모님이 나에게 바라는 점은 또 어떤 것이 있는지 등을 한 번 더 확인하는 기회가 될 것이기 때문에 기대도 된다.

(나) 송 교사와 김 교사가 나눈 대화

송 교사: 선생님! 포트폴리오 평가 계획 수립 시 평가 지침은 명확히 설정하셨나요?

김 교사: 포트폴리오 평가 지침을 명확하게 정해야 한다는 말은 맞아요. 그러나 포트폴리오 평가는 구성주의 패러다임을 따르잖아요. 그래서 저는 아이들의 성장 발달을 선입견 없이 보이는 양상 그대로 평가하려고 자료 수집 내용과 평가 시기만을 설정했어요.

송 교사: 포트폴리오 평가를 위한 자료 수집은 어떻게 하셨나요?

김 교사: 아이들의 강점을 확인하고자 다양한 자료를 모았어요.

송 교사: 수집한 자료는 충분했나요?

김 교사: 학기 말에 집중적으로 모았는데 충분했어요. 사실 학기 초에는 모을 시간이 없었거든요.

송 교사: 포트폴리오 자료 분석은 어떻게 하셨나요?

김 교사: 포트폴리오 평가에서는 아이들의 자기평가가 중요하잖아요. 그래서 아이들 스스로 자신의 작품에 대한 생각을 말해 보게 했고요. 저는 모은 자료 중에서 잘한 것 위주로 분석했는데 생각보다 좋은 작품이 많았어요. 각 아이의 성취수준이 기대만큼 충분히 높아서 참 흐뭇했어요.

송 교사: 예. 그러시군요. 그렇다면 포트폴리오 평가 결과는 어떻게 활용하셨나요?

김 교사: 아이들의 발달과 학습 변화에 대해 학부모들과 이야기하기보다는 유치원을 홍보하는 데 개별 아이의 포트폴리오 평가 결과를 사용했어요. 특히, 유치원 행사와 관련된 사진 자료가 매우 효과적이었어요. 이와 별개로 포트폴리오 평가를 통해 얻은 시사점은 2학기 교육과정 운영에 반영하려고 해요.

송 교사: 예. 포트폴리오 평가는 유아 평가의 취지에 부합되기 때문에 앞으로 유치원 현장에서 많이 활용될 것 같네요.

답안 작성 시 유의 사항	배점
• 어법과 원고지 작성법에 맞게 서술하시오. • 주어진 원고지(1,200자)에 맞게 서술하시오. (1,100자 이하 또는 1,200자 초과 시 감점) • 글의 체계를 논리적으로 짜임새 있게 구성하시오. • 글의 명료성, 타당성, 일관성을 고려하여 서술하시오.	• 논술의 체계 [총 10점] – 분량 [3점]　　　 – 맞춤법 및 원고지 작성법 [3점] – 글의 논리적 체계성 [4점] • 논술의 내용 [총 10점] – 유아 평가의 목적 2가지 [2점] – 김 교사가 포트폴리오 평가 수행 과정에서 범한 문제점 4가지 [4점] – 문제점에 대한 해결 방안 4가지 [4점]

최근 유치원 교육 현장에서 유아 평가에 따른 문제가 발생하고 있다. 이러한 문제를 해결하기 위하여 유아 평가가 효율적으로 이루어지기 위한 방안에 대하여 논의하고자 한다.

유아 평가의 목적을 두 가지로 제시할 수 있다. 첫째, 아이들의 개인별 특성을 파악하기 위함이다. 이는 유아 개인에게 적합한 교육을 한다. 둘째, 교육과 보육활동을 개선하기 위함이다. 이는 교사가 유아에게 질 높은 교육을 제공한다.

김 교사가 포트폴리오 평가 수행 과정에서 범한 문제점을 네 가지로 제시할 수 있다. 첫째, 자료 수집 내용과 평가 시기만을 설정한 점이다. 이는 포트폴리오 지침에 어긋나기 때문이다. 해결 방안은 포트폴리오의 평가지침을 고려하여 평가한다. 둘째, 학기 말에 집중적으로 모은 점이다. 이는 유아의 발달 변화과정을 파악하기 어렵기 때문이다. 해결 방안은 학기 초부터 학기 말까지 균형있게 포트폴리오 자료를 모은 후에 평가한다. 셋째, 모은 자료 중에서 잘한 것 위주로 분석한 점이다. 이는 유아의 강점과 약점을 파악하기 어렵기 때문이다. 해결 방안은 유아가 모은 자료를 직접 선택하여 평가하도록 한다. 넷째, 유치원을 홍보하는 데 개별아의 포트폴리오 평가결과를 사용한 점이다. 이는 포트폴리오의 평가 목적에 어긋나기 때문이다. 해결 방안은 교사는 아이들의 발달과 학습변화에 대하여 평가한다.

유치원 현장에서 유아 평가에 대해 개선해야 한다. 교사는 유아 평가에 대한 전문성을 기르기 위해 노력해야 한다.

코멘트 본론 내용의 구체성이 부족합니다.

(가)와 (나)는, A 초등학교 병설유치원과 B 초등학교 병설유치원에서 원감과 전체 교사가 회의하는 각각의 장면이다.
1) (가)의 사례에 나타난 A 초등학교 병설유치원 조직문화의 긍정적 측면 2가지를 논하시오. 2) (나)의 사례에 나타난 B 초등학교 병설 유치원 조직문화의 문제점 4가지를 밝히고, 3) 각 문제점에 대한 해결 방안을 구체적으로 논하시오. [총 20점]

(가) A 초등학교 병설유치원

유 원감: 박 선생님, 오늘 얼굴이 아주 밝으신데 무슨 기분 좋은 일이라도 있어요?

박 교사: 네, 우리 반 아이들이 너무 멋지게 협동 작업을 했거든요. 최 선생님이 주신 아이디어로 활동한 거였는데 아이들의 반응이 기대 이상이었어요.

최 교사: 어제 저와 얘기 나눈 인성교육 활동을 적용하셨군요. 아이들이 어떻게 했는지 한 번 보고 싶네요.

박 교사: 제가 홈페이지에 수업 동영상을 올려놓았으니까 회의 끝나고 같이 한 번 봐요.

유 원감: 올해 우리 유치원에서 제일 강조하는 목표가 유아들의 인성교육이잖아요. 앞으로도 모든 활동에서 그 점을 최우선으로 고려해 주세요.

강 교사: 네, 저도 요즘 인성교육 활동을 계획해서 실천하고 있어요. 박 선생님 반에서는 어떻게 하셨는지 궁금하네요.

최 교사: 그럼 강 선생님, 저와 같이 박 선생님 반 수업 동영상 보고 이야기해 봐요.

(나) B 초등학교 병설유치원

정 원감: 오늘 회의에서는 행사 준비 상황을 점검해 보죠. 먼저, 부모 면담 일정은 확정되었나요?

서 교사: 우리 반은 이제 다 확정되었어요.

황 교사: 저는 면담 일정 안내문을 내 보냈는데, 아직 몇 분이 답을 안 주셨어요.

정 원감: 김 선생님 반은요?

김 교사: 저도 안내문은 보냈어요. 그런데 제가 부모 면담이 처음이라 그러는데요, 면담 자료는 어떻게 준비해야 하나요?

정 원감: 김 선생님! 부모교육 책 찾아서 준비해 보세요. 자, 부모 면담 끝나면 가족의 날 행사가 이어서 있는데, 서 선생님, 행사 담당은 선생님이시죠?

서 교사: 행사 담당은 제가 맞지만 가족의 날 행사는 반별로 준비해야 되는 거 아니에요?

황 교사: 반별로 준비하더라도 전체가 함께 하는 프로그램도 있는데, 그건 누가 담당하는 거죠?

정 원감: 행사가 얼마 안 남았는데, 지금 그런 질문을 서로 하고 있으면 어떻게 해요!

                         …… (중략) ……

황 교사: 이번 어린이날 행사는 작년과는 좀 다르게 하면 어떨까요?

서 교사: 작년에 했던 것도 괜찮은데 그냥 그대로 해요.

황 교사: 작년에 다녔던 아이들도 많은데 너무 똑같으면 재미없지 않을까요?

정 원감: 별 문제 없었는데 뭘 굳이 바꿔요.

황 교사: 그럼 어린이날 행사는 그대로 하고요, 이번 봄 소풍 장소에 대해 의논해 보면 좋겠어요.

정 원감: 의논할 필요는 없고, 올해는 행복동산으로 가죠. 서 선생님은 바로 차량 섭외하세요.

답안 작성 시 유의 사항	배점

• 어법과 원고지 작성법에 맞게 서술하시오.
 	
• 주어진 원고지(1,200자)에 맞게 서술하시오.
  (1,100자 이하 또는 1,200자 초과 시 감점)
 	
• 글의 체계를 논리적으로 짜임새 있게 구성하시오.
 	
• 글의 명료성, 타당성, 일관성을 고려하여 서술하시오.
	• 논술의 체계 [총 10점]
	  – 분량 [3점]
	  – 맞춤법 및 원고지 작성법 [3점]
	  – 글의 논리적 체계성 [4점]
	• 논술의 내용 [총 10점]
	  – (가)의 사례에 나타난 A 초등학교 병설유치원 조직문화의
	    긍정적 측면 2가지 [2점]
	  – (나)의 사례에 나타난 B 초등학교 병설유치원 조직문화의
	    문제점 4가지 [4점]
	  – 문제점에 대한 해결 방안 4가지 [4점]

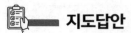

최근 유치원 교육에서 조직문화에 대한 관심이 증가하고 있다. 이러한 관심에도 불구하고 유치원 교육 현장에서는 조직문화가 제대로 이루어지지 않는 문제가 발생하고 있다. 이러한 문제를 해결하기 위해 제시된 사례에서 조직문화의 긍정적 측면 두 가지를 논하고, 조직문화의 문제점과 구체적인 해결 방안 네 가지에 대하여 논하고자 한다.

(가)의 사례에서 조직문화의 긍정적인 측면을 두 가지로 제시할 수 있다. 긍정적인 조직문화는 교사의 효능감을 향상시킨다. 이는 동료 교사로부터 동료적 지원과 긍정적인 피드백을 받을 수 있기 때문이다. 또한, 교사의 전문성이 강화된다. 이는 수업 사례분석과 같은 동료 장학이 활발하게 일어나 교사의 교수 능력이 향상될 수 있기 때문이다.

(나)의 사례에서 조직문화의 문제점을 네 가지로 제시할 수 있다. 첫째, 동료 교사의 구체적인 지원이 필요한 김 교사에게 ~~부모 면담 행사에서~~ 적합하지 못한 방식으로 지시를 한 점이다. 이는 경험이 부족한 교사가 업무에 더욱 부담을 느끼고 부정적 자아 개념을 형성하게 하기 때문이다. 둘째, 교사들이 ~~가족의 날 행사에서~~ 행사 준비에 대한 책임을 회피하는 점이다. 이는 교사들 간에 행사에 대한 체계적인 업무 분담이 이루어지지 않았기 때문이다. 셋째, ~~어린이날 행사에서~~ 작년과 같은 방식으로 행사를 진행하려고 하는 점이다. 이는 행사를 진행하고 난 후 평가를 하는 절차가 무시되었기 때문에 나타나는 변화 지양적인 태도이다. 넷째, 교사의 의견을 무시하고 ~~원~~교감이 독단적으로 소풍 장소를 결정한 점이다. 이는 함께 의견을 공유하고 문제를 해결해나가는 교사회의의 의의를 무시한 행동으로 교사들이 불만을 가질 수 있기 때문이다.

사례의 문제점에 대한 구체적인 해결 방안을 네 가지로 제시할 수 있다. 첫째, 김 교사에게 ~~부모 면담 행사에서~~ 부모 면담 자료를 수집하는 방법과 구체적인 예시를 보여 준다. 이는 교사 발달 단계에 알맞은 지원을 제공하여 김 교사가 업무에 잘 적응하도록 돕는다. 둘째, 가족의 날 행사에 대한 구체적인 업무를 분담한다. 이는 행사 준비의 효율성을 높일 수 있기 때문이다. 셋째, 행사 진행에 대한 절차를 마련하고 작년 행사의 평가를 기초로 어린이날 행사를 재구성한다. 이는 교사들의 반성적 사고 능력을 기를 수 있고 유아들에게 질 좋은 경험을 제공할 수 있다. 넷째, 봄 소풍 장소에 대해 교사들의 의견을 종합하여 답사를 통해 최종 장소를 결정한다. 이는 교사들이 책임감을 가지고 회의에 참여하게 되기 때문이다.

유치원 교육 현장에서는 협동적인 조직문화를 극대화해야 한다.

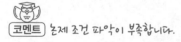
코멘트 논제 조건 파악이 부족합니다.

오늘날 유치원 교사들은 교육 현장에서 다양한 직무 스트레스를 겪고 있다. 다음에서 1) 초임 교사인 정 교사가 겪고 있는 직무 스트레스 유발 요인을 인간관계 측면과 직무여건 측면에서 각각 논하고, 2) 정 교사의 직무 스트레스가 교사 자신과 유치원에 미치는 부정적 영향을 대화 속의 사례와 관련지어 각각 2가지씩 논하시오. 그리고 3) 정 교사가 직무 스트레스에 적절히 대처할 수 있는 방안을 교사의 자기 관리 능력 개발과 문제 해결 능력 개발의 차원에서 각각 2가지씩 논하시오. [총 20점]

〈행복유치원(단설)의 초임 교사인 정 교사와 경력 교사인 안 교사의 대화〉

정 교사: 안 선생님! 아이들 봐주셔서 고마워요. 배가 아팠는데 아이들만 두고 화장실에 갈 순 없었어요. 며칠 전에는 잠깐 화장실 갔다 온 사이에 한 아이가 다쳤었거든요. 정말 속상했었어요. 교실 안의 화장실은 유아용인데다 개방형이어서 사용하기가 곤란해요.

안 교사: 앞으로 급할 때는 이야기해요. 나도 경험해 봤으니까요. 그때는 원감 선생님께 도움을 청했었어요.

정 교사: 그런데 원감 선생님께 매번 부탁드릴 수도 없잖아요. 저는 화장실을 자주 가는 편이라 교사회의 때 이 문제를 건의해 봐야 할 것 같아요.

안 교사: 네, 그것도 좋은 생각이네요. 그런데 정 선생님! 오늘따라 많이 피곤해 보여요.

정 교사: 아, 그래요? 요즘 부모 면담 준비하느라 늦게까지 일하고 집에 가거든요. 그래서 그런가 봐요. 처음 하는 면담이라 그런지 부담이 많이 되네요. 실은 우리 반 학부모 한 분이 거의 매일 전화해서 이것저것 간섭하고, 요구 사항도 많으세요. 어떤 때에는 꼭 저를 가르치려는 것 같아요. 전화 받고 나면 가슴이 쿵쾅거려 일을 제대로 못하겠어요.

안 교사: 어머! 정말 힘들겠네요.

정 교사: 네, 그래도 아이들을 보면 힘이 나요. 정말 예뻐요. 그런데 아직 업무가 버거워요. 학급 운영계획서도 못 냈어요. 학부모 공개수업에 부모 면담까지 준비하다 보니 도저히 작성할 시간이 없었어요. 게다가 박 선생님이 생활 주제가 같다며 자료 준비를 자주 부탁하세요. 아무리 같은 자료라지만, 부담돼요. 너무 본인 생각만 하시는 것 같아요. 거절하자니 관계가 나빠질 것 같아 말도 못했어요. 어떨 땐 우리 반 자료 준비도 하기 싫어져요. 불편한 마음 때문에 아이들한테 짜증내기도 하고요. 그럴 땐 많이 미안하죠.

안 교사: 아, 그런 일이 있었군요. 다과 모임 때 박 선생님께 솔직히 이야기하지 그랬어요?

정 교사: 지난 모임엔 박 선생님과 얼굴 마주치기 싫어 안 갔어요. 이번엔 가서 이야기해 볼까 생각 중이에요.

안 교사: 그러세요. 어쨌든 이번 주면 힘든 일들이 어느 정도 끝나겠네요. 기분 전환도 할 겸 같이 등산이나 갈까요?

정 교사: 저는 방과 후 교사교육이 있어 못 가요. 초임인데, 제가 왜 이 일을 해야 하는지 모르겠어요. 아프다는 핑계로 병가라도 내고 싶어요. 요즘에는 밤에 잠도 안 와요.

안 교사: 많이 힘들겠지만, 그래도 힘내요. 다음에 원감 선생님과 한번 상담해 봐요. 지난번에 다른 일로 상담을 했는데 도움이 많이 되었거든요.

답안 작성 시 유의 사항

- 어법과 원고지 작성법에 맞게 서술하시오.
- 주어진 원고지(1,200자)에 맞게 서술하시오.
  (1,100자 이하 또는 1,200자 초과 시 감점)
- 글의 체계를 논리적으로 짜임새 있게 구성하시오.
- 글의 명료성, 타당성, 일관성을 고려하여 서술하시오.

배점

- 논술의 체계 [총 10점]
  - 분량 [3점]
  - 맞춤법 및 원고지 작성법 [3점]
  - 글의 논리적 체계성 [4점]
- 논술의 내용 [총 10점]
  - 직무 스트레스의 유발 요인 [2점]
  - 직무 스트레스가 교사와 유치원에 미치는 부정적 영향 [4점]
  - 자기 관리 능력 개발과 문제 해결 능력 개발 차원에서의 직무 스트레스 대처 방안 [4점]

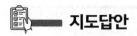

유치원 교육 현장에서 직무 스트레스에 따른 문제가 발생하고 있다. 이러한 문제를 해결하기 위하여 직무 스트레스의 유발 요인을 살펴보고, 사례에 근거한 직무 스트레스의 부정적 영향을 알아보고, 대처 방안에 대하여 논의하고자 한다.

직무 스트레스의 유발 요인을 두 가지 측면으로 제시할 수 있다. 인간관계 측면에서 부모 면담 중에 학부모의 간섭과 요구 사항이 많은 점이다. 이는 교사가 가르침을 받는 것 같은 심리적 부담감을 느끼기 때문이다. 또한, 직무 여건 측면에서 교육과정 운영 중 화장실 이용이 불편한 점이다. 이는 교실 내 화장실에 교사를 배려한 성인용 변기가 마련되지 않아 직무 수행에 영향을 미치기 때문이다.

사례에 근거해 직무 스트레스의 부정적 영향을 교사와 유치원 측면에서 제시할 수 있다. 교사 측면에서 동료 교사와의 역할분담이 제대로 이루어지지 않아 업무가 버거운 점이다. 이는 업무 과다로 인해 업무의 효율성이 떨어지기 때문이다. 또한, 직무 스트레스로 인하여 밤에 수면을 잘 취하지 못하는 점이다. 이는 업무시간 외의 방과 후 교사교육에 부담감을 느끼고 있기 때문이다. 한편, 유치원 측면에서 스트레스로 인한 불편한 마음에 유아들에게 짜증을 내는 점이다. 이는 직무 스트레스가 유아와의 상호작용에 영향을 미치기 때문이다. 또한, 다과 모임에 참여하지 않은 점이다. 이는 조직 내의 갈등 상황이 조성되기 때문이다.

직무 스트레스의 대처 방안을 두 가지 차원에서 제시할 수 있다. 자기 관리 능력 개발 차원에서 방과 후 교사교육이 전문성 신장을 하기 위함이라는 인식을 제고한다. 이는 낙천적인 인식 개선을 통해 스트레스를 감소할 수 있기 때문이다. 또한, 정서 완화적인 대처를 통해 감정을 조절한다. 이는 교사가 스트레스를 조절하고 통제하는 능력을 기를 수 있기 때문이다. 한편, 문제 해결 능력 개발 차원에서 동료 교사와의 대화를 통해 조언을 구한다. 이는 동료의 피드백과 조언을 통해 반성적 사고를 촉진하기 때문이다. 또한, 스트레스 유발 요인에 직면하여 문제를 해결한다. 이는 스트레스의 원인을 분석하고 해결 방안을 도모함으로써 직접적인 문제 해결이 이루어지기 때문이다.

동료 교사와의 협의를 통하여

유치원 교육 현장에서 직무 스트레스를 개선하여야 한다. 교사는 직무 스트레스 개선에 대한 전문성을 신장한다. 교육 지원청은 직무 스트레스 개선에 대한 실천 중심의 장학자료를 제공한다.

코멘트 *직무 스트레스의 대처 방안의 구체성이 부족합니다.*

2015학년도 공립 유치원 기출

초임 교사인 안 교사와 경력 교사인 김 교사의 다음 대화에 근거하여 1) 반성적 사고가 교사의 전문성 신장에 미치는 긍정적 효과를 2가지 논하고, 2) 반성적 사고를 통해 안 교사가 개선해야 할 교수행동과 대안을 각각 3가지씩 제시하시오. 그리고 3) 안 교사가 활용할 수 있는 반성적 사고 증진 방안을 2가지 논하시오. [총 20점]

김 교사: 선생님, 오늘 수업은 어떠셨어요?

안 교사: 오늘은 여러 가지 일들로 고민이 많네요.

김 교사: 무슨 문제가 있었어요?

안 교사: 오늘 자유선택활동 시간에 몇몇 유아들이 역할 놀이 영역에서만 너무 오래 놀고 있기에 의도적으로 다른 영역에 가서 놀도록 했어요. 대학에서 배운 대로 유아들에게 여러 영역의 활동을 고루 경험시키는 것이 중요하다고 생각했거든요. 그런데 유아들의 불평이 많았어요.

김 교사: 나도 그런 경우가 종종 있었어요. 실제로 유아들을 지도해 보니 꼭 배운 대로 되는 것이 아니더라고. 오히려 유아들을 가르치며 계속 진지하게 고민하면서 조금씩 새로 깨달아 가는 것이 많았던 것 같아요. 그런데 또 다른 일도 있었던 거예요?

안 교사: 요즘 원장 선생님이 종종 교실 관찰을 하시잖아요? 우리 반 아이들이 쌓기 놀이 영역에서 매번 똑같은 것만 만드는 것 같다고 하시면서 그 이유가 무엇인지 고민해 보라고 하시네요. 사실 저는 유아들이 잘 노는 것 같아 크게 관심을 갖지 않았거든요.

김 교사: 원장 선생님께서 그런 말씀을 하셨다면 무슨 이유가 있었을 텐데……

안 교사: 그런데 저는 도무지 모르겠어요.

김 교사: 그래도 더 고민해 보세요. 나도 그런 문제에 부딪쳤을 때 제 자신의 행동을 곰곰이 되돌아보곤 하는데, 그게 문제를 풀어가는 데 도움이 많이 되더라고요.

안 교사: 네. 그렇군요. 그러고 보니 한 가지 고민이 더 있어요. 오늘 미술 영역에서 유아들이 그린 해바라기를 벽면에 전시해 놓았는데, 제가 보여 준 해바라기와 똑같이 잎사귀는 초록, 꽃은 노랑으로 그린 거예요. 모두 똑같이 그린 것을 보니 제 지도 방법에 문제가 있는 것이 아닌가 하는 생각이 들었어요.

김 교사: 나도 유아들을 가르치면서 그런 문제로 고민한 적이 많아요.

안 교사: 선생님은 그럴 때 어떻게 하셨어요?

김 교사: 나는 막연하게 생각만 하기보다는 하루를 되돌아보며 꼼꼼하게 정리해 보곤 했어요.

안 교사: 저도 그 방법을 써 봐야겠네요.

김 교사: 다른 선생님과 내가 처한 상황에 대해 이야기하는 것도 도움이 되었어요.

안 교사: 아, 그것도 좋은 방법이겠네요.

답안 작성 시 유의 사항	배점

• 어법과 원고지 작성법에 맞게 서술하시오.
• 주어진 원고지(1,200자)에 맞게 서술하시오.
  (1,100자 이하 또는 1,200자 초과 시 감점)
• 글의 체계를 논리적으로 짜임새 있게 구성하시오.
• 글의 명료성, 타당성, 일관성을 고려하여 서술하시오.
	• 논술의 체계 [총 10점]
	  – 분량 [3점] – 맞춤법 및 원고지 작성법 [3점]
	  – 글의 논리적 체계성 [4점]
	• 논술의 내용 [총 10점]
	  – 반성적 사고가 교사의 전문성 신장에 미치는 긍정적 효과 [2점]
	  – 반성적 사고를 통해 안 교사가 개선해야 할 교수행동과 대안 [6점]
	  – 반성적 사고 증진 방안 [2점]

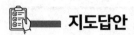
최근 유치원 교육에서 반성적 사고에 대한 관심이 증가하고 있다. 이러한 관심에도 불구하고 유치원 교육 현장에서 반성적 사고에 따른 문제가 발생하고 있다. 이러한 문제를 해결하기 위하여 반성적 사고의 긍정적 효과와 개선해야 할 교수행동, 대안을 제시하고 반성적 사고의 증진 방안과 개념, 수준에 대하여 논의하고자 한다.

반성적 사고가 교사의 전문성 신장에 미치는 효과를 두 가지 제시할 수 있다. 반성적 사고는 실천적 지식 형성에 도움을 준다. 이는 이론과 실제의 다름을 경험하고 새로운 지식을 형성해 나가기 때문이다. 또한, 문제 해결력을 향상시킨다. 이는 자신의 행동을 돌아보며 원인을 파악할 수 있기 때문이다.

반성적 사고를 통해 안 교사가 개선해야 할 교수행동과 대안을 세 가지씩 제시할 수 있다. 첫째, 의도적으로 다른 영역에 가서 놀도록 한 점이다. 이는 대학 때 배운 그대로 적용했기 때문이다. 대안은 흥미를 유발함으로써 자연스럽게 다양한 영역을 경험할 수 있도록 한다. 둘째, 잘 노는 아이에게는 크게 관심을 두지 않은 점이다. 이는 놀이가 똑같은 수준에만 머물러 있다는 것을 놓칠 수 있기 때문이다. 대안은 관심을 가지고 관찰함으로써 놀이가 확장되도록 돕는다. 셋째, 교사가 먼저 표본을 제시하여 똑같은 해바라기를 만들도록 한 점이다. 이는 획일적이고 고정적인 생각을 갖도록 만들기 때문이다. 대안은 해바라기를 표현할 수 있는 다양한 방법에 대해 이야기를 나누거나 다양한 해바라기를 보여준다.

안 교사가 활용할 수 있는 반성적 사고 증진 방안을 두 가지 제시할 수 있다. 반성적 저널 쓰기를 한다. 이는 하루를 돌아보며 자신의 문제를 인식하고 분석하며 해결 방안을 생각해 볼 수 있기 때문이다. 또한, 교사 이야기 쓰기를 한다. 자신에게 영향을 준 이전의 경험을 돌아보고 다른 사람과도 이야기를 나눌 수 있기 때문이다.

반성적 사고의 개념과 사례에 나타난 반성적 사고의 수준을 제시할 수 있다. 반성적 사고는 자신의 신념, 실천행위를 돌아보며 원인과 결과를 적극적으로 주의깊게 사고하는 것이다. 반 매넌의 반성적 사고 수준에 근거하여 김 교사는 기술적 수준에 해당한다. 이는 교육 목표에 효과적으로 달성하기 위한 방법에 초점을 두기 때문이다. 또한, 안 교사는 전문가적 수준이다. 이는 활동이 유아의 삶에 의미가 있을지 고려하기 때문이다.

유치원 교육 현장에서 반성적 사고를 개선하여야 한다. 교사는 반성적 사고를 ~~위한~~ 전문성을 신장한다.
　　　　　　　　　　　　　　　　　　　　　　　　　　에 대한

코멘트 논제의 조건과 관계없는 내용이 제시되었습니다.

백청일 교수가 5~6월 반에서 제시한 교직논술 적중문제(2015년)

하늘 유치원의 채 교사가 '들꽃 관찰하기' 활동 후 기록한 저널의 일부이다. 1) 채 교사의 반성적 사고를 길러주기 위하여 교사교육에서 반성적 사고의 필요성 3가지를 제시하고, 2) (나)에서 채 교사의 반성적 사고를 보여주는 사례 2가지를 찾아 그 이유를 논하고, 3) 교사가 반성적 사고를 준비하는 태도를 3가지로 논하시오. [총 20점]

(가) 나는 오늘 들꽃의 특징을 알고 들꽃이 잘 자랄 수 있는 환경에 관심을 갖게 하기 위해 유아들을 데리고 유치원 근처 공원에 갔다. 유아들이 들꽃의 생김새, 색깔, 냄새 등을 탐색하던 중 한 유아가 꽃에 나비가 날아온 것을 보고 "어! 나비다! 선생님, 나비가 날아 왔어요!"라고 말하자 유아들이 나비에 관심을 갖게 되었다. 나는 계획하지 않았던 상황으로 잠시 갈등하였으나, 유아들이 나비에 관심을 더 많이 보여 내가 계획했던 '들꽃 관찰하기' 활동을 잠시 중단하고 활동 내용을 나비로 변경하여 나비의 생김새와 움직임을 유아들이 자유롭게 탐색하도록 하였다. 한동안 유아들은 나비를 쫓아다니며 흥미를 보였으나 더 이상 활동이 확장되지는 않았다.

… (중략) …

(나) 나는 활동을 계획할 때 유아가 이 활동에 관심이 있을지, 어떤 반응을 보일지 등에 대해 늘 생각하고 고민하는 편이다. 그런데 이 활동을 계획할 때는 유아가 들꽃 외에 나비 등 다른 대상에 관심을 가질 수 있는 상황이 일어날 가능성이 많은 공원이라는 장소의 특성을 미처 생각하지 못했다. 좋은 교사가 되기 위해서는 더 많은 생각과 고민이 필요한 것 같다. 오늘 유아가 보인 흥미를 반영하여 내일 제공할 나비 관련 활동을 계획할 때는 유아가 보일 수 있는 흥미나 반응을 좀 더 다양한 측면에서 고려해야겠다.

적중문제에 대한 개요도

서론	주의 환기	
	문제 제기	유치원 교육 현장에서는 교사의 반성적 사고가 제대로 이루어지지 않는 문제가 발생하고 있다.
	방향 제시	
본론	① 반성적 사고의 필요성 3가지 　㉠ 교사의 사고 과정 및 신념 체계는 실천 행위에 영향을 미친다. 　㉡ 예비 교사들이 교수활동의 불확실성을 극복할 수 있는 능력을 기르기 위해서는 현장 교육에 대한 경험을 재구성할 수 있는 반성적 사고가 요구된다. 　㉢ 교사들의 자율적인 의사 결정 능력을 향상하기 위해서이다. 　㉣ 교사교육 프로그램의 체제 순응적 교육과정을 극복하고 변혁 지향적 교사가 되기 위해서이다.	
	② 채 교사의 반성적 사고를 보여주는 사례 2가지와 그 이유 　㉠ 교사는 유아의 관심과 반응을 늘 생각하고 고민하는 편이나 공원이라는 장소 특징을 고려하지 못했음을 반성하고 있다. 　　• 이유: 과거나 현재의 실천적 행위에 대한 사려 깊고 분석적인 사고는 반성적 사고를 높이기 때문이다. 　㉡ 오늘 보인 유아의 흥미를 반영하여 다음 나비 관련 활동에는 다양한 측면을 고려하고자 하였다. 　　• 이유: 교수 실체를 분석하고 미래 행위에 대한 방향을 결정하는 과정에서 반성적 사고가 향상되기 때문이다.	

본론	③ 반성적 사고를 준비하는 태도를 3가지 　⑦ 열린 마음가짐 　　• 여러 가지 가능성을 적극적으로 고려하려는 태도 　　• 반성적인 사고가 일어나기 위해서는 학교 문화가 가지고 있는 공식적인 의미에 대한 비판이 우선되어야 한다. 　　• 열린 마음을 가지고 있는 교사들은 지금까지 당연하고 옳다고 믿어 왔던 교육적 활동에 깔려 있는 신념들은 　　　끊임없이 검토하게 된다. 　⑥ 책임감 　　• 책임감이라는 것은 어떤 행위를 함으로써 생기게 되는 결과에 대하여 충분한 검토를 하는 것을 의미한다. 　　• 책임감을 가진 교사에게는 가르친다는 행위 그 자체가 중요한 것이 아니라 그것과 연결된 가치 혹은 교육의 　　　목표와 관련되어 왜 하는지에 대한 질문이 더욱 중요하다. 　⑥ 성심성의를 다하는 태도 　　• 열린 마음과 책임감이 반성적인 사고를 하는 교사의 삶에 있어서 중심이 되는 요소가 되어야 한다고 믿는 것이다.
결론	유치원 교육 현장에서는 반성적 사고가 활성화되어야 한다.

유아 교사의 반성적 사고

(1) 반성적 사고의 과정과 내용

　① 듀이가 정의한 반성적 사고의 과정은 교사가 최종 결정을 내리는 순서를 강조한다.

　② 반성적 사고의 내용은 그 사고를 이끌어 낸 실체를 강조한다.

반성적 사고의 과정	반성적 사고의 내용
• 교육적 문제나 딜레마를 인지 • 다른 상황과 유사한 점과 다른 점을 인지하는 것으로 문제에 대해 반응 • 분석된 상황에 비추어 문제를 다시 정의 • 여러 가지 문제의 해결책을 시도 • 나타난 결과를 검토해 보는 것	• 유아 • 유아교육의 실제 • 교사로서의 자아 • 사회에서 보는 유아교육의 위치

(2) 3가지 형태의 반성적 사고

실천 행위에 대한 반성적 사고	이미 일어난 상황 → 나중에 반성적 사고를 하게 되는 경우
실천 행위 중의 반성적 사고	교사가 수업을 하다가 유아의 반응을 보고 판단 → 교수 내용이나 방법을 변경할 때 발생
실천 행위를 위한 반성적 사고	다른 2가지의 반성적 사고의 결과가 바람직하게 나타나도록 하는 좀 더 적극적인 개념

(3) 반성적 사고의 수준

기술적 수준	① 주된 관심사는 주어진 목적을 달성하기 위해 교육적 지식을 기술적으로 적용하는 데 있다. ② 목표 그 자체가 의문시되는 경우는 거의 없으며, 목표는 당연히 추구해야 하는 것으로 여긴다. ③ 실천 행위에 대한 반성적 사고는 경제성, 효율성 같은 기술적인 측면에 의해서만 정의된다.
전문가적 수준	① 교사는 문제 상황에 직면 또는 어떤 결정을 내려야 할 때 그 문제나 상황의 기저에 깔려 있는 가정이나 경향에 대해 분석하고, 교사가 취한 행동이 미칠 장기적인 교육의 효과까지 검토한 후 행동하게 된다. ② 모든 교육적인 행위는 특정한 가치관과 연결되어 있다고 보며, 여러 교육적인 목표 가운데 어떤 것이 더 추구할 만한 가치가 있는지에 대한 논의도 이루어진다. ③ 교사는 아주 기술적이고 도구적인 교수 활동에서 벗어나지만 아직도 모든 결정이 교육학적 원리에만 기초를 두고 있다. (→ 한계)
도덕적/윤리적 수준	① 예비 교사 혹은 교사에게는 학급에서 일어나는 여러 상황과 그에 영향을 미치는 교육적, 사회적, 정치적, 경제적 조건들을 연관시켜 볼 수 있는 능력이 생긴다. ② 이 단계에서는 어떤 교육적인 경험이나 활동이 공평하고 평등하며, 행복한 삶으로 이끌어줄 것인지에 초점이 맞추어진다. ③ 즉 교사들은 유아들의 장기적인 발달에 혜택을 줄 수 있는 결정을 내릴 뿐만 아니라 자신의 학급을 넘어서 교육 정책에도 공헌을 하게 된다. ④ 반 매논(M. van Manen)은 교사가 어떻게 해야 교육 목표를 효과적으로 달성할 수 있을지를 염려하는 것이 잘못은 아니지만, 이러한 기술적인 관점이 교사들 스스로 사회의 불평등한 현상을 만들어 내고 유지하는 데 교육이 차지하는 역할에 대한 논의에 장애가 된다고 하였다.

(4) 반성적 사고의 요소

인지적 요소	① 교사가 올바른 결정을 내리기 위해 필요한 지식 ② 교과 내용에 대한 지식 ③ 일반적인 교육학적 지식(각 교과를 초월하여 교사가 일반적으로 알아야 하는 교직) ④ 교육과정에 대한 지식 ⑤ 전공 지식(앞의 ②~④를 합하여 각 전공 영역에서만 적용되는 지식) ⑥ 학습자의 특성에 대한 지식 ⑦ 교육적인 맥락에 대한 지식 ⑧ 교육의 목표, 가치와 그들의 철학적·역사적 배경에 대한 지식
비판적 요소	사회 정의에 대한 도덕적·윤리적 측면의 고려
서술적 요소	① 최근에 와서 강조되기 시작한 개념으로, 인간이란 본질적으로 이야기하기를 즐긴다는 특성에 근거를 둔다. ② 서술적 요소가 중요한 이유는 그것이 어떠한 형태로 이루어지든 간에 교실에서 일어나는 모든 경험을 맥락화하여, 교실에서 일어나는 일들을 훨씬 더 생생하게 이해할 수 있다는 점에 있다. ③ ㉠ 저널 쓰기, ㉡ 교육과정 이야기를 만들기, 교사의 이야기를 기초로 한 ㉢ 사례 이용하기 등을 통해 교사 교육에 널리 적용되고 있다.

(5) 교사교육에서 반성적 사고의 필요성

① 교사의 사고 과정 및 신념체계는 실천 행위에 영향을 미친다.

② 예비 교사들이 교수활동의 불확실성을 극복할 수 있는 능력을 기르기 위해서는 현장 교육에 대한 경험을 재구성할 수 있는 반성적 사고가 요구된다.

③ 교사들의 자율적인 의사 결정 능력을 향상하기 위해서이다.

④ 교사교육 프로그램의 체제 순응적 교육과정을 극복하고 변혁 지향적 교사가 되기 위해서이다.

(6) 반성적 사고를 준비하는 태도

열린 마음가짐	① 여러 가지 가능성을 적극적으로 고려하려는 태도 ② 반성적인 사고가 일어나기 위해서는 학교 문화가 가지고 있는 공식적인 의미에 대한 비판이 우선되어야 한다. ③ 열린 마음을 가지고 있는 교사들은 지금까지 당연하고 옳다고 믿어 왔던 교육적 활동에 깔려 있는 신념들을 끊임없이 검토하게 된다.
책임감	① 책임감이라는 것은 어떤 행위를 함으로써 생기게 되는 결과에 대하여 충분한 검토를 하는 것을 의미한다. ② 책임감을 가진 교사에게는 가르친다는 행위 그 자체가 중요한 것이 아니라 그것과 연결된 가치 혹은 교육의 목표와 관련되어 왜 하는지에 대한 질문이 더욱 중요하게 되는 것이다.
성심성의를 다하는 태도	열린 마음과 책임감이 반성적인 사고를 하는 교사의 삶에 있어서 중심이 되는 요소가 되어야 한다고 믿는 것이다.

2016학년도 공립 유치원 기출

다음은 ○○초등학교 병설유치원에서 교육과정 운영과 관련하여 교사들이 나눈 대화의 일부이다. 1) 유치원 교육 현장에서 교육과정의 탄력적 운영이 필요한 이유를 학습자와 유치원 현장의 특성 측면에서 각각 1가지씩 제시하고, 2) 정 교사와 권 교사가 교육과정을 변경하고자 할 때 고려하고 있는 점 3가지를 제시한 후, 2015 개정 유치원 교육과정 총론의 '편성과 운영'을 근거로 각각의 교육적 의의를 논하시오. 그리고 3) 교직의 전문직 관점에서 교육과정을 탄력적으로 운영하기 위해 교사에게 요구되는 특성 2가지를 들고 이에 대해 논하시오. [총 20점]

> 정 교사: 박 선생님, 오늘 나비 축제에 대한 참여 요청 공문이 왔어요. 우리 아이들이 개막식에서 노래를 불러줬으면 좋겠다고 하는데, 그 날짜가 다음 주네요. 축제에 참여하려면 우리가 계획한 교육 일정을 변경해야 하는 상황이에요. 어떻게 하면 좋을까요?
>
> 박 교사: 그러면 곤란하지 않을까요? 벌써 부모님들께 월간 학습 계획안이 나간 상황이라 축제에 참여하기가 어려울 것 같아요. 이미 계획한 활동을 그대로 진행하는 것이 낫지 않을까요? 노래를 준비할 시간도 별로 없고 부모님으로부터 사전 동의 받을 시간도 부족해요.
>
> 정 교사: 박 선생님 말씀처럼 계획대로 하는 것도 좋겠지만 이번에는 조금 특별한 상황이잖아요. 저는 기존 계획을 바꿔서 운영할 수도 있다고 생각해요. 교육과정을 편성하고 운영할 때 예기치 못한 상황을 고려해야 한다고 교육과정에 제시되어 있어요. 특히 이번 축제는 1년 동안 기다려 온 프로그램이라서 놓치고 싶지 않아요. 아이들이 지역사회의 축제 문화에 참여해 볼 수 있는 좋은 기회이고요.
>
> 박 교사: 권 선생님 반에는 장애 유아 두 명이 있는데 괜찮을까요?
>
> 권 교사: 네, 마침 우리 반도 무리 없이 변경할 수 있을 것 같아요. 일단 축제 진행 담당자에게 장애 유아를 위해 특별한 서비스를 제공해 줄 수 있는지 알아보고, 두 아이가 함께 하기 힘든 활동은 조금 줄여서 계획하면 될 것 같아요. 그리고 작년에 개인적으로 다녀왔던 애들은 벌써부터 축제에 가기를 기대하고 있어요. 다른 아이들도 축제에 대한 기대가 크고요. 아이들이 나비를 실제로 보고 나비 되어보기나 나비 따라 달리기 등 여러 가지 행사에도 놀이 활동처럼 참여하면, 나비에 대해 더 많이 배울 수 있어서 좋을 것 같아요.

답안 작성 시 유의 사항	배점
• 어법과 원고지 작성법에 맞게 서술하시오. • 주어진 원고지(1,200자)에 맞게 서술하시오. 　(1,100자 이하 또는 1,200자 초과 시 감점) • 글의 체계를 논리적으로 짜임새 있게 구성하시오. • 글의 명료성, 타당성, 일관성을 고려하여 서술하시오.	• 논술의 체계 [총 10점] 　- 분량 [3점] 　- 맞춤법 및 원고지 작성법 [3점] 　- 글의 논리적 체계성 [4점] • 논술의 내용 [총 10점] 　- 교육과정의 탄력적 운영이 필요한 이유 [2점] 　- 교육과정의 탄력적 운영 시 고려한 사항과 의의 [6점] 　- 교직의 전문직 관점에서 교사에게 요구되는 특성 [2점]

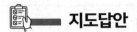

유치원 교육 현장에서 교육과정의 탄력적 운영에 따른 문제가 발생하고 있다. 이러한 문제를 해결하기 위하여 교육과정의 탄력적 운영이 필요한 이유와 탄력적 운영 시 고려할 사항과 의의를 알아보고 교직의 전문직 관점에서 교사에게 요구되는 특성과 유치원 교사의 개인적, 전문적 자질에 대해 논하고자 한다.

교육과정의 탄력적 운영이 필요한 이유를 제시할 수 있다. 학습자 측면에서 개별화 교육이 필요하다. 이는 유아의 발달 수준과 흥미에 적합한 활동을 할 때 긍정적 자아존중감을 형성할 수 있기 때문이다. 또한, 유치원 측면에서 교육의 질 향상이다. 이는 제한된 환경에서 생활하는 유아에게 지역사회의 인적·물적 자원을 활용하여 풍부한 교육 환경을 제공할 수 있기 때문이다.

교육과정의 탄력적 운영 시 고려할 사항 세 가지와 2015 개정 유치원 교육과정 총론의 '편성과 운영'을 근거로 교육적 의의를 제시할 수 있다. 첫째, 지역사회와의 연계성이다. 이는 지역사회의 축제 문화에 참여해 볼 수 있는 기회가 되기 때문이다. 의의는 지역사회와의 협력과 참여에 기반하여 운영한 점이다. 둘째, 장애 유아의 교육 활동 참여 가능성이다. 이는 장애 유아를 위한 특별한 서비스 제공 여부를 확인하고 어렵다면 줄여서 계획할 수 있기 때문이다. 의의는 유아의 장애 정도에 따라 조정하여 운영한 점이다. 셋째, 유아의 경험이다. 이는 유아들의 축제에 대한 기대감을 갖고 놀이처럼 활동할 수 있기 때문이다. 의의는 유아의 경험에 따라 놀이를 중심으로 편성한 점이다.

교직의 전문직 관점에서 교사에게 요구되는 특성을 두 가지로 제시할 수 있다. 교육과 운영의 자율권이다. 이는 지역사회와의 연계를 위해 활동을 변경함으로 다양한 교육 기회를 제공할 수 있기 때문이다. 또한, 주의깊은 전문적 관찰능력이다. 이는 유아의 관심과 흥미를 고려하여 개별 유아에게 적합한 방식으로 활동할 수 있기 때문이다.

유치원 교사의 개인적 자질 두 가지와 전문적 자질 세 가지를 제시할 수 있다. 개인적 자질은 신체적·정신적 건강을 갖춰야 한다. 이는 건강한 교사는 유아의 요구에 민감하게 반응하여 책임과 의무를 다할 수 있기 때문이다. 또한, 온정적인 성품을 갖춘다. 이는 유아들에게 정서적 안정감을 줄 수 있기 때문이다. 한편, 전문적 자질은 첫째, 전문적 지식을 갖춘다. 이는 유아의 발달 특성을 알고 전인발달에 도움을 줄 수 있기 때문이다. 둘째, 교수 기술을 갖춘다. 이는 개별 유아에게 적합한 방법을 적용할 수 있기 때문이다. 셋째, 올바른 교육관과 직업윤리를 갖춘다. 이는 교육에 대한 소명감으로 자신의 전문성을 함양할 수 있기 때문이다.

유치원 교육 현장에서는 교육과정의 탄력적 운영을 개선하여야 한다.

코멘트 탄력적 운영의 개념에 대한 이해가 부족합니다.

서론	주의 환기	
	문제 제기	
	방향 제시	
본론	① 교육과정의 탄력적 운영이 필요한 이유 　㉠ 학습자 측면 　　• 주장: 개별화 교육의 수요 　　• 논거: 유아가 자신의 발달 수준과 흥미에 적합한 활동을 할 때에 긍정적 자아존중감을 형성 　㉡ 유치원 현장 특성 측면 　　• 주장: 교육의 질의 향상 　　• 논거: 제한된 환경에서 생활하는 유아에게 지역사회의 인적, 물적 자원을 활용하여 교육환경을 풍부히 할 수 있기 　　　때문이다. ② 교육과정의 탄력적 운영 시 고려한 사항과 교육적 의의 　㉠ 지역사회와의 연계성 　　• 논거: 지역사회의 축제 문화에 참여해 볼 수 있는 좋은 기회이다. 　　• 의의: 부모 및 지역사회와의 협력과 참여에 기반하여 운영한다. 　　• 효과: 유아에게는 지역사회 구성원으로서의 자부심과 정체감을 주고, 지역사회로부터 유아교육에 대한 관심을 증진 　　　할 수 있다. 　㉡ 장애 유아의 교육 활동 참여 가능성 　　• 논거: 장애 유아를 위해 특별한 서비스를 제공할 수 있는지 알아보고, 하기 힘든 활동은 조금 줄여서 계획한다. 　　• 의의: 유아의 능력과 장애 정도에 따라 조정하여 운영한다. 　　• 효과: 개별 유아에게 적합한 방식으로 교육 활동이 이루어져 수요자 중심의 교육과정 운영이 가능하다. 　㉢ 유아의 흥미 　　• 논거: 유아들이 축제에 크게 기대하고, 이에 따라 놀이 활동처럼 참여하면 나비에 대해 더 많이 배울 수 있으리라 기대 　　　해볼 수 있다. 　　• 의의: 유아의 발달 특성과 흥미에 따라 놀이를 중심으로 편성한다. 　　• 효과: 교육 활동에 몰입하여 참여하며, 교육내용을 더 잘 이해할 수 있기 때문이다. ③ 교직의 전문직 관점에서 교사에게 요구되는 특성 　㉠ 교육과정 운영에 대한 융통성: 지역사회와의 연계를 위해 활동을 변경함으로써 유아에게 다양한 교육 기회를 제공한다. 　㉡ 책임감: 유아의 관심이나 흥미, 발달 특성과 환경 등을 고려하여 개별 유아에게 적합한 방식으로 활동하도록 도울 수 　　있다.
결론	

2019 개정 누리과정 총론

(1) 인간상

　가. 건강한 사람

　나. 자주적인 사람

　다. 창의적인 사람

　라. 감성이 풍부한 사람

　마. 더불어 사는 사람

(2) 구성중점

　가. 3~5세 모든 유아에게 적용할 수 있도록 구성한다.

　나. 추구하는 인간상 구현을 위한 지식, 기능, 태도 및 가치를 반영하여 구성한다.

　다. 신체운동·건강, 의사소통, 사회관계, 예술경험, 자연탐구의 5개 영역을 중심으로 구성한다.

　라. 3~5세 유아가 경험해야 할 내용으로 구성한다.

　마. 0~2세 보육과정 및 초등학교 교육과정과의 연계성을 고려하여 구성한다.

(3) 목적

　누리과정의 목적은 유아가 놀이를 통해 심신의 건강과 조화로운 발달을 이루고 바른 인성과 민주 시민의 기초를 형성하는 데에 있다.

(4) 목표

　가. 자신의 소중함을 알고, 건강하고 안전한 생활 습관을 기른다.

　나. 자신의 일을 스스로 해결하는 기초능력을 기른다.

　다. 호기심과 탐구심을 가지고 상상력과 창의력을 기른다.

　라. 일상에서 아름다움을 느끼고 문화적 감수성을 기른다.

　마. 사람과 자연을 존중하고 배려하며 소통하는 태도를 기른다.

(5) 편성·운영

　가. 1일 4~5시간을 기준으로 편성한다.

　나. 일과 운영에 따라 확장하여 편성할 수 있다.

　다. 누리과정을 바탕으로 각 기관의 실정에 적합한 계획을 수립하여 운영한다.

　라. 하루 일과에서 바깥 놀이를 포함하여 유아의 놀이가 충분히 이루어지도록 편성하여 운영한다.

　마. 성, 신체적 특성, 장애, 종교, 가족 및 문화적 배경 등으로 인한 차별이 없도록 편성하여 운영한다.

　바. 유아의 발달과 장애 정도에 따라 조정하여 운영한다.

　사. 가정과 지역사회와의 협력과 참여에 기반하여 운영한다.

　아. 교사 연수를 통해 누리과정의 운영이 개선되도록 한다.

(6) 교수·학습 방법

가. 유아가 흥미와 관심에 따라 놀이에 자유롭게 참여하고 즐기도록 한다.

나. 유아가 놀이를 통해 배우도록 한다.

다. 유아가 다양한 놀이와 활동을 경험할 수 있도록 실내외 환경을 구성한다.

라. 유아와 유아, 유아와 교사, 유아와 환경 간에 능동적인 상호작용이 이루어지도록 한다.

마. 5개 영역의 내용이 통합적으로 유아의 경험과 연계되도록 한다.

바. 개별 유아의 요구에 따라 휴식과 일상생활이 원활히 이루어지도록 한다.

사. 유아의 연령, 발달, 장애, 배경 등을 고려하여 개별 특성에 적합한 방식으로 배우도록 한다.

(7) 평가

가. 누리과정 운영의 질을 진단하고 개선하기 위해 평가를 계획하고 실시한다.

나. 유아의 특성 및 변화 정도와 누리과정의 운영을 평가한다.

다. 평가의 목적에 따라 적합한 방법을 사용하여 평가한다.

라. 평가의 결과는 유아에 대한 이해와 누리과정 운영 개선을 위한 자료로 활용할 수 있다.

다음은 교사 학습공동체에서 나눈 교사들 간 대화이다. 1) 유아교사의 역할 4가지를 대화에 근거하여 제시하시오. 2) 김 교사의 대화를 바탕으로 역할갈등의 개념을 설명하고, 이에 근거하여 최 교사와 박 교사의 역할갈등 내용을 각각 1가지씩 제시하시오. 그리고 3) 최 교사와 박 교사 각각의 역할갈등 해결 방안을 개인 차원에서 2가지씩 논하고, 4) 이러한 역할갈등 해결을 지원하기 위한 조직 차원의 방안 2가지를 논하시오. [총 20점]

정 교사: 선생님들께서 고민하시는 부분에 대해 이야기를 나누어 볼까요?

김 교사: 요즘 저는 유아교사의 역할에 대해 고민하고 있어요. 저는 아이들을 잘 가르치는 것이 가장 중요하다고 생각하는데, 학부모님이나 원장님이 저에게 바라는 것은 조금 다른 것 같아요. 제 일은 아닌 것 같은데 해야 하기도 하고, 그러다 보면 정말 해야 할 일은 못 하게 될 때도 있어요. 그런데 주위에서 바라는 것은 너무 많고 ……. 정말 힘드네요.

최 교사: 저도 비슷한 고민을 하고 있어요. 저희 반에 최근 발달장애 진단을 받은 아이가 한 명 있는데 오늘 그 아이 어머니와 이야기를 나누고 나니 마음이 좀 복잡해요. 전에도 아이의 학급 내 생활과 관련해서 조언을 여러 번 해 드렸는데, 오늘은 그것 말고 문제 행동 중재 방법에 대해 물어보시네요.

정 교사: 그 부분은 특수교육 전문가에게 도움을 받아야 하지 않을까요?

최 교사: 네, 저도 그렇게 생각해요. 그래서 저보다는 우리 유치원의 특수교사와 상담하시는 것이 좋겠다고 말씀드렸더니 표정이 조금 안 좋아지시더라고요.

박 교사: 제가 현재 근무하고 있는 곳은 3학급으로 구성된 병설 유치원이잖아요. 이번에 저희 유치원에 부임한 선생님들이 모두 초임이에요. 저도 이제 경력이 2년밖에 안 되었는데 제가 선임 교사이다 보니 교장 선생님께서 유치원에 관련된 대부분의 업무들에 제가 관여하기를 원하세요. 물론 저도 제가 해야 할 일이라고 생각하지만 부담이 많이 돼요.

정 교사: 정말 힘드시겠네요.

박 교사: 네. 제가 맡은 학급과 관련한 행정 업무도 해야 하고, 원내 장학에도 참여해야 하고요. 또 전담 원감 선생님이 안 계시다 보니 유치원의 업무도 총괄하면서 교육 지원청과 업무 협조도 자주 해야 하거든요. 챙겨야 할 일이 너무 많아서 오히려 무엇 하나도 제대로 못 하고 있는 것 같아 속상해요.

답안 작성 시 유의 사항	배점
• 어법과 원고지 작성법에 맞게 서술하시오. • 주어진 원고지(1,200자)에 맞게 서술하시오. 　(1,100자 이하 또는 1,200자 초과 시 감점) • 글의 체계를 논리적으로 짜임새 있게 구성하시오. • 글의 명료성, 타당성, 일관성을 고려하여 서술하시오.	• 논술의 체계 [총 15점] 　– 유아교사의 역할 [4점] 　– 역할갈등의 개념(3점)과 내용(2점) [5점] 　– 개인 차원의 역할갈등 해결 방안 [4점] 　– 조직 차원의 지원 방안 [2점] • 논술의 체계 [총 5점] 　– 분량 [1점] 　– 맞춤법 및 원고지 작성법 [1점] 　– 글의 논리적 체계성 [3점]

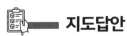
　　최근 유치원 교육에서 역할갈등에 대한 인식이 높아지고 있다. 이러한 인식에도 불구하고 유치원 교육 현장에서 역할갈등에 따른 문제가 발생하고 있다. 이러한 문제를 해결하기 위하여 역할갈등의 개념과 사례에 나타난 역할 갈등의 내용 및 개인적, 조직적 차원의 해결 방안에 대해 논하고자 한다.

　　유아교사의 역할을 네 가지로 제시할 수 있다. 첫째, 교수자이다. 이는 김 교사가 아이들을 가르치는 것을 가장 중요하다고 생각하기 때문이다. 둘째, 상담자 및 조언자이다. 최 교사가 학부모와 유아에 대해 상담을 하고 조언을 하기 때문이다. 셋째, 동료 교사와의 협력자이다. 이는 박 교사가 초임 교사들의 업무에 관여하기 때문이다. 넷째, 행정 업무 및 관리자이다. 이는 박 교사가 행정 업무도 하면서 유치원 업무를 총괄하기 때문이다.

　　역할갈등의 개념을 제시할 수 있다. 역할갈등이란 해야 할 일을 인식하는 역할지각, 다른 사람이 기대하는 역할 기대, 그 역할을 수행하는 역할행동 사이에 갈등을 겪는 것이다.

　　사례에서 교사의 역할갈등과 개인적 차원의 해결 방안을 제시할 수 있다. 최 교사는 발달장애 진단을 받은 유아의 학부모와 상담 과정에서 역할갈등을 겪고 있다. 이는 특수교육 전문가에게 도움을 받았으면 하는 교사와 담임 교사에게 도움을 받고 싶은 학부모 사이에 갈등이 있기 때문이다. 해결 방안은 특수교육에 관한 서적을 통하여 전문 지식을 높인다. 또한, 학부모 상담 기술에 관한 연수를 통해 상담 기술을 높인다. 한편, 박 교사는 많은 업무로 인해 무엇 하나 제대로 하지 못하고 있다고 느끼는 역할갈등을 겪고 있다. 해결 방안은 동료 교사들과 업무를 분담한다. 또한, 업무에 대한 부담감을 관리자에게 이야기하여 도움을 받는다.

　　역할갈등 해결을 지원하기 위한 조직 차원의 방안 두 가지를 제시할 수 있다. 상담의 날을 실시한다. 이는 정기적인 상담을 통하여 교사의 어려움을 알게 되고 도움을 줄 수 있기 때문이다. 또한, 인근 유치원 선임 교사들과 협력 공동체를 구성한다. 이는 업무에 대한 주고받을 수 있기 때문이다.

　　유치원 교육 현장에서 역할갈등을 개선해야 한다. 교사는 역할갈등 개선에 대한 전문성을 신장한다. 유치원은 역할갈등 개선에 대한 환경적 지원을 한다. 교육 지원청은 역할갈등 개선에 대한 실천 중심의 장학자료를 제공한다.

 [코멘트] 역할갈등의 개념 각각에 사례가 연결되어 서술되어야 합니다.

키워드	역할갈등		
문단	**주장문(요소)**		**논의 문장**
서론	최근 유치원 교육에서 역할갈등에 대한 인식이 높아지고 있다.		
	이러한 인식에도 불구하고 유치원 교육 현장에서 역할갈등에 따른 문제가 발생하고 있다.		
	이러한 문제를 해결하기 위하여 사례와 관련하여 교사의 역할을 알아보고, 역할갈등의 개념과 내용을 살펴보고, 갈등내용의 개인적 측면과 조직 차원의 해결 방안에 대하여 논의하고자 한다.		
본론	유아교사의 역할	김 교사: 교수자	이는 교사가 유아를 가르치는 일을 하기 때문이다.
		최 교사: 상담자 및 조언자	이는 교사가 발달장애를 가진 유아의 부모와 상담하고 이를 바탕으로 조언하기 때문이다.
		박 교사: 동료와의 협력자	이는 교사가 원내장학에 참여하며 동료와 함께 전문성을 신장하기 때문이다.
		박 교사: 운영 관리자	이는 교사가 행정 업무와 교육 지원청과의 협조 등 유치원 업무를 수행하기 때문이다.
	역할갈등의 개념과 내용	역할갈등의 개념	먼저 역할갈등이란, 역할지각, 역할기대, 역할행동을 통하여 교사가 유아를 가르치며 역할을 수행하며 유아, 학부모, 동료 교사와 기관의 기대에 대한 요구와 충돌하는 것이다.
		역할갈등 내용 — 최 교사: 학부모와의 갈등	이는 최 교사가 발달장애 유아 어머니의 질문에 대한 답변을 하기에는 지식적 한계가 있기 때문이다.
			또한,
		박 교사: 과다한 업무와의 갈등	이는 박 교사가 과한 업무로 역할수행에 어려움을 겪기 때문이다.
	역할갈등 해결 방안 (개인)	최 교사 — 학부모와 신뢰관계 조성	이는 교사가 가정과 연계하여 유아에 대한 정보를 공유하고 지도할 수 있기 때문이다.
			또한,
		특수교사와 함께 발달장애 유아에 대한 동료 장학 실시	이는 교사가 발달장애에 대한 전문성을 신장할 수 있기 때문이다.
		박 교사 — 교사들과 업무를 분담	이는 교사가 동료 교사와 업무를 함께 나누며 업무 부담을 줄일 수 있기 때문이다.
			또한,
		계획을 세워 업무 실행	이는 교사가 시간 활용을 효율적으로 할 수 있기 때문이다.

본론	역할갈등 지원 방안 (조직)	특수교육 전문가 초청 (외부의 지원 측면)	이는 학부모에게 발달장애 유아에 대한 전문 지식을 제공하여 학부모의 요구를 수용할 수 있기 때문이다.
		또한,	
		원감 선생님	이는 교사 대신 원감이 업무를 총괄하여 교사의 업무 부담이 줄어들기 때문이다.
결론	유치원 교육 현장에서 역할갈등을 개선하여야 한다.		
	교사는 역할갈등 개선에 대한 전문성을 신장한다.		
	교육 지원청은 역할갈등 개선에 대한 실천 중심의 장학자료를 제공한다.		

다음은 교사 학습 공동체에서 유치원 교사들이 나눈 대화이다. 1) 브론펜브레너(U. Bronfenbrenner)의 생태학적 체계 이론에 근거하여 유치원 – 가정 연계의 필요성을 논하시오. 2) 엡스테인(J. L. Epstein)의 유치원 – 가정 연계 유형 중 대화에 나타난 3가지를 쓰고, 각각의 유형에 해당하는 사례를 찾아 제시하시오. 그리고 3) 김 교사가 근무하는 유치원이 가정과 관계를 맺는 방식에서 초래되는 교육상 문제점을 유아, 부모, 유치원 차원에서 각각 1가지씩 논하고, 이를 해결하기 위한 방안 3가지를 제시하시오. [총 20점]

이 교사: 오늘은 2015 개정 유치원 교육과정에서 강조하는 유치원과 가정의 연계에 대해 이야기해 볼까요?

최 교사: 우리 유치원은 워크숍, 부모교육 등을 활용하여 학부모님들에게 자녀교육에 관한 다양한 정보를 제공하고 있어요. 그리고 알림장을 이용하여 아이들의 발달 상황과 생활 지도에 대해 학부모님들과 의견도 교환해요.

박 교사: 우리 유치원은 유치원 운영위원회나 학부모회를 통한 학부모님들의 참여가 활성화되어 있는 편이에요. 지난 가을 운동회 때도 유치원 운영위원회를 몇 차례 개최하여 아이들에게 의미 있는 운동회가 되도록 운영 방법을 같이 고민하고 토론하며 계획을 수립했어요.

김 교사: 그러면 시간이 많이 걸리지 않나요? 안내문을 각 가정에 보내 드리는 것만으로도 충분할 텐데요.

박 교사: 시간은 걸리지만 장점이 많아요. 실제로 많은 학부모님들이 관심을 보여 주셨고 다양한 피드백도 주셨어요. 그래서 내년에는 더 좋은 운동회를 할 수 있을 것 같아요.

이 교사: 그러고 보니 요즘에는 학부모 의견을 묻는 경우가 많아지지 않았어요?

박 교사: 맞아요. 우리 유치원에서는 자체적으로 학부모 만족도 조사를 자주 실시해요. 그리고 학부모님들이 주신 좋은 의견에 대해 유치원 운영위원회에서 활발히 논의해서 유치원 운영에 반영해요.

김 교사: 그렇군요. 지금까지는 학부모님들께 주로 정보만 제공해 왔는데, 이제부터는 우리 유치원도 가정과 유치원이 서로를 지원할 수 있는 방법을 적극적으로 모색해야겠어요.

답안 작성 시 유의 사항
• 어법과 원고지 작성법에 맞게 서술하시오.
• 주어진 원고지(1,200자)에 맞게 서술하시오. (1,100자 이하 또는 1,200자 초과 시 감점)
• 글의 체계를 논리적으로 짜임새 있게 구성하시오.
• 글의 명료성, 타당성, 일관성을 고려하여 서술하시오.

배점
• 논술의 내용 [총 15점]
– 유치원–가정 연계의 필요성 [3점]
– 유치원–가정 연계의 유형(3점)과 사례(3점) [6점]
– 김 교사 유치원이 가정과 관계 맺는 방식에서 초래되는 교육상 문제점(3점)과 해결 방안(3점) [6점]
• 논술의 체계 [총 5점]
– 글의 논리적 체계성 [3점]
– 맞춤법 및 원고지 작성법 [1점]
– 분량 [1점]

유치원 현장에서 유치원 – 가정 연계에 따른 문제가 발생하고 있다. 이러한 문제를 해결하고자 유치원 가정 연계에 대해 논의하고자 한다.

유치원 – 가정 연계의 필요성을 제시할 수 있다. 첫째, 미시체계로 가정, 유치원 등 유아발달에 직접 영향을 미친다. 이는 유아는 주변 환경과 직접 상호작용하며 발달하기 때문이다. 둘째, 중간체계로 미시체계 간의 협력, 연계가 유아발달에 영향을 미친다. 이는 다양한 피드백을 주고 받으며 유아발달을 촉진하기 때문이다. 셋째, 외체계로 간접적으로 유아발달에 영향을 미친다. 이는 학부모 만족도 조사로 인한 유치원 정책 변화와 같은 간접적인 환경변화가 유아발달에 영향을 미치기 때문이다.

유치원 – 가정 연계 유형과 사례를 제시할 수 있다. 첫째, 부모교육으로 부모에게 자녀교육에 필요한 다양한 정보를 제공한다. 이는 부모가 효율적인 부모역할을 할 수 있기 때문이다. 사례는 워크숍, 부모교육 등을 통한 정보제공이다. 둘째, 의사소통으로 아이들 발달, 생활지도에 관해 부모와 의견교환한다. 이는 가정에서도 일관성 있는 교육을 통해 유아 전인발달에 도움이 되기 때문이다. 사례는 알림장 통한 부모와 의견교환이다. 셋째, 의사결정으로 아이들 유치원 운영에 부모가 직접 참여하여 의사결정한다. 이는 다양한 부모의견을 반영해서 유치원 교육, 운영의 질이 향상되기 때문이다. 사례는 유치원 운영위원회를 통한 운동회 운영방법 결정이다.

김 교사 유치원이 가정과 관계 맺는 방식에서 초래되는 문제점과 해결 방안을 제시할 수 있다. 첫째, 유아 측면은 유아의 전인발달이 어려워진다. 이는 유치원과 가정 간 정보 교류가 이루어지지 않아 일관성 있는 교육이 어렵기 때문이다. 해결 방안은 알림장, 부모 면담 등으로 유아에 대한 정보를 교환한다. 둘째, 부모 측면은 원에 대한 불신감이 형성된다. 이는 안내문만 보내는 일방적인 소통으로 유대감이 형성되지 않기 때문이다. 해결 방안은 부모참관, 자원봉사 등 부모와 긴밀한 유대감을 형성한다. 셋째, 유치원 측면은 유치원 교육, 운영의 질이 떨어진다. 이는 다양한 부모의견을 수용하지 못하기 때문이다. 해결 방안은 유치원 운영위원회 등 다양한 부모의견을 수용, 반영하고 부모가 운영에 참여할 수 있는 다양한 기회를 마련한다.

유치원 현장에서 유치원 – 가정 연계는 활성화 되어야 한다. 교사는 유치원 – 가정 연계에 대한 전문성을 신장해야 된다. 유치원은 유치원 – 가정 연계에 대한 환경적 지원을 해야 된다.

 코멘트 앱스테인의 부모교육 이론에 대한 이해가 부족합니다.

다음은 신임 교사인 윤 교사와 최 교사, 경력 교사인 김 교사와 박 교사의 현재 관심사에 대한 동료 장학 협의회의 일부이다. 1) 대화에서 박 교사의 현재 관심사를 3가지 찾아 쓰고, 그에 대한 동료 장학의 제안 내용을 1가지씩 논하시오. 2) 대화에 근거하여 김 교사와 박 교사에게 나타날 동료 장학의 기대 효과 2가지씩을 논하시오. 3) 최 교사의 현재 관심사를 대화에 근거하여 1가지 제시하고, 그에 대한 동료 장학의 제안 내용 2가지를 논하시오. 4) 윤 교사가 겪고 있는 대인관계에서의 어려움을 극복할 수 있는 방안 2가지를 논하시오. [총 20점]

박 교사: 이번에 우리 유치원으로 전근해 오니까 이전 유치원과 달리 학부모님들께서 질문하고 싶을 때 전화를 많이 이용하시더라고요. 그것 때문에 제가 유치원의 다른 업무를 보지 못할 때도 있어요.

김 교사: 그렇죠. 우리 유치원의 학부모님들께서는 교육에 관심이 많아서 질문도 많답니다. 우리 유치원의 홈페이지에 있는 학급별 '부모 면담 코너'를 활용해 보시면 어떨까요? 단순한 정보를 요청하는 질문에 한번에 답해 드릴 수 있잖아요. 우리 유치원 선생님들은 이 방법을 자주 활용하시는데……. 아, 박 선생님께서는 이번에 전근 오셨죠?

박 교사: 네, 제가 전근 온 지 얼마 안 되어서요.

최 교사: 신임 교사로서 저는 수업 실행을 어떻게 할지에 대해 가장 관심이 많아요.

윤 교사: 저는 교사가 되고 보니 학부모와의 관계도 어렵고, 다른 선생님들에게 어떻게 다가가야 할지도 잘 모르겠어요.

김 교사: 두 분 다 올해 임용되셔서 그러시겠네요. 최 선생님의 경우에는 수업컨설팅을 받아 보는 것이 도움이 될 것 같아요. 그런데 최 선생님께서는 신임이시라 그 방법이 다소 부담스럽겠죠? 최선의 수업은 아니겠지만 제가 하는 수업을 한번 보시면 어떠시겠어요?

최 교사: 네, 김 선생님 말씀대로 선생님 수업을 한번 보고 싶네요.

박 교사: 저도 김 선생님의 수업을 보고 싶어요. 저는 교사 생활 5년 차인데 새로운 교수·학습 방법이 늘 궁금해요.

김 교사: 선생님들께 도움이 되는 수업을 보여드리기 위해 준비하면서 저도 제 수업을 다시 한번 성찰해 보는 기회가 될 것 같군요. 아, 생각났는데 박 선생님, 우리 함께 학습공동체를 운영해 보면 어떨까요? 그러면 박 선생님은 새로운 교수·학습 방법을 습득할 수 있고, 저는 학습공동체에서 박 선생님과 활발하게 이야기 나누면서 교수 행위를 공유할 수 있을 것 같아요.

박 교사: 네, 좋네요. 저는 오래전부터 유아교육에 대한 현장 연구를 더 하고 싶었거든요.

김 교사: 박 선생님께서는 오래전부터 그런 생각을 가지고 계셨군요. 우리 관내에는 유치원 교사 모임이 몇 개 있어요. 그중에는 유아교육과 관련된 현장 연구에 대한 주제를 다루는 모임도 있거든요.

답안 작성 시 유의 사항	배점
• 어법과 원고지 작성법에 맞게 서술하시오. • 주어진 원고지(1,200자)에 맞게 서술하시오. 　(1,100자 이하 또는 1,200자 초과 시 감점) • 글의 체계를 논리적으로 짜임새 있게 구성하시오. • 글의 명료성, 타당성, 일관성을 고려하여 서술하시오.	• 논술의 내용 [총 15점] 　- 교사의 관심사(3점)와 동료 장학 내용(3점) [6점] 　- 동료 장학의 기대 효과 [4점] 　- 신임 교사의 관심사(1점)와 동료 장학 내용(2점) [3점] 　- 신임 교사의 대인관계에서의 어려움 극복 방안 [2점] • 논술의 체계 [총 5점] 　- 글의 논리적 체계성 [3점] 　- 맞춤법 및 원고지 작성법 [1점] 　- 분량 [1점]

유치원 교육에서 동료 장학에 대한 관심이 증가하고 있다. 이러한 관심에도 불구하고 유치원 교육 현장에서 동료 장학에 따른 문제가 발생하고 있다. 이러한 문제를 해결하기 위해 교사들의 관심사에 따른 동료 장학과 기대 효과에 대해 논하고자 한다.

박 교사의 현재 관심사와 동료 장학의 제안 내용을 세 가지로 제시할 수 있다. 첫째, 학부모 상담에 대한 관심사이다. 이는 다른 업무를 보지 못하기 때문이다. 내용은 유치원 홈페이지의 부모 면담 코너를 활용한다. 둘째, 새로운 교수·학습 방법에 대한 관심사이다. 이는 교사의 전문성을 증진시켜 주기 때문이다. 내용은 학습공동체를 운영한다. 셋째, 유아교육 현장 연구에 대한 관심사이다. 이는 새로운 교수법을 배우고 적용할 수 있기 때문이다. 내용은 교사 모임에 함께 한다.

김 교사에게 나타날 동료 장학의 기대 효과 두 가지를 제시할 수 있다. 첫째, 자신의 수업을 다시 한 번 성찰해 보는 기회가 될 수 있다. 이는 반성적 사고를 통해 교육신념을 확립할 수 있기 때문이다. 둘째, 다양한 교수 행위를 공유할 수 있다. 이는 교수기술을 향상할 수 있기 때문이다. 박 교사에게 나타날 동료 장학의 기대 효과 두 가지를 제시할 수 있다. 첫째, 새로운 유치원 환경에 적응할 수 있다. 이는 근무환경에 대한 만족도를 높일 수 있기 때문이다. 둘째, 새로운 교수·학습 방법을 습득할 수 있다. 이는 교사가 제공하는 교육의 질을 높일 수 있기 때문이다.

최 교사의 관심사 한 가지와 그에 대한 동료 장학의 제안 내용을 두 가지로 제시할 수 있다. 최 교사의 관심사는 수업 실행이다. 이는 신임 교사로서 수업 실행에 대한 기술과 전략을 배울 수 있기 때문이다. 제안 내용은 첫째, 수업컨설팅을 받는다. 둘째, 선배 교사의 수업을 참관한다.

윤 교사가 겪고 있는 대인관계에서의 어려움을 극복할 수 있는 방안을 두 가지로 제시할 수 있다. 첫째, 학부모와의 관계에서 겪는 어려움이다. 이는 교사와 부모의 관계 형성이 유치원 교육 현장에서 중요하기 때문이다. 방안으로는 멘토링을 통해 선배 교사에게 학부모와의 상담 기술을 배운다. 둘째, 다른 교사와의 관계에서 겪는 어려움이다. 이는 초임이라 동료 교사에 대한 이해가 부족하기 때문이다. 방안으로는 다과회를 통해 교사 간 친밀감을 형성한다.

유치원 현장에서는 동료 장학에 따른 문제점을 개선해야 한다. 이를 위해 교사는 동료 장학에 대한 전문성을 신장해야 한다.

코멘트 교사 관심사 판단에 대한 이해가 부족합니다.

다음은 초임 교사인 민 교사와 경력 교사인 최 교사가 나눈 대화 내용의 일부이다. 1) 유치원의 안전사고 예방 및 대처와 관련한 민 교사의 적절하지 못한 행동 3가지를 찾아 그것을 바람직한 방향으로 각각 수정하여 쓰고, 적절하지 못하다고 생각하는 이유를 각각 논하시오. 2) 대화에서 부모 면담 관련 멘토링 중, 최 교사가 민 교사에게 제공한 정서적 지원 3가지를 찾아 그것이 민 교사에게 미치는 긍정적 기대 효과를 각각 논하고, 전문적 지원 3가지를 찾아 그것이 민 교사에게 미치는 긍정적 기대 효과를 각각 논하시오. 3) 이 멘토링을 통해 두 교사에게 공통적으로 증진될 수 있는 교사 역량 3가지를 쓰고, 그 역량 개발의 필요성을 대화 내용에 근거하여 각각 논하시오. [총 20점]

최 교사: 동수 어머님께서 무척 화가 나셨다는데 무슨 일이 있었나요?

민 교사: 어제 동수가 유치원에서 얼굴에 작은 상처가 났었는데 그것을 하원할 때에서야 발견했어요. 그래서 동수 얼굴에 난 상처에 급한 대로 유치원에 있는 연고를 발라 주었거든요.

최 교사: 그런 일이 있었네요.

민 교사: 어제 동수가 울지도 않고 아프지도 않다고 해서 부모님께 알리지 않고 그냥 귀가시켰어요. 제가 동수에게 무관심하다고 생각하시는 것 같아요. 부모 면담을 해야겠는데 제가 초임이라 부모님과의 면담이 아직 어려워요.

최 교사: 처음엔 누구나 다 어렵기 마련이지요.

민 교사: 최 선생님께서 그렇게 말씀해 주시니 위로가 됩니다. 부모 면담은 어떻게 하면 좋을까요?

최 교사: 부모 면담을 잘하실 수 있도록 제가 적극 도와 드릴 테니 너무 걱정하지 말고 용기를 내서 해 보세요. 마침 이번 달이 정기 부모 면담 기간이라 오늘 오후에 우리 반 부모님들과 개인 면담 계획이 있어요. 그러니 우리 반에 오셔서 제가 하는 부모 면담을 참관해 보세요. 오늘 면담하실 어머님께는 제가 동의를 구할게요.

민 교사: 그래 주신다면 면담 절차와 부모님을 대하는 방법을 배워 면담을 자신 있게 할 수 있을 것 같아요.

최 교사: 민 선생님께서 부모 면담을 참관하신다고 하니 제가 더 열심히 준비해야겠네요. 그리고 다음 주 우리 유치원에서 부모 면담 워크숍이 있으니 그 때 여러 가지 부모 면담 기술을 배워 보시면 어떻겠어요? 실습도 한다던데요.

민 교사: 저도 워크숍에 참가해서 부모 면담 실습을 해보고 싶어요.

최 교사: 민 선생님은 무엇이든지 열심히 하시네요. 민 선생님과 이야기를 나누다 보니 저도 부모 면담에 대해 더 많이 생각하게 되어 제 능력도 향상되는 것 같아요. 이번 기회에 우리 유치원 교사들 간 협력을 도모하면서 부모 면담 기술도 향상시킬 수 있는 교사 연구회를 만들려고 해요.

민 교사: 그렇게 칭찬해 주시니 감사합니다. 교사 연구회에 저도 참여하고 싶은 의욕이 생기네요. 교사 연구회에서는 부모 면담에 관한 정보를 교류하면서 많은 지식을 얻을 수 있을 것 같아요.

답안 작성 시 유의 사항	배점
• 어법과 원고지 작성법에 맞게 서술하시오. • 주어진 원고지(1,200자)에 맞게 서술하시오. (1,100자 이하 또는 1,200자 초과 시 감점) • 글의 체계를 논리적으로 짜임새 있게 구성하시오. • 글의 명료성, 타당성, 일관성을 고려하여 서술하시오.	• 논술의내용 [총 15점] −안전사고 관련 적절하지 못한 행동의 수정(3점), 그 이유 (3점) [6점] −정서적 지원의 기대 효과(3점)와 전문적 지원의 기대 효과 (3점) [6점] −교사 역량과 그 개발의 필요성 [3점] • 논술의 체계 [총 5점] −글의 논리적 체계성 [3점] −맞춤법 및 원고지 작성법 [1점] −분량 [1점]

유치원 현장에서 멘토링에 관한 문제가 발생하고 있다. 이러한 문제를 해결하기 위해 멘토링에 대해 논의하고자 한다.

안전사고 관련 적절하지 못한 행동의 수정과 이유를 세 가지 제시할 수 있다. 첫째, 교사가 유아를 수시로 살피고 관찰한다. 이유는 교사는 유아 안전을 위해 세심히 관찰하고 민감하게 반응해야 되기 때문이다. 둘째, 원에 비치된 연고를 발라주지 않는다. 이유는 연고에 대한 알레르기가 있을 시 더 큰 안전사고가 될 수 있기 때문이다. 셋째, 부모에게 안전사고에 대해 알린다. 이유는 부모가 안전사고에 대해 알아야 안전사고에 적절히 대처할 수 있기 때문이다.

최 교사가 민 교사에게 멘토링에서 지원한 정서적 지원과 전문적 지원의 기대 효과를 세 가지 제시할 수 있다. 정서적 지원의 기대 효과는 첫째, 멘티인 민 교사가 정서적 위로를 받는다. 이는 멘토인 최 교사가 공감을 해주기 때문이다. 둘째, 부모 면담에 자신감을 갖는다. 이는 멘토 교사의 격려로 멘티 교사가 문제 해결에 용기를 갖게 되기 때문이다. 셋째, 교사 연구회 참여에 의욕을 갖는다. 이는 멘토 교사의 칭찬으로 멘티 교사가 문제 해결에 자신감을 갖게 되기 때문이다. 한편, 전문적 지원의 기대 효과는 첫째, 부모 면담 절차와 부모 대하는 방법을 배운다. 이는 멘토 교사의 부모 면담을 참관하기 때문이다. 둘째, 교사 연구회에서 부모 면담에 관한 많은 지식을 얻을 수 있다. 이는 교사 연구회에서 부모 면담 정보를 교류할 수 있기 때문이다. 셋째, 부모 면담 워크숍에서 부모 면담을 실습해 볼 수 있다. 이는 워크숍에서 실제로 부모 면담을 실습해 볼 수 있기 때문이다.

교사 역량과 개발 필요성을 세 가지 제시할 수 있다. 첫째, 교직성향, 자기학습 역량으로 교사가 부모 면담에 대해 열심히 알려고 한다. 필요성은 교사가 자기계발에 대한 열정으로 스스로 발전할 수 있기 때문이다. 둘째, 대인관계, 의사소통 역량으로 교사들 간 협력을 도모한다. 필요성은 교사들 간 협력을 통해 많은 정보를 교류하고 지식을 얻을 수 있기 때문이다. 셋째, 교육과정 이해, 실행 역량으로 교사가 부모 면담에 대해 배우고 연구한다. 필요성은 교사가 부모 면담 등 교육과정을 효과적으로 실행할 수 있기 때문이다.

유치원 현장에서 멘토링은 활성화되어야 한다. 교사는 멘토링에 대한 전문성을 신장해야 된다. 유치원은 멘토링에 대한 환경적 지원을 해야 된다.

 코멘트 멘토링의 기초지식과 교사 역량에 대한 핵심개념 이해가 부족합니다.

본론	안전사고 관련 적절하지 못한 행동의 수정, 적절하지 못하다고 생각하는 이유	① 유아의 상태를 수시로 확인한다. 　→ 잘못된 이유: 유아의 안전에 대해 민감하게 반응하지 않았기 때문	
		② 유아의 알레르기를 확인 후, 연고를 발라준다. 　→ 잘못된 이유: 유아가 해당 약에 대한 알레르기가 있을 시 문제가 커지기 때문	
		③ 사고에 대해 부모님에게 알린다. 　→ 잘못된 이유: 작은 사고라고 판단하여 부모에게 알리지 않는 것은 교사의 성급한 판단이기 　　때문	
	정서적 지원의 기대 효과, 전문적 지원의 기대 효과	정서적 지원	① 공감: 마음의 위로와 안정
			② 격려: 도전 의식의 향상
			③ 칭찬: 자신감의 향상
		전문적 지원	① 참관: 좋은 사례를 통해 면담 절차와 방법 습득
			② 워크숍: 실습의 기회
			③ 교사 연구회: 정보 교류를 통한 지식 습득
	멘토링을 통해 증진될 수 있는 교사 역량과 그 필요성	① 교직인성 및 전문성 개발: 새로운 것을 배우고자 하는 의욕을 가지고 성장	
		② 교육과정 운영: 능력을 향상하고 기술을 습득하며 전문적인 교사로 성장	
		③ 대인관계 및 의사소통: 함께 성장하고자 노력하며 지식을 정교화할 수 있음	

2020학년도 공립 유치원 기출

다음은 최 교사, 권 교사, 김 교사가 겪고 있는 갈등 상황과 관련된 반성적 저널의 일부이다. 1) 세 교사의 저널에 근거하여 각 교사가 갈등한 내용을 각각 기술하시오. 2) 갈등 상황에서 세 교사가 선택한 행동의 이유를 각각 기술하고, 3) 선택한 행동 이후에 나타난 문제를 찾아서 그 해결 방안을 교사별로 1가지씩 구체적으로 논하시오. 4) 최 교사와 유아, 권 교사와 학부모, 김 교사와 동료 교사의 관계에서 유아교사가 갖추어야 할 덕목 1가지씩을 제시하고, 그 이유에 대해 논하시오.

[총 20점]

주영이는 입이 짧고 편식이 심하다. 주영이 어머니께서도 그 점을 걱정하신다. 주영이는 거의 매번 식사시간에 자신이 싫어하는 음식을 남긴다. 나는 주영이에게 배식된 음식을 골고루 먹게 해야 할지 주영이가 꺼려하는 음식을 남기는 것에 대해 허용해야 할지 고민하다가 유아들의 건강을 위해야 한다는 생각에서, 주영이에게 배식된 음식을 골고루 먹도록 지도하였다. 그랬더니 어제는 주영이가 배가 아프다고 하면서 음식을 남겼는데, 알고 보니 먹기가 싫어서 핑계를 댄 것이었다.

(최 교사의 저널)

상희가 2학기에 접어들어 부쩍 말수가 줄어들었다. 며칠 전에는 힘없이 어두운 표정으로 등원하기에 상희에게 무슨 일이 있었는지 물어보았더니, 고개를 숙인 채 작은 목소리로 "아침에 밥 먹다가 엄마, 아빠가 또 싸웠어요. 나 때문인 것 같아요."라고 말하였다. 이러한 상희의 행동에 대해 부모님께 말씀드려야 하는데, 부모님의 다툼에 대한 내용을 언급해야 할지 언급하지 말아야 할지 고민이 되었다. 사실 상희가 말한 부모님의 다툼에 대해서 여쭙고도 싶었지만, 혹시 이 말로 인해 나와 부모님과의 관계가 불편해질까 봐 상희 어머니께 전화를 드려 상희의 유치원에서의 모습에 대해서만 말씀을 드렸다. 그런데 상희는 예전처럼 활발한 모습은 좀처럼 보이지 않고 더 어두운 표정을 할 때가 많다.

(권 교사의 저널)

유치원 운동회와 관련하여 교사 협의회가 있었다. 업무 담당자인 박 선생님께서 작년에 실시한 운동회가 좋은 반응을 얻었다고 하면서 올해도 같은 방식으로 실행하자고 하셨다. 나는 유치원과 지역 공동체가 함께 교육을 실행할 수 있는 새로운 방식의 운동회에 대해 생각해 둔 것이 있었다. 그래서 내 의견을 내놓아야 할지 함구해야 할지 한참을 고민하다가, 새로운 방식의 운동회에 대한 나의 구상을 제안하였다. 그런데 운동회 방식에 관한 본격적인 협의를 시작해 보기도 전에 몇 분의 선생님들께서 업무가 바쁘다는 핑계로 자리를 뜨는 바람에 어떤 결정도 하지 못한 채 회의가 끝나버렸다.

(김 교사의 저널)

답안 작성 시 유의 사항	배점
• 어법과 원고지 작성법에 맞게 서술하시오. • 주어진 원고지(1,200자)에 맞게 서술하시오. 　(1,100자 이하 또는 1,200자 초과 시 감점) • 글의 체계를 논리적으로 짜임새 있게 구성하시오. • 글의 명료성, 타당성, 일관성을 고려하여 서술하시오.	• 논술의 내용 [총 15점] 　－ 세 교사가 갈등한 내용 [3점] 　－ 세 교사가 선택한 행동의 이유 [3점] 　－ 세 교사의 문제 해결 방안 [3점] 　－ 유아교사가 유아, 학부모, 동료 교사에 대해 갖추어야 할 　　 덕목(3점)과 그 이유(3점) [6점] • 논술의 체계 [총 5점] 　－ 글의 논리적 체계성 [3점] 　－ 맞춤법 및 원고지 작성법 [1점] 　－ 분량 [1점]

본론	세 교사가 갈등한 내용	최 교사의 갈등 내용	배식된 음식을 골고루 먹일 것인지, 꺼려하는 음식을 남기는 것을 허용할 것인지의 갈등 → 이는 유아가 음식을 골고루 먹는 것도 중요하지만 유아가 먹기 싫은 마 음도 존중하려는 마음이 충돌하기 때문
		권 교사의 갈등 내용	부모의 다툼으로 인해 힘없이 어두운 표정으로 등원하는 유아에 대해 부모 님과 이야기 할 것인지와 유치원 모습에 대해서만 이야기 할 것인지의 갈등 → 이는 유아가 가정의 영향을 받기 때문
		김 교사의 갈등 내용	지역 공동체가 함께 교육을 실행할 수 있는 새로운 운동회에 대해 동료들에 게 제안하고 협의하고자 했지만 업무가 바쁘다는 핑계로 자리 뜨는 바람에 협의하지 못한 것 → 이는 김 교사와 다른 교사들의 운동회에 대한 열정이 다르기 때문
	세 교사가 선택한 행동의 이유	최 교사가 선택한 행동의 이유	유아의 골고루 먹는 식습관을 길러주기 위함 → 유아의 어머니와 교사 모두 유아를 걱정하기 때문
		권 교사가 선택한 행동의 이유	부부관계는 다루기 예민한 주제이기 때문 → 관계가 불편해질까 봐 걱정
		김 교사가 선택한 행동의 이유	새로운 운동회에 대한 기대 때문 → 새로운 방식을 경험하고 싶기 때문
	세 교사의 문제 해결 방안	최 교사의 문제 해결 방안	유아에게 왜 음식을 먹기 싫은지 이유를 물어보고 요리, 동화 등의 활동을 계획함 → 편식의 이유를 알 수 있고 음식과 친숙해 질 수 있는 기회
		권 교사의 문제 해결 방안	부모의 싸움이 왜 자신 때문이라 생각하는지 편안한 분위기에서 이야기하며 위로 → 가정불화의 원인을 알 수 있고 정서적 지원을 할 수 있음
		김 교사의 문제 해결 방안	충분한 회의시간을 가지고 새로운 운동회에 대해 이야기 나눔 → 자신의 의지를 보일 수 있으며 동료의 의견 들을 수 있음
	유아교사가 유아, 학부모, 동료 교사에 대해 갖추어야 할 덕목과 그 이유	최 교사가 갖추어야 할 덕목	유아의 건강을 걱정하는 배려 - 이유: 유아의 개별적 요구를 파악해주어야 하기 때문
		권 교사가 갖추어야 할 덕목	학부모와 조심스럽게 대화를 나누는 존중 - 이유: 유아와 학부모 모두 소중한 존재이기 때문
		김 교사가 갖추어야 할 덕목	동료 교사와의 협력 - 이유: 유치원의 긍정적 발전이라는 공동의 목표를 가지고 책임을 다해야 하기 때문

2021학년도 공립 유치원 기출

다음은 민 교사와 권 교사가 부모와의 의사소통 경험에 대해 이야기를 나누는 장면이다. 1) 민 교사의 대화에 근거하여 양방향적 의사소통의 필요성 1가지를 논하고, 권 교사의 대화에 제시된 대면 개별(개인)면담과 전화면담의 장점을 각각 2가지씩 논하시오. 2) 대화에 근거하여 워크숍 형식이 부모교육 방법으로 적합한 이유 1가지와 워크숍으로 부모교육을 실시하고자 할 때 교사가 준비해야 할 사항 3가지를 논하시오. 3) 대화에 근거하여 워크숍으로 부모교육을 실시했을 때 교사-유아, 교사-부모, 유아-부모 관계에서 나타날 수 있는 긍정적 효과를 각각 2가지씩 논하시오. [총 20점]

민 교사: 요즘 우리 반 지수는 혼자 책 읽기 영역에 머무는 시간이 많아요. 책을 보는 것은 좋지만 지수가 친구들과 잘 어울리지 않더라고요. 오늘 지수 어머니가 지수를 데리러 오셨기에 지수가 집에서는 어떤지 좀 여쭤보려 했거든요. 그런데 지수 어머니께서 바쁘다면서 급히 가시는 거예요. 아무래도 아이의 문제를 함께 해결하기 위해서는 부모님과 직접 이야기를 나누어야 하잖아요. 물론 어떤 부모님은 일방적으로 자기 이야기만 하시니 만나기만 한다고 다 해결되는 것은 아니지만요. 무엇보다 부모와 교사 간에 양방향적 의사소통이 필요한 것 같아요.

권 교사: 저도 비슷한 경험이 있어요. 특히 어떤 아이가 문제 행동이나 이해하기 어려운 행동을 할 때 가정에서는 어떤지 알아보는 것이 도움이 되더라고요. 그래서 그런 경우에 전 부모님과 대면 개별면담을 하기도 하고, 부모님과 전화면담도 해요.

민 교사: 그렇군요. 그런 면에서 이번 부모교육 주제를 '의사소통'으로 정해 소집단 모임 형식의 워크숍으로 진행하면 어떨까요? 부모님들께서 직접 의사소통 기술을 익히고 실습까지 해 보면 좋을 것 같거든요. 워크숍을 진행한 후에는 부모님과 선생님이 함께 의사소통 기술을 계속 익히고 적용해 볼 수 있도록 소집단 모임을 정례화하는 방안도 생각해 보면 좋을 것 같아요.

권 교사: 서둘러 부모교육 계획을 세워 원장님께 보여 드리고 바로 준비해야겠네요. 일정을 확인해서 부모님들께 보낼 가정통신문도 만들고 부모님들께서 참석하기 편한 일정이 언제인지도 알아봐야겠어요. 부모님들께서 의사소통 기술을 배우면 자녀의 눈높이에 맞춰 대화할 수 있어서 유아들이 정서적으로 더 안정되고, 사회적 능력도 증진될 수 있을 거예요.

민 교사: 지난번에 원감님께서 의사소통 기술을 주제로 강연을 하셨으니 이번 워크숍도 원감님께 부탁드리면 어떨까요?

권 교사: 네, 좋아요. 우리 선생님들도 함께 참석하면 좋을 것 같네요. 그러면 우리도 의사소통 기술이 향상되어 유아의 요구에 더 민감하게 반응할 수 있고, 유아의 특성에 맞는 교육을 더 잘 할 수 있겠지요. 그뿐만 아니라 선생님들은 부모님들과의 관계에서 자신감이 향상되고, 부모님들은 선생님들과 양방향적 의사소통이 더 원활해져 유치원 일에 적극적으로 협조해 주실 수 있을 거예요.

답안 작성 시 유의 사항
• 주어진 답안지 면수(2매 이내)에 맞게 서술하시오. • 글의 체계를 논리적으로 짜임새 있게 구성하시오. • 글의 명료성, 타당성, 일관성을 고려하여 서술하시오.

배점
• 논술의 내용 [총 15점] 　- 양방향적 의사소통의 필요성(1점), 대면 개별(개인) 면담과 전화면담 장점(4점) [5점] 　- 부모교육으로 워크숍 형식이 적합한 이유(1점)와 이를 실시할 때 교사가 준비해야 할 사항(3점) [4점] 　- 교사-유아, 교사-부모, 유아-부모 관계에서 나타날 수 있는 긍정적 효과 [6점] • 논술의 체계 [총 5점] 　- 글의 논리적 체계성 [3점] 　- 맞춤법 및 어휘 · 문장의 적절성 [2점]

본론	양방향적 의사소통의 필요성, 대면 개별(개인) 면담과 전화면담 장점	양방향적 의사소통 필요성	유아의 문제를 정확하게 파악하고 부모와의 상호작용적 의사소통을 위해서 필요함
		개인면담 장점	① 부모와 교사가 마음속에 있는 이야기를 할 수 있음 ② 유아 개개인의 특징과 다양한 문제를 이야기할 수 있음
		전화면담 장점	① 필요에 따라 수시로 전화상담을 할 수 있음 ② 시간이 부족한 부모들에게 다양하고 원활한 상담을 할 수 있음
	부모교육으로 워크숍 형식이 적합한 이유와 이를 실시할 때 교사가 준비해야 할 사항	부모교육으로 워크숍 형식이 적합한 이유	부모에게 필요한 지식 및 기술을 직접적으로 교육할 수 있기 때문
		교사가 준비해야 할 사항	① 유치원 주도보다는 부모들이 스스로 주도하도록 계획함 ② 부모들에게 적용할 수 있는 가능한 한 구체적으로 준비함 ③ 부모들의 직업, 학력, 생활수준, 시간적 여유 및 요구를 사전에 파악함
	교사-유아, 교사-부모, 유아-부모 관계에서 나타날 수 있는 긍정적 효과	교사-유아	① 유아의 요구에 민감하게 반응할 수 있음 ② 유아 특성에 맞는 교육을 할 수 있음
		교사-부모	① 부모들과 관계에서 자신감이 향상될 수 있음 ② 부모들이 유치원 일에 적극적으로 협조할 수 있음
		유아-부모	① 자녀의 눈높이에 맞춰 대화할 수 있음 ② 유아와 부모 간의 정서적 안정감을 유지할 수 있음

Chapter 2 유아(특수) 교직논술 기출문제

2004학년도 유아(특수) 기출

최근 일반교육과 특수교육의 이분법적 틀을 극복하고, 장애 아동과 일반 아동이 함께 교육을 받고 사회적 상호작용에 참여하도록 하는 통합교육이 강조되고 있다. 성공적인 통합교육을 위해서는 국가 수준의 교육 정책과 더불어 관계 집단의 협조와 지원이 요구된다. 특히 단위 학교의 특수교육 교사와 일반교육 교사, 학교장은 통합교육의 당위성을 인식하고 통합교육 환경에서 나타나는 현실적인 문제점들을 해결하여 통합교육을 적극적으로 실현하도록 노력해야 할 것이다. 우리나라의 통합교육 실천에 대하여 아래의 내용을 중심으로 서술하되, 논술의 체계를 갖추어 작성하시오. [총 20점]

〈아래〉

- 통합교육의 당위성을 2가지 제시하고 각각에 대하여 설명한다.
- 통합교육의 문제점을 2가지 제시하고 각각에 대하여 설명한다.
- 통합교육을 위하여 특수교육 교사, 일반교육 교사, 학교장이 해야 할 일을 각각 2가지 제시하고, 각각에 대하여 설명한다.

논술 작성 시 유의 사항	배점
• 어법과 원고지 작성법에 맞게 서술하시오. • 주어진 지면(2,000자)을 최대한 이용하여 서술하시오. • 글의 체계를 짜임새 있게 구성하시오. • 다음 항목을 다룰 때, 글의 명료성, 풍부성, 적절성을 고려하시오. 　- 통합교육의 당위성 　- 통합교육의 문제점 　- 특수교육 교사가 해야 할 일 　- 일반교육 교사가 해야 할 일 　- 학교장이 해야 할 일	• 논술의 체계 [총 10점] 　- 어법과 원고지 작성법 [3점] 　- 분량(서술 내용의 풍부성) [3점] 　- 글의 논리적 체계성 [4점] • 논술의 내용 [총 10점] 　- 통합교육의 당위성 [2점] 　- 통합교육의 문제점 [2점] 　- 특수교육 교사가 해야 할 일 [2점] 　- 일반교육 교사가 해야 할 일 [2점] 　- 학교장이 해야 할 일 [2점]

정신지체 아동인 민영이는 특히 소근육 발달이 지체되어 있다. 김 교사는 민영이의 소근육 발달을 촉진시키기 위해 수업 시간에 일반 가위로 가위질을 시켰는데, 그럴 때마다 민영이는 드러누워 뒹굴며 괴성을 지르는 행동을 보였다. 민영이에게 가위질이 필요함에도 김 교사는 수업 진행에 방해 받지 않기 위하여 민영이에게 가위질을 시키지 않고, 민영이가 하고 싶어하는 책 읽기를 하도록 하고 있다.

위의 사례에서 1) 김 교사가 사용하고 있는 교육적 처치 방식의 문제점을 지적하고, 2) 민영이의 소근육 발달을 촉진시키면서 문제 행동을 교정할 수 있는 3가지 행동 중재 방법(선행 사건 중심의 중재, 후속 결과 중심의 중재, 기술 습득 중심의 중재)에 대하여 서술하시오. [총 20점]

논술 작성 시 유의 사항	배점
• 어법과 원고지 작성법에 맞게 서술하시오. • 주어진 원고지(1,200자)를 최대한 이용하여 서술하시오 (초과 시 감점). • 글의 체계를 논리적으로 짜임새 있게 구성하시오. • 글의 명료성, 타당성, 일관성을 고려하여 서술하시오.	• 논술의 체계 [총 10점] – 분량 [3점] – 맞춤법 및 원고지 작성법 [3점] – 글의 논리적 체계성 [4점] • 논술의 내용 [총 10점] – 김 교사의 교육적 처치 방식의 문제점 [2점] – 행동 중재 방법 [총 8점] · 선행 사건 중심의 중재 전략 2가지 [2점] · 후속 결과 중심의 중재 전략 4가지 [4점] · 기술 습득 중심의 중재 전략 2가지 [2점]

다음은 어떤 경도 정신지체아동에 대한 이야기이다.

건강하고 귀엽게 생긴 아동 A는 자신이 뚱뚱하고 못생겼다고 생각하면서 친구들을 점차 회피하고 위축된 생활을 한다. 아동 A는 집에서 짜증을 많이 내며 가족들과의 대화도 줄어들고 있다. 최근 아동 A는 식욕이 떨어지고 체중이 감소하고 있으며, 일상활동의 흥미와 즐거움을 잃고 자신이 무가치하다고 느끼고 있다.

위의 사례에서 아동 A가 보이는 행동의 원인을 이해하는 데 적용될 수 있는 4가지 이론적 관점(예: 인지적 관점, 생태학적 관점 등)을 제시하고, 각각에 대해 설명하시오. 설명한 관점 중 복수의 관점 혹은 1가지 관점에 기초하여 아동 A를 중재하기 위한 방법 3가지를 제시하고, 그러한 방법을 적용하고자 하는 이유를 설명하되, 논술의 체계를 갖추어 작성하시오.

[총 20점]

논술 작성 시 유의사항
• 어법과 원고지 작성법에 맞게 서술하시오.
• 주어진 원고지(1,200자)에 맞게 서술하시오. (초과 시 감점)
• 글의 체계를 논리적으로 짜임새 있게 구성하시오.
• 글의 명료성, 타당성, 일관성을 고려하여 서술하시오.

배점
• 논술의 체계 [총 10점] − 분량 [3점] − 원고지 작성법 [3점] − 글의 논리적 체계성 [4점] • 논술의 내용 [총 10점] − 4가지 이론적 관점(예시된 관점도 활용 가능)에 대한 설명 [4점] − 중재 방법 [6점] · 3가지 중재 방법 [3점] · 각 중재 방법을 선택한 이유 [3점]

장애 아동의 성공적인 통합교육을 위해서는 여러 전문가가 협력할 필요가 있다. 아래 영수의 경우는 전문가 협력을 통한 팀 접근이 필요한 사례이다. 팀 접근 방법 중의 하나인 '초학문적 접근' 방법으로 영수를 지도하고자 할 때, 1) 이 접근 방법의 특성은 무엇인지, 이와 관련하여 2) 교육 계획, 실행, 평가 단계별로 전문가들이 협력해야 할 내용은 무엇인지 논하시오.

[총 20점]

영수는 초등학교에 재학 중인 발달장애 학생이다. 영수는 일반학급에 소속되어 있지만 국어와 수학 시간에는 특수학급에서 공부한다. 그리고 학교를 방문하는 치료교육 순회교사로부터 언어치료를 받고 있다.

답안 작성 시 유의 사항
• 어법과 원고지 작성법에 맞게 서술하시오.
• 주어진 원고지(1,200자)에 맞게 서술하시오. (1,100자 이하 또는 1,200자 초과 시 감점)
• 글의 체계를 논리적으로 짜임새 있게 구성하시오.
• 글의 명료성, 타당성, 일관성을 고려하여 서술하시오.

배점
• 논술의 체계 [총 10점]
− 분량 [3점]
− 맞춤법 및 원고지 작성법 [3점]
− 글의 논리적 체계성 [4점]
• 논술의 내용 [총 10점]
− 초학문적 접근 방법의 특성 [3점]
− 초학문적 접근 시 협력 내용 [7점]

해커스임용 teacher.Hackers.com

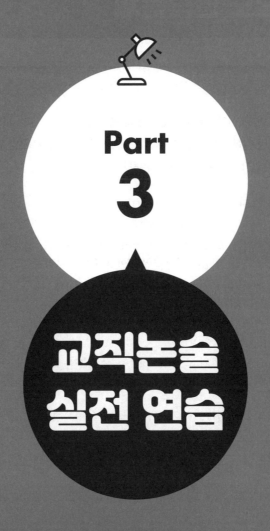

Part 3

교직논술 실전 연습

Test 1

교사는 수업장학으로 부족한 자신의 수업을 개선하는 데 도움을 받을 수 있다. 이러한 수업장학을 향상시키기 위한 1) 사례와 관련된 수업장학 계획 중 장학 목표 3가지를 제시하고, 2) 사례와 관련된 초임 교사의 부적절한 지도 3가지와 그에 따른 개선 방안을 논하고, 3) 수업장학의 특성 4가지를 논하시오. [총 20점]

다음은 초임 교사의 이야기 나누기 활동 사례이다.

- 연령: 만 4세반
- 유아 수: 28명
- 생활주제: 기계와 도구

자유선택활동이 끝나고 정리 후 모여서 이야기 나누기 시간을 진행하였다. 우선 날짜, 날씨, 요일에 대해서 알아본후, 미술 영역에서 했던 도구 그리기와 연결시켜 오늘 이야기 주제가 '우리 주변의 기계와 도구'라는 것을 알려주었다.

교　사: 우리가 사용하는 기계나 도구에는 어떤 것이 있을까?

유아들: 청소기, 세탁기, 망치, 못!

교사는 준비한 빗자루와 쓰레받기, 못과 망치, 부채, 청소기, 선풍기, 드릴 등 그림을 융판에 붙이고 각 도구의 특성에 대해서 설명을 해주었다.

교　사: 맞았어. 우리가 사용하는 기계와 도구에는 빗자루, 쓰레받기, 못과 망치, 부채, 청소기, 선풍기, 드릴 같은 것이 있어. 옛날에 사용했던 것과 지금 사용하는 것을 누가 나와서 분류해 보겠니?

유아들: 저요. 저요.

교　사: ○○가 나와서 해보겠니? 이제 다시 기계와 도구로 다시 분류해 보자.

그때 웅성거리고 떠들던 유아 중 한 명이 일어서서 외쳤다.

유아 1: 선생님 쉬 마려워요.

교　사: 조금만 참자.

그런데 그 유아는 막 뛰어서 화장실로 가버렸다. 다른 유아 5~6명도 화장실로 뛰어가 버렸다.

교　사: 얘들아? 얘들아?

교사는 유아들을 정지시키려 했으나 유아들은 이미 뛰어가 버렸다. 남은 아이들도 더욱 웅성거렸다. 초임 교사는 기계에 속하는 것과 도구에 속하는 것을 분류해서 보여주었다.

교　사: 자 이제 화장실에 다녀오자.

이야기 나누기는 25분 동안 진행되었다.

배점

- 논술의 내용 [총 15점]
  - 장학 목표를 3가지로 서술 [3점]
  - 초임 교사의 부적절한 지도와 개선점 3가지 서술 [6점]
  - 수업장학의 개념을 쓰고(1점), 수업장학의 특징을 서술(5점) [6점]
- 논술의 체계 [총 5점]
  - 글의 논리적 체계성 [3점]
  - 맞춤법 및 어휘 · 문장의 적절성 [2점]

이 논제에 대한 개요도

서론	주의 환기	
	문제 제기	유치원 교육 현장에서는 수업장학이 제대로 이루어지지 않는 문제가 발생하고 있다.
	방향 제시	
본론	① 장학 목표 [3점] 　㉠ 유아들에게 수용적으로 반응한다. 　㉡ 유아들이 말할 때 적절한 맥락화 신호(미소 짓기, 고개 끄덕이기, 목소리 톤에 변화 주기)를 보낸다. 　㉢ 적절한 발문(개방형과 폐쇄형)과 대답(격려와 칭찬)을 사용한다.	
	② 초임 교사의 부적절한 지도와 개선점 3가지 [6점] 　㉠ 기계와 도구의 특성을 언어적으로 설명한 점 → 구체물 사용 　㉡ 유아의 신체적 욕구에 부적절하게 대응한 점 → 유아 욕구 반영 　㉢ 유아의 수준을 고려하지 않은 부적절한 시간 배정(25분) → 10~15분이 적합	
	③ 수업장학의 개념과 특성 [6점] 　㉠ 수업장학은 교사에게 새로운 교수기술과 전략을 연구하고 배울 수 있는 장을 마련해 주는 지원 체계이다. (1점) 　㉡ 수업장학의 특징 (5점) 　　• 수업장학은 원장 혹은 원감이 교육청의 장학사와 연계하여 주도하는 체계적인 지도 및 조언 과정으로 교사의 교수 　　　행위에 직접적으로 영향을 줄 수 있다. 　　• 수업장학은 장학의 범위를 교실로 좁히며, 특히 수업에서 진단된 문제점을 개선하기 위해 구체적인 목표를 설정해 　　　두고, 교사의 수업 전문성을 향상시키기 위한 활동이다. 　　• 주로 학습지도안 계획, 교수 활동, 유아 생활지도, 평가 등의 내용을 다룬다. 　　• 지구별 자율장학, 수업 개선 연구 등 다양한 형태로 이루어진다. 　　• 사전협의회, 수업 관찰, 사후협의회 과정으로 진행된다.	
결론	유치원 교육 현장에서는 수업장학이 활성화되어야 한다.	

교직논술 실전 연습

Part 3

해커스임용 백청일 임째빼기 유아 교직논술

교사의 전문성 신장과 관련하여 1) 수업 사례 분석의 목표를 2가지로 제시하고, 2) (가), (나)에서 수업 사례 평가를 하고자 할 때 사례에 근거하여 분석하고, 3) 수업 사례 분석의 긍정적 효과를 3가지로 논하시오. [총 20점]

(가) • 연령과 유아 수: 유치원 만 5세 학급으로 30명
　　• 생활주제: 지구와 우주 中 우리가 사는 땅

　　활동의 목표는 우리가 사는 땅에 대해서 관심을 가지게 하는 것이었다.❶ 교사 옆에 커다란 OHP와 막이 있고 교재는 쌓기 영역 장 위에 있으며, 그 옆에 전자 오르간이 있다. 지구본이 바닥에 있어서 어수선하다.❻ 유아들은 정해진 자리에 앉는다.❺

(나)
　　　　　　　　　　　　…… (상략) ……
교　사: 지구가 둥글다는 것을 사람들은 어떻게 알았을까요?❷, ❸
유아 2: 망원경으로 보았어요.❷, ❸
유아 3, 유아 4: 로켓을 타고 우주에서 봤어요. 외계인이 가르쳐 주었어요.❷, ❸
교　사: 로켓을 타고 사람들이 보아서 알아요. 그리고 지구가 어떤 것으로 이루어져 있을까요?
유아 3: 에너지!
　　　　　　　　　　　　…… (중략) ……
교　사: 지구가 어떤 것으로 이루어졌는지 아는 친구 없어요?
유아 5: 바다, 흙, 모래, 땅, 마그마, 동서남북 …….
교　사: 어머, ○○가 너무나 잘 알고 있네.❿ 자, 여기를 보세요.

배점

• 논술의 내용 [총 15점]
　– 수업 사례와 관련된 수업 사례 분석의 목표 2가지 서술 [2점]
　– 수업 사례를 찾아(4점), 수업 사례 평가 기준 6가지를 서술(6점) [10점]
　– 수업 사례 분석의 긍정적 효과 3가지 [3점]
• 논술의 체계 [총 5점]
　– 글의 논리적 체계성 [3점]
　– 맞춤법 및 어휘 · 문장의 적절성 [2점]

서론	주의 환기	
	문제 제기	유치원 교육 현장에서는 수업 사례 분석이 제대로 이루어지지 않는 문제가 발생하고 있다.
	방향 제시	
본론	① 수업 사례 분석의 목표 [2점] 　㉠ 수업을 평가하는 방법을 이해한다. 　㉡ 수업을 분석하고 반성할 수 있는 능력을 기른다. ② 수업 사례 평가 분석 6가지 [10점] 　㉠ 활동의 목표는 우리가 사는 땅에 대해서 관심을 가지게 하는 것이다. 　　－ ❶주제와 연계되는가? 　㉡ 교사 옆에 커다란 OHP와 막이 있고 교재는 쌓기 영역 장 위에 있으며, 그 옆에 전자 오르간이 있다. 지구본이 바닥에 　　있어서 어수선하다. 　　－ ❻유아들의 주의집중을 위해 주변의 교구나 물건을 정리하는가? 　㉢ 유아들은 정해진 자리에 앉는다. 　　－ ❺유아들을 자신이 원하는 자리에 자율적으로 앉게 하는가? 　㉣ 지구가 둥글다는 것을 사람들은 어떻게 알았을까요? 　　－ ❸유아들의 다양한 반응을 유도하기 위해 적절한 질문을 하는가? 　㉤ 망원경으로 보았어요. 외계인이 가르쳐 주었어요. 　　－ ❷유아들의 경험과 연계되는가? ❹유아들의 발달에 적합한가? 　㉥ 어머, ○○가 너무나 잘 알고 있네. 　　－ ❼유아들의 적절한 반응에 대하여 격려 혹은 칭찬을 하는가? ③ 수업 사례 분석의 긍정적 효과 3가지 [3점] 　㉠ 자신의 교수 행위를 객관적으로 살펴볼 수 있다. 　㉡ 교사의 반성적 사고를 기르는 데 도움이 된다. 　㉢ 교실에서 교사가 무엇을 생각하고 실제로 무슨 일이 일어났는지를 알게 되면 피드백을 얻을 수 있다.
결론	유치원 교육 현장에서는 수업 사례 분석이 활성화되어야 한다.	

범주	내용	O	X
이야기 나누기 평가표			
이야기 선정	❶ 주제와 연계되는가?		
	❷ 유아들의 경험과 연계되는가?		
	❸ 유아들의 발달에 적합한가?		
대형	❹ 유아들이 앉은 대형이 이야기 나누기에 적절한가? 　例 반은 바닥, 반은 의자		
	❺ 유아들을 자신이 원하는 자리에 자율적으로 앉게 하는가?		
	❻ 유아들의 주의집중을 위해 주변의 교구나 물건을 정리하는가?		
매체	❼ 그림, 사진, 실물 등의 자료를 사용하는가?		
이야기 지도 과정	❽ 수수께끼, 동화, 자료 설명, 경험 회상 등의 도입 방법을 사용하는가?		
	❾ 유아들의 다양한 반응을 유도하기 위해 적절한 질문을 하는가?		
	❿ 유아들의 질문에 대답을 해 주는가? 　例 종합 / 확장 / 정보 제공 / 수정 등		
	⓫ 유아들의 부적절한 반응이나 행동을 긍정적인 방법으로 조정하는가?		
	⓬ 유아들의 적절한 반응에 대하여 격려 혹은 칭찬을 하는가?		
	⓭ 유아들을(과반수 이상) 이야기 나누기에 적극 참여시키는가?		
소요 시간	⓮ 유아의 수준에 따라 시간을 적절히 배정하는가?		
마무리	⓯ 이야기 나누기 시간에 나온 내용을 종합·정리하는가?		
	⓰ 이야기 나누기 시간을 마무리하고 다음 활동이 무엇인지 알려주는가?		

최근에는 유치원 현장에서 수업컨설팅이 활성화되고 있다. 이러한 추세에 맞추어 1) 유치원 컨설팅 장학의 목적을 4가지로 제시하고, 2) 사례에 근거하여 수업컨설팅에 참여한 교사들의 문제점과 개선 방안을 4가지씩 논하시오. 그리고 3) 사례에 나타난 수업컨설팅 진행과정에 교사들의 변화된 점을 3가지로 논하시오. [총 20점]

> 김 교사: 제가 컨설팅 때 수업이 잘 안 되었어요. 아무래도 애들이 어리니까 준비한 대로 잘 안된 것 같아요. 계획할 때 그런 부분을 생각했어야 하는데 말이에요.
>
> 박 교사: 그랬군요. 저는 우리 반에는 남자 아이들이 많거든요. 그래서 주의집중이 어려워요. 이야기 나누기를 하려고 해도 집중을 하지 않으니까 자꾸 지적만 하다가 끝나게 되는 경우가 많아요. 홍 선생님은 어떠세요?
>
> 홍 교사: 저도 마찬가지예요. 수업이 잘 되기 위해서는 교사 대 유아의 비율이 적절해야 한다고 생각해요. 교실에서 유아들을 모두 파악하고 평가는 것이 어려워 수업을 진행할 때 어려움을 느낄 때가 많아요. … (중략) … 또한, 수업을 계획할 때 유아들 개개인의 특징과 발달 정도를 파악하는 것이 중요한데 이를 위해서는 보조 교사를 지원해 주는 것이 필요하다는 생각이 많이 들어요.
>
> 최 교사: 맞아요. 수업이 잘 되기 위해서는 무엇보다 교사의 업무를 줄여주는 노력이 필요해요. 수업에 집중하고 싶지만 시간적으로 어려움이 많이 있어요. 수업을 준비하는 데 어려움이 있어 그때그때 계획과는 다른 수업을 하게 되는 경우가 많이 있어요.
>
> 배 교사: 맞아요. 그래서 저는 유아들에게 노래 배우기와 악기 연주를 함께 가르쳐주었지요. 그랬더니 원감 선생님이 "원래 노래 배우는 것이 한 활동이 되어야 하고, 끝나고 그 다음 2차시나 3차시에 활동이 이루어져야 해요."라고 하셨어요. 그랬더니 유아들이 더 흥미롭게 참여하였어요.
>
> 엄 교사: 그랬군요. 저도 수업을 준비할 때 너무 어려운 것을 준비하여 만 3세 유아들이 웅성거리고 있을 때가 많았어요. 그런데 최 교사의 도움으로 이제는 만 3세 유아들에게 맞추어 준비를 잘 하게 되었어요.

배점

- 논술의 내용 [총 15점]
  - 유치원 컨설팅 장학의 목적 4가지 서술 [4점]
  - 사례에 관련된 수업컨설팅 교사의 문제점과 개선방안 4가지 [8점]
  - 사례에 수업컨설팅 교사의 변화 3가지 [3점]
- 논술의 체계 [총 5점]
  - 글의 논리적 체계성 [3점]
  - 맞춤법 및 어휘·문장의 적절성 [2점]

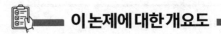

서론	주의 환기	
	문제 제기	유치원 교육 현장에서는 수업컨설팅 장학이 제대로 이루어지지 않는 문제가 발생하고 있다.
	방향 제시	
본론	① 유치원 컨설팅 장학의 목적 4가지 [4점] 　㉠ 유치원별 맞춤식 장학으로 유치원의 창의적이고 자율적인 교육 활동을 지원한다. 　㉡ 유치원 현안 문제의 해결 방안을 도모함으로써 유치원 교육력을 제고한다. 　㉢ 교원 중심의 자율적·능동적 장학의 분위기를 조성하여 교원 전문성을 신장한다. 　㉣ 컨설팅 영역을 유치원 교육정책에서부터 유치원 경영, 교육과정, 교수–학습법, 일상생활 지도에 이르기까지 광범위하게 확대하여 전문성 있는 장학을 지원한다.	
	② 수업컨설팅 교사의 문제점과 개선 방안 4가지 [8점] 　㉠ 문제점: 유아의 연령을 고려하지 못하는 점 　　→ 개선방안: 유아의 발달수준을 고려한다. 　㉡ 문제점: 학급의 성비가 주의집중에 어려움을 주는 점 　　→ 개선방안: 성비를 골고루 균형 있게 고려한다. 　㉢ 문제점: 보조 교사가 필요한 점 　　→ 개선방안: 유아의 특성을 파악하기 위해 보조 교사를 확충한다. 　㉣ 문제점: 업무량이 많은 점 　　→ 개선방안: 역할분담을 한다.	
	③ 수업컨설팅 교사의 변화 3가지 [3점] 　㉠ 수업의 양을 조절하게 됨 　㉡ 유아 발달 수준을 고려하게 됨 　㉢ 동료교사와 협력을 고려하게 됨	
결론	유치원 교육 현장에서는 수업컨설팅 장학이 활성화되어야 한다.	

초임 교사인 박 교사는 자신 없는 수업 활동에 대한 계획안을 구성하고, 전개한 수업에 관한 사이버장학을 실시하였다. 1) 사이버장학에서 교사와 장학요원이 꼭 검토해야 하는 점 4가지를 제시하고, 2) 아래의 교수 계획안과 수업 활동에 나타난 문제점 중 3가지를 찾아서 수정하고, 3) 이 수업이 잘 이루어지기 위한 사이버장학이 성공하기 위한 조건 5가지를 제시하시오. [총 20점]

(가) 박 교사의 교수 계획안

- 활동 주제: 물을 빨아들이는 것과 빨아들이지 않는 것
- 준비 자료: 물을 떨어뜨리는 기구(분무기), 윗부분에 구멍이 15개 정도 뚫린 플라스틱 마요네즈 병, 고무장갑, 솜, 화장지, 신문지, 알루미늄 접시, 비닐 팩
- 활동 탐색: 교사는 제시된 자료를 가지고 유아들이 탐색해 보도록 한다.
- 활동 전개: 먼저 교사가 제시한 자료를 가지고 활동을 한 후, 분무기로 물을 뿌렸을 때 물이 흘러내리거나 흘러내리지 않는 까닭을 유아에게 질문한다.

(나) 박 교사의 수업 활동 실제

교 사: 그래, 너희들이 말한 것처럼 여러 가지 놀이를 할 수 있는데 철수가 말한 것처럼 물총놀이를 해볼래? 여기에 있는 물건에 물을 뿌려보는 것 말이야.

재 인: (마요네즈 병에 물을 담아 거꾸로 든다.)

근 혜: 선생님 이것 보세요.

민 희: 야, 이것 다 샌다.

교 사: 왜 물이 새는 것 같니?

지 선: 물이 막 밀어내요.

정 화: (알루미늄 접시에 물을 담고 비닐 팩으로 덮으며 손으로 비닐 팩 위를 두드린다.)

교 사: 정화야, 너 오른쪽 손바닥 어떻게 되었니?

정 화: 물이 안 묻어요.

교 사: 왜 비닐 위에는 물이 묻지 않을까?

　　　　　　　　　　　　　　　　　　　　… (하략) …

배점

- 논술의 내용 [총 15점]
  - 사이버장학에서 교사와 장학요원이 꼭 검토해야 할 점 4가지 [4점]
  - 교수 계획안과 수업활동에 나타난 문제점 3가지와 수정사항 [6점]
  - 사이버장학이 성공하기 위한 조건 5가지 [5점]
- 논술의 체계 [총 5점]
  - 글의 논리적 체계성 [3점]
  - 맞춤법 및 어휘·문장의 적절성 [2점]

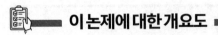

서론	주의 환기	
	문제 제기	유치원 교육 현장에서는 사이버장학이 제대로 이루어지지 않는 문제가 발생하고 있다.
	방향 제시	
본론	① 사이버장학에서 교사와 장학요원이 꼭 검토해야 할 점 4가지 [4점] 　㉠ 선정했던 교육 내용이 전개된 수업 분석 과정을 통해 처음 설정한 장학의 목표가 어느 정도 달성되었는지 검토한다. 　㉡ 장학과정을 통해 얻은 점을 토대로 하여 앞으로 어떤 활동을 전개할지 결정하고, 미비했던 점을 보완하기 위해서 새로운 계획을 세운다. 　㉢ 유아들의 교육활동에 대한 공유를 한다. 　㉣ 사이버 상의 상호교류방안을 고려한다. ② 교수 계획안과 수업 활동에 나타난 문제점 3가지와 수정 사항 [6점] 　㉠ 활동 탐색 단계에서 유아들의 탐색 기회가 제공되지 않았다. → 탐색 기회 제공 　㉡ 활동 전개 단계에서 교사 주도로 활동이 진행되었다. → 유아 주도 　㉢ 활동 실제 단계에서 교사는 유아들에게 스스로 생각해 볼 수 있는 기회를 제공하지 않았다. → 스스로 생각할 기회 제공 ③ 사이버장학이 성공하기 위한 조건 5가지 [5점] 　㉠ 대상의 제한: 적극적인 교사만 참여 가능 　㉡ 신뢰감 형성 　㉢ 시간적 여유 　㉣ 실제적인 교수활동에 도움 　㉤ 다양한 사이버 공간 활용
결론	유치원 교육 현장에서는 사이버장학이 활성화되어야 한다.	

Test 5

다음은 교사 상호 간의 의사소통 사례다. 1) 사례에 나타난 의사 전달에 방해가 되는 요인 2가지를 찾아 논하고, 2) 의사 전달의 장애 극복 방안을 크게 2가지로 제시하여 논하고, 3) 교사 상호 간의 의사소통 기술을 향상시킬 때 유의할 점 1가지를 제안하고 4) 2019 개정 누리과정의 변화에 필요한 교사의 역할 4가지를 서술하시오. [총 20점]

(방송으로 3시 회의를 알린다.)

김 교사: 선생님들께 알립니다. 오늘 3시에 직원회의가 있으니 원무실로 모여주시기 바랍니다.

(회의 내용을 기록할 종이를 가지고 회의실로 모인다.)

박 교사: 직원회의를 시작하겠습니다.

(모두 서로 서로에게 인사한다.)

최 교사: 도서계에서 말씀드리겠습니다.

(이때 전화벨이 울려 남 교사가 전화를 받아서 작은 소리로 회의 시간임을 알리고 끊는다. 그동안 잠시 회의는 멈추었다가 다시 시작된다.)

최 교사: 오늘 도서실 정리를 하려고 합니다. 선생님들 힘드시겠지만 방학 전에 정리가 이루어져야 하기 때문에 4시 30분까지 모여 주시기 바랍니다.

남 교사: 꼭 정해진 시간에 함께 모여서 해야 하나요?

(이때 문이 열리면서 종일반 유아 중 한 아이가 들어와 선생님을 찾는다. 그러자 박 교사가 데리고 나간다.)

최 교사: 함께 모여서 재미있게 이야기하면서 정리하면 좋을 것 같아서요.

남 교사: 각 교사가 정리할 부분을 나누어서 적어 놓으시면 편안한 시간에 가서 함께 정리하면 좋을 듯한데요. 서로 시간 맞추기가 어렵지 않나요?

최 교사: 전 교사들끼리 모이는 시간도 많지 않고 해서 함께 모여서 하면 좋을 것 같은데요.

(다른 교사들은 이야기를 듣기만 한다.)

원장님: 그러면 여러분들이 잘 의논해서 정하시되 도서실은 꼭 정리가 될 수 있도록 해주세요.

(모두들 이야기를 적는다.)

박 교사: 그럼 오늘 회의를 이것으로 마치겠습니다.

배점

- 논술의 내용 [총 15점]
  - 사례와 관련하여 의사 전달의 방해요인 2가지 서술 [4점]
  - 의사 전달의 장애 극복 방안 2가지 서술 [5점]
  - 교사 상호 간의 의사소통 기술 향상 시 유의할 점 1가지 [2점]
  - 2019 개정 누리과정의 변화에 필요한 교사의 역할 4가지 서술 [4점]
- 논술의 체계 [총 5점]
  - 글의 논리적 체계성 [3점]
  - 맞춤법 및 어휘 · 문장의 적절성 [2점]

서론	주의 환기	
	문제 제기	유치원 교육 현장에서는 교사 상호 간 의사 전달이 제대로 이루어지지 않는 문제가 발생하고 있다.
	방향 제시	
본론	① 의사 전달의 방해요인과 사례 2가지 [4점]	
	⑨ 환경 문제: 회의실 문제, 전화 벨소리, 손님, 유아 등	
	전화벨이 울려 남 교사가 전화를 받아서 작은 소리로 회의 시간임을 알리고 끊는다. 그동안 잠시 회의는 멈추었다가 다시 시작된다.	
	ⓛ 심리적 문제: 개인의 견해 차이나 가치 등의 문제	
	문이 열리면서 종일반 유아 중 한 아이가 들어와 선생님을 찾는다. 그러자 박 교사가 데리고 나간다.	
	② 의사 전달의 장애를 극복하기 위한 2가지 [5점]	
	⑨ 물리적 환경 극복 방안	
	• 조용한 공간에서 회의한다.	
	• 유아가 귀가한 후 회의가 이루어진다.	
	• 전화를 받거나 찾아오는 손님을 맞이할 교직원을 원무실에 배치한다.	
	ⓛ 심리적 문제 극복 방안	
	• 자신과 상대방의 가치, 태도, 편견, 고정관념을 알아간다.	
	• 단기간에 극복될 수 있는 문제가 아니므로 여러 번의 회의가 필요하다.	
	③ 교사 상호 간의 의사소통 기술 향상 시 유의할 점 1가지 [2점]	
	물리적 요인이나 환경적 요인은 바로 바꿀 수 있지만, 개인의 편견이나 가치관 등은 바로 극복되지 못하므로 교사 내면의 것을 밖으로 드러내는 활동이 지속적으로 이루어질 필요가 있다.	
	④ 2019 개정 누리과정의 변화에 필요한 교사의 역할 4가지 서술 [4점]	
	⑨ 유아 놀이 중심 교육과정 이해하고 실천하기	
	ⓛ 놀이를 통한 유아의 배움을 지원하기	
	ⓒ 놀이와 배움을 기록하고 평가하기	
	ⓔ 함께 배우며 성장하기	
결론	유치원 교육 현장에서는 교사 상호 간 의사 전달이 활성화되어야 한다.	

Test 6

다음은 교사들 간에 대화이다. 1) 교사 발달의 관점이 교사 교육에 주는 중요성을 4가지로 제시하고, 2) 사례에서 캐츠 (Katz)의 교사 발달 단계를 사례에서 찾아 각 단계를 논하고, 3) 사례에서 교사들이 부족하다고 느끼는 점을 찾아 3가지로 논하시오. [총 20점]

김 교사의 수업 동영상을 보면서 체계적으로 수업에 대해 함께 협의하고 있다.

홍 교사: 어제 했던 동극 수업에 대해 선생님이 먼저 평가해 보세요.

김 교사: 우선, 동화를 들려줄 때, 목소리 변화가 좀 적었고, 전체적으로 말이 빨랐던 것 같아요. 긴장해서 그랬는 지…… . 유아들 개개인의 특성 및 기본 능력을 파악하는 것이 어려워요.

홍 교사: 선생님이 잘 알고 계시네요. 제가 보기에도 동화를 들려줄 때 목소리 변화와 내용 숙지에 조금 아쉬움이 있었 어요. 동극하기 전에 약속 정하기도 필요하지만 동극을 하고 난 후, 동극을 한 유아들의 목소리 크기나 동작 그리고 관람자의 태도도 함께 평가해 보면 좋겠어요. 그렇게 하면 다음번에는 더 신나고 재미있는 동극을 지 도할 수 있을 것 같아요. 또, 특별한 요구를 가지고 있는 유아들을 도와주세요. 저는 유아들을 지도할 때 자신 감에 생겨요.

김 교사: 그래요. 근데, 유아들 간에 싸움이 벌어졌을 때 어떻게 해야 할지를 모르겠어요.

박 교사: 맞아요. 상당히 어렵지요. 그럴 때는 유아발달 이론을 적용하여 유아들을 지도해보세요.

김 교사: 휴. 울고 싶어요. 제가 잘 하고 있는지 모르겠어요.

원   감: 그래도 선생님은 경력에 비하면 아주 잘하는 거예요. 저도 선생님 같은 시기가 있었어요. 힘내세요. 그래서 저 는 교사들을 위한 연수나 워크숍에 참여하여 선생님들의 어려움에 대하여 더욱 관심을 가지려 해요.

박 교사: 저도 처음에는 많이 힘들었어요. 교사 간의 갈등과 낮은 보수가 더욱 힘들게 하였지요.

배점

- 논술의 내용 [총 15점]
  - 교사 교육에 주는 중요성 4가지 서술 [4점]
  - 사례에 나타난 캐츠(Katz)의 교사 발달 단계 [8점]
  - 사례에서 교사들의 부족하다고 느끼는 점 3가지 [3점]
- 논술의 체계 [총 5점]
  - 글의 논리적 체계성 [3점]
  - 맞춤법 및 어휘·문장의 적절성 [2점]

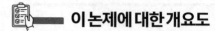

서론	주의 환기	
	문제 제기	유치원 교육 현장에서는 교사 발달에 따른 문제가 발생하고 있다.
	방향 제시	

① 교사 교육에 주는 중요성 4가지 [4점]
ⓐ 교사가 자신의 교사로서의 발달 특성 및 견해를 이해하도록 하여 교사 스스로 그에 적합한 교사 교육을 경험하도록 돕는다.
ⓑ 교사로 하여금 지속적인 학습자로서 스스로 자기 갱신(self-renewal)의 전략을 발달시킬 수 있도록 돕는다.
ⓒ 경력 교사로 하여금 초임 교사들에게 지지와 격려, 정보를 제공해 주고 발달을 촉진시켜주고자 하는 동기를 갖게 한다.
ⓓ 교사로서 자신의 발달에 대해 이해하지 못한 교사는 유아의 발달을 이해하기 어려우며, 자신의 발달에 적합한 방법으로 교육받지 못한 교사는 유아의 발달에 적합한 방법으로 교육을 이끌어 가기 쉽지 않다.

② 캐츠(Katz)의 교사 발달 단계 [8점]
ⓐ 생존기: 유아들 개개인의 특성 및 기본 능력을 파악하는 것이 어려워요.(김 교사)

구분	교사들이 표출한 관심사 문항(생존기)
1	유아들에게 약속된 규칙을 지키도록 하여 질서를 유지하는 것
2	학급의 유아 수(교사와의 비율)에 관한 것
3	유아들 개개인의 특성 및 기본적 능력을 파악하는 것
4	수업에 대한 유아들의 반응에 관한 것
5	가르칠 내용을 충분히 이해하고, 효과적으로 전달할 수 있도록 노력하는 것
6	현재 맡고 있는 유아들의 연령에 맞는 발달 단계를 아는 것
7	수업 준비를 위해 충분한 시간을 할애하는 것
8	나 자신이 유아 교사로서 적합한지에 관한 것
9	교사로서 부모들에게 인정받는 것
10	교재·교구를 만드는 것
11	일과를 계획하고, 교안(교수 계획안)을 작성하는 것
12	'유치원 교사'라는 직업을 계속할 수 있을 것이라는 확신을 갖는 것
13	교사, 직장 동료로서 동료 교사들에게 인정받는 것

ⓑ 강화기: 특별한 요구를 가지고 있는 유아들을 도와주세요.(홍 교사)

구분	교사들이 표출한 관심사 문항(강화기)
1	유아들의 자아개념을 증진시키는 것
2	자유놀이시간에 유아가 스스로 계획한 활동을 끝까지 할 수 있도록 격려하는 것
3	문제가 있는 아동의 부모와 상담하는 것
4	유아들이 가지고 있는 언어적 문제를 도와주는 것
5	유아들 간에 싸움이 벌어졌을 때 문제를 해결해 나아가는 것
6	유아의 공격적인 행동에 대처하는 것
7	학습에 지체를 보이는 유아에게 환경적인 자극을 주는 것
8	특별한 요구를 가지고 있는 유아들을 돕는 것
9	유치원에 오기 싫어하는 유아나 집에 가고 싶다고 떼를 쓰는 유아를 다루는 것

본론

10	부모와 떨어지기 싫어하는 유아를 다루는 것
11	건강에 문제를 가지고 있는 유아를 돕는 것
12	교사에게 지나치게 의존하여 떨어져 있지 않으려고 하는 유아를 다루는 것
13	그치지 않고 계속해서 우는 유아를 지도하는 것

ⓒ 갱신기: 유아발달 이론을 적용하여 유아들을 지도해보세요.(박 교사)

구분	교사들이 표출한 관심사 문항(갱신기)
1	유아에게 적합한 새로운 과학 실험이나 활동에 대한 정보를 입수하는 것
2	현직 교육으로부터 학습한 새로운 지식과 교수법을 실제에 적용시키는 것
3	현재 운영하고 있는 프로그램의 목적을 성취하기 위한 새로운 방법을 모색하는 것
4	새로운 연구 결과나 정보를 수업에 적용시키는 것
5	교사들을 위한 연수나 워크숍에 참여하는 것
6	새로운 유아교육 프로그램을 도입·적용하는 것
7	유아발달 이론을 교육과정에 통합시키는 것
8	새로운 교수방법을 배울 수 있는 비디오나 교육용 영화를 보는 것
9	유아교육에 관련된 전문 잡지나 학회지 등을 보는 것
10	시범으로 운영되고 있는 유치원이나 새로운 프로그램을 운영하고 있는 유치원을 방문하여 정보를 얻는 것
11	새로이 개정된 교육과정을 적용하는 것
12	현장에서 연구를 할 수 있도록 연구 방법을 습득하는 것
13	유아교육에 관련된 교직 전문단체에 가입하는 것

본론

ⓔ 성숙기: 선생님들의 어려움에 대하여 더욱 관심을 가지려 해요.(원감)

구분	교사들이 표출한 관심사 문항(성숙기)
1	유아교육의 공교육화에 관한 것
2	교사의 권익과 처우에 관한 것(행정 지원·후생복지·근무 조건)
3	학위를 얻기 위해 학위 과정에 등록하는 것
4	급격하게 변화하고 있는 현대 사회에서 유치원이 담당해야 할 역할과 기능을 생각하는 것
5	일반교양에 대한 광범위한 기초 지식을 얻을 수 있도록 폭넓게 독서하는 것
6	유아가 성장하는 것과 학습하는 것의 본질(특성)에 대해 깊이 탐구하는 것
7	세미나에 참가하는 것 참고 세미나: 주제 발표와 토론이 있는 전문가 연구 모임
8	교육에 영향을 미치는 관련 법규나 정책에 관한 것
9	유아교육 이외의 다른 분야의 전문가들과 접촉하는 것
10	유치원 전체의 운영 관리에 참여하는 것
11	원아 모집 및 선발 기준에 관하여 나름대로 철학을 갖는 것
12	유아교육의 역사와 철학을 탐구하는 것
13	유치원에서 종일반을 실시하는 것

본론	③ 교사들이 부족하다고 느끼는 점 3가지 [3점] 　㉠ 자아존중감: 개인이 자신을 스스로 어느 정도로 중요한 존재로 여기고 있는지를 뜻한다. 　　예 제가 잘 하고 있는지 모르겠어요. 　㉡ 교사효능감: 복잡하고 예측하기 어려운 상황에 대처하는 교사로서의 능력에 대한 믿음의 정도를 의미한다. 　　예 교사 간의 갈등과 낮은 보수가 더욱 힘들게 하였지요. 　　(교사 신념, 교사의 경력, 교사 재교육, 직무 스트레스와 같은 교사 간의 갈등, 낮은 보수, 부정적 사회 인식 등은 교사 　　효능감을 떨어뜨리는 요인이다.) 　㉢ 교수효능감: 자신의 수업에 대한 자신감 부족을 뜻한다.
결론	유치원 교육 현장에서는 교사 발달 단계를 개선하여야 한다.

Test 7

유아의 탐구 능력을 향상하기 위하여 수·과학 활동의 통합적 활동이 중요하다. 다음 사례에서 1) 유아의 실생활에서 친숙한 블록과 같은 비표준화된 단위를 이용한 수학과 과학의 통합된 교수 – 학습 전략 2가지를 사례와 관련하여 논하고, 2) 사례 교사의 수업 활동에 나타난 문제점 4가지를 밝히고, 3) 각 문제점에 대한 해결 방안을 구체적으로 논하고, 4) 수학적 과정 기술 5가지를 서술하시오. [총 20점]

교사: 오늘은 친구들 키 재기를 해보려고 하는데 너희들, 어떻게 해야 키를 잴 수 있을까?

정희: 저번에 병원에 갔었는데요. 어디에 올라갔었는데요. 그렇게 재었어요.

세진: 쌓아서요.

교사: 그럼 우린 친구 4명을 블록을 쌓아서 키 재기를 해보자. 정희처럼 키 재는 기계에 올라가서 잴 수도 있지만 쌓기 영역에서 가지고 노는 블록을 이용해서 한 번 재어보기로 하자. 승라부터 해볼까?

　(승라는 바로 서고 그 키만큼 블록을 쌓는다.)

교사: 애들아, 승라 키만큼 블록을 쌓았는데 몇 개가 필요했지?

세진: (하나씩 세어 보고) 12개요.

교사: 승라 키는 블록으로 12개였어. 그럼 종이를 한 번 볼까? (기록 용지를 보며) 김승라 이름을 써 보자.

　(정희, 이름을 기록한다.)

교사: 블록 수만큼 스티커를 붙여보자. (같이 스티커를 붙인다.)

교사: 그럼 이젠 누구 키를 재어볼까? 세진이 키를 재어보자. 여기에 서볼래? (블록을 세진이 키만큼 쌓는다.) 그런데 하나 더 하면 남고, 빼버리면 모자라는데 이럴 때는 어떤 방법이 있을까?

정희: 잘라요.

교사: 블록을 잘라?

세진: 큰 칼로 자르면 돼요.

교사: (작은 눈금이 있는 블록을 보이며) 조금 모자랄 경우에 쓰는데, 세진이 키에서 여기 몇 개까지 오니?

정희, 수철: 4까지요.

교사: 그럼 전체 블록은 몇 개까지고, 작은 것은 4칸인가 세어볼래?

영수: (세어본 후) 11개요.

교사: 11개하고 12개는 못 되고 작은 것 4칸 더 필요하네. 그럼 적어보자. 세진이는 이름 쓰고.

　(세진, 자기 이름을 쓴다.)

교사: 11개하고 작은 것 4칸이 있어야 되는구나. (교사가 11개째 위에 '작은 눈금 4칸'이라고 적는다.) 스티커 11까지 붙이자. (같이 11까지 스티커를 붙인다.) 이제 누구 키 재어볼까?

배점

- 논술의 내용 [총 15점]
  - 수학과 과학의 통합된 교수 – 학습 전략 2가지 [2점]
  - 교사의 수업활동에 나타난 문제점 4가지 [4점]
  - 각 문제점에 대한 해결방안 [4점]
  - 수학적 과정 기술 5가지 서술 [5점]
- 논술의 체계 [총 5점]
  - 글의 논리적 체계성 [3점]
  - 맞춤법 및 어휘·문장의 적절성 [2점]

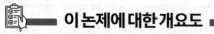

	주의 환기	
서론	문제 제기	유치원 교육 현장에서는 수학·과학 활동의 통합이 제대로 이루어지지 않는 문제가 발생하고 있다.
	방향 제시	
본론	① 수학과 과학의 통합된 교수 – 학습 전략 2가지 [2점] 　㉠ 교사는 활동 전에 유아의 이전 경험을 회상하고 표현하는 기회를 통하여 흥미와 관심을 일으키고 있다. 　㉡ "어떻게 해야 키를 잴 수 있을까?"와 같은 질문을 통하여 유아에게 문제를 제기하고 아이디어를 탐구하는 방향으로 과학 활동을 유도하는 교수 전략을 활용하고 있다.	
	② 교사의 수업 활동에 나타난 문제점 4가지 [4점] 　㉠ 교사는 키가 블록의 중간에 올 때 어떻게 기록하는지의 문제를 유아가 인식하도록 유도하려고 하지만 해결책을 찾기 위해 유아 스스로가 탐구하고 토의하고 협의하는 과정을 열어주는 형식이 아니고 교사가 직접적인 해결책을 마련해 주고 있다. 　㉡ 실물인 블록을 가지고 수 세기를 한 후에 아직 표준화된 측정 단위에 익숙하지 못한 발달 단계를 보이는 유아들에게 스티커를 이용하여 상징을 이용한 기록과정으로 수업을 열어 가는 교수 전략을 보이고 있다. 　㉢ 기록된 결과를 해석하는 과정에서 서로의 측정된 수치를 비교하면서 서열화 및 덧셈과 뺄셈의 연산 활동으로 유도하고 있다. 　㉣ '작은 눈금 4칸'을 전체 영역의 하위 영역으로서 의미하는 분수의 개념을 도입하고 있어 수학적 기호와 상징을 이해하는 학습으로의 전이를 시도하고 있다.	
	③ 각 문제점에 대한 해결 방안 [4점] 　㉠ 유아 스스로가 탐구하고 토의하고 협의하도록 한다. 　㉡ 구체물을 이용해 기록한다. 　㉢ 덧셈과 뺄셈 연산 활동으로 유도하지 않는다. 　㉣ 분수 개념을 사용하지 말고 부분과 전체로 지도한다.	
	④ 수학적 과정 기술 5가지 [5점] 　㉠ 문제 해결하기 　㉡ 추론하기 　㉢ 의사소통하기 　㉣ 연계하기 　㉤ 표상하기	
결론	유치원 교육 현장에서는 수학·과학 활동의 통합이 활성화되어야 한다.	

실력완성 탐구문제

📖 **Test 1**

아래의 다중지능 이론을 적용한 사례들을 읽고, 각 내용에 대해 논하시오. [총 20점]

(가) 평소에 유아 A는 언어능력이 뛰어나고 유아 B는 수리능력이 우수하다고만 생각했는데 오늘 모둠 활동에서 보니 다른 유아를 이해하고 도와주면서 상호작용을 잘하는 두 유아의 모습이 비슷했어. 이 유아들의 특성을 잘 살려서 모둠을 이끌도록 하면 앞으로 도움이 될거야. 그런데 유아 C는 모둠 활동에 참여하는 것을 좋아하지 않았지만, 자신의 감정과 장단점을 잘 이해하는 편이야. 유아 C를 위해서는 자신의 강점을 살릴 수 있는 개별 과제를 먼저 생각해보자.
(김 교사의 저널)

(나) 충북 청주에 있는 ○○유치원 이야기다. 이 유치원이 다른 유치원과 다른 점은 원생들이 졸업을 할 때까지 글을 읽지 못하는 아이들이 몇 명씩 있다는 것이다. 요즘 유치원을 마치고도 글을 읽지 못한다고 알려지면 그 유치원에 자기 자녀를 보내려고 하는 사람은 찾아보기 힘들 것이다. 그리고 요즘 누리과정만 보아도 초등학교 1학년 교육 과정 뺨치는 내용을 종종 볼 수 있는 것이 현실이다. 그런데 ○○유치원은 글을 읽지 못하고 졸업하는 아동이 더러 있다는 소문이 나돌아도 그 유치원에 자녀를 보내는 학부모들은 항상 기쁘다는 데 특이성이 있다.

이 ○○유치원은 스스로 문제를 찾아 해결하는 법을 가르치는 것을 최우선 학습 목표로 삼는다고 한다. 그리고 한 주일에 하루는 꼭 현장학습을 한다고 한다. 스스로 옷 입기, 스스로 밥 먹기, 스스로 길 찾기, 스스로 공부하기, 스스로 … 소위 자기 학습자를 만드는 일이다. 또, 이 유치원에는 매년 아이 스스로 시청 찾아가기를 한다고 한다. 교실에서 시청을 찾아가는 법을 배운 후, 교사의 도움 없이 자기들 스스로 시청을 찾아가는 법을 토론하고, 버스도 타고, 길도 물어서 시청을 찾아간다는 것이다. 부모들은 조마조마한 가슴으로 멀리서 지켜보는데, 아이들은 자기가 맡은 역할을 다 해가면서 시청을 찾아간다는 것이다. 그리고 마침내 시청에 다다랐을 때에는 서로 붙들고 '마침내 시청을 찾았다!'는 기쁨의 눈물을 터뜨린다고 한다. 그런 경험을 한 아이들은 부모들이 어디를 간다고 할 때, 가는 길을 자신이 찾아보겠다고 먼저 말한다고 한다. 어렸을 때부터 자기 문제를 스스로 찾아 해결하려는 모습을 보는 부모들은 자녀가 그저 대견스럽다는 것이다. 원래 ○○유치원 주변 환경은 다른 지역에 비해 못하지만 ○○유치원으로 자녀를 일부러 보내는 부모도 점점 늘어난다고 한다.
(△△△△년 △월 △일)

(다) 민재는 간식 시간에 친구들에게 바나나 한 개를 세 명의 친구에게 나누어주는 능력이 뛰어난 편이다. 민재는 그림자 크기를 비교하는 활동을 즐겨 한다. 그러나 민재는 친구들과 함께 줄을 서서 미끄럼틀을 탈 때 기다리는 것을 잘하지 못하고 자신이 먼저 타겠다고 하며 화를 내기도 한다. 민재가 잘하는 영역과 어려워하는 영역이 있는 걸 보면, 민재의 지능 영역 안에는 다양한 잠재능력이 있다는 생각이 든다. 민재가 강점 지능 영역을 통해 약점 지능 영역을 보완할 수 있도록 통합적 활동을 계획해야겠다.
(△△△△년 △월 △일)

배점

- **논술의 내용 [총 15점]**
  - (가)와 관련하여 1) 가드너(H. Gardner)의 다중지능 이론 관점에서 유아 A, B의 공통적 강점으로 파악된 지능의 명칭과 개념, 2) 김 교사가 유아 C에게 제공할 수 있는 개별 과제와 그 과제가 적절한 이유 각 1가지 [4점]
  - (나)에서 1) 가드너(H. Gardner)의 이론을 적용할 경우 평가의 준거를 제시하고, 그 기준을 제시하는 이유, 2) 유아들을 위한 평가와 교육과정 개발에 대해 대안적인 접근을 시도한 것을 제시하고, 이 접근의 효과를 3가지로 서술 [6점]
  - (다)에서 1) 민재의 강점 지능과 약점 지능을 쓰고 각 개념을 서술하고, 2) 통합적 활동 계획을 서술 [5점]
- **논술의 체계 [총 5점]**
  - 글의 논리적 체계성 [3점]　　　　　　　　　　－ 맞춤법 및 어휘·문장의 적절성 [2점]

* 탐구문제 답안작성란은 실제 시험과 동일하게 2페이지로 제공되며, 실제 시험처럼 답안을 아래에 작성해보세요.

서론	최근 유치원 교육에서는 가드너의 다중지능 이론에 근거하여 유아의 강점에 초점을 맞춘 교육과정에 관심을 가지고 있다. 이러한 관심에도 불구하고 유치원 교육현장에서 가드너의 다중지능 이론에 대한 이해 부족으로 다양한 문제가 발생하고 있다. 이러한 문제를 해결하기 위해 가드너의 다중지능 이론관점에서 사례에 있는 유아A, 유아B의 공통적 강점지능과 유아C에게 제공할 개별과제 및 개별과제가 적절한 이유, 가드너의 이론을 적용할 경우 평가의 준거와 준거 이유, 유아들을 위한 평가와 교육과정에 대해 시도한 대안적 접근과 접근의 효과, 사례 속 민재의 강점지능과 약점지능 및 통합적 활동 계획에 대해 논의하고자 한다.
본론	1) 가드너의 다중 지능 이론 관점에서 유아A, 유아B의 공통적 강점으로 파악된 지능의 명칭과 개념, 김 교사가 유아C에게 제공할 수 있는 개별과제와 그 과제가 적절한 이유 ① 유아A, 유아B의 공통적 강점 지능 – 대인관계 지능: 타인을 이해하고 타인과 효과적인 상호작용을 하는 능력 ② 김 교사가 제공하는 과제와 이유 　㉠ 유아C에게 제공할 수 있는 개별과제: 모둠 친구들에게 내가 가장 좋아하는 놀이의 방법 소개하기 　㉡ 과제가 적절한 이유: 자신에 대해 정확히 이해하는 개인이해 지능이 강점인 유아C의 특성을 통해 모둠활동을 경험할 수 있도록 지원 2–1) 가드너의 이론을 적용할 경우 평가의 준거 및 그 기준을 제시하는 이유 ① 가드너의 이론을 적용할 경우 평가의 준거: 학습목표임 ② 기준을 제시하는 이유: 가드너가 주장한 다중지능은 지능보다 더 세부적인 능력으로서 구체적 상황에서 생산적 기능을 발휘하는 즉, 문제해결에서 사용하는 능력을 의미하며 사례에서는 이러한 스스로 문제를 찾아 해결하는 방법을 최우선 학습목표로 하고 있기 때문임 2–2) 유아들을 위한 평가와 교육과정 개발에 대해 대안적 접근을 시도한 것과 접근의 효과 3가지 ① 대안적 접근: 매년 스스로 시청을 찾아가기 활동을 실시한 것 ② 대안적 접근의 효과: ㉠ 자기 주도 학습을 유도한다는 점 　　　　　　　　　　　　㉡ 긍정적 자아개념을 형성한다는 점 　　　　　　　　　　　　㉢ 학부모의 신뢰감 형성 3) 민재의 강점지능과 약점지능의 개념 및 통합적 활동 계획 ① 강점지능과 약점지능 　㉠ 민재의 강점지능: 논리 – 수학 지능, 숫자를 효과적으로 사용하고 추론에 우수하며 문제를 해결하는 과정에서 근거와 원리를 잘 발견하는 지능 　㉡ 민재의 약점지능: 개인이해 지능, 자신의 감정과 행동을 조절할 수 있는 능력 ② 통합적 활동 계획: 놀이에서 순서를 지킬 때 필요한 약속을 논리–수학적으로 친구들과 협의하는 활동에 관한 것
결론	유치원 현장에서 가드너의 다중지능 이론은 유아의 강점과 문제해결능력을 강조한다는 점에서 스스로 놀이를 주도하며 배우는 유능성을 가진 유아와 자신의 지식을 잘 활용할 수 있는 역량을 가진 사람으로의 성장을 강조하는 현재의 교육과정 맥락과 일치한다. 교사는 유아의 문제해결능력과 강점에 초점을 맞춘 교육과정을 운영하는 전문가로서의 자질을 갖추기 위해 노력하여야 한다.

아래의 사례들을 읽고, 각 내용에 대해 논하시오. [총 20점]

(가)　민호는 유치원에서 돌아오자마자 컴퓨터를 켜서 게임을 시작했어요. 요즈음에는 엄마가 손 씻으라는 이야기도, 할아버지가 산책 가자는 이야기도 듣기 싫고 밥도 먹기 싫고 그림책도 읽기 싫고 하루 종일 게임만 하고 싶어요.

민호는 유치원에 있을 때도 컴퓨터 게임 생각만 해요. 잠자기 전에 온통 게임 생각밖에 나지 않아요. 오늘 아침에는 몰래 싸우는 게임을 하고 있었는데 빨리 세수하고 유치원에 가라는 누나에게 민호도 모르게 그만 주먹을 날려서 엄마, 아빠에게 혼이 났어요. 게임을 하다 보면 민호가 게임 속의 주인공이 된 것 같은 생각이 들거든요.

하지만 민호도 이런 마음을 어쩔 수가 없어요. 자꾸만 컴퓨터 게임이 머릿속에 떠오르면서 '민호야 나랑 같이 놀자'하고 민호를 부르는 것 같아요.

지금도 민호는 엄마에게 울고불고 떼를 써서 컴퓨터를 하고 있어요. 가족들은 민호가 컴퓨터 중독이 아닌지 걱정이 많아요. 할아버지와 할머니는 말도 못하는 컴퓨터만 바라보고 있으면 뭐가 좋으냐고 밖에 나가서 친구들과 신나게 뛰어 놀고 엄마 심부름도 해줄 수 있는 아이가 이다음에 진짜 멋진 형님이 될 수 있다고 하셔요. 민호를 도와줄 수 있는 방법이 없을까요?

(나)　자유선택활동 시간에 유치원 교사가 나타낸 언어사용의 유형의 빈도이다.

언어적 칭찬과 격려		비언어적 칭찬과 격려
좋아 卌 卌 卌 卌 卌 卌	훌륭해 ///	아동의 대답에 대한 응답으로 미소 짓기 ///
정말 멋진 생각을 했구나 /		엄지 손가락을 들어올림 卌
참 잘했어 卌		가볍게 토닥거려 줌 //

배점

- 논술의 내용 [총 15점]
　- (가)와 관련하여 1) 컴퓨터의 순기능과 역기능(2점), 2) 유아 인터넷 게임 중독의 특성 3가지와 각각의 예방법(6점) 및 3) 인터넷 사용 규칙을 서술(2점) [10점]
　- (나)와 관련하여 1) 유아에 대한 관찰 방법(1점)과 2) 장학요원의 질문(4점)을 서술 [5점]
- 논술의 체계 [총 5점]
　- 글의 논리적 체계성 [3점]
　- 맞춤법 및 어휘 · 문장의 적절성 [2점]

* 탐구문제 답안작성란은 실제 시험과 동일하게 2페이지로 제공되며, 실제 시험처럼 답안을 아래에 작성해보세요.

서론	최근 유치원 교육에서는 유아 인터넷 중독에 대한 관심이 증가하고 있다. 이러한 관심에도 불구하고 유치원 교육현장에서는 유아 인터넷 중독교육에 따른 문제가 발생하고 있다. 이러한 문제를 해결하기 위해 컴퓨터의 순기능과 역기능을 살펴보고, 유아 인터넷 게임 중독의 특성과 예방방법 및 인터넷 사용규칙을 제시하고, 유아 관찰방법과 장학요원의 질문에 대하여 논의하고자 한다.
본론	(가) 1) 컴퓨터의 순기능과 역기능 　① 순기능 　　　㉠ 다양한 시청각 정보를 수집 　　　㉡ 학습의 도구로 활용 　　　㉢ 검색을 통한 일상생활의 문제 해결 　　　㉣ 개인의 정보 축적 　　　㉤ 타인과의 관계 형성 　② 역기능 　　　㉠ 지속적으로 접하고자 하는 중독성 　　　㉡ 현실과 환상의 혼동에 따른 문제 상황 야기 　　　㉢ 사회적 관계의 단절 　　　㉣ 기초체력의 저하와 신체적·정신적 증상의 발현 2) 유아 인터넷 게임 중독의 특성과 예방법 　① 게임중독의 가능성이 있음 　　　→ 예방법: 게임은 하루에 30분 이내로 하기 　② 충동성, 공격적 반항의 문제가 발생함 　　　→ 예방법: 친구들과 같이 게임을 적당히 즐기기 　③ 범죄 행위와 같은 심각한 품행 문제로 발전할 가능성이 높음 　　　→ 예방법: 일주일에 이틀 이상 컴퓨터를 켜지 않는 날을 정하고 실천하기
	(나) 1) 유아에 대한 관찰방법 　－시간표집법 2) 장학요원의 질문 　① 언어유형 중 가장 흥미로운 것은 무엇입니까? 　② 학습의 측면에서 질문의 목표는 무엇입니까? 　③ 학급관리 측면에서 질문의 목표는 무엇입니까? 　④ 유치원 교사가 자유선택활동 시간 중에 이야기해야 한다고 생각하는 이상적인 유형과 얼마나 일치합니까? 왜 그렇습니까?
결론	유치원 교육 현장에서는 유아 인터넷 중독 교육에 대한 이해를 높이고 인터넷 중독을 예방하기 위한 교육에 힘써야 한다. 교사는 유치원 교육 현장에서 일어나는 다양한 상황 속에서 적절한 관찰법을 통해 유아의 행동을 분석하고 장학요원의 도움을 받아야 한다.

아래의 사례들을 읽고, 각 내용에 대해 논하시오. [총 20점]

(가) 특수학급을 처음 담당하게 된 김 교사는 일반학급의 박 교사 수업에 함께 참여하였다. 이 학급에는 다양한 문제 행동을 보이는 자폐성 장애 유아 영수가 통합되어 있다.

(수업 시작 3분 전 교실 문 앞에서)

김 교사: 선생님, 오늘 수업 내용이 무엇인가요?

박 교사: '우리 고장 사람들이 하는 일'을 배울 거예요. 그런데 영수에게는 어려운 내용이니까, 선생님이 전적으로 맡아서 가르쳐 주세요. 그리고 영수가 함부로 돌아다녀서 수업에 방해가 되지 않게 교실 뒤편에 따로 자리를 마련했어요. 그럼 잘 부탁드립니다. 선생님, 정말 힘드시겠어요.

(수업 시작 후 교실에서)

박 교사는 일반 유아를 대상으로 수업을 시작하였고, 김 교사도 영수에게 선긋기 지도를 시작하였다. 그런데 수업 중 영수가 갑자기 자리에서 벌떡 일어나 앞으로 달려가서 철수의 머리를 때렸다.

철 수: 선생님, 영수가 때렸어요. 애 좀 특수반으로 보내주세요.

박 교사: 김 선생님, 영수 좀 자리에 앉혀 주시겠어요?

김 교사는 영수의 손을 잡고 뒷자리로 돌아와 선긋기 과제를 계속 지도하였다.

(나) 구성주의 관점에 기초한 유아 과학 활동의 경험이 부족하다고 판단한 교사는 사이버장학실에 탑재된 주제와 동일한 주제로 활동 주제를 선정하였다.

- 활동 주제: 물에 뜨는 것과 가라앉는 것
- 준비 자료: 수조 5개(둥근 수조, 네모난 수조), 코르크 마개, 레고 블록, 나무토막, 자석, 작은 돌멩이
- 활동 탐색: 제시된 자료를 가지고 유아들이 물에 넣어 보는 등의 탐색 활동을 한다.
- 활동 전개: 먼저 교사가 제시한 자료를 가지고 물에 넣어 보다가, 그밖의 물건 중에 물에 뜬다고 생각되는 것과 가라앉는다고 생각되는 물건들을 찾아와서 물에 넣어 보게 한다. 또한 물에 가라앉는 물건을 뜨게 하는 방법과 뜨는 물건을 가라앉게 하는 방법을 생각해 보게 한다.
- 추후 활동: 다음 오후 활동 시간에 그림으로 표현해 보기도 하고 시험해 보지 않은 물건을 물에 넣어 보기도 하고, 관찰기록지에 물에 뜨는 것과 가라앉는 것을 실험해 보고 조사해서 적어 보기도 한다.

배점

• 논술의 내용 [총 15점]
   – (가)와 관련하여 1) 통합교육에서의 유치원 교사와 특수교사의 역할(2점)을 서술하고, 2) 사례의 세 가지 문제점과 각각의 문제 예방을 위한 통합교육 준비 및 실행 개선논의(6점) 그리고 3) 효율적인 역할 분담을 위한 동료 장학 방안 두 가지(2점) 서술 [10점]
   – (나)와 관련한 1) 사이버장학의 목표(1점)와 2) 교사 자신의 평가(4점) 서술 [5점]
 • 논술의 체계 [총 5점]
   – 글의 논리적 체계성 [3점]
   – 맞춤법 및 어휘 · 문장의 적절성 [2점]

탐구문제 답안작성란

* 탐구문제 답안작성란은 실제 시험과 동일하게 2페이지로 제공되며, 실제 시험처럼 답안을 아래에 작성해보세요.

이 논제에 대한 개요도

서론	최근 유치원교육에서는 통합교육에 대한 관심이 증가하고 있다. 이러한 관심에도 불구하고 유치원 교육현장에서는 통합교육에 따른 문제가 발생하고 있다. 이러한 문제를 해결하기 위해 사례에 근거하여 통합교육에서 유치원 교사와 특수교사의 역할, 사례의 문제점과 문제 예방을 위한 통합교육 준비 및 실행 개선 논의, 효율적인 역할 분담을 위한 동료 장학 방안, 사이버장학의 목표와 교사 자신의 평가에 대해 논의하고자 한다.
본론	**(가)** 1) 통합교육에서의 유치원 교사와 특수교사의 역할 　① 유치원 교사 역할: 장애 유아의 특성을 파악하여 일반 유아의 차별이 없도록 통합적 교육과정을 지원 　② 특수교사 역할: 일반 유아의 특성을 파악하여 장애 유아가 가진 개별 요구를 파악하여 개별화 교육 계획을 수립 2) 사례의 문제점과 각각의 문제 예방을 위한 통합교육 준비 및 실행의 개선 논의 　① 사례의 문제점: 수업시작 3분 전에 수업 내용에 대해 협의한 점 　　→ 개선 논의: 수시로 협의하여 사전에 충분한 시간을 가지고 함께 교육과정 운영을 준비하는 것 　② 사례의 문제점: 장애 유아를 특수교사가 전적으로 맡으며 교실 뒤편에 장애 유아의 자리를 따로 마련한 점 　　→ 개선 논의: 장애 유아를 위한 단순한 활동과정을 함께 계획하여 일반 유아와 함께 활동할 수 있도록 제약을 최소화하며 일반교사도 함께 장애 유아를 지원하는 것 　③ 사례의 문제점: 일반 유아와 장애 유아의 갈등상황에서 교사의 적절한 갈등 중재가 이루어지지 않은 점 　　→ 개선 논의: 일반 유아와 장애 유아의 특성을 모두 고려하여 갈등을 중재하고 일반 유아가 장애 유아를 이해할 수 있도록 돕는 것 3) 효율적인 역할 분담을 위한 동료 장학 방안 　① 동료 간 협의 　② 동료 코칭 **(나)** 1) 사이버장학의 목표: 장학 정보를 공유하는 것 2) 교사 자신의 평가 　① 사이버장학실에 탑재된 주제를 그대로 활용한 점이 부적절함 　② 준비자료에 대한 변인통제가 적절히 이루어지지 않은 점 　③ 활동탐색에서는 준비자료의 특성 탐색 과정만 이루어지는 것이 바람직함 　④ 전개와 추후활동에서 너무 많은 활동이 제시된 점이 부적절함
결론	유치원 교육 현장에서는 통합교육에 대한 이해를 높이고 이를 위해 적절한 장학을 지원해야 한다. 교사는 유치원 교육 현장에서 일어나는 다양한 상황 속에서 통합교육에 대한 전문성을 바탕으로 적절한 의사결정과 지원을 위해 노력해야 한다.

아래의 사례들을 읽고, 각 내용에 대해 논하시오. [총 20점]

(가) 성철이는 유치원에 처음 오던 날부터 쌓기 놀이 영역에 있는 불자동차만 잡고 하루 종일 놀았다. 다른 유아가 그 불자동차를 가지고 있기라도 하면 성철이는 무조건 가서 잡아당기고 빼앗기 때문에 끊임없이 다툼이 일어났다. 김 교사는 성철이의 행동이 수업에 많은 방해가 되어 야단도 쳐보고 달래도 보았지만 소용이 없었다. 결국 김 교사는 부모에게 상담을 요청하였고 성철이에게 자폐 증상이 있다는 말을 들었다. 그러나 부모님은 성철이가 계속 유치원에 다니기를 원하고 있다. 김 교사는 장애아에 대한 사전 교육을 받지 못했기 때문에 성철이가 다른 유아들과 함께 수업을 받을 수 있는 방법을 알고 싶어 한다.

(나) 최 교사의 학급은 만 5세 유아 30명으로 구성되어 있다. 생활주제 '지구와 우주' 중에서 '우리가 사는 땅'에 대하여 수업을 전개하였다.

교　사: 무궁화반 계속 떠들거예요? 선생님 보세요. (지구본을 보여주며) 이게 무엇인지 알아요?
유아들: 지구! 지구예요!
교　사: 지구가 동그랗다는 것을 어떻게 알았어요?
유아1: 책에서 봤어요.
교　사: 지구가 둥글다는 것을 사람들은 어떻게 알았을까요?
유아2: 망원경으로 보았어요.
유아3: 외계인이 가르쳐 주었어요.
교　사: 그리고 지구가 어떤 것으로 이루어져 있을 까요?
유아3: 에너지!
교　사: 그게 아니에요. 지구가 어떤 것으로 이루어졌는지 아는 친구 없어요?
유아4: 바다, 흙, 모래, 땅, 마그마….
교　사: 어머 ☆☆가 무척 잘 알고 있네. 자 여기를 보세요.

　그리고 교사는 OHP를 보여주면서 땅에 대해서 설명을 한다.

교　사: 우리가 살고 있는 이곳이 어디인가요? 땅에 사는 것에는 무엇이 있나요?
유아들: 나무, 꽃, 집, 돌, 동물….

　그리고 최 교사는 이야기 나누기를 끝내고 유아들에게 화장실 갔다 올 사람은 갔다 오라고 한다. 이야기 나누기를 실시한 시간은 15분 정도였고, 참여한 유아 수는 6명이었다.

배점

- 논술의 내용 [총 15점]
  - (가)와 관련하여 1) 교수 능력 향상을 위한 자기 장학의 필요성을 논하고, 2) 수업 사례에 나오는 김 교사가 자기 장학을 한다고 할 때, 사례에 나타난 문제점 중 세 가지를 찾아서 각각의 개선 방안을 제시하고, 3) 찾아낸 문제점 중 하나를 택하여 그에 대한 자기 장학 계획(목표, 내용, 방법)을 서술 [10점]
  - (나)에서 1) 최 교사의 부적절한 지도 5가지를 찾아 그 이유를 서술 [5점]
- 논술의 체계 [총 5점]
  - 글의 논리적 체계성 [3점]
  - 맞춤법 및 어휘 · 문장의 적절성 [2점]

* 탐구문제 답안작성란은 실제 시험과 동일하게 2페이지로 제공되며, 실제 시험처럼 답안을 아래에 작성해보세요.

교원임용학원 강의만족도 1위, **해커스임용** teacher.Hackers.com

서론	최근 유치원교육에서는 교수 능력과 유아 지도 능력에 대한 개선을 위해 자기 장학에 관심을 갖고 있다. 이러한 관심에도 불구하고 유치원 교육 현장에서는 자기 장학 이해부족에 따른 문제가 발생하고 있다. 이러한 문제를 해결하기 위해 사례와 관련하여 교수 능력 향상을 위한 자기 장학의 필요성, 자기 장학의 관점에서 수업사례의 문제점과 개선 방안 및 자기 장학 계획, 교사의 부적절한 지도에 대해 논의하고자 한다.
본론	(가) 1) 교수 능력 향상을 위한 자기 장학의 필요성: 외부 간섭 없이 교사 스스로 내적 동기가 유발되어 일어나는 장학 2) 교사가 장학을 한다고 할 때 나타난 문제점과 개선방안 　① 문제점: 유아가 단순한 놀이만 반복하는 상황에서 적절한 지원을 통해 놀이를 확장하지 않은 점 　　→ 개선 방안: 놀이의 흐름에 방해되지 않도록 유아의 놀이를 활용하여 놀이를 확장시켜 주는 것 　② 문제점: 갈등 상황에서 적절한 갈등 중재가 이루어지지 않은 점 　　→ 개선 방안: 서로의 감정과 긍정적으로 해결하는 방법을 이해하도록 돕는 것 　③ 문제점: 장애 유아의 수업 방해 행동에 부적절한 지도가 이루어진 점 　　→ 개선 방안: 약속의 필요성과 행동의 한계를 유아와 함께 협의하기 3) 찾아낸 문제점 중 하나를 택하여 그에 대한 자기 장학 계획을 목표, 내용, 방법으로 제시 　① 목표: 유아의 문제 행동에 대한 적절한 지원 방법을 이해하기 　② 내용: 유아의 다양한 문제행동들의 종류와 특성 및 이에 대한 적절한 지원방법 　③ 방법: 사례 연구 (나) 1) 최 교사의 부적절한 지도와 이유 　① 부적절한 주의 집중 방법: 유아 특성상 흥미와 활동의 주제를 활용한 주의 집중 방법이 바람직함 　② 유아의 의견을 수용하지 않은 점: 유아의 의견은 모두 긍정적으로 수용 　③ 유아의 행동에 대한 구체적인 칭찬이 이루어지지 않은 점: 행동을 객관적이고 구체적으로 언어화하여 진술하는 격려 　　가 유아에게 더 바람직함 　④ 설명을 통한 지식 전달: 유아가 흥미를 느낄 수 있는 교수 매체나 방법을 사용하는 것이 효과적임 　⑤ 이야기 나누기 활동에 참여한 유아 수가 적은 점: 최대한 많은 유아가 활동에 참여할 수 있도록 활동을 진행
결론	유치원 교육 현장에서는 자기 장학 등의 다양한 장학을 지원하여 교사의 전문성 신장을 통한 교육력 제고를 위해 힘써야 한다. 교사는 장애통합교육에 대한 교수 능력과 유아 지도 능력 향상을 위해 노력해야 한다.

아래의 사례들을 읽고, 각 내용에 대해 논하시오. [총 20점]

(가) 다음은 통합학급에서 교사가 지적 장애 유아인 민수를 지도하는 과정의 일부이다.

민수는 수업 중 갑자기 소리 지르기, 물건 집어던지기 등의 부적응 행동을 하였다. 교사는 민수의 부적응 행동을 지도하기 위하여 다양한 중재 방법을 사용하였으나 민수의 부적응 행동은 줄어들지 않았다.

• 민수 어머니와 상담한 내용

민수는 3세 때 고열로 인한 경기가 원인이 되어 지적 장애가 되었다. 민수는 화나면 물건을 집어던지기도 하고 자신의 요구를 관철시키기 위하여 소리를 지르기도 하였다. 민수가 이런 행동을 할 때마다 어머니는 적절한 대처 방법을 몰라 민수가 요구하는 대로 들어 주었다. 또한, 민수 어머니는 민수의 장애가 자신 때문이라는 죄책감과 장애를 이해하지 못하는 주변 사람들 때문에 무척 힘들었다. 최근에는 민수 아버지가 직장 상사와 잦은 갈등으로 회사를 그만두게 되어 경제적으로 어렵게 되었다. 이후 민수 아버지는 민수가 남자답지 못하고 말을 잘 알아듣지 못한다는 이유로 민수에게 전혀 관심을 갖지 않았다. 민수 어머니는 민수 아버지가 실직한 이후 직장에 다니게 되었으며 이로 인해 민수의 학교 행사에 거의 참석하지 못하였고, 민수의 학교 생활, 진로 문제 등에 대하여 교사와 상담하지도 못했다. 민수 어머니는 지금까지 장애인 부모단체, 특수교육 지원센터, 지역사회기관의 도움을 받은 적이 없었고, 국가나 지역사회가 장애 아동을 위한 정책을 결정할 때 자신이 어떻게 참여해야 하는지도 몰랐다. 민수 어머니는 친척들과도 교류하지 않았으며, 이웃 사람들 또한 민수의 장애와 가정문제에 관하여 특별한 관심을 갖지 않았다. 한편, 민수는 방과 후에 자신이 참여하던 교육 프로그램(종이접기)이 갑자기 폐지된 후 집에 오면 컴퓨터 게임에만 몰두하게 되었다.

(나) 자유선택활동 수업 시간, 김 교사는 교실을 돌아다니며 유아들이 놀이를 관찰하고 있다.

김 교사: (갑자기 울음소리가 나 돌아보니 진희가 울고 있다.) 왜 그러니?

진　희: (울면서) 태우가 때렸어요.

태　우: (억울하다는 표정을 지으며) 네가 말도 안 하고 내 장난감을 가지고 갔잖아!

김 교사: 태우, 또 너야? 안 되겠다. 진희, 태우! 둘 다 앞으로 나와 봐. (진희와 태우 앞으로 나오자 전체 유아들을 향해) 너희들 잘 봐. 어떤 이유에서든 친구를 때리면 안돼요. (진희를 보며) 태우한테 맞을 때 기분이 어땠니?

진　희: (울음을 멈추고) 굉장히 나빴어요.

김 교사: 그렇지? 그럼……. (진희를 보며) 너도 똑같이 태우를 때려 봐. (진희가 태우를 한 대 때리는 것을 보고) 태우는 진희한테 맞으니까 기분이 어떠니?

태　우: (고개를 숙이고 작은 목소리로) 나빠요.

김 교사: 너도 기분 나쁘지? 때리면 상대방이 아프기도 하고 기분도 나빠. 그러니까 절대로 때리면 안 돼. 태우도 맞으면 어떤지 알았으니까 이제 다른 친구를 때리면 안 된다. 알았지?

태　우: (작은 목소리로, 그러나 아직 화가 난 상태로 진희를 노려보며) 네.

김 교사: 그럼 두 사람 계속 놀이를 하자꾸나. 자, 이제 다른 친구들도 다시 놀이를 하자.

진　희: (자리로 돌아가자마자 태우를 향해 혀를 내밀며) 메롱.

태　우: 뭐? (진희를 때린다.)

진　희: 야, 태우! 왜 또 때려? (진희도 태우를 때린다.)

배점
• 논술의 내용 [총 15점] 　– (가)와 관련하여 1) 장애 유아의 부적응 행동을 수정하기 위해 교사가 파악해야 하는 정보 2가지를 서술하고, 2) 장애 유아의 교육 　　에 있어서 가족지원이 중요한 이유 2가지와 학교 중심 가족지원 서비스에 포함되어야 할 내용 2가지를 사례와 관련지어 서술하고, 　　3) 민수 어머니와 상담한 내용을 토대로 민수와 가족을 지원하기 위한 교사의 역할을 브론펜브레너(U. Bronfenbrenner)의 생태학 　　적 모델의 4체계(미시체계, 중간체계, 외체계, 거시체계)별로 1가지씩 서술 [10점] 　– (나)에서 1) 김 교사 지도 방식의 결과 2가지와 2) 향후 김 교사의 대처 전략 3가지를 서술 [5점] • 논술의 체계 [총 5점] 　– 글의 논리적 체계성 [3점] 　– 맞춤법 및 어휘 · 문장의 적절성 [2점]

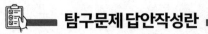

* 탐구문제 답안작성란은 실제 시험과 동일하게 2페이지로 제공되며, 실제 시험처럼 답안을 아래에 작성해보세요.

이 논제에 대한 개요도

서론	2019 개정 누리과정에서 장애 통합 교육을 더욱 강조함으로써 최근 유치원에서 장애 유아 교육에 대한 관심이 증가하고 있다. 이러한 관심에도 불구하고 유치원 교육 현장에서는 다양한 문제가 발생하고 있다. 이러한 문제를 해결하기 위해 사례와 관련하여 장애 유아의 부적응 행동을 수정하기 위해 교사가 파악해야 하는 정보 및 장애 유아의 교육에 가족지원이 중요한 이유와 학교 중심 가족지원 서비스에 포함되어야 할 내용, 브론펜브레너의 생태학적 모델을 적용한 교사의 역할, 사례 교사의 지도 방식 결과와 대처 전략에 대해 논의하고자 한다.
본론	**(가)** 1) 장애 유아의 부적응 행동을 수정하기 위해 교사가 파악해야 하는 정보 　① 장애 유아의 개별 특성 　② 장애 유아의 가정 배경 2-1) 장애 유아의 교육에 있어서 가족지원이 중요한 이유 　　① 장애 유아에 대한 전문적 지식을 접할 기회 제공 　　② 장애 유아 가정을 위한 다양한 혜택에 대한 정보 제공 2-2) 학교 중심 가족지원 서비스에 포함되어야 할 내용 　　① 직장인 부모를 고려한 학교 행사 및 부모상담 서비스 　　② 장애 유아를 위한 방과 후 프로그램 3) 브론펜브레너의 생태학적 모델체계에 근거하여 사례의 장애 유아와 가족을 지원하기 위한 교사의 역할 　　① 미시체계에 근거한 교사의 역할: 전문성 함양을 통한 장애 유아와의 상호작용 　　② 중간체계에 근거한 교사의 역할: 부모와의 신뢰하는 관계 형성 　　③ 외체계에 근거한 교사의 역할: 장애인 부모단체, 특수교육지원센터, 지역사회기관의 장애 유아 가족지원 정책을 부모에게 안내 　　④ 거시체계에 근거한 교사의 역할: 장애 유아에 대한 사회문화적 인식 개선을 위해 노력 **(나)** 1) 김 교사 지도 방식의 결과 　① 유아의 부정적 감정이 해소되지 않음 　② 갈등 상황이 반복됨 2) 향후 김 교사의 대처 전략 　① 먼저 유아의 부정적 감정을 수용하기 　② 때리는 행동이 올바르지 않은 이유를 정확히 유아에게 제시하기 　③ 자신의 감정을 긍정적으로 표현하는 방법 제시하기
결론	유치원 교육 현장에서는 장애 유아에 대한 가족지원을 노력해야 한다. 교사는 장애 유아의 지원과 문제 행동 대처 방법에 대한 전문성 함양을 위해 노력하여야 한다.

다음은 2019 개정 누리과정의 수준과 위상에 대한 내용이다. 질문에 대해 논하시오. [총 20점]

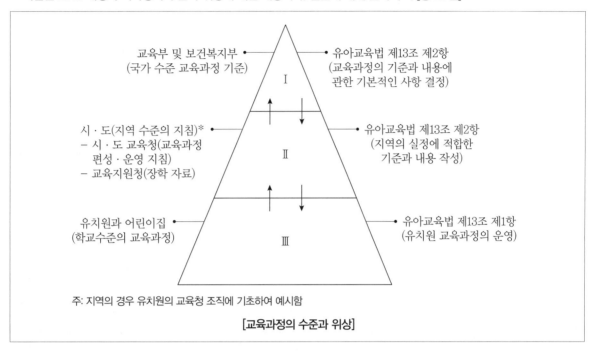

주: 지역의 경우 유치원의 교육청 조직에 기초하여 예시함

[교육과정의 수준과 위상]

배점

- 논술의 내용 [총 15점]
  - 1) 2019 개정 누리과정 국가 수준 교육과정의 의미를 3가지로 쓰시오. [3점]
  - 2) 위 그림에 나타난 '교육과정'의 의미를 2가지로 쓰시오. [2점]
  - 3) 「2019 개정 누리과정」은 교육과정으로서 누리과정이다. '교육과정으로서 누리과정'에서 고려해야 할 점과 중요성을 각각 제시하시오. [2점]
  - 4) 교육과정의 내용구성을 중심으로 '교과중심 교육과정', '경험중심 교육과정', '학문중심 교육과정'과 '인간중심 교육과정'으로 분류한다. 각각의 장점과 단점을 2가지씩 제시하시오. [8점]
- 논술의 체계 [총 5점]
  - 글의 논리적 체계성 [3점]
  - 맞춤법 및 어휘 · 문장의 적절성 [2점]

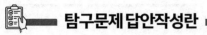

탐구문제 답안작성란

* 탐구문제 답안작성란은 실제 시험과 동일하게 2페이지로 제공되며, 실제 시험처럼 답안을 아래에 작성해보세요.

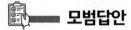

　　최근 유치원 교육에서 2019 개정 누리과정 위상에 대한 중요성이 강조되고 있다. 그럼에도 불구하고 유치원 교육 현장에서 2019 개정 누리과정 위상에 대한 내용에 대한 이해가 부족하다는 문제가 있다. 이 문제를 해결하기 위하여 2019 개정 누리과정 국가 수준 교육과정의 의미와 '교육과정'의 의미를 알아보고 '교육과정으로서 누리과정'에서 고려해야 할 점과 중요성을 살펴보고 '교과중심 교육과정', '경험중심 교육과정', '학문중심 교육과정'과 '인간중심 교육과정' 각각의 장점과 단점에 대해 논의해보고자 한다.

　　1)에서 2019 개정 누리과정 국가 수준 교육과정의 의미를 세 가지로 제시할 수 있다. 첫째, 유치원과 어린이집을 다니는 3~5세 유아에게 동등한 교육과정을 경험할 것을 법적으로 명시한 점이다. 이는 2019 개정 누리과정이 유치원과 어린이집에서 교육과정을 운영할 때 공통으로 적용해야 하는 교육과정이기 때문이다. 둘째, 지역과 유치원 수준에서 교육과정을 편성·운영 할 때 공통적이고 일반적인 기준을 제시한다는 점이다. 이는 지역 수준과 유치원 수준에서는 국가 수준의 교육과정을 기준으로 각 실정에 맞게 교육과정을 편성·운영하기 때문이다. 셋째, 유아중심의 놀이가 살아나는 교육과정을 추구하는 점이다. 이는 2019 개정 누리과정에서 유아의 놀이를 중심으로 학습이 이루어지도록 교육과정을 운영할 것을 강조하고 있기 때문이다.

　　2)에서 교육과정의 의미를 두 가지로 제시할 수 있다. 첫째, 교육과정은 만들어진다는 것이다. 이는 교육부 및 보건복지부에서 공통기준을 제시하면 시·도 수준과 유치원과 어린이집 수준에서 지역 상황과 기관의 상황 및 요구 등을 고려하여 다양성을 반영하기 때문이다. 둘째, 국가 수준, 지역 수준, 유치원 수준이 상호 영향을 미친다는 것이다. 이는 국가 수준 교육과정을 기준으로 시·도 교육청은 교육과정 편성·운영 지침, 교육지원청은 장학지표를 제정하게 되면 유치원과 어린이집은 이를 고려하여 교육과정을 운영하기 때문이다.

　　3) 교육과정으로서의 누리과정에서 고려해야 할 점과 중요성을 제시할 수 있다. 교육과정으로서의 누리과정에서 고려해야 할 점은 교육과정이 교육목표를 달성하기 위해 교육내용을 선정·조직하는 방법이라는 것이다. 이는 개정 누리과정이 추구하는 교육목표를 달성하기 위해 달성하기 위해 교육내용을 효과적으로 선정하고 조직하는 것은 유아교육의 효과성을 높이기 위해 중요하기 때문이다. 2019 개정 누리과정에서는 교사와 유아가 함께 만들어가는 교육과정의 중요성을 강조하고 있다. 이는 교육과정은 유아가 경험하는 총체이기 때문이다.

　　4) '교과중심 교육과정', '경험중심 교육과정', '학문중심 교육과정', '인간중심 교육과정'의 장점과 단점을 제시할 수 있다. 교과중심 교육과정의 장점은 교사의 수업이 편리하다는 점이다. 이는 교사중심의 지식전달을 중시하기 때문이다. 단점은 유아의 흥미를 고려하지 않는 점이다. 이는 전해질만한 가치가 있는 내용을 중심으로 수업을 진행하기 때문이다. 경험중심 교육과정의 장점은 유아의 생활과 관련 있는 교과를 중심으로 진행된다는 점이다. 이는

유아의 흥미를 고려하여 사회 적응에 도움이 되기 때문이다. 단점은 지식 습득 측면에서 소홀히 할 수 있다는 점이다. 이는 교육과정 설계 시 유아의 흥미를 가장 중요하게 여기기 때문이다. 학문중심 교육과정의 장점은 유아가 배움의 즐거움을 느낄 수 있도록 하는 것이다. 이는 기본 개념, 아이디어를 중심으로 나선형적으로 탐구하도록 교육과정이 전개되기 때문이다. 단점은 유아의 흥미와 관심을 반영하는 것을 소홀히 했다는 점이다. 이는 지식의 구조를 습득하도록 하는 것을 강조했기 때문이다. 인간중심 교육과정의 장점은 유아가 학교생활을 하면서 겪는 모든 경험에 관심을 둔 것이다. 이는 인본주의를 바탕으로 하는 교육과정으로 개별 유아를 존중하기 때문이다. 단점은 교육과정을 설계할 때 구체적으로 계획하기 어렵다는 점이다. 이는 개별 유아가 갖는 경험은 다양하기 때문이다.

2019 개정 누리과정 국가 수준 교육과정의 의미, 그림에 나타난 교육과정의 의미, '교육과정으로서 누리과정'에서 고려해야 할 점과 중요성을 살펴보고 '교과중심 교육과정', '경험중심의 교육과정', '학문중심 교육과정'과 '인간중심 교육과정' 각각의 장단점을 살펴보았다. 유아교사는 2019 개정 누리과정과 교육과정의 변천을 이해하여 유아·놀이중심 교육과정이 원활하게 이루어질 수 있도록 노력해야 한다.

아래의 사례들을 읽고, 각 내용에 대해 논하시오. [총 20점]

1) 특수학급을 처음 담당하게 된 김 교사는 일반학급의 박 교사 수업에 함께 참여하였다. 이 학급에는 다양한 문제 행동을 보이는 자폐성 장애 유아 영수가 통합되어 있다.

(수업 시작 3분 전 교실 문 앞에서)

김 교사: 선생님, 오늘 수업 내용이 무엇인가요?

박 교사: "우리 고장 사람들이 하는 일"을 배울 거예요. 그런데 영수에게는 어려운 내용이니까, 선생님이 전적으로 맡아서 가르쳐 주세요. 그리고 영수가 함부로 돌아다녀서 수업에 방해가 되지 않게 교실 뒤편에 따로 자리를 마련했어요. 그럼 잘 부탁드립니다. 선생님, 정말 힘드시겠어요.

(수업 시작 후 교실에서)

박 교사는 일반 유아를 대상으로 수업을 시작하였고, 김 교사도 영수에게 선 긋기 지도를 시작하였다. 그런데 수업 중 영수가 갑자기 자리에서 벌떡 일어나 앞으로 달려가서 철수의 머리를 때렸다.

철   수: 선생님, 영수가 때렸어요. 얘 좀 특수 반으로 보내주세요.

박 교사: 김 선생님, 영수 좀 자리에 앉혀 주시겠어요?

김 교사는 영수의 손을 잡고 뒷자리로 돌아와 선 긋기 과제를 계속 지도하였다.

2) 다음의 철수는 통합유치원에 다니는 만 5세 자폐성장애 유아이다. 담임교사인 최 교사가 유아특수교사인 이 교사와 나눈 대화의 일부이다.

(가) 두 교사의 대화

최 교사: 선생님! 우리 반 철수 때문에 의논드릴 일이 있어서요. 철수가 수업 시간에 가끔 귀를 막고 소리를 지르곤 하는데, 그럴 때 저는 그냥 '철수니까' 이해하고 뭐라 하지 않았더니 아이들은 제가 철수만 특별히 예뻐한다고 생각하는 것 같아요. 그리고 또 우리 반 영미가 철수와 놀고 싶어 하는데 철수가 반응이 없어서 속상해하네요. 어떻게 하면 좋을까요?

이 교사: 그러면 친구들이 철수를 이해할 수 있는 활동을 계획해 보시는 것이 어떨까요? 마침, 저에게 '내 친구 청일이'라는 동화 자료가 있어요. 그걸 활용하시면 좋을 것 같아요. 그리고 같은 반에 있는 동생 영희는 어떻게 지내나요?

최 교사: 그렇지 않아도 영희 문제도 의논을 드리려 했어요. 철수 어머니께서는 철수가 친구 없이 혼자 지내는 것을 많이 염려하셔서, 어머니의 요청으로 지난달에 철수를 동생이 있는 우리 반으로 재배치했잖아요. 그 후 영희가 놀이시간에도 형과 함께 지내느라 친구들과 어울릴 시간이 부족한 것 같아요. 그래서 그런지 영희가 약간 의기소침해진 것 같기도 해요.

(나) 동화 자료: '내 친구 청일이'

우리 반에는 청일이라는 내 친구가 있어. ……(중략)……

청일이는 말하는 걸 어려워해.

어떤 때는 내가 말을 걸면 못 들은 척하는 것 같을 때도 있어.

그래도 난 기분 나쁘지 않아. 청일이가 나를 싫어해서 그러는 건 아니거든. ……(중략)……

청일이와 이야기할 때 그림을 보여주는 것도 좋아. ……(중략)……

청일이도 나처럼 자동차를 갖고 노는 걸 좋아해.

그런데 청일이는 나와 조금 다르게 놀아.

그럴 때 난 청일이가 노는 방법을 보고 따라 해볼 수 있어. ……(중략)……

청일이는 아주 특별한 아이야.

청일이는 특별한 귀와 특별한 눈과 특별한 생각을 가졌지만

무엇보다 특별한 건 말이야. 바로 내 친구이기 때문이란다.

배점

- 논술의 내용 [총 15점]
  - 1)과 관련하여 ① 통합교육에서의 유치원교사와 특수교사의 역할(2점)을 서술하고, ② 사례의 세 가지 문제점과 각각의 문제예방을 위한 통합교육 준비 및 실행 개선논의(6점) 및 ③ 효율적인 역할 분담을 위한 동료장학 방안 두 가지(2점)를 서술 [10점]
  - 2)와 관련한 ① 카프만(Kauffman)이 제시한 통합의 개념(3점)을 서술하고, ② 일반아와 장애아에 기대되는 효과(2점)를 서술 [5점]
- 논술의 체계 [총 5점]
  - 글의 논리적 체계성 [3점]
  - 맞춤법 및 어휘 · 문장의 적절성 [2점]

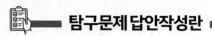

탐구문제 답안작성란

* 탐구문제 답안작성란은 실제 시험과 동일하게 2페이지로 제공되며, 실제 시험처럼 답안을 아래에 작성해보세요.

최근 유치원 교육에서 장애 유아와 일반 유아의 상호작용을 통해 사회기술과 적응능력을 향상시키는 장애통합교육에 대한 관심이 증가하고 있다. 이러한 관심에도 불구하고 유치원 현장에서 장애유아에 대한 부정적 인식으로 인해 장애통합교육에 어려움이 있고, 교사의 통합교육에 대한 이해의 부족으로 통합교육이 제대로 이루지지 않는 문제가 발생하고 있다. 이러한 문제를 해결하기 위하여 장애통합교육에서의 유치원 교사와 특수 교사의 역할, 문제점과 개선방안, 역할분담을 위한 동료장학 방안을 알아보고, 통합의 개념과 통합교육으로 인한 일반아와 장애아의 효과에 대하여 논의하고자 한다.

1)에서 ①, ②, ③에 대하여 제시할 수 있다. ①에서 교사의 역할을 제시할 수 있다. 유치원교사의 역할은 통합학급에서 특수 유아와 일반 유아의 상호작용이 잘 이루어지도록 도와야 한다. 이는 일반 유아와 특수 유아가 함께 상호작용하는 과정을 통해 일반 유아가 특수 유아에 대한 부정적 인식을 개선할 수 있으며, 특수 유아를 도울 수 있는 기회를 가질 수 있기 때문이다. 또한, 특수교사의 역할은 적절한 개별화 프로그램을 특수 유아의 발달에 맞게 개발하고 적용해야 한다. 이는 특수 유아가 개별화 프로그램을 통해 스스로 발달할 수 있는 기회를 갖고, 적합한 프로그램을 수행함으로써 성취감을 얻을 수 있기 때문이다. 한편, ②에서 문제점과 개선방안은 세 가지로 제시할 수 있다. 첫째, 수업의 내용이 어렵다고 특수 유아를 수업에서 참여시키지 않은 점이 문제이다. 이는 특수 유아에게 수업을 통해 성장할 수 있는 기회를 주지 않았기 때문이다. 개선방안은 특수 유아의 발달을 고려하여 교재, 교구를 수정하여 수업에 함께 참여할 수 있도록 지원한다. 둘째, 특수 유아에게 일반 유아와 떨어진 교실 뒤편 자리로 제공한 점이 문제이다. 이는 특수 유아에게 최소 제한 환경을 지키지 않아 유아 대한 배려가 없기 때문이다. 개선방안은 환경의 제한을 최소로 하고 특수 유아가 일반 유아와 같은 공간에서 활동을 참여할 수 있도록 공간을 제공한다. 셋째, 특수 유아가 일반 유아를 때린 갈등 상황에서 적절히 중재를 하지 않은 점이 문제이다. 이는 일반 유아가 특수 유아에 대한 부정적 인식을 심어 줄 우려가 있기 때문이다. 개선방안은 일반 유아에게 감정을 표현할 수 있는 기회를 제공하고, 특수 유아에 대한 이해를 할 수 있도록 도와준다. ③에서 역할분담을 위한 동료장학 방안을 제시할 수 있다. 유치원 교사와 특수교사의 역할에 대하여 동료 간 협의를 한다. 이는 유치원 교사가 특수 유아의 문제 상황에 부딪혔을 때 특수교사에게 장애 아동의 특성, 지도 방법을 배워 어떤 역할을 해야 할지 알게 되고, 유치원 교사도 일반 유아에 대한 정보와 문제해결 방법에 대해 알려줄 수 있기 때문이다. 또한, 유치원 교사와 특수 교사의 아이디어를 공유하며 협력하는 동료코칭이다. 이는 교사가 유아에 대해 객관적으로 관찰하고 분석하는 과정을 통해 특수 유아에 맞는 개별화 프로그램을 개발할 수 있으며, 개별 유아의 특성을 파악하여 적절한 활동을 제시할 수 있기 때문이다.

2)에서 ①, ②에 대하여 제시할 수 있다. ①에서 제시한 통합의 개념은 시간적 통합, 교수·활동적 통합, 사회적 통합으로 나눌 수 있다. 시간적 통합은 일정시간 동안 장애를 지니지 않은 또래들과 함께 동일한 교육 환경에 배치한 통합을 의미한다. 또한, 교수. 활동적 통합은 일반 교육 환경의 교수활동에 참여함을 말한다. 마지막으로 사회적 통합은 통합되는 학급의 교사와 또래들로부터 학급의 구성원으로 수용됨을 의미한다. ②에 기대되는 효과를 제시할 수 있다. 일반아에게 기대되는 효과는 특수 유아와 함께 어울리면 도울 기회를 가져 다양한 사회적 행동을 습득할 수 있다. 이는 특수 유아를 도와줌으로 다음 사람을 배려하는 태도를 키울 수 있기 때문이다. 한편, 장애아에게 기대되는 효과는 관찰과 모방을 통한 바람직한 행동을 습득한다. 이는 특수 유아가 일반 유아를 따라 하며 칭찬과 같은 강화를 통해 반복적으로 친 사회적 행동을 습득하여 사회성을 기를 수 있기 때문이다.

통합교육에서 유치원 교사와 특수교사의 역할, 통합교육의 문제점과 개선방안과 통합교육의 역할분담을 위한 동료장학방안에 대해 알아보았다. 통합의 개념과 장애 유아와 일반 유아에게 기대되는 통합의 효과에 대하여 제시하였다. 교사는 통합교육을 유아교육 현장에 적용하고 특수 유아의 발달에 적합한 개별화 프로그램을 제시하고, 일반 유아와 특수 유아가 공통된 환경에서 함께 상호작용하고 서로 도울 수 있도록 지원하며, 교사 간 지속적으로 서로 협력하여 창의적이고 유아에게 적합한 교수 방법을 개발하고자 한다.

(가)는 수업컨설팅에 대한 교사들의 대화, (나)는 ○○유치원 교사들의 대화이다. 아래의 사례들을 읽고, 각 내용에 대해 논하시오. [총 20점]

(가) 김 교사: 제가 컨설팅 때 수업이 잘 안되었어요. 아무래도 애들이 어리니까 준비한 데로 잘 안된 것 같아요. 계획할 때 그런 부분을 생각했어야 하는데 말이에요.

박 교사: 그랬군요. 저는 우리 반에는 남자아이들이 많거든요. 그래서 주의 집중이 어려워요. 이야기 나누기를 하려고 해도 집중을 하지를 않으니까 자꾸 지적만 하다가 끝나게 되는 경우가 많아요. 홍 교사는 어때요?

홍 교사: 저도 마찬가지예요. 수업이 잘 되기 위해서는 교사 대 유아의 비율이 적절해야 한다고 생각해요. 교실에서 유아들을 모두 파악하고 평가는 것이 어려워 수업을 진행할 때 어려움을 느낄 때가 많아요. ……(중략)…… 또한, 수업을 계획할 때 유아들 개개인의 특징과 발달 정도를 파악하는 것이 중요한데 이를 위해서는 보조교사를 지원해 주는 것이 필요하다는 생각이 많이 들어요.

최 교사: 맞아요. 수업이 잘 되기 위해서는 무엇보다 교사의 업무를 줄여주는 노력이 필요해요. 수업에 집중하고 싶지만 시간적으로 어려움이 많이 있어요. 수업을 준비하는 데 어려움이 있어 그때그때 계획과는 다른 수업을 하게 되는 경우가 많이 있어요.

배 교사: 맞아요. 그래서 저는 유아들에게 노래배우기와 악기 연주를 함께 가르쳐주었지요. 그랬더니 원감선생님이 "원래 노래 배우는 것이 한 활동이 되어야 하고, 끝나고 그 다음 이차 시나 삼차 시에 활동이 이루어져야 해요."라고 하셨어요. 그랬더니 유아들이 더 흥미롭게 참여하였어요.

엄 교사: 그랬군요. 저도 수업을 준비할 때 너무 어려운 것을 준비하여 만 3세 유아들이 웅성거리고 있을 때가 많았어요. 그런데 이제는 만 3세 유아들에게 맞추어 준비를 잘 하게 되었어요.

(나) 김 교사: 저는 유아교사의 다양한 역할 중에서 단기, 중기 등 시기별로 세웠던 계획을 반영하여 교육목표를 달성할 수 있도록 교육활동을 적절히 구성하는 역할이 가장 중요하다고 생각해요. 그 역할에는 교육활동에 필요한 자원을 찾고 활용하는 것도 포함되고요. 선생님께서는 어떠셨어요?

……(중략)……

최 교사: 선생님, 초임교사라 적응이 힘드시죠?

김 교사: 네, 조금 힘들어요.

최 교사: 저도 초임교사 시절에 힘들었던 것 같아요.

김 교사: 선생님도 그러셨군요.

최 교사: 그런데 저는 어느 정도 교사 생활에 적응했을 때 계속 발전하고 싶어 전문서적을 읽고, 연수도 다녔어요. 배운 것을 활용해서 수업을 계획하고 실행, 평가하면서 혼자 열심히 노력했어요.

김 교사: 정말 열심히 하셨네요.

최 교사: 주임 교사 때는 대학원도 다녔고, 저의 능력을 향상시키기 위해 노력을 많이 했던 것 같아요.

김 교사: 저도 선생님처럼 열심히 해야겠어요. 요즘은 어떠세요?

최 교사: 만족스럽지만은 않아요. 경력이 있어도 올해는 많이 힘드네요. 지도하기 어려운 유아가 있거든요. 컨설팅 장학을 통해서 이 어려움을 극복할 수 있지 않을까 생각해요.

……(중략)……

김 교사: 컨설팅 장학은 원장님께서 시키신 거예요?

최 교사: 그렇지 않아요. 제가 원해서 신청한 거예요.

김 교사: 어떠세요?

최 교사: 많은 도움이 되는 것 같아요. 컨설턴트가 처음 만날 때부터 저를 동등하게 대해 주었어요. 컨설팅과정에서 저는 지식과 기술을 배우고, 그분도 저랑 만나면서 계속 배우고 성장할 수 있어서 좋다고 하시더라고요.

배점
• 논술의 내용 [총 15점] 　− 1) (가)와 (나)에 관련된 유치원 컨설팅 장학의 목적을 3가지로 서술 [3점] 　− 2) (가)와 관련하여 수업비평과 수업컨설팅을 비교(1점), 수업분석과 수업컨설팅을 비교(1점), 수업장학과 수업컨설팅을 비교(1점)하 　　고, 수업컨설팅의 개념을 서술(1점) [4점] 　− 3) (가)의 사례에 근거하여 수업컨설팅에 참여한 교사들의 문제점과 개선방안을 3가지씩 서술 [6점] 　− 4) (나)의 사례에 나타난 컨설팅 장학의 원리 2가지를 서술 [2점] • 논술의 체계 [총 5점] 　− 글의 논리적 체계성 [3점] 　− 맞춤법 및 어휘 · 문장의 적절성 [2점]

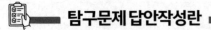

탐구문제 답안작성란

* 탐구문제 답안작성란은 실제 시험과 동일하게 2페이지로 제공되며, 실제 시험처럼 답안을 아래에 작성해보세요.

이 논제에 대한 개요도

유치원 컨설팅 장학 목적	① 유치원별 맞춤 장학 　해당 유치원의 문제점 진단, 해결하고 유치원에 필요한 인적, 물적 자원 지원 ② 수업 상황 시 문제점 진단 및 해결책 도모 　수업 상황 시 문제점을 컨설턴트와 공유 해결책 찾는 과정을 통해 유치원 교육력 제고 ③ 수업 기술 능력 향상 　새로운 수업 기술과 지식 습득, 자신 수업의 반성적 사고 과정 통해 전문성 신장		
수업컨설팅과의 비교 · 수업컨설 팅 개념	① 수업비평 비교	㉠ 참여자의 자발성이 필요하다는 공통점, 결과의 공유에 있어 차이점이 있음 ㉡ 이는 수업비평은 잠재적 독자에게 수업 결과 공유, 수업컨설팅은 의뢰인, 컨설턴트, 컨설턴트 　관리자만이 공유	
	② 수업분석 비교	㉠ 목적에 있어 차이점이 있음 ㉡ 이는 수업분석은 수업 개선에 관련된 정보를 수집하고 제공하는 데 목적이 있지만 수업컨설팅 　은 의뢰된 과제를 해결하고 수업의 질을 향상하는 데 목적이 있음	
	③ 수업장학 비교	㉠ 수업을 개선한다는 공통점이 있으며, 관련자 특성에 있어 차이점이 있음 ㉡ 이는 수업장학은 초임교사, 신입교사, 수업 기술 부족한 교사가 대상이며, 수업컨설팅은 수업 　의 질을 향상시키고 싶은 교사 누구나 의뢰인이 될 수 있기 때문임	
	④ 수업컨설팅 개념	의뢰인의 문제를 해결하고 수업의 질을 향상하기 위해 교내 · 외 전문가들의 자발적, 독립적인 자 문활동임	
문제점 및 개선방안	① 문제점: 유아 개개인의 특징, 발달 정도 파악이 어려운 점 　→ 개선방안: 이는 교사 대 유아 비율이 높기 때문이며, 교사 대 유아 비율을 줄이기 위해 보조 교사를 지원함 ② 문제점: 과도한 업무 및 근무환경(수업에 집중하고 싶지만 시간적으로 어려움이 많음) 　→ 개선방안: 교사의 업무를 줄이고 수업에 집중할 수 있는 시간을 갖도록 함 ③ 문제점: 유아의 연령, 발달 수준을 고려하지 못한 점(만 3세 유아에게 너무 어려운 것을 준비함) 　→ 개선방안: 수업을 준비할 때 유아의 발달 수준을 고려하여 그에 적합한 방식으로 활동을 준비, 전개함		
장학의 원리	① 자발성의 원리: 의뢰한 교사가 컨설팅에 관한 의사결정의 주체가 됨 　컨설턴트는 의뢰 교사가 스스로 문제를 진단하고 해결할 수 있도록 방향을 제시하고 조언하는 역할을 함(제가 원 해서 한 거예요) ② 학습성의 원리: 컨설팅 과정에서 의뢰인은 지식과 기술을 배우고, 컨설턴트는 계속 배우고 성장할 수 있기 때문		

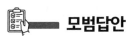
　　최근 유치원 교육에서 수업컨설팅 장학을 의뢰하여 실행하는 유치원이 증가하고 있다. 수업컨설팅에 대한 높은 관심에도 불구하고 수업컨설팅에 관한 이해 부족으로 인해 유치원 교육 현장에 수업컨설팅을 적용하는 데 여러 가지 문제가 발생하고 있다. 이러한 문제를 해결하기 위하여 유치원 컨설팅 장학의 목적과 수업비평과 수업컨설팅 비교, 수업분석과 수업컨설팅 비교, 수업장학과 수업컨설팅 비교 및 수업컨설팅의 개념, 수업컨설팅의 문제점과 개선방안, 컨설팅 장학의 원리에 대해 논의하고자 한다.

　　(가)와 (나) 관련하여 유치원 컨설팅 장학의 목적을 세 가지로 제시할 수 있다. 첫째, 유치원별 맞춤식 장학을 하는 점이다. 이는 해당 유치원의 문제점을 진단하고 파악하여 유치원에 필요한 인적, 물적 자원을 지원할 수 있기 때문이다. 둘째, 수업 상황 시 생기는 문제점을 파악하고 해결할 수 있다. 이는 수업 모니터링을 통해 수업 상황 시 발생하는 문제를 컨설턴트와 함께 찾고 해결책을 도모할 수 있기 때문이다. 셋째, 수업 기술 능력의 향상이다. 이는 새로운 수업 기술과 지식을 습득하고, 자신의 수업을 되돌아보며 반성적 사고를 하는 과정을 통해 교사의 전문성을 신장할 수 있기 때문이다.

　　(가)에서 2)를 제시할 수 있다. 첫째, 수업비평과 수업컨설팅은 참여자의 자발성이 필요하다는 공통점이 있지만, 결과의 공유에 있어 차이점이 있다. 이는 수업비평은 잠재적 독자에게 수업의 결과가 공유되지만, 수업컨설팅은 의뢰인, 컨설턴트, 컨설턴트 관리자에게만 결과가 공유된다. 둘째, 수업분석과 수업컨설팅은 목적에 있어 차이점이 있다. 이는 수업분석은 수업 개선에 관련된 정보를 수집하고 제공하는 데 목적이 있지만, 수업 컨설팅은 의뢰된 과제를 해결하고 수업의 질을 향상하는 데 목적이 있기 때문이다. 셋째, 수업장학과 수업컨설팅은 수업의 개선이라는 공통점을 가지고 있지만, 관련자 특성에 있어 차이점이 있다. 이는 수업장학은 초임교사, 신입교사, 수업 기술이 부족한 교사가 대상이 되지만, 수업컨설팅은 수업의 질을 향상시키고 싶은 교사 누구나 의뢰인이 될 수 있기 때문이다. 한편, 수업컨설팅의 개념은 의뢰된 문제를 진단 및 해결하고 수업의 질을 향상하기 위하여 교내·외 전문가들로 구성된 자발적, 독립적인 자문활동이다.

　　(가)에서 3)을 제시할 수 있다. (가)에서 나타난 수업컨설팅에 참여한 교사들의 문제점과 개선방안은 세 가지로 제시할 수 있다. 첫째, 유아 개개인의 특징, 발달 정도를 파악하는 것이 어려운 점이다. 이는 교사 대 유아 비율이 높기 때문이다. 개선 방안은 교사 대 유아 비율을 줄이기 위하여 보조 교사를 지원하는 것이다. 둘째, 과도한 업무 및 근무 환경이다. 이는 교사가 수업 계획 및 준비, 실행에 있어 시간적 여유가 없어 수업에 집중할 수 없기 때문이다. 개선 방안은 교사의 업무를 줄이고 수업에 집중할 수 있도록 근무 환경을 조성하는 것이다. 셋째, 수업 계획 시 유아의 연령, 발달 수준을 고려하지 않은 점이다. 이는 만 3세 유아에게 너무 어려운 활동을 준비하였기 때문이다. 개

선방안은 수업을 계획, 준비할 때에 유아의 연령, 발달 수준을 고려하여 그에 적합한 방식으로 활동을 진행하는 것이다.

(나)에서 4)를 제시할 수 있다. (나)에서 나타난 컨설팅 장학의 원리는 두 가지로 제시할 수 있다. 첫째, 자발성의 원리이다. 이는 교사가 스스로 의뢰인이 되어 신청을 하였기 때문이다. 둘째, 학습성의 원리이다. 이는 컨설팅 과정에서 의뢰인의 지식과 기술을 배우고, 컨설턴트는 의뢰인을 만나며 계속 배우고 성장할 수 있기 때문이다.

유치원 컨설팅 장학의 목적, 수업비평과 수업컨설팅 비교, 수업분석과 수업컨설팅 비교, 수업장학과 수업컨설팅 비교, 수업컨설팅의 개념, 수업컨설팅에 참여한 교사들의 문제점과 개선방안, 컨설팅 장학의 원리에 대해 살펴보았다. 교사는 자신의 수업 기술을 향상시키고 수업 상황의 문제를 해결하기 위하여 수업 컨설팅을 의뢰하여 교사의 전문성을 신장시켜야 한다.

다음은 누리유치원에서 김 교사가 처한 윤리적 딜레마를 제시한 내용이다. 질문에 논하시오. [총 20점]

〈누리유치원 초임 교사들의 대화〉

김 교사: 자료도 충분하지 않지, 그렇다고 우리를 끌어주고 장학해 줄 사람들도 없지, 그래서 하나하나 내 스스로 알아서 헤쳐나가야 됐기 때문에 실제적으로 도움받은 것은 월간유아나 그런 교사 잡지였던 것 같아요. 내가 말로만 상호작용 주제 접근법이지만 행동주의와 별로 별반 다를 게 없다고 생각한 게, 월간유아에 짜인 걸 갖다 쓰고 있어요.

박 교사: 그렇군요. 저는 한 유아가 말도 잘 듣지 않고 소리만 지르는 행동을 보였지요. 그 유아를 아웃사이더로 돌리곤 하였어요. 좀 그랬던 것 같아요.

홍 교사: 미안한 마음이 들었겠네요. 3월 학기 초에 만 3세 반의 특징이 어리잖아요. 그런데 그중에 항상 고집도 세고 울음을 그치지 않아 주임선생님께서 시키시는 대로 교실 문밖으로 그냥 내 놓았어요. 하지만 그 아이에 대한 미안한 마음이 있어요. 어떤 공포감 같은 것이 들었을 텐데⋯⋯

최 교사: 그랬군요. 저는 한 부모 가정의 유아에게 가족형태에 대해서 설명을 해야 되지만, 이런 것을 하게 되어 그 친구들이 상처를 받게 되면 안 좋은 거니까 축소시킬까, 아니면 항상 하던 것처럼 일괄적으로 그대로 갈까 고민이 되었는데 그 친구에게 상처를 덜 주기 위해서 간단히 하고 넘어갔어요. 활동을 단순화해서 예를 들면서 이런저런 가족형태가 있다고 자료를 통해서 하고 넘어갔던 것 같아요.

배점

- 논술의 내용 [총 15점]
  - 1) 윤리적 딜레마의 개념을 쓰고(2점), 유치원 교사의 교직윤리 중 정의지향 윤리의 개념을 서술(1점) [3점]
  - 2) 사례와 관련된 교사의 윤리적 딜레마 4가지(4점)와 윤리적 딜레마 극복방법 4가지를 서술(4점) [8점]
  - 3) 사례에 나타난 2019 개정 누리과정의 변화에 적합한 교사의 역할을 4가지로 서술 [4점]
- 논술의 체계 [총 5점]
  - 글의 논리적 체계성 [3점]
  - 맞춤법 및 어휘 · 문장의 적절성 [2점]

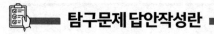

* 탐구문제 답안작성란은 실제 시험과 동일하게 2페이지로 제공되며, 실제 시험처럼 답안을 아래에 작성해보세요.

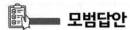

최근 유치원 교육에서 윤리적 딜레마에 대한 관심이 증가하고 있다. 이러한 관심에도 불구하고 유치원 교육현장에서 교사들은 윤리적 딜레마로 인한 어려움을 겪는 문제가 있다. 이러한 문제를 해결하기 위해 윤리적 딜레마와 정의지향 윤리에 대해 알아보고 사례에서 제시된 교사가 겪는 윤리적 딜레마와 극복방법을 살펴보고 2019 개정 누리과정의 변화에 적합한 교사의 역할을 네 가지로 논의해보고자 한다.

1)에서 윤리적 딜레마란 두 가지 이상의 윤리적 문제 중에서 갈등을 겪으며 한 가지를 선택하여 의사를 결정해야 하는 상황을 의미한다. 유치원 교사의 교직 윤리 중 정의지향 윤리란 공정하고 보편적인 규칙을 적용하여 합리적이고 이성적인 판단을 강조하는 윤리를 뜻한다.

2)에서 사례에서 교사가 겪는 윤리적 딜레마와 극복방법을 각각 네 가지로 제시할 수 있다. 첫째, 김 교사는 상호작용 주제 접근법을 운영한다고 말을 하고 있지만 교사 잡지에 짜여있는 주제를 사용하였다. 이는 김 교사는 교육자료가 부족하고 장학을 통해 도움을 요청할 수 있는 인적 자원이 부족했기 때문이다. 이에 대한 해결방안으로 인근 유치원의 교사들과 학습공동체를 형성하여 교직 생활에서 겪는 어려움을 함께 해결해가는 방법을 들 수 있다. 둘째, 박 교사는 문제 행동을 보이는 유아를 아웃사이더로 돌려서 미안한 마음을 갖고 있다. 이는 유아가 말도 잘 듣지 않고 소리만 지르는 행동을 보였기 때문이다. 이에 대한 해결 방안으로 유아의 문제 행동의 원인이 무엇인지 파악하기 위하여 관찰을 하고 관찰결과를 토대로 가정과 연계하여 유아의 문제 행동을 지도하는 방법을 들 수 있다. 셋째, 홍 교사의 경우 고집이 세고 울음을 그치지 않는 만 3세 유아를 주임 선생님의 지시에 따라 교실 문밖으로 내놓았지만 유아에게 미안한 마음을 겪고 있다. 이는 홍 교사는 유아가 문밖에서 겪을 공포감을 생각했기 때문이다. 이에 대한 해결방안으로 유아와 합의하지 않은 격리를 시행할 경우 유아가 갖게 될 부정적 영향에 대해 주임 교사와 이야기를 나누고 다른 적절한 지도 방안을 고안하는 것을 들 수 있다. 넷째, 최 교사의 경우 한 부모 가족 형태에 대해 설명을 해야 하는 의무를 갖고 있지만 축소시켜 진행하였다. 이는 한 부모 가정 유아에게 상처를 줄 수 있다고 생각했기 때문이다. 이에 대한 해결방안으로 한 부모 가족도 일반 가족 형태와 공통점이 있음을 인식할 수 있도록 수업을 진행하는 방법을 들 수 있다.

3)에서 사례에 나타난 개정 2019 개정 누리과정의 변화에 적합한 교사의 역할을 네 가지로 제시할 수 있다. 첫째, 유아의 관심과 흥미를 기반으로 한 교육과정을 운영하는 역할이다. 이는 유아가 중심이 되고 놀이가 살아나는 교육과정을 운영하기 위함이다. 둘째, 유아의 문제행동을 지도하기 위해 관찰을 실시하는 역할이다. 이는 서술식 사건 표집법, 빈도 사건표집법 등을 활용한 다양한 관찰을 통해 유아의 문제 행동의 원인을 알고 그에 맞게 지도에 적용할 수 있기 때문이다. 셋째, 유아의 권리를 존중하는 역할이다. 이는 교사는 유아가 유치원에서 신체적, 정서적으

로 안전한 상태에서 발달할 수 있도록 해야 하기 때문이다. 넷째, 유아가 다양한 가족 형태에 대해 편견 없이 받아들일 수 있는 태도를 함양할 수 있도록 지도하는 역할이다. 이는 유아기는 반 편견 교육의 적기이기 때문이다.

윤리적 딜레마 개념, 정의 지향 윤리, 윤리적 딜레마와 극복 방법, 2019 개정 누리과정의 변화에 적합한 교사의 역할에 대해 살펴보았다. 교사는 교직 생활을 하면서 겪는 윤리적 딜레마를 현명하게 해결해가도록 노력해야 하며 2019 개정 누리과정을 실행하기 위한 교사의 역할을 숙지하도록 해야 한다.

다음은 유치원의 조직문화에서 원감과 교사 간의 지도성에 관한 사례이다. 질문에 논하시오. [총 20점]

김 교사: 병설유치원 교사들이 초등학교 교사와 소통하고 교육과정이 교류되고 행사계획이 공유되면서 유치원이 초등학교 속의 한 학급과 비슷한 하나의 공동체로 가야 되지 않을까 생각합니다. 유치원 선생님과 특히 초등 1, 2학년 선생님들 간의 연계, 교류가 활발하게 되도록 원감이 그 역할을 담당해야 한다는 생각이 듭니다. 그래서 저희 원감은 교사들이 수행하는 업무에 대해 항상 새로운 관점으로 보도록 자극하고, 유치원의 미래에 대한 비전을 제시하고자 합니다.

송 교사: 유치원 교사는 교장에게 직통으로 통하는 것보다는 교무나 교감을 통해 간접적으로 소통이 이루어질 수 있도록 해야 할 것 같습니다. 그래야 교무(초등학교)도 학교 일정을 짜거나 할 때 유치원을 빠트리지 않고 관심을 가질 거라 생각합니다. 저희 원감은 교사들의 개인적인 요구를 수용하려고 노력합니다.

박 교사: 그래도 저희는 원감이 있으니깐 좀 나은 편입니다. 원감은 업무내용 중 목표에 미달하고 있는 부분에 대해서만 신경을 써서 관리하고 업무성과에 따른 보상을 얻기 위한 교사들이 무엇을 해야 하는지를 알려줍니다. 규모는 작지만 제법 장학도 이루어지는 것 같고 그러더라고요. 예전에 있던 곳은 한 학급이라서 항상 그런 부분이 고민이었습니다. 교육이 같다 해도 제가 아는 부분에는 한계가 있다 보니 항상 부족하고 미안하고 그랬지요.

홍 교사: 저도 원감선생님으로 많은 도움을 받고 있어요. 교사를 돕는 일을 우선적으로 생각하고, 제가 어려움에 빠져 있을 때 힘을 북돋아주고, 교사에게 업무에 대한 당위성을 잘 설명하고, 교사들이 공동체의식을 가지고 생활하길 장려합니다.

배점

- 논술의 내용 [총 15점]
  - 1) 사례와 관련된 바스(B. M. Bass)가 말하는 지도성의 의미를 서술(1점)하고, 카츠(Katz)의 지도성 특성 중 전문적 자질 3가지를 서술(3점) [4점]
  - 2) 사례와 관련된 피들러(Fiedler)의 상황적 지도성 이론에서 지도자가 조직문화에 미치는 3가지 측면을 서술(3점)하고, 허쉬(Hersey)와 블랜차드(Blanchard)의 상황적 지도성 행위 유형 2가지를 서술(2점) [5점]
  - 3) 사례에 나타난 지도자의 리더십 3가지를 사례를 찾아 서술 [6점]
- 논술의 체계 [총 5점]
  - 글의 논리적 체계성 [3점]
  - 맞춤법 및 어휘 · 문장의 적절성 [2점]

탐구문제 답안작성란

* 탐구문제 답안작성란은 실제 시험과 동일하게 2페이지로 제공되며, 실제 시험처럼 답안을 아래에 작성해보세요.

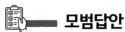

최근 유치원 교육에서 지도성에 관한 관심이 증가하고 있다. 이러한 관심에도 불구하고 유치원 교육현장에서 유치원 조직 문화에 영향을 주는 지도성에 대한 이해가 부족한 문제를 갖고 있다. 이러한 문제를 해결하기 위해 제시된 사례를 바탕으로 지도성의 의미와 지도성 특성 중 전문적 자질을 살펴보고 지도자가 조직문화에 미치는 세 가지 측면과 상황적 지도성 행위 유형 두 가지를 알아보고 사례에 나타난 지도자의 리더십에 대해 논의해보고자 한다.

1)에서 바스가 말하는 지도성이란 조직이 추구하는 목적을 달성하는 과정에서 구성원에게 영향력을 행사하는 과정으로 지도자의 지시에 동의하고 추정하는 정도를 뜻한다. 카츠의 지도성 특성 중 전문적 자질을 세 가지로 제시할 수 있다. 첫째, 사무능력이다. 이는 구체적인 과업을 수행하기 위하여 지식, 기술, 방법을 활용하는 능력이다. 둘째, 인간관계 능력이다. 이는 사람들과 함께 일을 하는 데 있어서 사람들을 통하여 일을 하는 데 필요한 능력이다. 셋째 상황파악 능력이다. 이는 과업을 전체적으로 바라보고 파악하는 능력이다.

2)에서 피들러의 상황적 지도성 이론에서 지도자가 조직문화에 미치는 세 가지 측면을 제시할 수 있다. 첫째, 지도자와 구성원의 관계이다. 이는 지도자가 구성원과의 관계의 질이 좋을 경우 지도자는 구성원들에게 신뢰와 존경을 받기 때문이다. 둘째, 과업구조이다. 이는 과업이 명확하게 규정되고 체계적일수록 구성원이 성취해야 할 목표를 제시할 수 있기 때문이다. 셋째, 지도자의 지위권력이다. 이는 지도자가 합법적인 권력으로 구성원들에게 영향을 줄 수 있는 것으로 강력한 지위권력이 있을수록 구성원들을 통솔하는 데 높은 영향력을 주기 때문이다. 사례에 제시된 허쉬와 블랜차드의 상황적 지도성 행위 유형 두 가지를 제시할 수 있다. 첫째, 지시형이다. 이는 박 교사가 근무하는 유치원에서 원감은 업무내용 중 목표에 미달하고 있는 부분에 대해서만 관리하고 교사들이 무엇을 해야 하는지 알려주는 데 초점을 두기 때문이다. 둘째, 지원형이다. 이는 홍 교사가 근무하는 유치원에서 원감은 교사를 돕는 일을 우선적으로 생각하고, 교사가 어려움에 빠져있을 때 힘을 북돋아주며 업무에 대한 당위성을 설명하며 공동체의식을 갖고 생활하길 장려하기 때문이다.

3)에서 사례에 나타난 지도자의 리더십 세 가지를 제시할 수 있다. 첫째, 변혁적 리더십이다. 이는 김 교사가 근무하는 병설유치원에서 원감은 교사들이 수행하는 업무에 대해 새로운 관점을 가질 수 있도록 자극하고 유치원의 미래에 대한 비전을 제시하고 있기 때문이다. 둘째, 거래적 리더십이다. 이는 박 교사가 근무하는 유치원에서 원감은 업무내용 중 목표에 미달하고 있는 부분에 대해서만 신경을 써서 관리하고 업무 성과에 따른 보상을 얻기 위해 교사들이 무엇을 해야 하는지를 제시하고 있기 때문이다. 셋째, 서번트 리더십이다. 이는 홍 교사가 근무하는 유치원에서 원감은 교사들을 지원하고 대화를 통해 교사를 돕는 것에 초점을 두고 있기 때문이다.

바스가 말하는 지도성, 카츠의 지도성 특성 중 전문적 자질, 피들러의 상황적 지도성 이론에서 지도자가 조직문화에 미치는 영향, 허쉬와 블랜차드의 상황적 지도성 행위 유형, 지도자의 리더십에 대해 알아보았다. 유아 교사는 원감과 원장이 갖고 있는 지도성의 유형에 따라 효과적으로 반응하여 교직 생활을 현명하게 해나갈 수 있도록 노력해야 한다.

부록 1

최종점검
9개년 기출문제

2021학년도 공립 유치원 · 특수학교(유치원) 기출

2020학년도 공립 유치원 · 특수학교(유치원) 기출

2019학년도 공립 유치원 · 특수학교(유치원) 기출

2018학년도 공립 유치원 · 특수학교(유치원) 기출

2017학년도 공립 유치원 · 특수학교(유치원) 기출

2016학년도 공립 유치원 · 특수학교(유치원) 기출

2015학년도 공립 유치원 · 특수학교(유치원) 기출

2014학년도 공립 유치원 · 특수학교(유치원) 기출

2013학년도 공립 유치원 · 특수학교(유치원) 기출

---

* '교직논술 전용 답안지'는 해커스임용 사이트(teacher.Hackers.com)의
  [학습자료실] > [과년도 기출문제]에서 무료로 다운받을 수 있습니다.

유치원 교직 논술

수험번호 : (   )   성명 : (   )

1교시	1문항 20점	시험 시간 60분

다음은 민 교사와 권 교사가 부모와의 의사소통 경험에 대해 이야기를 나누는 장면이다. 1) 민 교사의 대화에 근거하여 양방향적 의사소통의 필요성 1가지를 논하고, 권 교사의 대화에 제시된 대면 개별(개인)면담과 전화면담의 장점을 각각 2가지씩 논하시오. 2) 대화에 근거하여 워크숍 형식이 부모교육 방법으로 적합한 이유 1가지와 워크숍으로 부모교육을 실시하고자 할 때 교사가 준비해야 할 사항 3가지를 논하시오. 3) 대화에 근거하여 워크숍으로 부모교육을 실시했을 때 교사-유아, 교사-부모, 유아-부모 관계에서 나타날 수 있는 긍정적 효과를 각각 2가지씩 논하시오. [총 20점]

민 교사: 요즘 우리 반 지수는 혼자 책 읽기 영역에 머무는 시간이 많아요. 책을 보는 것은 좋지만 지수가 친구들과 잘 어울리지 않더라고요. 오늘 지수 어머니가 지수를 데리러 오셨기에 지수가 집에서는 어떤지 좀 여쭤보려 했거든요. 그런데 지수 어머니께서 바쁘다면서 급히 가시는 거예요. 아무래도 아이의 문제를 함께 해결하기 위해서는 부모님과 직접 이야기를 나누어야 하잖아요. 물론 어떤 부모님은 일방적으로 자기 이야기만 하시니 만나기만 한다고 다 해결되는 것은 아니지만요. 무엇보다 부모와 교사 간에 양방향적 의사소통이 필요한 것 같아요.

권 교사: 저도 비슷한 경험이 있어요. 특히 어떤 아이가 문제 행동이나 이해하기 어려운 행동을 할 때 가정에서는 어떤지 알아보는 것이 도움이 되더라고요. 그래서 그런 경우에 전 부모님과 대면 개별면담을 하기도 하고, 부모님과 전화면담도 해요.

민 교사: 그렇군요. 그런 면에서 이번 부모교육 주제를 '의사소통'으로 정해 소집단 모임 형식의 워크숍으로 진행하면 어떨까요? 부모님들께서 직접 의사소통 기술을 익히고 실습까지 해 보면 좋을 것 같거든요. 워크숍을 진행한 후에는 부모님과 선생님이 함께 의사소통 기술을 계속 익히고 적용해 볼 수 있도록 소집단 모임을 정례화하는 방안도 생각해 보면 좋을 것 같아요.

권 교사: 서둘러 부모교육 계획을 세워 원장님께 보여 드리고 바로 준비해야겠네요. 일정을 확인해서 부모님들께 보낼 가정통신문도 만들고 부모님들께서 참석하기 편한 일정이 언제인지도 알아봐야겠어요. 부모님들께서 의사소통 기술을 배우면 자녀의 눈높이에 맞춰 대화할 수 있어서 유아들이 정서적으로 더 안정되고, 사회적 능력도 증진될 수 있을 거예요.

민 교사: 지난번에 원감님께서 의사소통 기술을 주제로 강연을 하셨으니 이번 워크숍도 원감님께 부탁드리면 어떨까요?

권 교사: 네, 좋아요. 우리 선생님들도 함께 참석하면 좋을 것 같네요. 그러면 우리도 의사소통 기술이 향상되어 유아의 요구에 더 민감하게 반응할 수 있고, 유아의 특성에 맞는 교육을 더 잘 할 수 있겠지요. 그뿐만 아니라 선생님들은 부모님들과의 관계에서 자신감이 향상되고, 부모님들은 선생님들과 양방향적 의사소통이 더 원활해져 유치원 일에 적극적으로 협조해 주실 수 있을 거예요.

답안 작성 시 유의 사항	배점
• 주어진 답안지 면수(2매 이내)에 맞게 서술하시오. • 글의 체계를 논리적으로 짜임새 있게 구성하시오. • 글의 명료성, 타당성, 일관성을 고려하여 서술하시오	• 논술의 내용 [총 15점] – 양방향적 의사소통의 필요성(1점), 대면 개별(개인) 면담과 전화면담 장점(4점) [5점] – 부모교육으로 워크숍 형식이 적합한 이유(1점)와 이를 실시할 때 교사가 준비해야 할 사항(3점) [4점] – 교사–유아, 교사–부모, 유아–부모 관계에서 나타날 수 있는 긍정적 효과 [6점] • 논술의 체계 [총 5점] – 글의 논리적 체계성 [3점] – 맞춤법 및 어휘·문장의 적절성 [2점]

특수학교(유치원) 교직 논술

수험번호 : (　　　　　　　　)　　　　　　　**성명 : (　　　　　　　　　　)**

1교시	1문항 20점	시험 시간 60분

　　다음은 유아특수교사인 최 교사와 통합학급 교사인 김 교사가 나눈 대화의 일부이다. 대화에 근거하여 논하시오. 1) 다솜이에 대한 교육진단을 실시할 때 부모가 참여하는 것의 긍정적 측면 3가지를 논하시오. 2) 다솜이에게 표준화검사로 교육진단을 실시할 때 고려해야 할 사항 2가지를 논하시오. 3) 표준화검사 외에 유아의 특성을 파악하기 위해 교사가 활용한 방법 2가지와 그 방법의 장점 2가지를 논하시오. 4) 다솜이를 위한 개별화교육계획의 교수목표 설정 시 고려해야 할 사항 4가지를 논하시오. 5) 다솜이의 교육을 위해 최 교사와 김 교사가 어떠한 협력을 하고 있는지 2가지를 논하시오. [총 20점]

김 교사: 그동안 놀이실에서 다솜이가 또래들과 의사소통하는 것을 최 선생님과 함께 일화기록을 해 왔잖아요. 이번에 다솜이의 개별화교육계획을 수립할 때 그 기록내용을 부모님께 보여 드리면 좋을 것 같아요.

최 교사: 그럼요. 어머니께서 그 기록을 보시면 다솜이가 유치원에서 어떻게 지내는지 잘 알 수 있게 될 거예요. 다솜이는 지체장애로 운동과 의사소통 기능 발달이 지체되어 있어서 표준화검사에서는 아이가 응답하기 어려운 문항들이 많아요. 물론 발달연령을 파악하는 데 도움이 될 수 있지만 실제적인 교수목표로 연결하기에는 충분하지 않아요. 검사할 때 시간도 많이 필요하고 스위치도 사용해야 하고요.

김 교사: 지난번에 교육진단을 할 때 보니 다솜이 어머니께서 함께 참여해 주셔서 알아듣기 힘든 아이의 말을 알아들으시고 잘 설명해 주셨어요. 검사하는 동안 아이가 정서적으로 더 안정돼 보이더라고요.

최 교사: 맞아요. 어머니께서 참여해 주시면 확실히 도움이 돼요. 표준화검사도 필요하지만 아이의 특성을 자세히 파악하기 위해서는 자연스러운 상황에서 평가해야 할 것 같아요. 그리고 어머니께 물어봐서 다솜이가 일상생활에서 가장 필요로 하는 게 무엇이고 가장 잘 하는 게 무엇인지도 알아보면 좋겠어요.

김 교사: 어머니께서는 아이가 유치원에서 혼자 식사할 수 있도록 지도해 주면 좋겠다고 하시더라고요. 그래서 선생님께서 말씀해 주셨던 지도방법을 활용해 봤어요. 그중에서 식사지도에 관한 과제분석을 한 후 관찰하고 점검했어요. 밥 먹을 때 다솜이의 손을 잡아 도와주었더니, 조금씩 좋아지는 것을 확인할 수 있었어요.

최 교사: 잘 하셨네요. 그러한 평가결과도 고려해서 개별화교육계획의 교수목표를 설정하면 좋겠어요. 또한 아이가 잘 해낼 수 있는 수준을 고려해서 교수목표가 학습단계에 맞는지, 또래들 나이에도 잘 어울릴 수 있는 적합한 활동인지도 고려해야겠어요.

답안 작성 시 유의 사항	배점

• 주어진 답안지 면수(2매 이내)에 맞게 서술하시오.
 	
• 글의 체계를 논리적으로 짜임새 있게 구성하시오.
 	
• 글의 명료성, 타당성, 일관성을 고려하여 서술하시오.
	• 논술의 내용 [총 15점]
	  – 교육진단 시 부모 참여의 긍정적 측면 [3점]
	  – 표준화검사로 교육진단 시 고려 사항 [2점]
	  – 교사가 활용한 유아 특성 파악 방법(2점)과 그 방법의 장점(2점) [4점]
	  – 개별화교육계획의 교수목표 설정 시 고려 사항 [4점]
	  – 유아특수교사와 통합학급 교사 간의 협력 사항 [2점]
	• 논술의 체계 [총 5점]
	  – 글의 논리적 체계성 [3점]
	  – 맞춤법 및 어휘·문장의 적절성 [2점]

유치원 교직 논술

수험번호 : (   )   성명 : (   )

1교시	1문항 20점	시험 시간 60분

다음은 최 교사, 권 교사, 김 교사가 겪고 있는 갈등 상황과 관련된 반성적 저널의 일부이다. 1) 세 교사의 저널에 근거하여 각 교사가 갈등한 내용을 각각 기술하시오. 2) 갈등 상황에서 세 교사가 선택한 행동의 이유를 각각 기술하고, 3) 선택한 행동 이후에 나타난 문제를 찾아서 그 해결 방안을 교사별로 1가지씩 구체적으로 논하시오. 4) 최 교사와 유아, 권 교사와 학부모, 김 교사와 동료 교사의 관계에서 유아교사가 갖추어야 할 덕목 1가지씩을 제시하고, 그 이유에 대해 논하시오. [총 20점]

주영이는 입이 짧고 편식이 심하다. 주영이 어머니께서도 그 점을 걱정하신다. 주영이는 거의 매번 식사시간에 자신이 싫어하는 음식을 남긴다. 나는 주영이에게 배식된 음식을 골고루 먹게 해야 할지 주영이가 꺼려하는 음식을 남기는 것에 대해 허용해야 할지 고민하다가 유아들의 건강을 위해야 한다는 생각에서, 주영이에게 배식된 음식을 골고루 먹도록 지도하였다. 그랬더니 어제는 주영이가 배가 아프다고 하면서 음식을 남겼는데, 알고 보니 먹기가 싫어서 핑계를 댄 것이었다. (최 교사의 저널)

상희가 2학기에 접어들어 부쩍 말수가 줄어들었다. 며칠 전에는 힘없이 어두운 표정으로 등원하기에 상희에게 무슨 일이 있었는지 물어보았더니, 고개를 숙인 채 작은 목소리로 "아침에 밥 먹다가 엄마, 아빠가 또 싸웠어요. 나 때문인 것 같아요."라고 말하였다. 이러한 상희의 행동에 대해 부모님께 말씀드려야 하는데, 부모님의 다툼에 대한 내용을 언급해야 할지 언급하지 말아야 할지 고민이 되었다. 사실 상희가 말한 부모님의 다툼에 대해서 여쭙고도 싶었지만, 혹시 이 말로 인해 나와 부모님과의 관계가 불편해질까 봐 상희 어머니께 전화를 드려 상희의 유치원에서의 모습에 대해서만 말씀을 드렸다. 그런데 상희는 예전처럼 활발한 모습은 좀처럼 보이지 않고 더 어두운 표정을 할 때가 많다.   (권 교사의 저널)

유치원 운동회와 관련하여 교사 협의회가 있었다. 업무 담당자인 박 선생님께서 작년에 실시한 운동회가 좋은 반응을 얻었다고 하면서 올해도 같은 방식으로 실행하자고 하셨다. 나는 유치원과 지역 공동체가 함께 교육을 실행할 수 있는 새로운 방식의 운동회에 대해 생각해 둔 것이 있었다. 그래서 내 의견을 내놓아야 할지 함구해야 할지 한참을 고민하다가, 새로운 방식의 운동회에 대한 나의 구상을 제안하였다. 그런데 운동회 방식에 관한 본격적인 협의를 시작해 보기도 전에 몇 분의 선생님들께서 업무가 바쁘다는 핑계로 자리를 뜨는 바람에 어떤 결정도 하지 못한 채 회의가 끝나버렸다.   (김 교사의 저널)

답안 작성 시 유의 사항	배점
• 어법과 원고지 작성법에 맞게 서술하시오. • 주어진 원고지(1,200자)에 맞게 서술하시오. (1,100자 이하 또는 1,200자 초과 시 감점) • 글의 체계를 논리적으로 짜임새 있게 구성하시오. • 글의 명료성, 타당성, 일관성을 고려하여 서술하시오.	• 논술의 내용 [총 15점] – 세 교사가 갈등한 내용 [3점] – 세 교사가 선택한 행동의 이유 [3점] – 세 교사의 문제 해결 방안 [3점] – 유아교사가 유아, 학부모, 동료 교사에 대해 갖추어야 할 덕목(3점)과 그 이유(3점) [6점] • 논술의 체계 [총 5점] – 글의 논리적 체계성 [3점] – 맞춤법 및 원고지 작성법 [1점] – 분량 [1점]

특수학교(유치원) 교직 논술

수험번호 : (　　　　　　　　　　　) 　　　　　성명 : (　　　　　　　　　　　)

1교시	1문항 20점	시험 시간 60분

다음은 유아특수 교사인 김 교사와 유아 교사인 박 교사가 발달지체 유아 철수의 초등학교 입학 준비에 대해 나눈 대화의 일부이다. 1) 대화에 근거하여 철수에게 지도해야 할 자기결정행동 2가지를 제시하고, 그 이유를 각각 설명하시오. 2) 또래교수 적용 시 박 교사가 영희에게 실행한 사항 2가지를 제시하고, 또래교수를 통해 철수에게 기대되는 긍정적 효과 3가지를 논하시오. 3) 대화에 근거하여 초등학교가 유치원과 다른 점 3가지를 제시하고, 그 다른 점에 근거하여 철수에 대한 교사의 지도 방안 3가지를 논하시오. [총 20점]

김 교사: 선생님, 지난 협의회에 이어 철수의 초등학교 입학 준비에 대해 좀 더 구체적으로 이야기를 나누었으면 해요.

박 교사: 네, 우선 초등학교가 유치원과 다른 점이 무엇인지 생각해 보면서 철수와 관련된 사항을 논의하도록 해요.

김 교사: 초등학교는 새로운 환경이니, 유치원과 초등학교의 다른 점에 기초하여 지도하는 것이 필요할 것 같아요. 초등학교는 유치원과 달리 교실에 흥미 영역이 없고 수업 시간과 쉬는 시간이 일정하게 정해져 있는 점이 다르겠지요.

박 교사: 네, 초등학교에는 교과서가 있다는 것도 다른 점이에요.

김 교사: 그러네요. 앞으로 철수가 초등학교에 잘 적응할 수 있도록 체계적으로 지도해야겠네요. 그런데 요즘 철수는 통합학급에서 어떻게 지내고 있나요?

박 교사: 얼마 전 교실에서 역할놀이를 할 때 보니까 철수가 놀이의 역할을 정하지 못하고 말로 표현할 수 있는데도 우물쭈물하는 모습을 보였어요. 그리고 점심식사 전에 손 씻기를 잘 잊어버리더라고요.

김 교사: 그렇군요. 선생님 말씀을 들어보니, 자기결정행동을 철수에게 지도해야겠네요. 철수에게 좋아하는 것을 고르는 기회를 많이 주면 좋을 것 같아요. 그리고 철수에게 손 씻기 표를 만들어 주면 어떨까요? 저희가 그동안 실행해 왔던 또래교수도 초등학교 갔을 때 도움이 됩니다. 요즘도 영희가 철수에게 또래교수를 잘 하고 있나요?

박 교사: 네, 지난번에 협의한 대로 또래교수자인 영희에게 철수를 어떻게 도와줘야 하는지를 알려 주었고, 철수가 잘 하면 칭찬해 주도록 했어요. 또한 저는 영희가 철수를 제대로 도와주고 있는지 수시로 확인하고, 그 결과를 바탕으로 영희를 지도해 오고 있어요.

김 교사: 또래교수를 적용하다 보면 철수가 친구들과 잘 어울리게 되고, 간식 시간에 기다리거나 줄 서기 등과 같은 지시 따르는 행동도 향상될 거에요.

박 교사: 그렇지요. 제가 보니 철수가 자기 생각을 표현하는 것도 좋아질 것 같아요. 영희에게도 여러 가지 면에서 도움이 될 거에요.

김 교사: 네, 서로에게 도움이 되면 좋겠어요.

답안 작성 시 유의 사항	배점

• 어법과 원고지 작성법에 맞게 서술하시오.
 	
• 주어진 원고지(1,200자)에 맞게 서술하시오.
 (1,100자 이하 또는 1,200자 초과 시 감점)
 	
• 글의 체계를 논리적으로 짜임새 있게 구성하시오.
 	
• 글의 명료성, 타당성, 일관성을 고려하여 서술하시오.
	• 논술의 내용 [총 15점]
	 − 자기결정행동(2점)과 그 이유(2점) [4점]
	 − 또래교수 적용 시 실행한 사항(2점)과 기대되는 긍정적 효과
	  (3점) [5점]
	 − 초등학교와 유치원의 다른 점(3점)과 교사의 지도 방안(3점)
	  [6점]
	• 논술의 체계 [총 5점]
	 − 글의 논리적 체계성 [3점]
	 − 맞춤법 및 원고지 작성법 [1점]
	 − 분량 [1점]

2019학년도 공립 유치원 교사 임용후보자 선정경쟁시험

유치원 교직 논술

수험번호 : (   )   **성명 : (   )**

1교시	1문항 20점	시험 시간 60분

다음은 신임 교사인 윤 교사와 최 교사, 경력 교사인 김 교사와 박 교사의 현재 관심사에 대한 동료 장학 협의회의 일부이다. 1) 대화에서 박 교사의 현재 관심사를 3가지 찾아 쓰고, 그에 대한 동료 장학의 제안 내용을 1가지씩 논하시오. 2) 대화에 근거하여 김 교사와 박 교사에게 나타날 동료 장학의 기대 효과 2가지씩을 논하시오. 3) 최 교사의 현재 관심사를 대화에 근거하여 1가지 제시하고, 그에 대한 동료 장학의 제안 내용 2가지를 논하시오. 4) 윤 교사가 겪고 있는 대인관계에서의 어려움을 극복할 수 있는 방안 2가지를 논하시오. [총 20점]

박 교사 : 이번에 우리 유치원으로 전근해 오니까 이전 유치원과 달리 학부모님들께서 질문하고 싶을 때 전화를 많이 이용하시더라고요. 그것 때문에 제가 유치원의 다른 업무를 보지 못할 때도 있어요.

김 교사 : 그렇죠. 우리 유치원의 학부모님들께서는 교육에 관심이 많아서 질문도 많답니다. 우리 유치원의 홈페이지에 있는 학급별 '부모 면담 코너'를 활용해 보시면 어떨까요? 단순한 정보를 요청하는 질문에 한번에 답해 드릴 수 있잖아요. 우리 유치원 선생님들은 이 방법을 자주 활용하시는데……. 아, 박 선생님께서는 이번에 전근 오셨죠?

박 교사 : 네, 제가 전근 온 지 얼마 안 되어서요.

최 교사 : 신임 교사로서 저는 수업 실행을 어떻게 할지에 대해 가장 관심이 많아요.

윤 교사 : 저는 교사가 되고 보니 학부모와의 관계도 어렵고, 다른 선생님들에게 어떻게 다가가야 할지도 잘 모르겠어요.

김 교사 : 두 분 다 올해 임용되셔서 그러시겠네요. 최 선생님의 경우에는 수업컨설팅을 받아 보는 것이 도움이 될 것 같아요. 그런데 최 선생님께서는 신임이시라 그 방법이 다소 부담스럽겠죠? 최선의 수업은 아니겠지만 제가 하는 수업을 한번 보시면 어떠시겠어요?

최 교사 : 네, 김 선생님 말씀대로 선생님 수업을 한번 보고 싶네요.

박 교사 : 저도 김 선생님의 수업을 보고 싶어요. 저는 교사 생활 5년 차인데 새로운 교수·학습 방법이 늘 궁금해요.

김 교사 : 선생님들께 도움이 되는 수업을 보여드리기 위해 준비하면서 저도 제 수업을 다시 한번 성찰해 보는 기회가 될 것 같군요. 아, 생각났는데 박 선생님, 우리 함께 학습공동체를 운영해 보면 어떨까요? 그러면 박 선생님은 새로운 교수·학습 방법을 습득할 수 있고, 저는 학습공동체에서 박 선생님과 활발하게 이야기 나누면서 교수 행위를 공유할 수 있을 것 같아요.

박 교사 : 네, 좋네요. 저는 오래전부터 유아교육에 대한 현장 연구를 더 하고 싶었거든요.

김 교사 : 박 선생님께서는 오래전부터 그런 생각을 가지고 계셨군요. 우리 관내에는 유치원 교사 모임이 몇 개 있어요. 그중에는 유아교육과 관련된 현장 연구에 대한 주제를 다루는 모임도 있거든요.

답안 작성 시 유의 사항	배점

• 어법과 원고지 작성법에 맞게 서술하시오.
 	
• 주어진 원고지(1,200자)에 맞게 서술하시오.
  (1,100자 이하 또는 1,200자 초과 시 감점)
 	
• 글의 체계를 논리적으로 짜임새 있게 구성하시오.
 	
• 글의 명료성, 타당성, 일관성을 고려하여 서술하시오.
	• 논술의 내용 [총 15점]
	  – 교사의 관심사(3점)와 동료 장학 내용(3점) [6점]
	  – 동료 장학의 기대 효과 [4점]
	  – 신임 교사의 관심사(1점)와 동료 장학 내용(2점) [3점]
	  – 신임 교사의 대인관계에서의 어려움 극복 방안 [2점]
	• 논술의 체계 [총 5점]
	  – 글의 논리적 체계성 [3점]
	  – 맞춤법 및 원고지 작성법 [1점]
	  – 분량 [1점]

2019학년도 공립 특수학교(유치원) 교사 임용후보자 선정경쟁시험

유치원 교직 논술

수험번호 : (   )   성명 : (   )

1교시	1문항 20점	시험 시간 60분

다음은 특수학급 김 교사와 최 교사, 통합학급 박 교사와 민 교사가 교사 협의회에서 발달지체 유아 민지와 승우의 통합교육 실행 방안에 대해 나눈 대화의 일부이다. 1) 대화에 근거하여 민지의 활동 참여 증진으로 나타난 효과 3가지를 제시하고, 승우의 활동 참여를 높이는 방안을 참여 시간, 참여 수준, 참여 대상의 3가지 측면에 따라 각각 1가지씩 논하시오. 2) 김 교사와 박 교사가 민지를 위해 실행하고 있는 교수 방법의 특성 4가지를 대화에 근거하여 논하시오. 3) 특수학급 교사와 통합학급 교사 간 협력의 필요성 1가지를 쓰고, 대화에 근거하여 협력의 긍정적 효과를 최 교사와 민 교사의 측면에서 각각 2가지씩 논하시오. [총 20점]

김 교사: 우리 유치원에 통합된 민지와 승우에 대해 협의하도록 합시다.

박 교사: 우리 반 민지가 학기 초에는 학급 활동에 참여하지 못했는데 이제는 잘 참여해요. 민지가 친구들에게 관심을 보이고, 시작 행동도 하고, 어휘 수도 늘었어요. 게다가 활동 시간에 돌아다니던 행동도 줄었어요.

김 교사: 그럼, 통합학급에서 민지의 개별화 교육목표를 지도하는 데 어려움은 없는지요?

박 교사: 우려했던 것만큼 어렵지는 않아요. 선생님 말씀처럼 민지의 개별화 교육목표를 지도하기 위해 특별하게 활동을 바꾸지 않고 계획된 교수 활동을 진행했어요. 그랬더니 민지에게 교육 효과가 나타나고 있어요.

김 교사: 그렇군요. 저도 민지의 개별화 교육목표 중 하나인 '정리하기'를 가르치기 위해 민지를 또래와 분리하지 않고 함께 지도했어요. 그리고 등원할 때 신발 정리하기, 놀이 활동 후 놀잇감 정리하기 등과 같이 여러 활동 속에서 민지가 연습할 수 있도록 했어요. 그랬더니 민지 어머니께서 요즈음 민지가 집에서도 장난감 정리를 잘한다고 좋아하시더라고요.

민 교사: 민지가 좋아졌다니 참 다행이에요. 우리 반 승우도 활동에 참여하는 것이 좋아지긴 했는데, 참여의 질이 더 높아졌으면 좋겠어요.

최 교사: 그렇죠. 쌓기 영역 활동인 경우 승우가 블록 놀이에 더 오래 참여할 수 있어야 하고, 블록을 늘어놓기만 하던 것에서 블록을 쌓기도 해야지요. 또한 블록에만 관심 있는 승우가 또래나 교사와 상호작용하는 것이 필요해요.

민 교사: 선생님들과 대화를 나누다 보니 마음이 든든해졌어요. 그리고 승우를 어떻게 가르쳐야 할지 알게 되었고, 일반 유아들이 보이는 행동 문제를 지도하는 방법도 알게 되었어요.

최 교사: 저도 통합학급 수업에 참여하면서 일반 유아들의 발달과 행동을 보다 정확하게 알게 되었고, 통합학급에서 실행되는 교수 방법도 더 잘 이해하게 되었어요. 무엇보다 통합교육 환경에서 승우에게 필요한 교육 목표가 무엇인지 명확하게 알게 되었어요.

민 교사: 선생님께 도움이 되었다니 저도 좋아요.

답안 작성 시 유의 사항	배점
• 어법과 원고지 작성법에 맞게 서술하시오.	• 논술의 내용 [총 15점]
	– 활동 참여 증진의 효과(3점)와 활동 참여를 높이는 방안(3점) [6점]
• 주어진 원고지(1,200자)에 맞게 서술하시오. (1,100자 이하 또는 1,200자 초과 시 감점)	– 통합학급에서의 교수 방법의 특성 [4점]
	– 교사 간 협력의 필요성(1점)과 협력의 긍정적 효과(4점) [5점]
• 글의 체계를 논리적으로 짜임새 있게 구성하시오.	• 논술의 체계 [총 5점]
	– 글의 논리적 체계성 [3점]
• 글의 명료성, 타당성, 일관성을 고려하여 서술하시오.	– 맞춤법 및 원고지 작성법 [1점]
	– 분량 [1점]

유치원 교직 논술

수험번호 : (   )　　　　　　　성명 : (   )

1교시	1문항 20점	시험 시간 60분

다음은 초임 교사인 민 교사와 경력 교사인 최 교사가 나눈 대화 내용의 일부이다. 1) 유치원의 안전사고 예방 및 대처와 관련한 민 교사의 적절하지 못한 행동 3가지를 찾아 그것을 바람직한 방향으로 각각 수정하여 쓰고, 적절하지 못하다고 생각하는 이유를 각각 논하시오. 2) 대화에서 부모 면담 관련 멘토링 중, 최 교사가 민 교사에게 제공한 정서적 지원 3가지를 찾아 그것이 민 교사에게 미치는 긍정적 기대 효과를 각각 논하고, 전문적 지원 3가지를 찾아 그것이 민 교사에게 미치는 긍정적 기대 효과를 각각 논하시오. 3) 이 멘토링을 통해 두 교사에게 공통적으로 증진될 수 있는 교사 역량 3가지를 쓰고, 그 역량 개발의 필요성을 대화 내용에 근거하여 각각 논하시오. [총 20점]

> 최 교사: 동수 어머님께서 무척 화가 나셨다는데 무슨 일이 있었나요?
>
> 민 교사: 어제 동수가 유치원에서 얼굴에 작은 상처가 났었는데 그것을 하원할 때에서야 발견했어요. 그래서 동수 얼굴에 난 상처에 급한 대로 유치원에 있는 연고를 발라 주었거든요.
>
> 최 교사: 그런 일이 있었네요.
>
> 민 교사: 어제 동수가 울지도 않고 아프지도 않다고 해서 부모님께 알리지 않고 그냥 귀가시켰어요. 제가 동수에게 무관심하다고 생각하시는 것 같아요. 부모 면담을 해야겠는데 제가 초임이라 부모님과의 면담이 아직 어려워요.
>
> 최 교사: 처음엔 누구나 다 어렵기 마련이지요.
>
> 민 교사: 최 선생님께서 그렇게 말씀해 주시니 위로가 됩니다. 부모 면담은 어떻게 하면 좋을까요?
>
> 최 교사: 부모 면담을 잘하실 수 있도록 제가 적극 도와 드릴 테니 너무 걱정하지 말고 용기를 내서 해 보세요. 마침 이번 달이 정기 부모 면담 기간이라 오늘 오후에 우리 반 부모님들과 개인 면담 계획이 있어요. 그러니 우리 반에 오셔서 제가 하는 부모 면담을 참관해 보세요. 오늘 면담하실 어머님께는 제가 동의를 구할게요.
>
> 민 교사: 그래 주신다면 면담 절차와 부모님을 대하는 방법을 배워 면담을 자신 있게 할 수 있을 것 같아요.
>
> 최 교사: 민 선생님께서 부모 면담을 참관하신다고 하니 제가 더 열심히 준비해야겠네요. 그리고 다음 주 우리 유치원에서 부모 면담 워크숍이 있으니 그 때 여러 가지 부모 면담 기술을 배워 보시면 어떻겠어요? 실습도 한다던데요.
>
> 민 교사: 저도 워크숍에 참가해서 부모 면담 실습을 해보고 싶어요.
>
> 최 교사: 민 선생님은 무엇이든지 열심히 하시네요. 민 선생님과 이야기를 나누다 보니 저도 부모 면담에 대해 더 많이 생각하게 되어 제 능력도 향상되는 것 같아요. 이번 기회에 우리 유치원 교사들 간 협력을 도모하면서 부모 면담 기술도 향상시킬 수 있는 교사 연구회를 만들려고 해요.
>
> 민 교사: 그렇게 칭찬해 주시니 감사합니다. 교사 연구회에 저도 참여하고 싶은 의욕이 생기네요. 교사 연구회에서는 부모 면담에 관한 정보를 교류하면서 많은 지식을 얻을 수 있을 것 같아요.

답안 작성 시 유의 사항	배점

• 어법과 원고지 작성법에 맞게 서술하시오.
 	
• 주어진 원고지(1,200자)에 맞게 서술하시오.
  (1,100자 이하 또는 1,200자 초과 시 감점)
 	
• 글의 체계를 논리적으로 짜임새 있게 구성하시오.
 	
• 글의 명료성, 타당성, 일관성을 고려하여 서술하시오.
	• 논술의 내용 [총 15점]
	  − 안전사고 관련 적절하지 못한 행동의 수정(3점), 그 이유(3점)
	    [6점]
	  − 정서적 지원의 기대 효과(3점)와 전문적 지원의 기대 효과(3점)
	    [6점]
	  − 교사 역량과 그 개발의 필요성 [3점]
	• 논술의 체계 [총 5점]
	  − 글의 논리적 체계성 [3점]
	  − 맞춤법 및 원고지 작성법 [1점]
	  − 분량 [1점]

2018학년도 공립 유치원 교사 임용후보자 선정경쟁시험

유치원 교직 논술

수험번호 : (   )　　　　　　성명 : (   )

1교시	1문항 20점	시험 시간 60분

다음은 교사 학습 공동체에서 유치원 교사들이 나눈 대화이다. 1) 브론펜브레너(U. Bronfenbrenner)의 생태학적 체계 이론에 근거하여 유치원-가정 연계의 필요성을 논하시오. 2) 앱스테인(J. L. Epstein)의 유치원-가정 연계 유형 중 대화에 나타난 3가지를 쓰고, 각각의 유형에 해당하는 사례를 찾아 제시하시오. 그리고 3) 김 교사가 근무하는 유치원이 가정과 관계를 맺는 방식에서 초래되는 교육상 문제점을 유아, 부모, 유치원 차원에서 각각 1가지씩 논하고, 이를 해결하기 위한 방안 3가지를 제시하시오. [총 20점]

이 교사: 오늘은 2015 개정 유치원 교육과정에서 강조하는 유치원과 가정의 연계에 대해 이야기해 볼까요?

최 교사: 우리 유치원은 워크숍, 부모교육 등을 활용하여 학부모님들에게 자녀교육에 관한 다양한 정보를 제공하고 있어요. 그리고 알림장을 이용하여 아이들의 발달 상황과 생활 지도에 대해 학부모님들과 의견도 교환해요.

박 교사: 우리 유치원은 유치원 운영위원회나 학부모회를 통한 학부모님들의 참여가 활성화되어 있는 편이에요. 지난 가을 운동회 때도 유치원 운영위원회를 몇 차례 개최하여 아이들에게 의미 있는 운동회가 되도록 운영 방법을 같이 고민하고 토론하며 계획을 수립했어요.

김 교사: 그러면 시간이 많이 걸리지 않나요? 안내문을 각 가정에 보내 드리는 것만으로도 충분할 텐데요.

박 교사: 시간은 걸리지만 장점이 많아요. 실제로 많은 학부모님들이 관심을 보여 주셨고 다양한 피드백도 주셨어요. 그래서 내년에는 더 좋은 운동회를 할 수 있을 것 같아요.

이 교사: 그러고 보니 요즘에는 학부모 의견을 묻는 경우가 많아지지 않았어요?

박 교사: 맞아요. 우리 유치원에서는 자체적으로 학부모 만족도 조사를 자주 실시해요. 그리고 학부모님들이 주신 좋은 의견에 대해 유치원 운영위원회에서 활발히 논의해서 유치원 운영에 반영해요.

김 교사: 그렇군요. 지금까지는 학부모님들께 주로 정보만 제공해 왔는데, 이제부터는 우리 유치원도 가정과 유치원이 서로를 지원할 수 있는 방법을 적극적으로 모색해야겠어요.

답안 작성 시 유의 사항

- 어법과 원고지 작성법에 맞게 서술하시오.

- 주어진 원고지(1,200자)에 맞게 서술하시오.
  (1,100자 이하 또는 1,200자 초과 시 감점)

- 글의 체계를 논리적으로 짜임새 있게 구성하시오.

- 글의 명료성, 타당성, 일관성을 고려하여 서술하시오.

배점

- 논술의 내용 [총 15점]
  - 유치원-가정 연계의 필요성 [3점]
  - 유치원-가정 연계의 유형(3점)과 사례(3점) [6점]
  - 김 교사 유치원이 가정과 관계 맺는 방식에서 초래되는 교육상 문제점(3점)과 해결 방안(3점) [6점]

- 논술의 체계 [총 5점]
  - 글의 논리적 체계성 [3점]
  - 맞춤법 및 원고지 작성법 [1점]
  - 분량 [1점]

특수학교(유치원) 교직 논술

수험번호 : (   )   성명 : (   )

1교시	1문항 20점	시험 시간 60분

김 교사는 교사 연구회에서 발표할 「유아통합교육 질적 제고 방안 보고서」의 초안을 작성 중이며, 아래는 보고서의 일부 내용이다. 1) 아래 〈표〉에 나타난 주요 변화 양상을 통합교육과 의무교육 측면에서 설명하고, 그 의의를 각각 서술하시오. 또한 2) 2017년 자료에서 유추할 수 있는 일반학교에서의 통합교육이 갖는 장·단점을 각각 2가지씩 논하고, 제시한 단점을 개선하기 위한 방안과 관련하여 샌달(S. Sandall)과 슈바르츠(I. Schwartz)가 제시한 8가지 교육과정 수정 유형 중 2가지를 쓰고 그 내용을 각각 설명하시오. 그리고 3) 일반학교에서의 통합교육 질적 제고를 위한 교사 간 협력 차원에서의 교사 자질 3가지를 논하시오.

[총 20점]

〈제목 : 유아통합교육 질적 제고 방안〉

○ 근거
　– 「장애인 등에 대한 특수교육법」 제2조 제6항(통합교육의 정의), 제3조(의무교육), 제21조(통합교육)
　– 교육부의 유아 특수교육 기관 학생 수 현황 자료(2006년, 2007년, 2008년, 2017년)

○ 목적
　– 연도별 유아 특수교육 기관의 특수교육 대상자 수 현황 분석을 통한 통합교육의 장·단점 도출
　– 교육과정 수정과 교사 간 협력을 위한 교사의 자질 제고 방안 마련

○ 현황

〈표〉 연도별 유아 특수교육 기관 특수교육 대상자 수 현황

(단위: 명)

기관 연도	특수학교	일반학교		계
		특수학급	일반학급 (전일제 통합학급)	
2006	1,114	538	1,591	3,243
2007	1,032	599	1,494	3,125
2008	976	634	1,626	3,236
2017	948	2,763	1,726	5,437

○ 분석 결과
　– 통합교육과 의무교육에 따라 2006년, 2007년, 2008년, 2017년 유아 특수교육 기관별 특수교육 대상자 수의 변동이 있음.
　– 2006년~2008년과 2017년을 비교했을 때 유아 특수교육 대상자 수가 대폭 증가함.
　– 2017년 일반학교에서 일반학급보다 특수학급의 유아 특수교육 대상자 수가 더 많음.

답안 작성 시 유의 사항	배점

• 어법과 원고지 작성법에 맞게 서술하시오.
 	
• 주어진 원고지(1,200자)에 맞게 서술하시오.
  (1,100자 이하 또는 1,200자 초과 시 감점)
 	
• 글의 체계를 논리적으로 짜임새 있게 구성하시오.
 	
• 글의 명료성, 타당성, 일관성을 고려하여 서술하시오.
	• 논술의 내용 [총 15점]
	  – 변화 양상(2점), 통합교육과 의무교육의 의의(2점) [4점]
	  – 통합교육의 장·단점 각각 2가지(4점), 교육과정 수정 유형
	    2가지(2점)와 내용(2점) [8점]
	  – 교사의 자질 3가지 [3점]
	• 논술의 체계 [총 5점]
	  – 글의 논리적 체계성 [3점]
	  – 맞춤법 및 원고지 작성법 [1점]
	  – 분량 [1점]

해커스임용 백청일 일째배기 유아 교직논술

최종점검 9개년 기출문제 227

유치원 교직 논술

수험번호 : (   )   성명 : (   )

1교시	1문항 20점	시험 시간 60분

다음은 교사 학습공동체에서 나눈 교사들 간 대화이다. 1) 유아교사의 역할 4가지를 대화에 근거하여 제시하시오. 2) 김 교사의 대화를 바탕으로 역할갈등의 개념을 설명하고, 이에 근거하여 최 교사와 박 교사의 역할갈등 내용을 각각 1가지씩 제시하시오. 그리고 3) 최 교사와 박 교사 각각의 역할갈등 해결 방안을 개인 차원에서 2가지씩 논하고, 4) 이러한 역할갈등 해결을 지원하기 위한 조직 차원의 방안 2가지를 논하시오. [총 20점]

정 교사: 선생님들께서 고민하시는 부분에 대해 이야기를 나누어 볼까요?

김 교사: 요즘 저는 유아교사의 역할에 대해 고민하고 있어요. 저는 아이들을 잘 가르치는 것이 가장 중요하다고 생각하는데, 학부모님이나 원장님이 저에게 바라는 것은 조금 다른 것 같아요. 제 일은 아닌 것 같은데 해야 하기도 하고, 그러다 보면 정말 해야 할 일은 못 하게 될 때도 있어요. 그런데 주위에서 바라는 것은 너무 많고……. 정말 힘드네요.

최 교사: 저도 비슷한 고민을 하고 있어요. 저희 반에 최근 발달장애 진단을 받은 아이가 한 명 있는데 오늘 그 아이 어머니와 이야기를 나누고 나니 마음이 좀 복잡해요. 전에도 아이의 학급 내 생활과 관련해서 조언을 여러 번 해드렸는데, 오늘은 그것 말고 문제 행동 중재 방법에 대해 물어보시네요.

정 교사: 그 부분은 특수교육 전문가에게 도움을 받아야 하지 않을까요?

최 교사: 네, 저도 그렇게 생각해요. 그래서 저보다는 우리 유치원의 특수교사와 상담하시는 것이 좋겠다고 말씀드렸더니 표정이 조금 안 좋아지시더라고요.

박 교사: 제가 현재 근무하고 있는 곳은 3학급으로 구성된 병설유치원이잖아요. 이번에 저희 유치원에 부임한 선생님들이 모두 초임이에요. 저도 이제 경력이 2년밖에 안 되었는데 제가 선임 교사이다 보니 교장 선생님께서 유치원에 관련된 대부분의 업무들에 제가 관여하기를 원하세요. 물론 저도 제가 해야 할 일이라고 생각하지만 부담이 많이 돼요.

정 교사: 정말 힘드시겠네요.

박 교사: 네. 제가 맡은 학급과 관련한 행정 업무도 해야 하고, 원내 장학에도 참여해야 하고요. 또 전담 원감 선생님이 안 계시다 보니 유치원의 업무도 총괄하면서 교육 지원청과 업무 협조도 자주 해야 하거든요. 챙겨야 할 일이 너무 많아서 오히려 무엇 하나도 제대로 못 하고 있는 것 같아 속상해요.

답안 작성 시 유의 사항	배점

• 어법과 원고지 작성법에 맞게 서술하시오.
 	
• 주어진 원고지(1,200자)에 맞게 서술하시오.
  (1,100자 이하 또는 1,200자 초과 시 감점)
 	
• 글의 체계를 논리적으로 짜임새 있게 구성하시오.
 	
• 글의 명료성, 타당성, 일관성을 고려하여 서술하시오.
	• 논술의 내용 [총 15점]
	  – 유아교사의 역할 [4점]
	  – 역할갈등의 개념(3점)과 내용(2점) [5점]
	  – 개인 차원의 역할갈등 해결 방안 [4점]
	  – 조직 차원의 지원 방안 [2점]
	• 논술의 체계 [총 5점]
	  – 분량 [1점]
	  – 맞춤법 및 원고지 작성법 [1점]
	  – 글의 논리적 체계성 [3점]

특수학교(유치원) 교직 논술

수험번호 : (   )   성명 : (   )

1교시	1문항 20점	시험 시간 60분

다음은 발달지체 유아인 영희의 담임 교사가, 생태학적 관점을 중시하는 아버지와 행동주의적 관점을 중시하는 어머니와 함께 영희의 교육에 대해 상담한 내용이다. 1) 부모의 관점을 파악할 수 있는 대화 내용을 각각 2가지씩 찾아 제시하고, 각 관점에서 '영희의 머리카락 꼬기 행동'을 어떻게 해석하는지 논하시오. 2) 어머니가 영희에게 적용한 행동주의 중재기법을 그 용어와 함께 구체적으로 설명하고, 사회적 타당도의 개념에 근거하여 어머니의 교육방법이 적합한 이유 3가지를 논하시오. 그리고 3) 생태학적 관점에서 '동생의 출생'이 영희에게 어떤 영향을 미칠지 브론펜브레너(U. Bronfenbrenner)가 제시한 용어를 사용하여 논하시오. [총 20점]

담임 교사: 안녕하세요? 아버님과 어머님이 함께 와 주셔서 더욱 반갑습니다. 이제 서너 달 후면 영희도 동생이 생기겠네요. 오늘은 어떤 문제로 상담 요청을 하셨나요?

어 머 니: 영희의 교육에 대한 저와 남편의 생각이 너무 달라요. 남편은 저의 교육방법이 옳지 않다고 생각하는 것 같습니다.

아 버 지: 아내의 교육방법에 확신이 없는 것은 사실입니다. 예를 들면, 영희가 손가락으로 머리카락을 꼬는 행동을 하는데, 아내는 그것을 못하게 하려고 손으로 하는 여러 가지 일들을 끊임없이 시킵니다. 저는 영희의 행동이 다른 사람을 방해하는 것도 아니고 스스로에게도 그렇게 나쁘지 않다고 봅니다.

어 머 니: 저는 영희가 또래들이 하지 않는 행동은 가능하면 하지 않았으면 합니다. 놀림감이 되기 쉽거든요. 게다가 지금은 심심할 때 그냥 머리카락을 만지는 수준이지만 나중에 머리카락을 뽑는 행동으로 번질까봐 걱정이 됩니다. 그래서 영희가 머리카락 꼬는 행동을 못하도록 그리기나 퍼즐 맞추기, 악기 두드리기 등을 하게하고, 이를 잘할 때 간식을 주곤 합니다. 저는 보상을 통해 영희의 불필요한 행동을 충분히 바로잡을 수 있다고 봅니다.

담임 교사: 최근에 유치원에서도 영희가 머리카락을 꼬는 행동 대신에 다른 일을 좀 더 적극적으로 하는 것을 볼 때, 그 행동이 더 심해지지 않는 것은 확실한 듯합니다. 이러한 변화는 중요하다고 봅니다.

아 버 지: 저도 영희가 문제 행동을 하지 않는 것이 좋습니다. 다만 영희의 모든 행동을 또래의 수준에 맞추려고만 해서는 안 된다는 생각이 듭니다. 우리가 영희에게 거는 기대를 조절할 필요가 있다는 것이지요.

어 머 니: 그리고 저는 지금의 남편 직장에 만족하는데 남편은 영희를 위해 이직을 생각하고 있어요.

아 버 지: 이직이 간단한 문제가 아니라는 것은 저도 잘 압니다. 하지만 제가 알아본 새 직장은 근무 환경이 좋아서 아내가 출산한 후 영희를 보살피기 어려울 때 제가 영희를 돌볼 시간을 더 많이 낼 수 있을 것 같습니다.

담임 교사: 예. 두 분이 중요하게 생각하시는 점이 다른 것 같은데 조금 더 구체적으로 해결 방안을 논의해 보도록 하지요.

답안 작성 시 유의 사항	배점

• 어법과 원고지 작성법에 맞게 서술하시오.
 	
• 주어진 원고지(1,200자)에 맞게 서술하시오.
  (1,100자 이하 또는 1,200자 초과 시 감점)
 	
• 글의 체계를 논리적으로 짜임새 있게 구성하시오.
 	
• 글의 명료성, 타당성, 일관성을 고려하여 서술하시오.
	• 논술의 내용 [총 15점]
	  – 대화 내용(4점)과 영희 행동의 해석(2점) [6점]
	  – 중재기법의 용어(1점) 및 설명(2점)과 교육방법의 적합성(3점) [6점]
	  – '동생 출생'의 생태학적 의미에 대한 용어(1점) 및 설명(2점) [3점]
	• 논술의 체계 [총 5점]
	  – 분량 [1점]
	  – 맞춤법 및 원고지 작성법 [1점]
	  – 글의 논리적 체계성 [3점]

2016학년도 공립 유치원 교사 임용후보자 선정경쟁시험

유치원 교직 논술

수험번호 : (　　　　　　) 　　성명 : (　　　　　　　)

1교시	1문항 20점	시험 시간 60분

다음은 ○○초등학교 병설유치원에서 교육과정 운영과 관련하여 교사들이 나눈 대화의 일부이다. 1) 유치원 교육 현장에서 교육과정의 탄력적 운영이 필요한 이유를 학습자와 유치원 현장의 특성 측면에서 각각 1가지씩 제시하고, 2) 정 교사와 권 교사가 교육과정을 변경하고자 할 때 고려하고 있는 점 3가지를 제시한 후, 2015 개정 유치원 교육과정 총론의 '편성과 운영'을 근거로 각각의 교육적 의의를 논하시오. 그리고 3) 교직의 전문직 관점에서 교육과정을 탄력적으로 운영하기 위해 교사에게 요구되는 특성 2가지를 들고 이에 대해 논하시오. [총 20점]

정 교사: 박 선생님, 오늘 나비 축제에 대한 참여 요청 공문이 왔어요. 우리 아이들이 개막식에서 노래를 불러줬으면 좋겠다고 하는데, 그 날짜가 다음 주네요. 축제에 참여하려면 우리가 계획한 교육 일정을 변경해야 하는 상황이에요. 어떻게 하면 좋을까요?

박 교사: 그러면 곤란하지 않을까요? 벌써 부모님들께 월간 학습 계획안이 나간 상황이라 축제에 참여하기가 어려울 것 같아요. 이미 계획한 활동을 그대로 진행하는 것이 낫지 않을까요? 노래를 준비할 시간도 별로 없고 부모님으로부터 사전 동의 받을 시간도 부족해요.

정 교사: 박 선생님 말씀처럼 계획대로 하는 것도 좋겠지만 이번에는 조금 특별한 상황이잖아요. 저는 기존 계획을 바꿔서 운영할 수도 있다고 생각해요. 교육과정을 편성하고 운영할 때 예기치 못한 상황을 고려해야 한다고 교육과정에 제시되어 있어요. 특히 이번 축제는 1년 동안 기다려 온 프로그램이라서 놓치고 싶지 않아요. 아이들이 지역사회의 축제 문화에 참여해 볼 수 있는 좋은 기회이고요.

박 교사: 권 선생님 반에는 장애 유아 두 명이 있는데 괜찮을까요?

권 교사: 네, 마침 우리 반도 무리 없이 변경할 수 있을 것 같아요. 일단 축제 진행 담당자에게 장애 유아를 위해 특별한 서비스를 제공해 줄 수 있는지 알아보고, 두 아이가 함께 하기 힘든 활동은 조금 줄여서 계획하면 될 것 같아요. 그리고 작년에 개인적으로 다녀왔던 애들은 벌써부터 축제에 가기를 기대하고 있어요. 다른 아이들도 축제에 대한 기대가 크고요. 아이들이 나비를 실제로 보고 나비 되어보기나 나비 따라 달리기 등 여러 가지 행사에도 놀이 활동처럼 참여하면, 나비에 대해 더 많이 배울 수 있어서 좋을 것 같아요.

답안 작성 시 유의 사항	배점
• 어법과 원고지 작성법에 맞게 서술하시오. • 주어진 원고지(1,200자)에 맞게 서술하시오. 　(1,100자 이하 또는 1,200자 초과 시 감점) • 글의 체계를 논리적으로 짜임새 있게 구성하시오. • 글의 명료성, 타당성, 일관성을 고려하여 서술하시오.	• 논술의 체계 [총 10점] 　- 분량 [3점] 　- 맞춤법 및 원고지 작성법 [3점] 　- 글의 논리적 체계성 [4점] • 논술의 내용 [총 10점] 　- 교육과정의 탄력적 운영이 필요한 이유 [2점] 　- 교육과정의 탄력적 운영 시 고려한 사항과 의의 [6점] 　- 교직의 전문직 관점에서 교사에게 요구되는 특성 [2점]

특수학교(유치원·초등) 교직 논술

수험번호 : (　　　　　　　　)　　　　　　　성명 : (　　　　　　　　　)

1교시	1문항 20점	시험 시간 60분

　　다음은 특수교육 대상자로 선정되어 일반 학교에 배치된 현서의 통합교육을 지원하기 위해 일반학급 홍 교사와 특수학급 최 교사가 나눈 대화의 일부이다. 1) 일반 학교의 교장이 통합교육 계획을 수립·시행할 때 포함시켜야 할 사항을 「장애인 등에 대한 특수교육법」(법률 제12127호, 2013.12.30., 일부개정)에 근거하여 쓰시오. 2) 홍 교사와 최 교사가 통합학급에서 적용하고자 하는 협력교수 유형인 '일 교수-일 보조'와 '팀티칭'이 현서에게 적절한 이유를 각각 쓰고, 두 유형을 적용할 때 유의해야 할 사항을 유형별로 각각 논하시오. 그리고 3) 최 교사가 제안한 '의존적 집단 강화(dependent group contingency)'의 특징을 쓰고, 이를 적용하여 기대할 수 있는 효과를 현서와 학급 아동의 측면에서 각각 1가지씩 논하시오. [총 20점]

최 교사: 통합학급에서 현서를 지도하기가 많이 힘드시죠?

홍 교사: 네, 쉽지 않네요. 우리 학교도 통합교육 계획을 수립하고 시행한다고 알고 있어요. 현서를 도와줄 수 있는 내용도 있을까요?

최 교사: 그럼요. 특수교육 대상자를 배치 받은 학교장이 「장애인 등에 대한 특수교육법」에 따라 통합교육 계획을 수립하고 시행하도록 되어 있으니까요. 현서가 어떤지 구체적으로 알 수 있을까요?

홍 교사: 현서는 주의집중이 잘 안되고 또래에 비해 인지 발달이 느려서 개념 이해에도 어려움이 있어요. 그리고 현서가 친구들을 좋아해서 모둠 활동에 참여하고 싶어하는데, 사회적 기술이 부족해 또래와의 상호작용이 힘든 면이 있어요. 제가 특수교육 전공자가 아니라서 현서를 많이 도와주지 못해 안타까워요.

최 교사: 협력교수를 해 보면 어떨까요? 협력교수를 하면 현서뿐만 아니라 통합학급의 다른 아이들에게도 교육적 지원이 가능하거든요.

홍 교사: 좋은 생각이네요. 협력교수에는 어떤 것이 있을까요?

최 교사: 협력교수에는 여러 가지 유형이 있어요. 우리의 경우, 처음 협력교수를 시도할 때는 '일 교수-일 보조' 유형이 괜찮을 것 같고, 좀 더 익숙해지면 '팀티칭' 유형을 시도해 보는 것이 좋을 것 같아요.

홍 교사: 그래요. 선생님께서 말씀하신 그 두 가지 유형을 어떻게 적용할 것인지는 이후에 좀 더 자세히 이야기 나누고 싶어요.

최 교사: 그런데 현서는 통합학급에서 친구들과 어떻게 지내나요?

홍 교사: 말씀 드린대로 현서는 친구를 좋아해요. 그런데 현서가 친구들의 관심을 끌기 위해 수업과 관련 없는 질문이나 말을 하기도 하고 학급 규칙을 잘 지키지 않아 다른 친구들은 현서 때문에 방해를 받는다고 생각해요.

최 교사: 그러면 '의존적 집단 강화'를 적용해 보시면 어떨까요? 이 전략은 현서를 포함한 학급의 모든 아이들에게 도움을 줄 수 있을 거예요.

… (하략) …

답안 작성 시 유의 사항
• 어법과 원고지 작성법에 맞게 서술하시오.
• 주어진 원고지(1,200자)에 맞게 서술하시오.   (1,100자 이하 또는 1,200자 초과 시 감점)
• 글의 체계를 논리적으로 짜임새 있게 구성하시오.
• 글의 명료성, 타당성, 일관성을 고려하여 서술하시오.

배점

• 논술의 체계 [총 10점]
  – 분량 [3점]
  – 맞춤법 및 원고지 작성법 [3점]
  – 글의 논리적 체계성 [4점]
• 논술의 내용 [총 10점]
  – 학교장이 통합교육 계획 수립·시행 시 포함시켜야 할 사항 [2점]
  – '일 교수–일 보조'와 '팀티칭' 적용이 적절한 이유 및 유의 사항 [4점]
  – '의존적 집단 강화'의 특징 및 기대할 수 있는 효과 [4점]

유치원 교직 논술

수험번호 : (   )   성명 : (   )

1교시	1문항 20점	시험 시간 60분

초임 교사인 안 교사와 경력 교사인 김 교사의 다음 대화에 근거하여 1) 반성적 사고가 교사의 전문성 신장에 미치는 긍정적 효과를 2가지 논하고, 2) 반성적 사고를 통해 안 교사가 개선해야 할 교수행동과 대안을 각각 3가지씩 제시하시오. 그리고 3) 안 교사가 활용할 수 있는 반성적 사고 증진 방안을 2가지 논하시오. [총 20점]

김 교사: 선생님, 오늘 수업은 어떠셨어요?

안 교사: 오늘은 여러 가지 일들로 고민이 많네요.

김 교사: 무슨 문제가 있었어요?

안 교사: 오늘 자유선택활동 시간에 몇몇 유아들이 역할 놀이 영역에서만 너무 오래 놀고 있기에 의도적으로 다른 영역에 가서 놀도록 했어요. 대학에서 배운 대로 유아들에게 여러 영역의 활동을 고루 경험시키는 것이 중요하다고 생각했거든요. 그런데 유아들의 불평이 많았어요.

김 교사: 나도 그런 경우가 종종 있었어요. 실제로 유아들을 지도해 보니 꼭 배운 대로 되는 것이 아니더라고요. 오히려 유아들을 가르치며 계속 진지하게 고민하면서 조금씩 새로 깨달아 가는 것이 많았던 것 같아요. 그런데 또 다른 일도 있었던 거예요?

안 교사: 요즘 원장 선생님이 종종 교실 관찰을 하시잖아요? 우리 반 아이들이 쌓기 놀이 영역에서 매번 똑같은 것만 만드는 것 같다고 하시면서 그 이유가 무엇인지 고민해 보라고 하시네요. 사실 저는 유아들이 잘 노는 것 같아 크게 관심을 갖지 않았거든요.

김 교사: 원장 선생님께서 그런 말씀을 하셨다면 무슨 이유가 있었을 텐데…….

안 교사: 그런데 저는 도무지 모르겠어요.

김 교사: 그래도 더 고민해 보세요. 나도 그런 문제에 부딪쳤을 때 제 자신의 행동을 곰곰이 되돌아보곤 하는데, 그게 문제를 풀어가는 데 도움이 많이 되더라고요.

안 교사: 네. 그렇군요. 그러고 보니 한 가지 고민이 더 있어요. 오늘 미술 영역에서 유아들이 그린 해바라기를 벽면에 전시해 놓았는데, 제가 보여 준 해바라기와 똑같이 잎사귀는 초록, 꽃은 노랑으로 그린 거예요. 모두 똑같이 그린 것을 보니 제 지도 방법에 문제가 있는 것이 아닌가 하는 생각이 들었어요.

김 교사: 나도 유아들을 가르치면서 그런 문제로 고민한 적이 많아요.

안 교사: 선생님은 그럴 때 어떻게 하셨어요?

김 교사: 나는 막연하게 생각만 하기보다는 하루를 되돌아보며 꼼꼼하게 정리해 보곤 했어요.

안 교사: 저도 그 방법을 써 봐야겠네요.

김 교사: 다른 선생님과 내가 처한 상황에 대해 이야기하는 것도 도움이 되었어요.

안 교사: 아, 그것도 좋은 방법이겠네요.

답안 작성 시 유의 사항
• 어법과 원고지 작성법에 맞게 서술하시오. • 주어진 원고지(1,200자)에 맞게 서술하시오.   (1,100자 이하 또는 1,200자 초과 시 감점) • 글의 체계를 논리적으로 짜임새 있게 구성하시오. • 글의 명료성, 타당성, 일관성을 고려하여 서술하시오.

배점

• 논술의 체계 [총 10점]
  – 분량 [3점]
  – 맞춤법 및 원고지 작성법 [3점]
  – 글의 논리적 체계성 [4점]
• 논술의 내용 [총 10점]
  – 반성적 사고가 교사의 전문성 신장에 미치는 긍정적 효과 [2점]
  – 반성적 사고를 통해 안 교사가 개선해야 할 교수행동과 대안 [6점]
  – 반성적 사고 증진 방안 [2점]

특수학교(유치원·초등) 교직 논술

수험번호 : (   )   성명 : (   )

1교시	1문항 20점	시험 시간 60분

최근 특수교육 현장에 특수교육 보조원의 배치가 확대되면서 특수교사와 특수교육 보조원 간 협력의 필요성이 증가하고 있다. 특수교사인 김 교사와 특수교육 보조원의 다음 대화에 기초하여 1) 특수교육 보조원 활용의 순기능과 역기능을 각각 1가지씩 논하고, 2) 김 교사와 특수교육 보조원의 잘못된 역할 수행을 3가지 찾고 그 이유를 각각 제시한 후, 3) 김 교사와 특수교육 보조원 간의 협력 증진 방안을 책무성과 의사소통 측면에서 각각 1가지씩 논하시오. [총 20점]

김 교사: 이번 주 수업은 준비가 많이 필요했는데 자료 준비와 수업 진행에 도움을 주셔서 한결 수월했습니다.

특수교육 보조원: 승주가 처음 해보는 활동이 많아 걱정했는데 약간의 신체적 도움만으로도 잘 참여해 기분이 좋았습니다. 하지만 수업 중 자리를 이탈하는 행동은 여전히 고민거리입니다. 특히 또래 간 활동 중에는 다른 아이들에게 피해를 줄 것 같아 곁에 바짝 붙어서 행동을 제지하고 있습니다.

김 교사: 저도 승주의 그런 행동이 문제라고는 생각하지만, 자리 이탈 행동을 줄이기 위해 지금까지 승주에게 사용한 방법은 바꿀 필요가 있다고 생각합니다.

특수교육 보조원: 어떻게 바꾸는 것이 좋을까요?

김 교사: 네. 무조건 행동을 제지하는 것만으로는 문제 행동을 수정할 수 없어요. 지금 승주의 행동에는 어떤 요구가 담겨 있을 수 있기 때문에 그 요구를 표현할 다른 방법을 알려주는 것이 필요합니다.

특수교육 보조원: 사실은 얼마 전 승주 어머니와 비슷한 문제로 상담을 한 적이 있어요. 그 때 집에서도 승주가 어머니에게 요구를 표현하는 간단한 몸짓 신호가 있다고 말씀하셨어요.

김 교사: 그래서요?

특수교육 보조원: 그 말씀을 듣고 저도 승주가 요구를 표현할 수 있도록 몸짓 신호를 가르쳐 보는 것은 어떨까 해서 교육계획을 세워 적용해 보았어요. 그런데 승주의 자리 이탈 행동은 변하지 않았어요.

김 교사: 승주의 자리 이탈 행동을 변화시키려면 각각의 상황에 따른 원인을 정확히 찾는 것이 선행되어야 합니다. 제가 먼저 승주의 행동 원인을 분석해서 도와주셔야 할 일을 말씀드릴게요. 그러면 승주의 행동을 관찰하시고 새로운 중재 방법이 효과적이었는지 그 결과를 분석한 후 평가해 주세요.

특수교육 보조원: 네. 알겠습니다.

김 교사: 정기적으로 만나서 학생들의 지도에 대해 같이 이야기하는 시간을 가져 봅시다.

특수교육 보조원: 네. 그러면 좋을 것 같습니다.

답안 작성 시 유의 사항
• 어법과 원고지 작성법에 맞게 서술하시오. • 주어진 원고지(1,200자)에 맞게 서술하시오.   (1,100자 이하 또는 1,200자 초과 시 감점) • 글의 체계를 논리적으로 짜임새 있게 구성하시오. • 글의 명료성, 타당성, 일관성을 고려하여 서술하시오.

배점

• 논술의 체계 [총 10점]
  – 분량 [3점]
  – 맞춤법 및 원고지 작성법 [3점]
  – 글의 논리적 체계성 [4점]
• 논술의 내용 [총 10점]
  – 특수교육 보조원 활용의 순기능과 역기능 [2점]
  – 특수교사와 특수교육 보조원의 잘못된 역할 수행 및 그 이유 [6점]
  – 책무성과 의사소통 측면에서 특수교사와 특수교육 보조원 간 협력 증진 방안 [2점]

유치원 교직 논술

수험번호 : (　　　　　　　　　)　　　　　　　**성명 : (　　　　　　　　　)**

1교시	1문항 20점	시험 시간 60분

　오늘날 유치원 교사들은 교육 현장에서 다양한 직무 스트레스를 겪고 있다. 다음에서 1) 초임 교사인 정 교사가 겪고 있는 직무 스트레스 유발 요인을 인간관계 측면과 직무여건 측면에서 각각 논하고, 2) 정 교사의 직무 스트레스가 교사 자신과 유치원에 미치는 부정적 영향을 대화 속의 사례와 관련지어 각각 2가지씩 논하시오. 그리고 3) 정 교사가 직무 스트레스에 적절히 대처할 수 있는 방안을 교사의 자기 관리 능력 개발과 문제 해결 능력 개발의 차원에서 각각 2가지씩 논하시오. [총 20점]

〈행복유치원(단설)의 초임 교사인 정 교사와 경력 교사인 안 교사의 대화〉

정 교사: 안 선생님! 아이들 봐주셔서 고마워요. 배가 아팠는데 아이들만 두고 화장실에 갈 순 없었어요. 며칠 전에는 잠깐 화장실 갔다 온 사이에 한 아이가 다쳤었거든요. 정말 속상했었어요. 교실 안의 화장실은 유아용인데다 개방형이어서 사용하기가 곤란해요.

안 교사: 앞으로 급할 때는 이야기해요. 나도 경험해 봤으니까요. 그때는 원감 선생님께 도움을 청했었어요.

정 교사: 그런데 원감 선생님께 매번 부탁드릴 수도 없잖아요. 저는 화장실을 자주 가는 편이라 교사회의 때 이 문제를 건의해 봐야 할 것 같아요.

안 교사: 네, 그것도 좋은 생각이네요. 그런데 정 선생님! 오늘따라 많이 피곤해 보여요.

정 교사: 아, 그래요? 요즘 부모 면담 준비하느라 늦게까지 일하고 집에 가거든요. 그래서 그런가 봐요. 처음 하는 면담이라 그런지 부담이 많이 되네요. 실은 우리 반 학부모 한 분이 거의 매일 전화해서 이것저것 간섭하고, 요구 사항도 많으세요. 어떤 때에는 꼭 저를 가르치려는 것 같아요. 전화 받고 나면 가슴이 쿵쾅거려 일을 제대로 못하겠어요.

안 교사: 어머! 정말 힘들겠네요.

정 교사: 네, 그래도 아이들을 보면 힘이 나요. 정말 예뻐요. 그런데 아직 업무가 버거워요. 학급 운영계획서도 못 냈어요. 학부모 공개수업에 부모 면담까지 준비하다 보니 도저히 작성할 시간이 없었어요. 게다가 박 선생님이 생활 주제가 같다며 자료 준비를 자주 부탁하세요. 아무리 같은 자료라지만, 부담돼요. 너무 본인 생각만 하시는 것 같아요. 거절하자니 관계가 나빠질 것 같아 말도 못했어요. 어떨 땐 우리 반 자료 준비도 하기 싫어져요. 불편한 마음 때문에 아이들한테 짜증내기도 하고요. 그럴 땐 많이 미안하죠.

안 교사: 아, 그런 일이 있었군요. 다과 모임 때 박 선생님께 솔직히 이야기하지 그랬어요?

정 교사: 지난 모임엔 박 선생님과 얼굴 마주치기 싫어 안 갔어요. 이번엔 가서 이야기해 볼까 생각 중이에요.

안 교사: 그러세요. 어쨌든 이번 주면 힘든 일들이 어느 정도 끝나겠네요. 기분 전환도 할 겸 같이 등산이나 갈까요?

정 교사: 저는 방과 후 교사교육이 있어 못 가요. 초임인데, 제가 왜 이 일을 해야 하는지 모르겠어요. 아프다는 핑계로 병가라도 내고 싶어요. 요즘에는 밤에 잠도 안 와요.

안 교사: 많이 힘들겠지만, 그래도 힘내요. 다음에 원감 선생님과 한번 상담해 봐요. 지난번에 다른 일로 상담을 했는데 도움이 많이 되었거든요.

답안 작성 시 유의 사항	배점

• 어법과 원고지 작성법에 맞게 서술하시오.
 	
• 주어진 원고지(1,200자)에 맞게 서술하시오.
  (1,100자 이하 또는 1,200자 초과 시 감점)
 	
• 글의 체계를 논리적으로 짜임새 있게 구성하시오.
 	
• 글의 명료성, 타당성, 일관성을 고려하여 서술하시오.
	• 논술의 체계 [총 10점]
	  – 분량 [3점]
	  – 맞춤법 및 원고지 작성법 [3점]
	  – 글의 논리적 체계성 [4점]
	• 논술의 내용 [총 10점]
	  – 직무 스트레스의 유발 요인 [2점]
	  – 직무 스트레스가 교사와 유치원에 미치는 부정적 영향 [4점]
	  – 자기 관리 능력 개발과 문제 해결 능력 개발 차원에서의 직무 스트레스 대처 방안 [4점]

특수학교(유치원) 교직 논술

수험번호 : (　　　　　　)　　　　　　　　　**성명 : (　　　　　　　　)**

1교시	1문항 20점	시험 시간 60분

　　다음은 특수학급 김 교사가 민수와 은지에게 적합한 교수전략을 파악하기 위해 각 아동의 수업행동 특성과 교육적 요구를 분석한 것이다. 김 교사는 분석 내용에 기초하여 민수에게는 자기교수 전략을, 은지에게는 또래교수 전략을 적용하기로 결정하였다. 1) 두 교수전략의 개념을 각각 정의하고, 2) 민수와 은지의 수업행동에 나타난 강점과 약점을 바탕으로 김 교사의 교수전략 결정 근거를 각각 논하시오. 그리고 3) 민수의 교육적 요구와 관련지어 자기교수 전략의 적용 단계를 구체적으로 논하시오. [총 20점]

〈민수의 수업행동〉
○ 특성: 민수는 주의가 매우 산만하다. 수업이나 과제에 집중하지 못하고, 참여하더라도 자신이 무엇을 해야 하는지, 무엇을 하고 있는지, 어떻게 해야 하는지, 그리고 잘 하고 있는지 등에 대해서 거의 관심이 없다. 이로 인해 교사의 지시나 질문을 이해하지 못하고, 충분히 해결할 수 있는 익숙한 과제도 완수하지 못하거나 엉뚱하게 해결하기도 한다. 그러나 자신의 흥미를 강하게 유발하는 과제나 활동에는 스스로 참여하여 적극적으로 수행하는 경우도 있다.
○ 교육적 요구: 학습에 대한 책임감 및 주의집중력 향상

〈은지의 수업행동〉
○ 특성: 은지는 수업에 잘 참여하지 못한다. 기초학력 부진이 그 직접적인 원인이지만, 친구들과 어울리지 못하고 그림자 취급을 받는 것도 주요 원인이다. 은지가 친구들과 친해지고 싶은 의욕은 가지고 있어서 간혹 친구들에게 다가가지만, 사회성 기술이 부족하여 수용할 수 있는 적절한 행동을 잘 하지 못하기 때문에 친구들이 귀찮게 여기고 가까이하지 않으려고 한다. 그러나 은지는 친구들이 하는 행동을 따라 하려는 성향이 있고, 친구들이 먼저 다가가 도와주면 과제나 활동에 참여하기도 한다.
○ 교육적 요구: 기초학력 및 사회성 기술 향상

답안 작성 시 유의 사항	배점
• 어법과 원고지 작성법에 맞게 서술하시오. • 주어진 원고지(1,200자)에 맞게 서술하시오. 　(1,100자 이하 또는 1,200자 초과 시 감점) • 글의 체계를 논리적으로 짜임새 있게 구성하시오. • 글의 명료성, 타당성, 일관성을 고려하여 서술하시오.	• 논술의 체계 [총 10점] 　– 분량 [3점] 　– 맞춤법 및 원고지 작성법 [3점] 　– 글의 논리적 체계성 [4점] • 논술의 내용 [총 10점] 　– 두 교수전략의 개념 정의 [2점] 　– 두 교수전략의 결정 근거 [4점] 　– 자기교수 전략의 구체적 적용 단계 [4점]

2013학년도 공립 유치원 교사 임용후보자 선정경쟁시험

유치원 교직 논술

수험번호 : (   )   성명 : (   )

1교시	1문항 20점	시험 시간 60분

유아에 대한 이해와 평가는 유아교육의 질을 높이는 데 중요하다. 1) 유아 평가의 목적 2가지를 (가)와 관련지어 논하시오. 2) (나)에서 김 교사가 포트폴리오 평가 수행 과정에서 범한 문제점 4가지를 논하고, 3) 각 문제점에 대한 해결 방안을 서로 중복되지 않게 논하시오. [총 20점]

(가) 송 교사가 작성한 저널

학기 시작한 지도 벌써 한 달이 되었다. 그동안 내가 맡은 아이들의 개인별 특성을 파악하려고 나름대로 노력하였고, 그로 인해 얻은 것이 참 많다. 아이들에 대해 파악한 특성을 최대한 반영하여 교육과 보육 활동을 개선한다면 더욱 멋진 한 해가 되겠지! 다음 주부터 학부모 상담이 시작된다. 학부모를 상담하는 자리가 조금은 부담스럽다. 그러나 학부모 상담은 내가 각 아이에 대해 파악한 것이 맞는지, 더 알아야 할 것은 없는지, 부모님이 나에게 바라는 점은 또 어떤 것이 있는지 등을 한 번 더 확인하는 기회가 될 것이기 때문에 기대도 된다.

(나) 송 교사와 김 교사가 나눈 대화

송 교사: 선생님! 포트폴리오 평가 계획 수립 시 평가 지침은 명확히 설정하셨나요?

김 교사: 포트폴리오 평가 지침을 명확하게 정해야 한다는 말은 맞아요. 그러나 포트폴리오 평가는 구성주의 패러다임을 따르잖아요. 그래서 저는 아이들의 성장 발달을 선입견 없이 보이는 양상 그대로 평가하려고 자료 수집 내용과 평가 시기만을 설정했어요.

송 교사: 포트폴리오 평가를 위한 자료 수집은 어떻게 하셨나요?

김 교사: 아이들의 강점을 확인하고자 다양한 자료를 모았어요.

송 교사: 수집한 자료는 충분했나요?

김 교사: 학기 말에 집중적으로 모았는데 충분했어요. 사실 학기 초에는 모을 시간이 없었거든요.

송 교사: 포트폴리오 자료 분석은 어떻게 하셨나요?

김 교사: 포트폴리오 평가에서는 아이들의 자기평가가 중요하잖아요. 그래서 아이들 스스로 자신의 작품에 대한 생각을 말해 보게 했고요. 저는 모은 자료 중에서 잘한 것 위주로 분석했는데 생각보다 좋은 작품이 많았어요. 각 아이의 성취수준이 기대만큼 충분히 높아서 참 흐뭇했어요.

송 교사: 예. 그러시군요. 그렇다면 포트폴리오 평가 결과는 어떻게 활용하셨나요?

김 교사: 아이들의 발달과 학습 변화에 대해 학부모들과 이야기하기보다는 유치원을 홍보하는 데 개별 아이의 포트폴리오 평가 결과를 사용했어요. 특히, 유치원 행사와 관련된 사진 자료가 매우 효과적이었어요. 이와 별개로 포트폴리오 평가를 통해 얻은 시사점은 2학기 교육과정 운영에 반영하려고 해요.

송 교사: 예. 포트폴리오 평가는 유아 평가의 취지에 부합되기 때문에 앞으로 유치원 현장에서 많이 활용될 것 같네요.

답안 작성 시 유의 사항	배점
• 어법과 원고지 작성법에 맞게 서술하시오. • 주어진 원고지(1,200자)에 맞게 서술하시오. (1,100자 이하 또는 1,200자 초과 시 감점) • 글의 체계를 논리적으로 짜임새 있게 구성하시오. • 글의 명료성, 타당성, 일관성을 고려하여 서술하시오.	• 논술의 체계 [총 10점] – 분량 [3점] – 맞춤법 및 원고지 작성법 [3점] – 글의 논리적 체계성 [4점] • 논술의 내용 [총 10점] – 유아 평가의 목적 2가지 [2점] – 김 교사가 포트폴리오 평가 수행 과정에서 범한 문제점 4가지 [4점] – 문제점에 대한 해결 방안 4가지 [4점]

특수학교(유치원) 교직 논술

수험번호 : (　　　　　　　　　) 　　　　　　성명 : (　　　　　　　　　　　)

1교시	1문항 20점	시험 시간 60분

학기 초에 특수학급 김 교사는 동우의 개별화 교육계획 수립에 필요한 교육적 요구를 파악하기 위해 동우 부모님을 면담했다. 1) 부모 면담을 통한 정보 수집 시 교사가 유의해야 할 사항 2가지를 논하시오. 그리고 2) 면담 내용에 나타난 동우의 여러 행동을 공통적으로 설명할 수 있는 원인 1가지를 동우의 행동을 예로 들어 제시하고, 3) 이 원인으로 인해 동우가 학급에서 겪을 수 있는 어려움을 '또래 관계', '교실 환경', '학습 활동' 측면에서 1가지씩 예시한 후, 각 어려움에 대한 중재 방안을 1가지씩 논하시오. [총 20점]

다음은 김 교사와 동우 부모님의 면담 내용이다.

김 교사: 어머님, 동우는 어떤 아이인가요?

어머니: 우리 동우는 많이 까다로운 편이에요.

김 교사: 왜 그렇게 생각하시죠?

어머니: 항상 헐렁한 옷만 입으려고 해요. 엄마 입장에서는 몸에 붙는 멋진 옷도 입히고 싶은데, 입히려고 하면 난리가 나요.

김 교사: 누나가 있다고 들었는데, 집에서 누나하고는 잘 지내나요?

어머니: 잘 놀지는 못해요. 가끔 누나가 동우를 안아 주거나 얼굴을 두 손으로 감싸 주려고 하면 동우는 바로 피해 버려요. 그럴 때 누나가 좀 상처를 받는 것 같아요. 어제만 하더라도 누나가 핑거페인팅 놀이를 준비했는데, 동우가 절대로 물감을 손에 묻히려고 하지 않아서 또 실망하더라고요.

김 교사: 아버님은 동우와 잘 놀아주세요?

아버지: 기차놀이나 비행기 태워주기처럼 몸으로 하는 놀이를 주로 하는데, 그럴 때마다 동우가 많이 긴장하는 것 같습니다. 근래에 조금 나아지기는 했지만……. 우리 동우가 앞으로 친구들과 함께 잘 어울려야 할 텐데……. 아빠로서 걱정이 많습니다.

김 교사: 그렇군요. 혹시 동우와 관련해서 더 하실 말씀 있으세요?

어머니: 음……. 동우가 음식을 먹는 데에도 조금 어려움이 있어요. 음식 씹는 것을 싫어하고 특정 음식에 대해서는 거부감이 심해요. 이 문제가 동우의 다른 행동들과 관계가 있는지는 모르겠어요.

답안 작성 시 유의 사항

- 어법과 원고지 작성법에 맞게 서술하시오.

- 주어진 원고지(1,200자)에 맞게 서술하시오. (1,100자 이하 또는 1,200자 초과 시 감점)

- 글의 체계를 논리적으로 짜임새 있게 구성하시오.

- 글의 명료성, 타당성, 일관성을 고려하여 서술하시오.

배점

- 논술의 체계 [총 10점]
  - 분량 [3점] 　　　　　　 – 맞춤법 및 원고지 작성법 [3점]
  - 글의 논리적 체계성 [4점]

- 논술의 내용 [총 10점]
  - 부모 면담을 통한 정보 수집 시 유의 사항 2가지 [2점]
  - 동우의 여러 행동을 공통적으로 설명할 수 있는 원인 1가지와 동우의 행동 예시 1가지 [2점]
  - 학급에서 동우가 '또래 관계', '교실 환경', '학습 활동'의 측면에서 겪을 수 있는 각각의 어려움 1가지와 각 어려움에 대한 중재 방안 1가지 [6점]

유치원 교직 논술

수험번호 : (　　　　　　　)　　　　　　　**성명 : (　　　　　　　　　　)**

1교시	1문항 20점	시험 시간 60분

(가)와 (나)는, A 초등학교 병설유치원과 B 초등학교 병설유치원에서 원감과 전체 교사가 회의하는 각각의 장면이다. 1) (가)의 사례에 나타난 A 초등학교 병설유치원 조직문화의 긍정적 측면 2가지를 논하시오. 2) (나)의 사례에 나타난 B 초등학교 병설유치원 조직문화의 문제점 4가지를 밝히고, 3) 각 문제점에 대한 해결 방안을 구체적으로 논하시오. [총 20점]

(가) A 초등학교 병설유치원

유 원감: 박 선생님, 오늘 얼굴이 아주 밝으신데 무슨 기분 좋은 일이라도 있어요?

박 교사: 네, 우리 반 아이들이 너무 멋지게 협동 작업을 했거든요. 최 선생님이 주신 아이디어로 활동한 거였는데 아이들의 반응이 기대 이상이었어요.

최 교사: 어제 저와 얘기 나눈 인성교육 활동을 적용하셨군요. 아이들이 어떻게 했는지 한 번 보고 싶네요.

박 교사: 제가 홈페이지에 수업 동영상을 올려놓았으니까 회의 끝나고 같이 한 번 봐요.

유 원감: 올해 우리 유치원에서 제일 강조하는 목표가 유아들의 인성교육이잖아요. 앞으로도 모든 활동에서 그 점을 최우선으로 고려해 주세요.

강 교사: 네, 저도 요즘 인성교육 활동을 계획해서 실천하고 있어요. 박 선생님 반에서는 어떻게 하셨는지 궁금하네요.

최 교사: 그럼 강 선생님, 저와 같이 박 선생님 반 수업 동영상 보고 이야기해 봐요.

(나) B 초등학교 병설유치원

정 원감: 오늘 회의에서는 행사 준비 상황을 점검해 보죠. 먼저, 부모 면담 일정은 확정되었나요?

서 교사: 우리 반은 이제 다 확정되었어요.

황 교사: 저는 면담 일정 안내문을 내 보냈는데, 아직 몇 분이 답을 안 주셨어요.

정 원감: 김 선생님 반은요?

김 교사: 저도 안내문은 보냈어요. 그런데 제가 부모 면담이 처음이라 그러는데요, 면담 자료는 어떻게 준비해야 하나요?

정 원감: 김 선생님! 부모교육 책 찾아서 준비해 보세요. 자, 부모 면담 끝나면 가족의 날 행사가 이어서 있는데, 서 선생님, 행사 담당은 선생님이시죠?

서 교사: 행사 담당은 제가 맞지만 가족의 날 행사는 반별로 준비해야 되는 거 아니에요?

황 교사: 반별로 준비하더라도 전체가 함께 하는 프로그램도 있는데, 그건 누가 담당하는 거죠?

정 원감: 행사가 얼마 안 남았는데, 지금 그런 질문을 서로 하고 있으면 어떻게 해요!

…… (중략) ……

황 교사: 이번 어린이날 행사는 작년과는 좀 다르게 하면 어떨까요?

서 교사: 작년에 했던 것도 괜찮은데 그냥 그대로 해요.

황 교사: 작년에 다녔던 아이들도 많은데 너무 똑같으면 재미없지 않을까요?

정 원감: 별 문제 없었는데 뭘 굳이 바꿔요.

황 교사: 그럼 어린이날 행사는 그대로 하고요, 이번 봄 소풍 장소에 대해 의논해 보면 좋겠어요.

정 원감: 의논할 필요는 없고, 올해는 행복동산으로 가죠. 서 선생님은 바로 차량 섭외하세요.

답안 작성 시 유의 사항	배점

• 어법과 원고지 작성법에 맞게 서술하시오.
 	
• 주어진 원고지(1,200자)에 맞게 서술하시오.
  (1,100자 이하 또는 1,200자 초과 시 감점)
 	
• 글의 체계를 논리적으로 짜임새 있게 구성하시오.
 	
• 글의 명료성, 타당성, 일관성을 고려하여 서술하시오.
	• 논술의 체계 [총 10점]
	  – 분량 [3점]
	  – 맞춤법 및 원고지 작성법 [3점]
	  – 글의 논리적 체계성 [4점]
	• 논술의 내용 [총 10점]
	  – (가)의 사례에 나타난 A 초등학교 병설유치원 조직문화의
	    긍정적 측면 2가지 [2점]
	  – (나)의 사례에 나타난 B 초등학교 병설유치원 조직문화의
	    문제점 4가지 [4점]
	  – 문제점에 대한 해결 방안 4가지 [4점]

부록 2

최종 합격을 위한
최신 경향 이론

1. 성숙주의 교사 신념 검사

번호	내용
1	나는 유아를 가르칠 때 어려운 말을 피하고 유아가 알아들을 수 있는 말을 사용한다.
2	나는 유아가 탐구할 때 도움을 주기는 하지만 유아의 능력 이상의 것을 하도록 강요하지 않는다.
3	나는 유아의 정서적인 문제 해결 방법으로 극놀이를 적극적으로 권장한다.
4	나는 그날의 주요 활동이 주로 자유선택활동을 통해서 이루어지도록 한다.
5	나는 하루 일과 구성 시 유아가 자발적으로 활동을 선택하는 것을 강조한다.
6	나는 유아 상호 간의 협동과 집단 활동을 주로 많이 계획한다.
7	나는 유아가 일과 계획 시 활동을 주도하도록 한다.
8	나는 활동의 결과에 관심을 두며 유아의 능력을 높이 평가한다.
9	나는 유아 수준에 적절한 활동을 주도한다.
10	나는 유아의 흥미에 따라 자료를 제공해 주지만 자료는 우선적으로 유아의 발달 수준에 적합해야 한다고 본다.

2. 행동주의 교사 신념 검사

번호	내용
1	나는 유아의 행동이나 대답이 성인이 알아들을 수 있는 것이 되도록 돕는다.
2	나는 유아의 활동에 있어서 결과나 과제 완성에 관심을 갖는다.
3	나는 지식이나 정보를 주로 말로 설명함으로써 유아를 가르친다.
4	나는 유아가 의심하거나 불확실해하거나 애매모호한 느낌을 가지는 상황을 만들지 않는다.
5	나는 특별히 제작된 자료 게임, 직접 지도를 통해 언어와 개념을 가르친다.
6	나는 칭찬, 관심, 상 등으로 보상하여 유아의 긍정적인 행동을 강화한다.
7	나는 교구와 교재를 정해진 방법대로 유아가 사용하도록 한다.
8	나는 유아에게 성인 수준의 말을 사용하고 유아가 쓰는 말을 성인 수준의 말로 끌어 올린다.
9	나는 내가 준비, 계획한 활동에 유아가 따르게 한다.
10	나는 유아 스스로 실수를 교정할 수 있도록 만들어진 활동이나 매체를 활용하여 행동을 바꾸어 가도록 한다.

3. 상호작용주의 교사 신념 검사

번호	내용
1	나는 언어교육이 특별한 단원이나 시간에 이루어지기보다는 일상생활 속에서 일어나도록 한다.
2	나는 유아가 무엇을 해냈는가와 같은 결과보다는 어떻게 작업하고 놀이하는지의 과정에 더 관심을 둔다.
3	나는 유아가 문제를 해결하는 상황에서 꼭 필요할 때만 돕는다.
4	나는 유아가 활동 그 자체에 흥미를 가짐으로써 보상을 받으므로 칭찬을 따로 하지 않아도 된다고 생각한다.
5	나는 유아가 쓰는 말을 주로 사용하여 유아의 언어 수준에 맞춘다.
6	나는 정해진 방법보다는 유아 자신의 방식대로 자료나 시설을 사용하게 한다.
7	나는 유아의 대답이나 반응이 옳은 것이 아닐지라도 받아들인다.
8	나는 유아가 스스로 정보를 얻기 위해 원하는 자료가 있다면 그것을 제공해 준다.
9	나는 유아가 어떤 활동이나 과제를 미완성인 채로 남겨 두어도 이를 허용한다.
10	나는 유아 스스로 실험하고 탐색하고 문제를 해결하는 상황을 제공한다.

4. 행동주의로 수정해 보기

> **혼합 연령반 자유선택 놀이활동 장면(민희 · 수철 만 4세, 영수 만 5세)**
>
> 수　철: 선생님, 저는 블록 영역으로 가서 성을 쌓을 거예요.
>
> 박 교사: 그래, 네가 생각한 대로 블록 영역에 가서 해 보렴.
>
> 민　희: 선생님, 저는 뭘 해야 할지 모르겠어요.
>
> 박 교사: 그러니? 민희야, 좀 더 생각해 볼래?
>
> 영　수: 선생님, 저는 미술 영역에 갈래요.
>
> 박 교사: 그래, 오늘 미술 영역에는 여러 가지 재료들이 준비되어 있단다.
>
> 민　희: (밝은 표정으로) 아, 저도 미술 영역에 갈래요.
>
> 박 교사: 민희와 영수는 미술 영역에 가고 싶구나. 그래, 우리 같이 가 보자.
>
> 　(미술 영역에는 색종이, 깡통, 종이 상자, 휴지 속대, 병뚜껑, 풀, 가위 등 다양한 활동 재료들이 준비되어 있다.)
>
> 영　수: 우와, 여기 여러 가지가 있네. (종이 상자를 잡으며) 나는 이것으로 자동차를 만들어야지.
>
> 민　희: 오빠는 자동차 만들어? (잠시 고민하더니) 선생님, 저는 자동차는 못 만들겠어요.
>
> 박 교사: 민희야, 네가 만들고 싶은 것을 만들면 돼.
>
> 민　희: 음, 난 너무 어려울 것 같은데……. (잠시 후 밝은 목소리로) 선생님, 저는 소꿉놀이 하러 갈래요.
>
> 박 교사: 그래, 소꿉놀이 영역에도 재미있는 놀잇감이 많이 있단다.

5. 상호작용주의로 수정해 보기

혼합 연령반 자유선택 놀이활동 장면(민희·수철 만 4세, 영수 만 5세)

수　철: 선생님, 저는 블록 영역으로 가서 성을 쌓을 거예요.

박 교사: 그래, 네가 생각한 대로 블록 영역에 가서 해 보렴.

민　희: 선생님, 저는 뭘 해야 할지 모르겠어요.

박 교사: 그러니? 민희야, 좀 더 생각해 볼래?

영　수: 선생님, 저는 미술 영역에 갈래요.

박 교사: 그래, 오늘 미술 영역에는 여러 가지 재료들이 준비되어 있단다.

민　희: (밝은 표정으로) 아, 저도 미술 영역에 갈래요.

박 교사: 민희와 영수는 미술 영역에 가고 싶구나. 그래, 우리 같이 가 보자.

　　(미술 영역에는 색종이, 깡통, 종이 상자, 휴지 속대, 병뚜껑, 풀, 가위 등 다양한 활동 재료들이 준비되어 있다.)

영　수: 우와, 여기 여러 가지가 있네. (종이 상자를 잡으며) 나는 이것으로 자동차를 만들어야지.

민　희: 오빠는 자동차 만들어? (잠시 고민하더니) 선생님, 저는 자동차는 못 만들겠어요.

박 교사: 민희야, 네가 만들고 싶은 것을 만들면 돼.

민　희: 음, 난 너무 어려울 것 같은데……. (잠시 후 밝은 목소리로) 선생님, 저는 소꿉놀이 하러 갈래요.

박 교사: 그래, 소꿉놀이 영역에도 재미있는 놀잇감이 많이 있단다.

02 교육기관 유형에 따른 교육신념 및 창의성 증진을 위한 역할 인식

[요약 정리]

① 유아교육기관 유형에 따라 유아교사의 교육신념과 유아의 창의성 증진에 대한 역할 인식이 어떠한 차이가 있으며, 또한 유아교사의 교육신념이 유아의 창의성에 대한 역할 인식에 어떠한 영향을 미치는지를 유아교육기관 유형별로 분석해 보고자 하였다. 연구대상은 공·사립 유치원 및 법인·개인 어린이집에 근무하는 현직 교사 196명이었다.

② 연구 결과, 공립 유치원 교사는 성숙주의 신념과 상호작용주의 신념이 다른 유아교육기관 교사보다 높은 것으로 나타났다. 또한 공립 유치원 교사는 다른 유아교육기관 교사보다 창의성 증진을 위한 교사 역할 인식에서도 높았다.

③ 교사의 교육신념이 창의성 증진을 위한 교사역할 인식에 어떠한 영향을 미치는지를 살펴본 결과, 공립 유치원에서는 교사의 성숙주의 신념이 창의성 증진을 위한 교사역할 인식을 가장 의미있게 예언하였다. 그러나 법인 어린이집에서는 교사의 상호작용주의 신념이 그리고 개인 어린이집에서는 교사의 성숙주의 신념이 창의성 증진을 위한 교사역할 인식에 부정적인 영향을 미치는 것으로 나타났다.

1. 서론

(1) 유아기의 창의성 발달과 교사의 역할

유아기의 창의성 발달은 교사가 유아의 창의성을 신장시키기 위해 어떠한 교육적 역할을 하는가에 따라 달리 나타난다. 여러 연구들은(Feldhusen & Treffinger, 1985; Torrance, 1972; Van Gundy, 1987) 창의성을 신장시키기 위한 교육적 노력이 실제로 창의성을 높이는 데 많은 도움을 줄 수 있음을 밝히고 있다. 이는 유아기의 창의성 교육이 교사의 역할에 따라 계발·육성될 수 있음을 의미하는 것이다. 초등학교 이상의 단계에서는 교육 내용이나 방법들이 사전에 결정되어 있지만, 유아학급에서는 교육 내용이나 방법들이 교육을 진행해 나가는 과정에서 교사 스스로의 판단에 의해 결정되기 때문에 그 어느 시기보다도 유아기의 창의성 발달에는 교사의 역할이 매우 중요하다.

(2) 창의성과 교육신념

① 장영희(1995)는 창의성은 근본적으로 개별성과 개방성을 기초로 하며 이러한 측면에서 능동적 유기체로서 유아를 인정하고 유아들의 선택과 그에 따르는 책임을 강조하는 교사의 철학적 바탕이 필요하다고 주장하였다. 이는 유아교사가 유아의 창의성을 신장시키기 위해 어떠한 신념을 바탕으로 하여 교사역할을 지각하는가 하는 것이 유아의 창의성을 증진시키는 데 많은 영향을 미치게 되며, 유아교육 프로그램 효율성을 촉진하는 데 중요한 역할을 한다는 것을 나타내는 것이다.

② 유아교사가 가지는 교육신념은 교수행위로서 표출되어 교육과정을 수행하는 데 매우 큰 영향을 미치게 되기 때문에(이영석·한석실, 2002; Hatch & Freeman, 1998; Wiseman, Cooner

& Knight, 1999), 교사가 유아의 창의성을 증진시키기 위해 시도하는 여러 가지 교수행위를 이해하기 위해서는 교사들이 가지는 교육적 신념을 이해하는 것이 중요하다. 따라서 그 어느 연령의 학습자보다 교사의 영향을 가장 많이 받는 유아들에게 있어 교사가 가지고 있는 신념의 유형이 유아의 창의성을 증진시키기 위한 교사의 역할 인식에 어떠한 영향을 미치는지를 살펴보는 것은 매우 중요하다.

(3) 유아교사의 신념 및 교사의 역할 인식 연구

① 이처럼 유아교사의 교육신념이 창의성 교육에 대한 역할 인식에 어떠한 영향을 미치는지를 살펴볼 필요성이 있음에도 불구하고, 지금까지는 유아교사의 신념과 유아의 창의성을 신장시키는 데 있어 교사의 역할 인식과의 관계를 탐색한 연구는 매우 부족하였다. 지금까지의 교육신념에 대한 선행연구는 주로 유아교사의 교육신념과 교육실제 및 교수법과의 관계에 관한 연구(김수영, 1992; 김숙자·최기영, 1994; 장영숙·최미숙·황윤세, 2004; Fang, 1996; Rosenthal, 1991), 교사경력 및 기관유형별 교육신념 연구(최미숙, 2004), 교육신념과 유아 발달과의 관계(권창길, 1998) 등에 관심을 기울여왔다. 또한 창의성 교육에 대한 선행연구들은 주로 창의성 교육 방법이나 교사역할에 따른 효과 연구(박현선, 1997; Perkins, 1981) 또는 창의성 교육을 위한 교사의 역할에 대한 실태 조사연구(장미정, 1996; 최영아 1998) 등을 중심으로 이루어져 왔다.

② 이러한 선행연구들은 교육신념과 창의성 교육 각각을 다른 변인과의 관계에서 각각 탐색하고 있을 뿐이며, 교육신념이 창의성 교육을 위한 교사역할에 어떠한 영향을 주는지를 살펴본 연구는 거의 찾아보기 힘들다. 따라서, 여기에서는 교육신념이 유아의 창의성을 신장시키기 위한 교사의 역할에 대한 인식에 어떠한 영향을 주는지를 살펴봄으로써, 유아교육 현장에서 교사들에게 창의성 교육을 위한 자료를 제공하기 위한 기초를 마련하고자 한다. 유아교사의 교육신념이 창의성 교육에 대한 역할 인식에 어떠한 영향을 주는지를 살펴보고자 하는 이러한 시도는 유아의 창의성을 신장시키는 교육 프로그램의 방향설정과 교수방법에 많은 시사를 주어 유아교육의 질적 향상에 기여할 수 있으리라 기대된다.

③ 선행연구들(장영숙·최미숙·황윤세, 2004; 최미숙, 2004)은 교육신념이나 교수법 등이 유아교육기관 유형에 따라 달리 나타날 수 있음을 보고한 바 있다. 이러한 선행연구에 비추어 볼 때, 교사의 창의성 증진에 대한 역할 인식 역시 유아교육기관 유형에 따라 달리 나타날 수 있음을 유추할 수 있다. 따라서 여기에서는 유아교육기관 유형에 따라 유아교사의 교육신념과 유아의 창의성 증진에 대한 역할 인식이 어떠한 차이가 있으며, 또한 유아교사의 교육신념이 유아의 창의성에 대한 역할 인식에 어떠한 영향을 미치는지를 유아교육기관 유형별로 살펴보고자 한다.

④ 연구의 연구문제를 구체적으로 살펴보면 다음과 같다.
첫째, 유아교육기관 유형에 따라 유아교사의 교육신념은 차이가 있는가?
둘째, 유아교육기관 유형에 따라 유아교사의 창의성 증진에 대한 역할 인식은 차이가 있는가?
셋째, 유아교육의 기관유형별 유아교사의 교육신념은 유아교사의 창의성 증진에 대한 역할 인식에 어떠한 영향을 미치는가?

2. 이론적 배경

(1) 교육신념의 개념 및 중요성

신념이란 판단, 주장, 의견 따위를 진리라고 생각하는 마음의 상태이며(남억우 외 7인, 1988), 교육신념은 교사가 가지고 있는 아동관, 교육의 목적과 목표, 학습, 발달 및 교수행위의 과정, 평가의 준거 등에 대한 가정들을 통합하는 총체적 이해구조(단현국, 1998)라고 할 수 있다. 유아교육기관에서 교사의 교육신념은 교수행동을 뒷받침하는 교수활동에서의 의사결정, 교육과정 운영에 필요한 사항 및 교사와 유아의 상호작용들을 결정하는 데 지대한 역할을 한다.

(2) 이론의 흐름

① Dewey의 진보주의 관점이 소개된 이래, 교사의 교육신념은 전통적 신념과 진보주의적 신념으로 크게 유형화되었으며, 그 이후 교사들의 교육신념의 유형을 분석하고자 하는 시도들이 있었다. Kohlberg와 Mayer(1972)는 유아교육의 가치, 목표와 평가 방법의 기준에 따라 교사가 지닐 수 있는 교육신념의 형태를 낭만주의(Romanticism), 문화전달주의(Cultural Transmission), 진보주의(Progressivism)로 분류하였다. 낭만주의에는 Gesell의 성숙 이론이 포함되는데 유아의 내면적인 것들이 잘 개화되어 나올 수 있도록 교육적 환경을 마련해 줄 것을 강조한다는 특징이 있다. 문화전달주의에는 행동주의 사조가 포함되며 현세대가 갖고 있는 지식과 가치규범들을 다음 세대에 전달해 주는 데 주된 관심을 가진다. 진보주의 사조에서는 유아는 적극적인 사고과정을 통해 자신의 경험을 조직하고 발달시켜 나갈 수 있다고 보고 유아에게 인지적 갈등을 일으킬 수 있는 환경을 제공할 것을 주장한다. Piaget의 인지발달 상호작용주의가 여기에 포함된다. 이 외에도 Peters, Neisworth와 Yawkey(1985)는 교사의 교육신념을 성숙주의 – 사회화 이론, 문화훈련주의 – 행동주의 이론, 인지 – 발달적 이론으로 구분하였으며, Decker와 Decker(1997)는 교사의 교육신념을 성숙주의 신념, 행동주의 신념, 구성주의 신념의 세 가지 유형으로 분류하였다.

② 김수영(1992)은 교사의 신념 유형은 학자들에 따라 용어를 다르게 기술하지만, 지식은 내부에 있다고 생각하여 유전을 강조하며 발달 단계에 맞는 교육을 강조하는 성숙주의, 지식은 외부에 있다고 생각하여 환경적 영향력을 강조하며 체계적인 교수전략을 강조하는 행동주의, 지식은 유아 자신이 구성한다고 생각하여 지식과 환경과의 역동적인 상호작용을 통해 개인의 발달이 이루어진다고 보는 상호작용주의 세 가지 견해로 분류할 수 있다고 하였다. 또한 교사의 신념이 교수행동과 어떠한 관련이 있는지를 살펴본 결과, 교사가 상호작용주의적 신념을 갖고 있을 때 유아들과 더 적극적으로 상호작용하는 것으로 나타났다.

③ 이처럼 교육신념은 개인의 사고형식뿐만 아니라 교수행위와도 밀접한 관계를 지니므로, 유아교육 현장에서 창의적 활동을 계획하고 실행하는 데 있어 매우 중요한 영향을 미치게 된다. 이와 같이 볼 때, 유아를 위한 창의성 교육을 위해서는 교사의 교육신념을 이해하는 것이 중요하게 고려되어야 함을 알 수 있다.

(3) 유아의 창의성 발달과 교사의 역할

① 창의성의 개념 정의

창의성은 매우 복합적이고 다면적인 심리적 현상이므로 창의성에 대한 단일한 정의를 내리기는 힘들다. 연구자들은 지적 특성으로서의 창의성, 성격 특성으로서의 창의성, 문제 해결 과정으로서의 창의성, 통합적 접근방법으로서의 창의성 등 다양한 측면에서 규정하였다.

㉠ 지적 특성으로서의 창의성은 주로 지능의 측면에서 창의성을 지적 능력의 한 특성으로 간주하는 관점이다. Guilford(1952)는 창의성을 정의함에 있어 지적 능력을 강조하고 있는데, 지능을 조작·산출·내용으로 나누고, 그 가운데 조작 영역에서 나타나는 확산적 사고가 창의적 사고에 관련된 능력으로써 그 하위 요인은 문제에 대한 민감성, 사고의 유창성, 사고의 융통성, 사고의 독창성, 사고의 정교성, 문제의 재정의로 구성되어 있다고 하였다. 또한 Torrance(1972)는 Guilford와는 다소 달리 지적 측면으로서의 창의적 사고의 요소로 유창성, 융통성, 독창성, 정교성의 네 가지를 주장하였다. 창의성을 성격적인 특성의 하나로 파악하려는 입장에서 Freud는 창의적 활동의 원동력은 원초아의 본능적인 힘에서 생겨난다고 하였으며 창의성의 근원에는 무의식의 힘이 작용한다고 하였다.

㉡ Rogers는 창의성의 과정을 개인의 독특성과 그를 둘러싼 인물, 사건 등의 환경과의 만남으로써 성장하여 새로운 과정이 나타나는 것이라고 하였다. 또한 Masolw도 창의성은 인성에서 나오며, 자아실현의 정도에 따라서 창의성의 발휘 정도가 달라진다고 하였다(허순희, 1997, 재인용). Csikszentmihalyi(1990)에 따르면 한 개인이 한 가지 일에 철저히 몰두하고 심취하여 황홀하게 느끼는 높은 성취 상태를 '흐름의 상태'라고 하는데, 매우 창의적인 것으로 판단되는 사람들은 이런 상태를 추구한다고 한다.

㉢ 창의성을 문제 해결 과정으로 파악하려는 입장에서는 어떤 결과에 이르게 되는 창의적인 해결 과정에 초점을 맞춘다. Weisberg(1986)는 창의적 과정이 일반적인 문제 해결 과정과 다르지 않음을 주장하였다. 즉, 문제 해결 과정에 창의적인 요소가 포함되며, 창의적 과정에 문제 해결의 단계가 포함되는 관계에 있다는 것이다. Feldhusen과 Treffinger(1985)는 창의적 문제 해결은 관심 영역 발견(mess - finding), 자료 탐색(data - finding), 문제 탐색(problem - finding), 아이디어 탐색(idea - finding), 해결책 탐색(solution - finding), 수용가능성 탐색(acceptance - finding)의 단계를 거친다고 하였으며, 수렴적 사고와 확산적 사고가 작용하여 창의적 사고가 일어나면서 문제 해결이 이루어진다고 하였다.

㉣ 통합적인 측면에서 창의성을 파악하고자 하는 입장(Urban, 1995; Lubart, 1994; Sternberg, 1999)에서는 환경적 특성과 개인적 특성이 창의적 과정의 각 단계에 상호작용적으로 영향을 미쳐서 창의적 산출물이 나오게 되며, 창의적 산출물이 창의성을 구별하는 지표가 되어야 한다고 주장한다. 이들은 대체로 창의성을 다양한 요인이 복합적이며 역동적으로 상호작용하여 나타나는 산출물로 정의하고 있다(Amabile, 1996).

㉤ 이처럼 창의성에 대한 합의된 정의를 내리기는 쉽지 않다. 하지만, 창의성을 발휘하기 위해서는 몰입과 지속성의 성격적인 특성과 다양한 아이디어를 많이 생각하여 독창적인 아이디어를 개발하고 정교화시키는 지적 능력이 전제되어야 창의적 문제 해결 과정 속에서 창의적 산출물이 나타날 수 있음을 알 수 있다.

② 유아의 창의성 발달과 교사역할

　　㉠ 유아의 창의성 발달은 교사가 유아의 창의성을 신장시키기 위해 얼마나 교육적 노력을 하느냐에 따라 달라질 수 있다. 여러 연구자들(Balkin, 1990; Gardner, 1983)은 창의성은 유아기의 자율적이고 풍부한 환경에서 촉진되므로 비교적 호기심과 탐구심이 자발적으로 표현되는 유아기에 창의성을 발달시킬 것을 주장하였다. Gardner(1983)는 각 개인은 뛰어난 창의적 잠재력을 가지고 태어나는 영역이 있으므로 유치원 시기에 다양한 활동과 경험을 제공하여 유아들로 하여금 자신의 타고난 능력과 흥미를 발견하고 그와 관련하여 긍정적 경험을 할 수 있도록 하는 것이 중요하다고 강조하였다. 이는 창의성 증진을 위한 교육이 유아기에서부터 이루어지는 것이 필요하며, 유아의 창의성을 극대화시키기 위해서는 유아의 창의성을 신장시키기 위한 교육적 노력이 전제되어야 함을 시사한다.

　　㉡ 유아의 창의성 증진을 위해 교사가 수행해야 할 역할에 관해서는 여러 연구들이 행해져 왔다(노영희, 1995; 이성진, 1995; Esquivel, 1995; Kokot & Coleman, 1997). 유아의 창의성 증진을 위해서 교사의 창의적 환경 구성의 필요성을 강조한 노영희(1995)는 상상놀이가 가능한 공간 구성과 유아 스스로의 생각에 따라 다양한 목적으로 변형 가능한 비구조적 놀잇감를 제공해 주어야 함을 주장하였다. 이성진(1995)은 유아들이 지닌 창의적 사고가치에 대한 교사의 인정과 창의적 교실 학습 분위기 조성, 유아들로 하여금 자신의 아이디어를 다각도로 생각해 보고 사물을 조작하도록 권장하며, 창의적 아이디어와 사고에 대해 가치 있게 생각하도록 하는 교사역할을 제시하였다. Kokot와 Coleman(1997)은 유아의 창의성을 신장시키기 위해서는 창의성을 키우는 데 예민하고 융통적인 교사역할이 필요함을 지적했으며, Esquivel(1995)는 창의성 발달에 도움을 주는 교사를 조명한 결과 휴머니스틱한 철학적 접근을 하는 교사들이 자신들의 창의적인 역량을 발달시키고 그들의 교실에서 특수한 창의적 방법과 기술을 계발한다고 하였다. 교사의 신념에 따라 유아의 창의성 발달이 달리 나타날 수 있음을 지적한 Whelan(1998)의 연구에서는 교사 지시적이고 고도로 조직화된 전통적 교실보다 독립적 학습을 허용하는 구성주의적 학급이 유아의 인지적, 사회 정서적 발달과 아울러 창의성과 영재성을 보다 더 자극할 수 있음을 보고하였다(김판희, 2001, 재인용).

　　㉢ 이와 같은 연구들은 창의성 교육을 위한 교사역할에는 심리적, 물리적 환경의 주체가 되는 교사의 신념이 전제되어야 하며, 교사가 다양한 자료와 활동시간을 제공하고 자유로이 자신의 아이디어를 실험하고 표현할 수 있는 환경을 유지하여 창의적인 행동을 강화하면 유아의 창의성이 신장될 수 있음을 시사한다.

3. 논의 및 결론

(1) 기관 유형에 따른 신념 차이

　　유아교육기관 유형에 따라 교사의 신념에 차이가 있는지 분석한 결과, 성숙주의 신념과 상호작용주의 신념에서 공립 유치원은 사립 유치원, 법인 어린이집, 개인 어린이집과 의미 있는 차이가 있었다. 이는 교사의 교육신념이 유아교육기관 유형에 따라 차이를 보인다는 최미숙(2004)의 연구를 뒷받침하는 것으로, 공립 유치원 교사들이 행동주의 신념보다는 성숙주의 신념이나 상호작용주의 신념에 입각하여 유아들을 교육하고 있다는 것을 나타낸다. 유아교육기관은 설립 유형에 따라 각기 다른 독특한 조직문화를 가지고 있기 때문에(김영옥, 2003), 다른 배경의 의사 소통이나 조직운영방식 등이 유아교사들의 교육신념 형성에 달리 영향을 주게 된다. 선행연구 들(Epstein, 1993; Epstein, Schweinbart & McAdoo, 1996)은 직전 교육과 현직 연수 및 장학 등 의 외적 요인이 유아교사의 신념에 영향을 미칠 수 있음을 지적한 바 있다. 해당 연구 결과는 이 와 같은 교사교육 변인 이외에도 교육신념에 영향을 미치는 외적 요인으로서의 기관 유형의 중 요성을 확인할 수 있다. 이러한 연구 결과는 교사의 교육신념을 살펴봄에 있어 교사의 교육신 념에 영향을 줄 수 있는 조직 배경이나 사회적 요인도 함께 연구되어야 보다 포괄적이고 신뢰로 운 결과가 도출될 것이라는 것을 시사한다.

(2) 기관 유형에 따른 역할 인식 차이

① 유아교육기관 유형에 따라 교사의 창의성 증진을 위한 교사역할 인식에 차이가 있는지를 살 펴본 결과, 몰입과 지속성을 증진시키는 교사의 역할, 융통성을 증진시키는 교사의 역할, 독 창성을 증진시키는 교사의 역할, 정교성을 증진시키는 교사의 역할, 유창성을 증진시키는 교 사의 역할에서 공립 유치원 교사들이 사립 유치원, 법인 어린이집, 개인 어린이집 교사들보 다 높은 것으로 나타났다. 이러한 연구결과는 최영아(1998)에서 공립 유치원 교사가 다른 유 아교육기관의 교사들보다 유아들의 창의성 증진을 위한 교사역할에 대해 더 인식을 많이 하 고 있다는 연구 결과와 맥을 같이 한다. 이는 공립 유치원 교사들이 창의성 교육에 대한 신 념이나 의지 또는 각 활동 유형별 교수학습 방법이나 환경 구성 등 교육 현장에서 창의성을 신장시키기 위한 노력을 활발히 한다는 것으로 해석할 수 있다.

② 창의성은 후천적인 학습 경험과 환경 요인에 따라 계발·육성될 수 있으며(Esquivel, 1995; Torrance, 1972; Van Gundy, 1987), 주어진 환경에 따라 개발 가능성과 개발 정도가 결정된 다(장영희, 1996). 해당 연구 결과는 공립 유치원뿐 아니라 사립 유치원이나 어린이집 등 모 든 유아교육기관의 교사가 유아의 창의성을 증진시키기 위한 교사의 역할을 정확히 인지하 고 창의적인 환경을 조성하여 유아의 창의성을 신장시켜야 할 필요성을 나타낸다.

(3) 결론

① 해당 연구 결과 공립 유치원에서는 교사의 성숙주의 신념과 학력은 창의성 증진을 위한 교사 역할 인식을 가장 의미 있게 예언하였으며, 교사의 경력은 창의성 증진을 위한 교사역할 인 식에 부정적인 영향을 미쳤다. 사립 유치원에서는 교사의 신념은 창의성 증진을 위한 교사역 할 인식에 의미 있는 영향을 미치지 못하였으며, 학력만이 창의성 증진을 위한 교사역할 인 식과 의미 있는 영향을 미쳤다. 한편, 법인 어린이집에서는 교사의 상호작용주의 신념이 그 리고 개인 어린이집에서는 성숙주의 신념이 창의성 증진을 위한 교사역할 인식에 부정적인 영향을 미쳤다.

② 이러한 연구 결과에서 주목할 점은 공립 유치원에서 교사의 경력과 성숙주의 신념이 교사의 창의성 증진을 위한 교사역할 인식에 영향을 미쳤으나, 사립 유치원에서는 교사의 신념 대신 학력만이 창의성 증진을 위한 교사역할 인식에 영향을 미쳤다는 점이다. 장영숙 외(2004)는 유아교육기관 유형에 따라 유아교사의 교육신념과 총체적 언어 교수법과의 관계가 달리 나

타난다는 것을 밝힌 바 있다. 이와 비슷한 맥락에서, 해당 연구에서는 유아교육기관 유형에 따라 교육신념이 창의성에 대한 역할인식에 달리 영향을 미칠 수 있다는 것을 보여준다. 해당 연구 결과에서 사립 유치원에서 교육신념이 창의성에 대한 역할 인식에 영향을 미치지 못한 것은 공립 유치원보다 사립 유치원이 교사 신분유지가 더 임의적이기 때문에 교사의 신념대로 창의적 환경 조성을 하는 것이 어려워 창의성 증진을 위한 교사의 역할 인식과도 유의미한 관계를 나타내지 못한 것으로 생각된다.

③ 특히 흥미로운 점은 법인 어린이집에서는 상호작용주의 신념이 그리고 개인 어린이집에서는 성숙주의 신념이 창의성 증진을 위한 교사역할 인식에 부정적인 영향을 미쳤다는 것이다. 어린이집에서 교사 중심적인 구조화된 행동주의 신념을 가진 교사보다 유아의 내적 요구와 자발성을 존중하는 성숙주의나 상호작용주의 신념이 높은 교사가 창의성 증진을 위한 교사역할 인식이 낮은 것으로 나타난 해당 연구 결과는 교육신념과 창의성 교육을 연결시킬 수 있는 지속적인 교사교육의 필요성을 제기해 준다. 특히 어린이집의 경우 보호뿐 아니라 교육에 대한 요구가 증가하고 있는 추세로 볼 때, 교사의 신념과 창의성 교육을 연결시킬 수 있는 직전 교육이나 현직 교육의 필요성을 제기한다.

④ 유아를 위한 창의성 교육을 활성화하기 위해서는 교사가 창의성에 대한 역할 인식을 올바르게 할 수 있도록 해야 하며, 이러한 역할 인식에는 교사의 올바른 교육신념이 전제되어야 한다. 전문직으로서의 교사는 계속적인 자기 성장과 발전이 요구되며 이를 위해서는 교사의 발전을 위한 끊임없는 교사교육이 필요하다. 본 연구는 유아의 창의성을 높이기 위해서는 각 유아교육기관 교사의 교육신념에 대한 체계적인 접근을 시도하여 창의성 증진을 위한 교사역할 인식을 높일 수 있는 교사교육이 필요함을 시사한다.

⑷ 후속 연구에 대한 제언

해당 연구 결과를 바탕으로 후속 연구에 대한 제언을 하면 다음과 같다.

① 첫째, 유아교사의 교육신념과 창의성 증진을 위한 역할 인식에 영향을 미치는 다른 관련 변인에 대한 연구가 필요하다. 유아교사의 교육신념과 창의성 증진을 위한 역할인식은 인성, 가치관 등의 심리적 변인과 유아교육기관의 조직풍토과 같은 사회적 변인에 의해 영향을 받는다. 그러므로, 유아교사의 교육신념과 창의성 증진을 위한 역할 인식에 영향을 미칠 수 있는 변인들에 대한 보다 포괄적 연구가 필요하다.

② 둘째, 교사의 신념 유형이 어떻게 형성되며 또 교사의 형성된 신념 유형이 교사의 창의성 증진을 위한 역할 인식에 어떠한 과정을 통해 반영되었으며, 또한 이러한 교사의 창의성 증진을 위한 역할 인식이 유아의 창의적 사고에 어떠한 영향을 미치는지에 대한 경로를 분석하는 후속 연구가 필요하다.

③ 셋째, 교사의 창의성에 대한 역할 인식을 높이기 위해 예비 교사와 현직 교사에게 어떠한 교육적 노력을 해야 하는지에 대한 후속 연구가 요망된다. 교사의 창의성에 대한 역할 인식을 높일 수 있는 직전 교육이나 현직 교육의 실제적 방안을 탐구하는 것도 의의가 있을 것으로 여겨진다.

03　동료 장학

1. 동료 장학의 목적

(1) 교사 자신의 교수 기술 향상을 위해 끊임없이 노력하는 교사 공동체를 형성하기 위함

(2) 새로운 지식과 기술에 대해 함께 연구하기 위하여 공동의 언어를 찾고 이해를 추구하기 위함

(3) 새로운 교수 기술과 전략을 배울 수 있는 장을 마련하기 위함

　　예 동료 교사가 유아에게 질문하기 기술의 향상을 원하면, 그들은 적절한 질문을 하기 위한 관찰 전 협의를 하고 관찰 후 협의에서 이러한 기술에 대한 피드백에 중점을 두고 동료 장학을 실시할 수 있다.

(4) 문제가 되는 교수 상황을 해결하고 지속적으로 나타나는 문제를 해결하기 위함

　　예 교사가 유아들의 협력학습에서 어려움을 경험하고 있다면 이를 함께 해결하고자 하는 것이 동료 장학이다.

2. 동료 장학의 내용

(1) **주요 내용**

① 교육관·가치관·교육신념 확립은 교사가 교수실제를 수행해 가는 토대가 되는 내용으로서, 교직관, 장학 신념, 교육 이론, 새로운 이론 등에 대한 성찰 및 재정립을 포함할 수 있다.

② 교수 기술 향상은 교사에게 바람직한 교수 기술과 지식을 학습할 수 있는 내용으로, 교사가 담당하고 있는 교육과정 설계, 일과 계획 및 수행, 상담 및 조언, 환경 구성, 유아와의 상호작용, 장학 기술, 교수 전략, 연구 능력 등을 향상시키고자 하는 내용을 포함할 수 있다.

③ 자아상 확립은 교사의 자기 자신에 대한 이해로서 교사로서의 자신감, 자아 정체성 등을 재점검하거나 재정립하는 내용을 포함할 수 있다.

④ 대인관계능력 배양은 유치원 교사로서 교사 및 원장 또는 학부모와의 바람직한 관계를 형성하기 위한 능력으로서, 의사소통 기술, 동료 교사에 대한 이해, 교직원 관계 이해, 인간관계 기술이나 능력 등을 기를 수 있도록 하는 내용을 포함할 수 있다.

⑤ 지원적 환경조성은 교사의 전문적 성장을 지원하는 교수 상황 그 자체와 교사 자신이 지원적인 환경을 조성해 가고자 하는 의지를 가지거나 시도해 보도록 조장하는 것으로써 상황 개선에 대한 의지, 근무 환경에 대한 만족도, 인적 환경 조성, 원의 운영관리와 같은 내용을 포함할 수 있다.

(2) **기타 내용**

이와 함께 교사는 이미 어느 정도 자신의 일에 대한 지식과 기술, 경험을 가지고 있는 성인 학습자이기 때문에 동료 장학의 내용은 그들의 교육적 요구에 충족되고 직무나 현장의 문제와 직접적으로 관련이 있어야 한다. 그러므로 동료 장학의 내용은 교사들의 요구가 다양함을 인식하고 그들이 필요로 하는 내용을 충분히 파악하여 반영해야 할 필요가 있으며, 교사의 직무를 효과적으로 수행하는 데 도움이 되는 교육 내용을 중심으로 조직해야 한다.

3. 동료 장학의 팀 구성

(1) 팀 구성의 실제 제시

① 경력 교사와 초임 교사의 팀 구성

② 초임 교사만의 팀 구성

③ 관심 있는 장학주제별 팀 구성

④ 전문성 발달 수준별 팀 구성

⑤ 교사와 장학담당자(원장, 원감, 장학사 등) 간의 팀 구성

⑥ 원내 동료 교사 간의 팀 구성

⑦ 인근 유치원 동료 교사 간의 팀 구성

4. 동료 장학의 방법

(1) 동료 장학 방법의 활용

동료 장학의 방법은 일반 장학과 동일하지만 특히 동료들과 함께 공유하고 협의하는 과정을 강조한다. 이같은 동료 장학의 방법에는 반성적 저널 쓰기, 교사의 이야기 쓰기, 관찰하기, 수업사례 분석, 전문 서적 읽기 및 토론하기, 동료 간 협의하기, 동료 임상장학, 멘토링, 동료 간 협의 등이 있다. 교사의 발달을 돕기 위해 이루어지는 이러한 장학의 여러 방법은 교사의 관심사나 그 분야에 대한 발달 수준을 고려하여 각 교사에게 적절한 방법을 활용하는 것이 중요하며, 교사의 역할이나 위치, 교사가 속한 기관의 상황에 적합한지를 고려하여 효과적으로 활용해야 한다(조부경, 백은주, 서소영, 2000).

(2) 세부 방법

① 반성적 저널 쓰기

반성적 사고는 과거나 현재에 일어나고 있는 실천적 행위에 대한 사려 깊고 분석적인 사고로부터 미래 행위에 대한 방향을 결정하는 자연스러운 과정이다(박은혜, 2003). 이와 같은 반성적 사고를 촉진하는 반성적 저널 쓰기는 교사들로 하여금 감추어진 신념들을 드러내어 검토하고 분석할 수 있는 기회를 제공해 주는 것이다. 저널 쓰기는 자신이 무엇을 알고 있는지, 자신이 무엇을 느끼는지 자신이 무엇을 하고 있는지, 자신이 왜 해야 하는지를 고려함으로써 반성적 사고를 기르는 데 도움이 된다. 특히, 주된 인물, 해결해야 할 문제나 갈등, 문제의 해결과 관련된 사건 등을 기본 구조로 하여 저널을 쓰게 하는 것은 반성적 사고를 향상시키는 데 효과적이다. 그렇지만 반성적 저널 쓰기는 교사 자신이 쓰는 것을 즐거하고 기록하는 가운데 자신을 반성할 수 있는 기본적인 능력이 갖추어져 있을 때 효과적인 방법이다(조부경, 백은주, 2001). 또한 저널 쓰기를 통해 반성적 사고의 변화를 이루기 위해서는 다소 긴 시간이 필요하므로 꾸준한 노력이 요구된다.

memo

② 교사의 이야기 쓰기

㉠ 교사의 이야기 쓰기는 교사가 역할을 수행하고 교사가 되는 데 영향을 준 개인의 발달과 개인의 이전 경험을 조명할 수 있게 해 주는 역할을 한다(Raymond, Butt & Townsend, 1992). 교사들은 서로의 이야기를 듣고 자신의 이야기를 말할 때 가르치는 일의 깊고 다양함을 나타낼 수 있으며, 각 개인의 삶 속에 녹아 있는 실천적 지식을 자연스럽게 표현하고 그 중요성을 부각시킬 수 있다. 교사의 이야기 쓰기는 개인과 개인을 쉽게 연결해 주고 타인의 경험에 대한 접근을 용이하게 하여 교사의 전문성 발달에 도움을 줄 수 있다.

㉡ 교사의 이야기 쓰기에는 여러 유형의 내용이 나타나는데, 가령 경력 있는 교사의 이야기에는 교사로서 지니는 갈등, 수업의 실패나 성공담과 같은 실제 상황이 묘사되어 있다. 또한 교사가 전문가가 되기 위하여 알아야 할 내용과 익혀야 할 태도가 무엇인가에 대한 내용이 포함되어 있기도 하다. 또한 사회에 대해 비판적인 시각으로 바라본 문제점들, 교사가 직면하는 문제나 좌절에 대한 내용, 수업 실제에 대한 반성, 교사의 과거에 대한 회상과 미래에 대한 예상이 담겨있는 교사의 자전적 내용을 바탕으로 한 자아 인식의 과정, 교육의 의미와 목적을 재발견하여 바람직한 교육을 기대하도록 하는 교사로서의 희망과 같은 것 등이 포함된다.

㉢ 교사의 이야기에는 전형적인 이야기의 구성 요소(배경, 등장인물, 주제, 전환점, 줄거리)가 있지만 이외에도 교수 – 학습 그리고 해석에 대한 반성이 포함될 수 있다.

③ 유아 관찰

㉠ 유아 관찰하기는 일반적으로 유능한 교사에게 요구되는 것으로 세밀하게 유아를 관찰하고 이에 대해 피드백하고 분석하는 일련의 반성적 과정은 교사의 전문성 발달을 위해 중요하다. 그렇지만 관찰자의 이전 경험이나 편견, 선입견, 그리고 기대들로 인해 관찰되는 사실들을 잘못 해석할 수도 있으며, 빠르게 진행되는 교실의 상황이 관찰에 용이하지 않기 때문에 교실을 관찰하는 것은 쉬운 일이 아니다(Good & Brophy, 1997). 유아에 대한 객관적인 관찰은 교사라면 누구나 지녀야 할 기본적인 기술이지만 특별한 관찰 기술을 개발하는 것은 경력 교사에게 더 필요한 것이기도 하다(Caruso & Fawcett, 1986 / 1996).

㉡ 관찰에는 특정 시간이나 사건에 제한 없이 관찰자에게 흥미 있다고 생각되는 것을 기록하는 일화기록법과 정해진 시간 내에서 행동을 표집하는 시간표집법, 특정 행동이 일어날 때에 그에 대한 관찰과 기록을 하는 사건표집법이 있으며, 관찰에 대한 기록을 서술식으로 할 수도 있지만 일정한 기록양식을 사전에 준비하여 이에 따라 표기하는 행동목록법과 평정척도법 등 매우 다양한 방법이 있다.

④ 수업 사례 분석

수업 사례 분석은 자신이나 동료 교사의 수업 또는 관련 사례를 분석해 보는 방법이다. 대부분의 교사들은 교수 활동을 할 때 동료들과 고립되어 있어 동료들의 수업을 관찰하거나 자신의 수업에 대해 동료로부터 조언을 얻을 기회가 별로 없다. 이와 같은 상황에 있는 교사들은 수업 사례 분석을 통해 자신의 교수 행위를 객관적으로 살펴볼 수 있고 교실에서 교사가 무엇을 생각하고 실제로 무슨 일이 일어났는지를 알게 되며 피드백을 얻을 수 있기 때문에 교사의 반성적 사고를 기르는 데 도움이 된다.

⑤ 전문 서적 읽기와 토론

자신의 필요에 의해 적절한 전문 서적을 읽는다면 교사가 지닌 기존의 교육에 대한 관점까지도 변화시킬 수 있는 영향력을 행사할 수도 있다(조부경, 백은주, 2001). 전문 서적 읽기를 동료 장학에서 활용할 때는 무엇보다 동료 교사들 간의 읽기 능력의 차이를 인정해야 하며 특히, 책을 읽는 능력이 부족한 교사의 경우에는 어렵지 않은 적절한 자료를 선정하여 편안함을 느끼게 하는 것이 중요하다. 전문 서적 읽기와 토론하기는 교사들이 배우고 싶어 하는 이론 서적을 각자 읽는 과정에서 자신의 지식을 구성하게 되고, 이를 다른 교사들과 토론하고 공유하므로 보다 폭넓은 새로운 지식을 형성할 수 있다.

⑥ 멘토링

㉠ 멘토링은 경력 있고 능숙한 교사들이 초임이나 기술이 서툰 교사들의 전문적이고 개인적인 발달을 증진시키기 위한 것으로 충고, 격려, 상담하는 방법을 말한다. 멘토는 경력 교사들 중에서 선발되어, 다른 동료 교사의 전문성 발달을 돕기 위해 지원하며, 자문해 주는 역할을 한다. 제공받는 입장에서는 자신들을 도와주는 유용한 인적 자원이 있어서 좋고, 멘토를 하는 입장에서는 자신의 전문적 성장을 꾀할 수 있다는 점에서 상호유익하다. 주로 경력 교사와 초임 교사가 멘토와 멘토를 제공받는 역할을 하지만 때로는 경력 교사라 하더라도 멘토를 제공받기도 한다.

㉡ 멘토의 입장에서 피드백을 줄 때에는 특정 교수 행위에 초점을 두고 구체적으로 언급해 주며, 멘토를 제공받는 교사의 변화되어야 할 행위에 대해 말해 주어야 한다. 일반적인 칭찬이나 피드백은 피하고, 피드백은 즉각적이고 구체적이어야 하며 제공된 피드백이 이해되었는지 확인할 필요가 있다. 한편 멘토를 제공받는 입장에서는 멘토로부터의 피드백을 경청하며 바로 방어하는 태도를 취하지 않도록 하고 피드백이 유용한지의 여부를 판단하고 결정해야 하며 지적된 내용을 반영하는 반응적 태도를 취하여야 한다. 아울러 피드백 방법에 불만이 있다면 이를 표현하여 서로가 함께 나아가는 장학이 되도록 힘써야 한다.

⑦ 동료 간 협의

동료 간 협의는 기관장과의 수직적인 관계에서 오는 부담감이 없기 때문에 교사들은 동료 간의 협의 과정을 통해 많은 것을 배울 수 있다. 상호 신뢰할 수 있는 동료끼리 교육계획안을 함께 작성한 뒤 서로 분석해 보거나 구체적 교수 방법에 대해 협의할 수 있는 기회는 교사의 교수법 향상에 도움이 된다. 또한 초임 교사의 경우 경력 2~3년 된 교사와의 협의 기회를 갖게 됨으로써 교사 역할에 대한 구체적인 도움은 물론, 심리적인 지지를 얻을 수 있다. 단, 동료 간의 원만한 인간관계 형성은 교사 개개인에게 소속감이나 직무 만족도를 높이는 주요 요인이 되므로 획일적이거나 동료 협의회로 관계 형성을 악화시키는 것은 지양되어야 한다.

⑧ 동료 코칭

동료 코칭은 교수 과정을 되돌아보고 검토할 목적으로 실시하는 것으로 동료 교사 간의 신뢰가 전제가 된다. 이와 같은 동료 코칭은 교사들이 바라는 자기 분석, 반성, 그리고 성장을 위한 기회를 제공해 주는 데 매우 도움이 된다. 동료 코칭의 일반적인 방법은 3가지로 구분하여 볼 수 있다.

ⓐ **그대로 반영하기:** 지적할 것을 기록하지만 교수 행동에 간섭하지는 않음

ⓑ **협력적인 코칭:** 원하는 도움을 주지만 교수 행동에 간섭하지 않음

ⓒ **전문가적인 코칭:** 관찰자가 교사의 학습 또는 특정 기술이 향상되도록 피드백을 제공함

5. 동료 장학의 실제

(1) 단일학급 유치원의 동료장학

① 단일학급 유치원의 특성

ⓐ 원내에 동료 유치원 교사가 없다.

ⓑ 교사 혼자서 원 운영에 관한 모든 계획을 세워야 한다.

ⓒ 유아교육에 관한 도움이나 조언을 구할 대상이 없어 교사 홀로 어려움을 극복해야 한다.

ⓓ 공립의 경우, 초등학교 교장(감)이 원장(감)을 겸직하고 있다.

② 동료 장학의 기본 방향

ⓐ 원내 동료 장학의 실시가 어렵다.

ⓑ 동료 장학 구성원들의 상황을 고려하여 오프라인이나 온라인을 통한 장학을 실시할 수 있다.

③ 동료 장학이 성공하기 위한 조건

ⓐ 참여 교사들 간의 신뢰로운 인간관계 형성이 중요하다.

ⓑ 이전에 상호 유대가 없었던 교사들 간에 동료 장학을 실시할 경우, 지속적으로 상호 신뢰로운 관계를 형성하고 지원해 줄 수 있는 역할이 필요하다.

ⓒ 교사의 적극적인 참여의식이 필요하다.

ⓓ 상호 간에 도움을 주고받는 동료 장학이라는 인식이 필요하다.

④ 실제 활동의 예

지역 장학사 중심의 장학 참여자 구성하기

• **활동 목표:** 지역 장학사가 중심이 되어 동료 장학에 참여하기를 원하는 교사를 참여자로 구성한다.

• **활동 자료:** 「동료 장학에 대한 안내문」

• **활동 방법**

1단계	동료 장학 구성에 대한 안내 공문 발송하기
2단계	참여 여부 확인
3단계	장학 참여자 구성하기
4단계	참여 교사의 개인 정보 공유하기
5단계	대표 및 모임 일정 정하기

자아상 점검하기
- **활동 목표:** 자신의 자아상을 점검하고, 보다 긍정적인 자아상을 확립한다.
- **활동 방법**

1단계	교사로서의 자신의 모습에 대해 은유하기
2단계	교사로서의 자아상에 대해 분석하기
3단계	자신이 되고 싶은 교사상에 대해 은유하기
4단계	보다 긍정적인 자아상 확립을 위해 모색하기
5단계	사후 평가하기

(2) 두 학급 유치원의 동료 장학

① 두 학급 유치원의 특성

㉠ 두 교사의 원만한 인간관계 형성이 원활한 원의 운영에 관건이 된다.

㉡ 공립의 경우, 유아교육 전공의 원장 혹은 원감이 없다.

㉢ 공립의 경우, 초등과 관련하여 행사 및 업무가 이루어지는 경우가 많다.

② 동료 장학의 기본 방향

㉠ 두 교사 간의 관계 형성을 기본으로 한다.

㉡ 두 교사가 협력하여 다양한 측면에서의 전문성 발달을 꾀한다.

㉢ 두 교사 외의 원내 인적·물적 자원의 지원을 이끌어 낸다.

③ 동료 장학이 성공하기 위한 조건

㉠ **장학의 기본요건:** 두 교사 간에 원만한 인간관계를 형성하고 유지하는 것이다.

㉡ 두 교사의 관심사에 초점을 맞춘 지식과 기술 습득, 원내·외의 인적·물적 자원을 최대한 이끌어 내기 위한 두 교사 간 협력이 무엇보다 중요하다.

④ 실제 활동의 예

서로의 공통점과 차이점 인식하기
- **활동 목표:** 나와 동료교사의 같음과 다름을 알고, 서로의 강점을 살려서 협력할 수 있는 내용에 대해 알아본다.
- **활동 방법**
  - 자신과 동료 교사의 여러 측면의 특성에 대해 이야기 나눈다.
  - 이야기 나누는 중에 차이점과 공통점을 벤다이어그램에 적어 넣는다.
  - 공통점과 차이점을 토대로 두 교사가 분담, 협력할 수 있는 일에 대해 이야기 나눈다.
- **유의점**
  - 차이점이 서로의 관계를 불편하게 하는 것이 아니라 서로의 강점을 살려서 협력할 수 있다는 점을 인식하도록 한다.
  - 교사 개인 신상에 대한 그 어떤 것도 교직에 활용될 수 있다는 생각을 전제로, 서로가 잘 할 수 있는 역할에 대해 생각해 보는 것이 중요하다.

(3) 다학급 유치원의 동료 장학

① 다학급 유치원의 특성

　㉠ 4학급 이상의 유치원으로 원장(감)이 있다.

　㉡ 부장 교사가 있다.

　㉢ 연령별로 학급이 구성되어 있다.

　㉣ 하나의 단독기관으로서 운영되므로 업무가 많다.

　㉤ 유치원 운영위원회가 구성되어 있다.

② 동료 장학의 기본방향

　㉠ 업무의 효율화를 위한 인간관계 형성이 중요하다.

　㉡ 능력이나 희망에 따른 업무의 분장이 효율적으로 이루어져야 한다.

　㉢ 원을 효과적으로 운영하기 위해 원장의 지도성이 요구된다.

　㉣ 원장(감), 부장 교사, 교사의 위계가 있으며 이에 따른 권한이 위임되어야 한다.

③ 동료 장학이 성공하기 위한 조건

　㉠ 원장(감)의 동료 장학을 위한 분위기 조성이 중요하다.

　㉡ 동료 교사들 간의 친밀한 인간관계 형성이 중요하다.

④ 실제 활동의 예

> **자신 있는 수업 실시하기**
>
> • **활동 목표:** 교사 자신이 자신 있게 할 수 있고 관심이 있는 수업에 대하여 알고, 동료 교사의 수업 방법과 내용에 대한 정보를 공유한다.
>
> • **활동 방법**
>
> | | |
> |---|---|
> | 1단계 | 수업 전 협의하기 |
> | 2단계 | 수업안 작성하기 |
> | 3단계 | 수업안에 대해 협의하기 |
> | 4단계 | 수업 실시하기 |
> | 5단계 | 수업 후 협의하기 |

1. 목표 진술

(1) 목표 진술 방법

목표 진술은 선정된 주요 내용을 반영하여 유아가 도달해 가야 할 명확한 행동 목표로 구체적으로 명료하게 진술하며, 행동 진술 방식은 지식, 가치 및 태도, 기능적 측면을 고려한 용어로 진술하는 것이 바람직하다. 필요에 따라 조건이나 상황을 함께 진술할 수도 있다. 또한 학습이나 학습 경험의 주체는 교사가 아니라 유아 개개인이므로 목표는 유아를 주체로 진술한다.

고득점 공략!

목표 진술의 예

- 내 몸의 구조와 기능에 대해 관심을 가진다.
  - 내용   행동
- 나의 몸을 소중히 여기는 태도를 기른다.
  - 내용   행동
- 내가 할 수 있는 일은 스스로 한다.
  - 내용   행동

2. 활동 목표 진술

(1) 일일 교육 계획안에 하루 일과를 통해 유아가 달성해 가야 할 일일 교육 목표를 진술한다.

(2) 하루 동안 이루어질 교육 활동들은 각 활동별로 활동 목표를 진술한다.

일일 교육 목표 진술 방식은 앞의 주간 교육 계획안 작성 시 소개한 목표 진술 방식과 동일하다. 즉, 교육 내용을 포함하여 유아가 도달해 가야 할 행동 목표를 진술한다. 그러나 활동 목표는 주간 또는 일과 전체를 통해 이루어지는 일일 목표와는 달리 한 가지 활동에 대한 목표이므로 더 구체적으로 지향점 행동 목표 또는 표현적 행동 목표로 진술할 수 있다. 지향점 행동 목표는 활동의 결과로 얻어질 합당한 지식, 가치 및 태도, 기능 등의 변화를 진술하는 것이며, 표현적 목표는 학습자가 가지는 학습 상황의 경험을 나타내는 것이다.

고득점 공략!

활동 목표 진술의 예

- **쌓기 놀이 영역**: 안전지킴이 집 만들기
  안전지킴이 집을 만들고 꾸며 본다. (표현적 행동 목표)
       상황   조건   과제
- **역할 놀이 영역**: 안전지킴이 집 놀이
  낯선 사람으로부터의 위험에서 내 몸을 보호하는 태도를 기른다. (지향점 행동 목표)

3. 교육 목표 설정과 진술

(1) 교육 목표 설정의 개념

① 교육과정 개발에 있어 목적과 목표의 설정은 가장 기본이 되고 중심이 되는 것이다. 교육 목표는 교육과정의 방향을 정해 주는 지침으로 교육이 나아가야 할 방향을 결정해 주며, 후속되는 교육과정을 구성하는 모든 작업, 즉 교육 내용의 선정, 교육 방법의 모색, 평가활동 등의 기본 근거로, 교육 목표가 어떻게 설정되느냐에 따라서 교육 내용의 선정 및 조직의 방향이 달라진다고 할 수 있다.

② 또한 교육 목표는 교육의 수행 결과 얻어지는 학습자의 변화에 대한 언급으로서, 습득이 기대되는 지식의 종류, 태도의 변화 등에 대한 진술로 볼 수 있다. 따라서 명확한 교육 목표의 설정은, 교육과정 구성에 있어 가장 우선적이며 중요한 과제라고 할 수 있다. 그러므로 교육 목표는 철학적 이념에 비추어 타당하게 설정되어야 하며, 올바른 세계관, 인생관, 역사관, 교육관, 현대사회의 민주주의 등에 기초하여야 한다. 그리고 교육 목표는 사회와의 관련에서 타당성이 있어야 한다. 또한 학습자에게 타당한 것이어야 하는데 학습자의 흥미나 욕구·발달을 충분히 반영해야 한다.

(2) 교육 목표 설정의 조건

① **교육 목표의 철학적 기초**: 교육의 궁극적 이상이나 가치 또는 교육 이념을 어디에서 찾느냐의 문제이다. 교육의 목적이나 목표는 사회가 요구하는 이상적인 인간상 또는 교육 이념을 말한다. 철학은 가치의 개념이며 가치란 좋다고 생각되는 대상, 행동, 성질, 사고로서 활동상의 표준이 되는 것이다. 그러므로 교육의 목표는 올바른 교육 철학으로부터 설정되어야 하며, 교육 철학을 통하여 투철한 신념이나 이념이 세워져야만, 교육 목적이 설정될 수 있고 목적의식이 분명해지는 것이다.

② **교육 목표의 사회적 기초**: 교육은 사회와 불가분의 관계이다. 교육은 사회가 유지·발전하는 원동력인 동시에, 사회는 이상적인 인간상을 요구하는 인간 형성에 작용하는 중요한 요인이다. 따라서 교육 목적은 사회가 요구하는, 사회에 필요한 인간상이므로, 변화하는 사회가 가진 문제와 요구를 자세히 파악함으로써 올바른 교육 목표가 설정될 수 있다.

③ **교육 목표의 심리적 기초**: 교육 목표 설정에 있어서 피교육자인 학습자가 1차적으로 고려되어야 할 요소이다. 학습자는 현재 어떤 발달 단계에 놓여 있고 또 어떤 것을 바라고 있으며, 흥미는 무엇인가 등을 알아야만 학습자에게 적당한 교육과정을 선정·조직할 수 있을 뿐만 아니라, 학습자가 도달할 바람직한 교육 목표를 세울 수가 있는 것이다. 그러므로 학습자들의 필요, 흥미, 능력 등에 비추어서 설정되어야 한다.

(3) 교육 목표의 영역

① 진술된 전체 교육 목표는 포괄적이어야 한다. 대부분이 지식, 기능의 발달을 중점으로 하여 지식전달, 지적 단련, 지적 성장 등에 치우치는 경향이 있다. 그러나 학교교육은 지·정·의·체·심 등의 특성이 조화를 이루도록 지도하여야 한다. 교육 목표는 내용면과 행동면이 함께 내포되어 있어야 하며, 이원적으로 진술이 되어야 한다.

교육 목표의 이원 분류

- **내용면의 분류:** 일반적으로 교과 영역이나 교과서의 단원에 따른다.
- **행동면의 분류:** 행동면의 분류인 지적, 정의적, 심동적 영역은 서로 다른 영역의 요소를 포함하며 명백히 구분되지 않는다.

② 교육 목표는 학습경험 조직과 지도에 구체적 시사를 줄 수 있는 정도로 구체적이고 명료한 행동적 용어로 진술되어야 한다. 수업 목표를 구체적으로 진술하는 이유는, 목표가 분명하고 구체적일수록 교사는 무엇을 가르칠지를 분명하게 결정하게 되며, 학습자는 어떠한 활동을 해야 할지를 알고 목적의식을 가짐과 동시에, 동기유발이 될 수 있기 때문이다. 즉, 교육 목표를 내용과 행동으로 이원적으로 나누며 구체적인 행동 동사로 진술함으로써, 교육 목표 설정과 교육 평가에 준거를 제시해 줄 수 있다. 교육 목표를 내용면과 행동면으로 나누어 진술할 경우, 행동에도 여러 차원이 있으므로 행동의 차원을 어떤 원칙에 따라 체계화하고 정리할 필요가 있다.

4. 발달 이론별 유아교육 목표의 실제

(1) 행동주의 이론의 목표 설정

행동 목표를 하나의 문장으로 쓸 경우, 그 속에 어떤 내용 요소를 포함시켜야 하는가라는 문제가 생긴다. 이에 대하여 메이거(Mager, R. F.)는 행동 목표는 '행동', '조건', '기준'이라는 3개의 부분으로 이루어져야 한다고 보았다.

① **행동:** 의도적인 지도를 한 결과, 어린이가 수행할 수 있게 되는 행동을 서술하는 것으로 무엇을 할 수 있는지를 서술한다.
  ㉠ 행동을 관찰·기록할 수 있어야 하며, 상태 동사가 아니라 동작 동사로 표현한다.
  ㉡ 행동에는 동작 동사뿐만 아니라, 학습자의 행동의 소산을 포함시킨다.
    참고 소산: 행동의 대상이 되는 그림, 생각, 글, 절차 등
      예 갓난아기의 웃는 모습을 그린다.
        자기 생각을 발표한다.
        물건 이름을 글로 쓴다.

② **조건:** 기대되는 행동이 수행될 수 있는 조건을 설명하며, 다음 세 가지 조건 중의 하나를 포함시킨다.
  ㉠ 아동에게 이용하도록 허용된 도구, 보조물 등
    예 자, 저울, 사진, 참고서 등. 경우에 따라서는 그런 도구, 보조물 없이라는 것도 조건이 된다.
  ㉡ 아동의 행동수행에 대한 제한
    예 '30분 이내'와 같은 한정된 시간
  ㉢ 정보를 제공하는 방식
    예 비디오, 녹음, 그림책, 지시 등

③ **기준:** 행동의 성과를 받아들일 수 있는지 없는지를 판단하기 위한 기준을 설명한다.

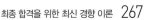

memo

㉠ 8개 중에서 5개를 정확하게 식별한다.(정확한 반응으로 받아들일 수 있는 최저비율을 말한다.)

㉡ 문제를 정확하게 해결한다.

㉢ 0.1미터 범위 내에서 정확하다.(인정할 수 있는 표준 편차의 한계를 말한다.)

㉣ 3개 중 2개의 이유를 말할 수 있다.

고득점 공략!

> **행동주의 이론의 목표 설정의 예**
>
> 놀이나 용변을 마친 다음에는 시키지 않아도 반드시 손을 씻는다.
> ① 조건　　　　　　　② 기준　② 행동

(2) 인지발달 이론의 목표 설정

인지발달 이론에 바탕을 둔 유아교육 목표의 예로는 와이카트(Weikart) 등이 수립한 이른바 하이·스코프 교육과정이라고 불리는 '인지 중심 교육과정'이 있으며, 이는 아래와 같다.

① 자기가 하려는 일, 그리고 그 방법에 대하여 의사결정을 내리는 능력을 발달시킨다.

② 문제를 파악하고 해결하는 능력을 발달시킨다.

③ 자율성, 개인적인 목표를 파악하는 능력, 자기가 선택한 과제를 추구하고 완성하는 능력을 발달시킨다.

④ 다른 어린이 그리고 성인들과 함께 집단적으로 계획하고, 협력하고 리더십을 분담하는 능력을 발달시킨다.

⑤ 표현능력 – 자기의 경험, 감정 그리고 생각을 말하고, 쓰고, 극화하고, 그리고 도식으로 표상하는 능력을 발달시킨다.

⑥ 언어, 글자, 그림, 도식표상을 통한 다른 사람의 자기표현을 이해하는 능력을 발달시킨다.

⑦ 다양한 환경 속에서 분류, 계열화, 공간, 시간, 양적·수학적 추리력을 적용하는 능력을 발달시킨다.

⑧ 개인의 자질과 정력을 발휘하는 도구로서의 미술, 과학, 신체운동 등의 기능과 능력을 발달시킨다.

⑨ 다른 사람의 견해, 가치관, 그리고 행동에 대한 개방적 태도를 발달시킨다.

⑩ 학교 안팎의 생활에서 계발할 수 있는 장기적인 흥미와 취미를 발달시킨다.

(3) 인본주의 발달 이론의 목표 설정

① 인본주의 발달 이론은 어린이의 개성과 적성에 따른 유연하고 개방적인 교육과정을 채택한다는 점에서, 인간성을 중심 개념으로 하는 이론이다. 실버맨(Silberman)이 문제의 「교실의 위기」를 펴낸 1970년대 초부터, 유아를 위한 '정의 교육'이 더욱 강조되면서, 인간화 심리학을 이론적 기초로 하는 여러 교육과정 모델이 대두되었다. 그중에는 이른바 '자기와 남에 대한 이해 발달' 프로그램, '인간화 교육', '개방 교육' 등 기타 많은 모델들이 대두되었다.

② DUSO 프로그램의 이론적 기초는 콤브(Combs)의 인간화 이론과, 자기 개념 측정에 관한 실증적 연구에 두고 있다. 그의 학습활동에서 윤리적 내용이 담긴 동화를 강조하거나, 꼭두각시 놀이와 역할 놀이에서 모범행동을 자주 이용하고 있는 점은, 반두라의 행동변용 원리(모델링 이론)를 채용한 것으로 볼 수 있다.

고득점 공략!

DUSO 프로그램의 구체적 목표

• 감정에 관한 용어들을 더욱 많이 학습한다.
• 감정, 목표, 행동이 서로 유기적으로 연관되어 있다는 것을 배운다.
• 감정, 목표, 행동에 관하여 자유롭게 이야기하는 것을 배운다.

참고자료

아이즈너의 표현적 목표 진술 방식

학습자들은 성장배경과 경험의 정도에 따라 같은 상황에서도 다르게 인식하고 반응하기 때문에 표현하는 방식이 제각기 다를 수 있으므로 이러한 학습자의 개별적인 성향과 다양성을 존중한다.

• 진술방식
  - Situation: 학습활동이 이루어지는 교육적 환경
  - Problem: 학습자가 활동하며 어디에 의미를 두는가를 밝힌다.
  - Task: 학습자가 활동에 두는 의미를 표현하는 방법으로 과정 중심으로 진술한다.
  예 동물원에 다녀와서 / 재미있다고 느낀 점을 / 이야기 나눈다.
  　　　　 S 　　　　　　　 P 　　　　　　 T

메이거(행동주의)

• **진술방식:** 조건 + 기준 + 행동
  예 놀이나 용변을 마친 다음에는 시키지 않아도 / 반드시 / 손을 씻는다.
  　　　　　　 조건 　　　　　　　　　 기준 　　 행동

05 교직논술 평가 내용 및 기준

구분	교직논술 평가 내용 및 기준
지시사항 불이행	• 필기구 종류 및 색깔 위반(두 종류 이상의 필기구 사용) • 응시자의 신원 노출
이해·분석력	• 논제에 대한 이해·분석 능력 • 제시문에 대한 이해·분석 능력 • 답안이 논제에 충실한 정도 • 제시문을 적절히 활용한 정도

논증력	• 근거 설정 능력
	  – 주장에 대한 적절하고 분명한 논거 제시
	  – 주장과 논거의 논리적 타당성
	  – 논제에 대한 분명한 자기 의견 표현
	  – 자기 의견과 제시문의 연관성
	• 구성 조직 능력
	  – 전체 논의 전개의 정합성 및 일관성 유지
	  – 전체 논의 전개에 있어 논리적 비약 여부
	  – 글의 전체적인 흐름이 체계적이고 조직적으로 전개

창의력	• 심층적인 논의 전개
	  – 주장이나 논거에 대해 스스로 가능한 반론 제기
	  – 논의에서 더 나아간 함축이나 귀결들에 대해 고려
	  – 논의가 전개되고 있는 맥락이나 배경 상황에 대한 적절한 고려
	  – 묵시적인 가정이나 생략된 전제에 대한 고찰
	• 다각적인 논의 전개
	  – 발상이나 관점의 전환을 시도
	  – 가능한 대안들에 대한 고려
	  – 여러 이질적 개념들의 종합
	  – 암묵적으로 가정된 전제에 대한 비판적 고찰
	• 독창적인 논의 전개
	  – 주장이나 논거의 새로움
	  – 문제를 통찰함에 있어 특이함
	  – 관점이나 논의 지평에 참신함

표현력	• 표현의 적절성
	  – 문장 표현이 매끄럽고 자연스러움, 적절한 비유
	  – 단락 구성 및 어휘의 적절성
	  – 맞춤법 등의 어법 준수

1. 다문화 교육의 시점 및 방법과 필요성

(1) 다문화 교육 시작 시점

유아교육에서 다문화 교육의 필요성은 문화의 유사점과 차이점에 대한 유아들의 이해가 만 2세부터 나타나기 시작한다는 연구 결과들에 의하여 지지되고 있다. 즉, 유아는 이미 24개월 이전에 타인과 구별되는 자아에 대한 인식을 하며, 만 2세가 되면 신체적 특징, 의상, 언어 등에 기초해 사람들 간의 유사성과 차이점을 지각한다(Seefeldt, 2005). 이 시기에 유아는 다른 사람과 연관 짓거나 분리해서 자아개념을 구성하고, 자율성을 시험해 보며, 의사소통을 하고, 감정이입과 우정을 나누는 경험을 하면서 다른 사람을 이해하기 시작한다. 그러므로 유아 초기는 다문화 교육이 시작될 시점으로 제시된다(이현숙, 2000).

(2) 다문화 교육 방법

다문화 교육은 반편견 교육, 다민족 교육, 국제 이해교육, 세계 이해교육 등으로 불리고 있다(교육부, 1999). 교육자들은 유아기 아동은 물론 초·중등학생을 대상으로 다문화 교육을 실시할 때는 첫째, 학습자가 구체적으로 가깝게 느낄 수 있도록 적용시키는 것이 핵심 내용이며, 둘째, 과정 중심과 통합적인 방법을 적용하는 것이 바람직하다고 보고 있다(교육부, 1999).

(3) 다문화 교육의 필요성

다문화 교육은 문화의 유사성과 차이점에 대한 이해가 나타나기 시작하는 만 2세경부터 시작하여야 한다고 많은 학자들이 주장하였다. 유아기에 다문화 교육을 해야 하는 이유는 유아기 아동의 자기중심적 사고라는 발달 특성이 유아 주변 사람들의 가치와 생각, 행동 방식을 당연하게 여기고, 자신의 문화잣대로 다른 문화를 판단하는 자기문화 중심주의의 기초가 될 수 있으므로, 유아기에 다양한 문화를 이해하고 존중할 수 있도록 다문화 교육이 필요하다(이경우, 류재경, 1999).

(4) 방법에 대한 선행 연구

① 유아에게 적합한 다문화 교육 방법이 되기 위해서는 지식을 유아 스스로 구성해 나가는 학습이 되도록 하고, 학습자가 구체적으로 가깝게 느낄 수 있도록 세계 이해교육을 적용하며 과정 중심의 통합적인 방법이 되도록 해야 한다(교육부, 1999). 유치원에서의 다문화 교육을 위하여 이기숙, 이경미, 강경아(2001)는 요리활동을 통한 다문화 교육을 통합적으로 운영하는 방법을 소개하였다. 통합적 운영의 실제를 살펴보면 가정의 문화를 중심으로 한 다문화 교육, 요리형태를 중심으로 한 다문화 교육, 요리재료를 중심으로 한 다문화 교육, 절기를 중심으로 한 다문화 교육 등 4가지 범주로 구분하여 실시하였다.

② 김경(2003)은 반편견 이야기 나누기를 수행하는 동안 유아의 편견 감소를 가져왔다고 보고하고 있다. 반편견 이야기 나누기를 통해 서로 다른 문화에 대한 관심을 나타내었으나 이들

문화 간의 유사성을 고려하면서 다른 문화에 대하여 존중하는 태도를 보여 주었다. 이야기 나누기 시간에 관찰된 편견의 감소는 후기에 감정이입적 반응들로 전환되었다고 한다.

③ 한편, 김경희, 류성희(2003)는 문학을 활용한 반편견 교육활동 실시 후 유아들의 편견적 인식의 점수가 감소되었다고 하였으며 최민수, 이정숙(2003)은 문학적 접근을 통한 반편견 교육활동이 유아의 긍정적 자아개념 형성에 영향을 준다고 하였다.

④ 이와 같이 유아기의 다문화 교육은 유아들의 다문화에 대한 이해를 높이고 편견을 감소시키는 데 효과를 보이고 있다. 유아기의 다문화 교육은 세계 여러 나라의 문화에 대한 유아의 이해를 높이고 다른 문화를 존중하는 태도를 신장시키기 위해 매우 중요한 교육 내용이라 할 수 있다.

2. 다문화 가정 자녀의 문제점

1997년 국적법 개정 이후 국제결혼 가정에서 태어난 자녀는 한국 국적을 가지게 되었고, 이에 따라 그 자녀는 교육을 포함하여 모든 면에서 내국인과 동일한 권리를 가지게 되었지만 이들의 자녀는 학교생활에서 여러 가지 문제점을 보이고 있다(조영달, 2006).

[다문화 가정 자녀의 문제점]

언어발달 지체	➡	학습부진
집단 따돌림	➡	부정적 자아개념
교육 및 보육기회 소외	➡	올바른 성장과 자아실현 곤란

(1) 언어발달 지체

언어능력의 부족으로 말미암아 학습부진의 정도가 심각하다. 국제결혼 가정 자녀들은 말을 배우는 가장 중요한 시기인 유아기에 한국말이 서툰 외국인 어머니의 교육 하에 성장하기 때문에 언어 발달이 늦어지고 의사소통에 제한을 받고 있다. 국제결혼 가정 자녀의 언어능력 부족은 학습부진을 초래하고 있다. 국제결혼 가정의 자녀들은 일상적인 의사소통에는 큰 문제가 없었으나, 독해와 어휘력, 쓰기, 작문 능력이 현저히 떨어지는 것으로 나타나고 있다.

(2) 집단 따돌림

국제결혼 가정의 자녀는 10명 중 2명 정도가 따돌림을 경험한 것으로 조사되었는데, 따돌림의 주된 이유가 '엄마가 외국인이기 때문에', '의사소통이 안 돼서', '특별한 이유 없이' 등 본인의 의사와 무관하게 결정된 요인, 또는 본인의 노력에 의하여 해결될 수 없는 이유로 집단 따돌림을 경험하기 때문에 매우 건강하지 못한 정서적 충격을 경험하게 된다고 한다.

(3) 교육 및 보육기회 소외

① 다문화 가정 자녀 중 외국인 근로자 자녀의 경우는 교육 및 보육기회 부족 문제가 더욱 심각하다. 최근 서울과 수도권에 거주하는 외국인 근로자 118명을 대상으로 자녀교육 실태를 조

사한 결과(조경서, 유준호, 오승아, 2007)는 외국인 근로자 자녀의 보육시설 입소율은 17.7%이고 유치원 취원율은 7.3%에 불과하였다. 이는 2006년도 내국인 유아(6세 미만)의 보육시설 이용률이 평균 31%(여성가족부, 2006)이고 유치원 취원율이 35%(교육인적자원부, 2006)인 것과 많은 차이를 보인다.

② 유치원이나 어린이집과 같은 전문시설을 이용하지 못하는 주된 요인을 경제적 부담(69.4%)이라 응답한 것은 외국인 근로자 가정의 빈곤한 경제 상태를 알려준다. 응답자의 월평균 수입은 약 108만 원으로 2006년 우리나라 근로자의 월평균 소득 369만 원(노동부, 2006)의 3분의 1도 안 되는 실정이므로 수익자부담의 구조 아래서는 양질의 보육과 유아교육 서비스를 받을 수 없다.

③ 부모가 불법 체류자이면 정부에서 지급하는 각종 보조금 혜택도 받지 못한다. 따라서 외국인 근로자가 자녀 양육 시 겪는 가장 큰 문제로 '경제적 빈곤'을 꼽은 것은 당연하다 하겠다. 그들이 아이를 직접 돌보지 않고 타인이나 시설에 맡길 때 지출되는 월평균 탁아비는 8만 6천 8백 원으로 조사되었는데 이 금액을 국내 국공립 보육시설의 0세 ~ 5세 평균 보육료인 21만 3천 원(여성가족부, 2006)이나 유치원 월평균 수업료인 22만 2천 원(교육부, 2006)과 비교해 보면 3분의 1 수준이다.

④ 한편 자녀를 유치원에 보내는 경우(7.3%)보다 모국인 친구에게 맡기는 경우(13.5%)가 두 배 가까이 많은데 비용 문제를 제외하고 시설에 대한 불신(8.3%)과 모국인 친지에 대한 친숙함(16.7%)을 주된 이유라고 한 점은 외국인 근로자에게 아직 유아교육기관은 믿을 만한 친근한 곳으로 자리매김하지 못했거나 비용 문제로 '그림의 떡'이라 여겨진다.

3. 다문화 교육의 목표

(1) 켄달(Kendall, 1983)

① 유아들이 자신의 문화와 가치를 존중하는 것과 마찬가지로 다른 사람의 문화와 가치도 존중할 수 있도록 한다.

② 다문화적 사회에서 성공적으로 살아갈 수 있는 태도와 능력을 기른다.

③ 유색인종 유아들이 긍정적인 자아개념을 형성할 수 있도록 도와준다.

④ 문화적인 다양성과 인간으로서의 다양성과 인간으로서의 공통성을 모두 긍정적으로 경험하도록 돕는다.

⑤ 다문화적인 공동체 사회에서 서로 독특한 역할을 맡아 수행할 수 있도록 한다.

(2) 뉴만과 로스코(Neuman & Rosko, 1994)

다문화 교육에서 유아 자신의 문화적 정체감을 확립하도록 돕고 다른 문화들에 대한 이해와 인식을 발전시키도록 해야 함을 강조하였다. 즉, 유아가 자신의 가정문화를 인식하고 이해하며 다른 문화와 교류하도록 기술과 지식습득을 돕고, 유아에게 문화적인 차이를 표현할 수 있는 기회를 제공해야 한다고 하였다(박지희, 2002, 재인용).

(3) 종합해 볼 때 다문화 교육의 목표는 자신과 타인을 존중하는 태도를 갖게 함으로써 결과적으로 나와 다른 외모, 문화, 생각, 생활방식을 가진 사람을 이해하고 수용하여 더불어 살 수 있는 기반을 만들고자 하는 것이다.

[다문화 교육의 목표]

| 나와 타인을 존중하는 태도 | ➡ | 나와 다른 외모나 문화적 배경을 가진 타인을
이해하고 더불어 살기 |

4. 더만 스팍크의 다문화 교육

더만 스팍크(1992)는 차이(difference), 다양성(diversity), 존중(respect), 수용(acceptance) 등의 주요 개념을 공유하는 다문화 교육과 반편견 교육을 함께 고려하는 것이 발전적이라고 보았다.

[더만 스팍크의 '유아를 위한 반편견/다문화 교육의 목표와 발달적 기대']

목표 1	• 유아가 통찰력 있고 자신감 있는 자기 정체를 구성해 가도록 도움 • 이 목표는 유아 개인의 정체성과 집단 정체성을 모두 포함함 • 우월감이 아니라 자신감을 육성하는 데 의미를 둠
목표 2	• 유아가 다양한 사람들과 편안하고 감정이입적인 상호작용을 하도록 도움 • 이 목표는 사람들 사이의 유사점과 차이점을 이해하고, 차이점에 대해 공손하게 효율적으로 묻고 학습하며, 차이점에 편안하게 협상하고 적응하는 지식과 성향을 발달시키는 것을 포함함
목표 3	• 유아가 편견에 대하여 비판적인 사고를 할 수 있도록 도움 • 편견에 대해 진지하게 생각한다는 것은 불공평한 고정관념, 부당한 언사, 자신이나 다른 사람의 정체성(성, 인종, 무능력, 계층, 연령, 몸무게, 기타 특성 등)에 대한 차별적 행동을 인식하는 인지 기술과 편견이 고통을 준다는 것을 아는 정서적 감정이입의 발달을 의미함
목표 4	• 유아가 편견에 대항하여 자신과 다른 사람을 옹호할 수 있는 능력을 갖도록 도움 • 이는 ① 다른 유아가 자신에게 편견된 태도로 행동할 때, ② 한 유아가 다른 유아에게 편견된 태도로 행동할 때, ③ 성인이 편견된 태도로 행동할 때 당당하게 말할 수 있는 여러 가지 방법을 학습하도록 돕는 것을 의미함
목표 5	• 목표 3을 기초로 하여 자신이나 다른 사람을 위해 행동하도록 도움 • 비판적 사고와 감정이입은 편견에 대하여 자신이나 다른 사람을 위해 행동하는 데 필요한 구성요소임

1. 유아 인터넷 게임 중독의 특성

(1) 부부갈등, 부모의 병리 혹은 중독 문제로 자녀가 방치되는 경우 게임 중독의 가능성이 있다.

(2) 부모의 비일관적이고 강압적인 양육태도의 영향이 크다.

(3) 부모의 관심이 게임을 중단하게 할 수 있다.

(4) 게임 이외의 활동으로 관심을 돌리게 하여 게임 중독을 막을 수 있다.

(5) 학교 무단결석이나 범죄행위와 같은 심각한 품행 문제로 발전할 가능성이 높다.

(6) 충동성, 공격적 편향 등의 문제를 보이지만, 이러한 행동이 부모 및 또래에 한정되어 있어 사회적 문제를 일으키지 않는다.

(7) 아동의 방치, 부모의 양육태도, 부모의 게임 문제 등 게임 행동과 관련한 가정환경 특성이 중요하다.

2. 인터넷 게임 중독의 예방 방법

(1) 게임은 하루에 30분 이내로 한다.

(2) 식사 시간이나 저녁 9시 이후로 게임을 하지 않는다.

(3) 30분 이상 바깥 놀이나 실외 놀이터 활동을 하여 햇볕을 쬔다. 햇빛은 신체 면역 기능을 활성화하고 마음을 편하게 만들어 정서 안정에 도움이 된다.

(4) 가족이나 친구와 함께 시간을 보낸다. 게임은 성격을 개인적인 성향으로 흐르게 하므로 가족이나 친구와 함께 하는 시간을 늘린다.

(5) 게임을 혼자 하지 않는다. 소극적이거나 내성적인 친구들이 게임 중독에 걸리기 쉽다. 친구들과 같이 게임을 적당히 즐긴다.

(6) 게임을 하면서 음식을 먹지 않는다.

(7) 일주일에 이틀 이상 컴퓨터를 켜지 않는 날을 정하고 실천한다.

3. 인터넷 사용규칙 10계명

⑴ 컴퓨터를 거실에 놓아서 가족과 공유하기

⑵ 인터넷 사용 시간과 활용규칙 만들기

⑶ 좋은 검색엔진과 사이트 즐겨찾기 해놓기

⑷ 온라인상에서 가족 허락 없이 개인정보 노출하지 않기

⑸ 온라인상에서 알게 된 사람과 직접 만나지 않기

⑹ 부가 요금을 내야 하는 정보에 부모의 허락 없이 접근하지 않기

⑺ 부모님의 허락 없이 인터넷을 통해 물건을 주문 또는 카드 번호를 알려주지 않기

⑻ 건전하지 못한 메일이나 사이트에는 접근하지 않기

⑼ 부모님을 제외하고 가장 가까운 친구에게라도 인터넷 비밀번호 알려주지 않기

⑽ 좋은 온라인 사용자가 되기

4. 전자 미디어 교육의 변화 과정

전자 미디어 교육의 변화 과정	내용	문제점
보호주의적 접근	전자 미디어의 부정적인 측면으로부터 학생을 보호하고 방어	전자 미디어 사회에 적절한 대처 능력을 갖추기 어려움
미디어 변별 능력	좋은 정보만을 선택할 수 있는 변별 능력을 키워 순기능적 접근	정보의 양적, 질적 팽창과 함께 정보를 평가할 수 있는 기준 확립의 어려움
학습 도구적 접근	정보와 경험의 확대를 위해 전자 미디어를 교수 자료로 적극적 활용	유아나 청소년들의 미디어 사용 방법과 정보 수용 과정에 부정적인 문제 발생
비판적 해석 능력	전자 미디어 자체에 대한 이해와 비판적인 시각에서 정보를 해석할 수 있는 능력	적절한 교수 자료와 교수 방법의 부족

5. 전자 미디어의 순기능과 역기능

순기능	역기능
• 다양한 시청각 정보를 수집 • 검색을 통한 일상생활의 문제 해결 • 학습의 도구로 활용 • 개인의 정보 축적 • 타인과의 관계 형성	• 지속적으로 접하고자 하는 중독 현상 • 현실과 환상의 혼동에 따른 문제 상황 야기 • 사회적 관계의 단절 • 기초체력의 저하와 신체적, 정신적 증상의 발현

6. 올바른 전자 미디어 사용법

전자 미디어의 기능과 역할 인식하기	• 일상생활에서 활용되는 다양한 미디어의 종류 인식 • 미디어의 색, 모양, 구조, 기호 등 미디어를 구성하고 있는 외부적 요소 탐색 • 미디어의 요소가 가지고 있는 기능과 역할에 대한 탐색과 경험
전자 미디어의 사용법 익히기	• 일상생활에서 미디어의 필요성 인식을 통한 사용법 학습에 대한 동기유발 • 미디어의 각 기능에 대한 반복적, 직접적 경험을 통한 숙련 • 능동적인 미디어 활용을 준비하는 자유로운 사용 능력의 습득
전자 미디어를 통해 정보 활용하기	• 일상생활에서 미디어 활용의 장점 탐색 • 다양한 활동을 통한 정보 수집, 정보와 경험의 공유, 타인과 관계 맺기 등과 같은 미디어의 긍정적 활용 방법에 대한 직접 경험 • 미디어와 일상생활(On-Off line)과의 상호교류 활동과제 수행을 통한 시너지 효과 경험
전자 미디어에 대한 자기 조절력 형성하기	• 미디어를 통해 경험하는 정보의 적절한 선택 능력 형성 • 미디어 관련 문제 상황과 관련된 스스로의 행동(시간, 태도, 사용 방법 등)에 대한 결과와 원인 분석을 통해 문제 상황에 대한 대처 능력 형성 • 일상생활의 현실과 미디어의 세상을 분리하여 즐기는 태도 형성
전자 미디어와 관련된 윤리의식 기르기	• 일상생활에서 미디어 사용의 과오(過誤)에 의해 발생하는 문제 인식 • 나와 미디어, 미디어와 타인, 나와 타인과의 올바른 관계 맺기를 위한 방법 모색 • 미디어에 대한 자기 조절력과 자신감을 바탕으로 하는 윤리의식의 내면화

1. 통합교육

양적인 측면에서 급속도로 증가하고 있는 장애 유아 통합교육은 양적인 성장만으로 달성되는 것이 아니라 프로그램의 질과 그에 따른 질적인 성취가 강조되어야 한다. 따라서 장애 유아 통합교육은 현장에서의 실질적인 방법론적 측면에서의 배려가 더욱 강조되어야 한다. 그러나 성공적인 통합교육의 실행은 그 자체가 매우 어렵고 도전적인 과제이다(Guralnick, 2001). 일반적으로 교육 현장에서 나타나는 통합교육 실행의 어려움은 유아, 교사, 부모의 측면에서 살펴볼 수 있다.

(1) 통합교육 실행의 어려움

① 유아 측면

유아들의 측면에서 살펴보면 적절한 교육 활동이 제공되지 않는다면 장애 유아들이 지닌 외모나 능력의 차이로 인하여 장애나 장애 유아에 대한 편견을 가질 수 있으며, 이로 인하여 통합교육의 실행 자체가 어려워질 수 있다(두혜옥, 2001; 민경환, 2002; 최연자·이영석, 2000). 이러한 우려는 실제로 통합 현장의 유아들이 장애 유아가 아닌 장애가 없는 또래들과 훨씬 더 높은 비율로 상호작용을 하며(이소현, 2004; Guralnick, 1990), 장애 유아들이 일반 유아들보다 또래들에게 사회적으로 거부 당하는 비율이 더 높다는 사실(Odom et al., 2001, 2002)을 통하여 실제로 나타나고 있다.

② 교사, 부모 측면

유아들은 4~5세 정도가 되면 장애인에 대한 인식과 태도를 형성하게 되며, 이러한 인식과 태도는 주변 성인이나 사회의 영향을 받는다(Diamond, 1993; Favazza & Odom, 1997). 따라서 장애 유아를 이해하고 수용하도록 촉진하는 성인의 중재가 없는 상태에서 장애 유아들을 일반 유아들과 함께 배치하는 것만으로는 성공적인 통합교육을 실행할 수 없다(이소현, 2003). 일반 유아들의 장애 유아에 대한 긍정적인 인식과 수용은 진정한 의미에서의 통합교육을 위한 필수적인 요소이며(Harring, 1991), 이러한 긍정적인 인식과 수용이 선행됨으로써 결과적으로 장애 유아와 일반 유아 간의 사회적 관계 형성을 지원할 수 있다(Guralnick, 1990). 결과적으로, 성공적인 통합교육 실행을 위해서 교사는 우선적으로 일반 유아들이 장애 유아에 대한 긍정적인 인식과 태도를 가지고 이들과 사회적인 관계를 형성하도록 환경을 조성하고 교수 활동을 진행하는 등 유아를 대상으로 하는 구체적인 지원을 제공해야 한다.

2. 유치원 통합교육 지원 요구

(1) 활동에 잘 참여하도록 사용하는 전략

현재 일반 사립 유치원에 통합되어 교육받고 있는 장애 유아들은 주로 일반 학급에 완전히 통합되어 교육받고 있다. 활동에 잘 참여하지 못하는 유아들을 위해서 사용하는 전략은 연구 결과, 118명의 응답자가 총 293개의 반응을 하여 전체 응답자보다 반응의 수가 많으므로 100%

기준이 아니라 케이스백분율 248.2% 기준으로 계산되었다. 반응의 수가 전체 응답자의 2.4배에 해당하며, 이는 한 응답자가 두 가지 이상의 항목에 응답한 것을 의미한다. 사용하는 활동 전략별로 케이스백분율을 산출한 결과, 친구들이 돕도록 지도하는 경우가 가장 많았으며(67.8%), 교사가 직접 개입하여 도와주는 경우도 63.6%에 해당하였다. 다음으로는 활동을 쉽게 또는 단순하게 수정하거나(38.8%) 유아가 좋아하는 친구나 물건을 활용하는 것으로(34.7%) 나타났다.

(2) 장애 유아의 참여도를 높이기 위한 자원

장애 유아들이 교실 활동에 잘 참여하기 위해서 어떤 지원이 가장 필요한가를 묻는 질문에 유치원 내에 상주하는 특수교사가 필요하다는 응답이 가장 많았으며(24.4%), 다음으로는 교실 활동을 돕는 보조인력(21.1%), 장애 유아의 참여를 돕는 프로그램이나 지침(13.8%), 교사 대 아동 비율 감소(6.5%) 등의 순으로 나타났다. 특히 지원이 불필요하다고 응답한 기관은 하나도 없어 지원의 필요성을 확실히 나타내고 있다.

3. 통합교육 관련 조사 결과

(1) 자유선택활동 시간 중 장애 유아와 일반 유아 간의 상호작용

(n=123)

장애 유아와 일반 유아의 상호작용	빈도	백분율(%)
1. 일반 유아들의 상호작용과 차이가 없음	45	36.6
2. 간단한 상호작용으로 놀이에 계속 참여	38	30.9
3. 간단한 상호작용으로 놀이에 가끔씩 참여	14	11.4
4. 거의 대부분 상호작용하지 않고 혼자 놀이	13	10.6
5. 다투거나 부정적인 상호작용을 많이 함	2	1.6
6. 기타	0	0.0
7. 무응답	11	8.9
계	123	100.0

(2) 일반 유아들의 장애 유아 수용 정도

(n=123)

일반 유아들의 장애 유아 수용 정도	빈도	백분율(%)
1. 대체로 잘 어울리고 친하게 지내기도 함	52	42.3
2. 대체로 잘 어울림	39	31.7
3. 소수의 유아들이 관심을 보이고 어울림	14	11.4
4. 대체로 무관심함	4	3.3
5. 대체로 무관심하고 일부는 싫어함	0	0.0

	빈도	백분율
6. 대체로 싫어함	0	0.0
7. 싫어하지는 않지만 동생처럼 대함	2	1.6
8. 기타	2	1.6
9. 무응답	10	8.1
계	123	100.0

(3) 통합교육을 위한 가장 효과적인 전략

(n = 77)

효과적인 전략	빈도	반응백분율(%)	백분율(%)
1. 최대한 일반 유아와 함께 지내게 함	28	29.2	36.4
2. 장애 이해 프로그램 운영	28	8.3	10.4
3. 장애를 수용할 수 있도록 놀잇감 구비	3	3.1	3.9
4. 교사의 놀이 수정 및 촉진	22	22.9	28.6
5. 일반 유아가 장애 유아를 돕도록 지도	19	19.8	24.7
6. 장애 유아의 놀이 / 의사소통 / 사회성 지도	9	9.4	11.7
7. 일반 유아 부모 대상 교육 실시	1	1.0	1.3
8. 활동 중 자연스러운 상호작용 기회 조성	6	6.3	7.8
계	96	100.0	124.7

(4) 또래 관계 형성을 돕기 위한 지원

(n = 120)

또래 관계 형성을 위한 지원	빈도	반응백분율(%)	케이스백분율(%)
1. 사회적 통합을 돕는 교실 활동 개발	66	26.4	55.0
2. 유아 지원을 위한 교사지침서 개발	41	16.4	34.2
3. 일반 유아 부모 지원	33	13.2	27.5
4. 유아 대 교사 비율 조정	48	19.2	40.0
5. 통합교육 전문가 지원	60	24.0	50.0
6. 특별한 지원은 불필요함	0	0.0	0.0
7. 기타	2	0.8	1.7
계	250	100.0	208.4

(5) 개별화 교수를 위한 지원

(n = 110)

개별화 교수를 위한 지원	빈도	반응백분율(%)	케이스백분율(%)
1. 활동을 보조하는 보조인력	34	28.1	30.9
2. 활동 내 교수를 위한 프로그램이나 지침	42	34.7	38.2
3. 외부 전문가의 자문	6	5.0	5.4
4. 유치원 내에 상주하는 특수교사	30	24.8	27.3
5. 교사 대 아동 비율의 감소	8	6.6	7.3
6. 기타	1	0.8	0.9
계	121	100.0	110.0

4. 유치원 통합교육의 목표와 방법

(1) 장애 유아의 사회적 통합을 위한 여러 활동들의 개발

① 다양성 존중하기

유아기 아동들에게 '차이는 나쁜 것이 아니며 다르다는 것은 다른 사람보다 더 낫거나 못하다는 것을 의미하지 않는다.'는 것을 알게 하는 것은 편견을 막는 유용한 접근이다. 특히 장애를 가진 친구가 나와 다른 점보다는 비슷한 점이 더 많다는 것을 인식할 때 유아들은 장애를 친구의 여러 가지 특성 중 하나로 편안하게 받아들일 수 있다. 따라서 이 활동 자료는 유아들이 차이를 존중하고 서로의 비슷한 점을 인식할 수 있도록 돕는 활동들로 개발되었다. 아울러 구체적인 활동을 통해 유아들이 각기 다른 방식으로 서로에게 도움을 줄 수 있다는 것을 경험하게 하는 것도 다양성 존중을 위해 이 활동 자료가 추구하는 중요한 목표 중 하나다.

② 자신과 타인 존중하기

유아들이 장애나 장애를 지닌 친구들을 긍정적으로 수용하는 것은 다른 사람을 존중하고 다른 사람의 느낌을 이해하는 사회 – 정서적 능력 향상을 통해서 이루어진다. 다른 사람에 대한 존중과 이해는 자기 자신에 대한 긍정적인 인식을 토대로 한다. 따라서 이 활동 자료는 자신에 대한 긍정적인 인식과 상대방의 느낌에 대한 인식 및 공감, 다른 사람의 느낌을 배려하는 적절한 의사소통 방법과 상호작용 방법에 대한 인식, 인간의 보편적 선으로서의 도움에 대한 인식 등을 유아 수준에서 이해할 수 있도록 활동을 구성하였다.

③ 다양한 친구들과 상호작용하기

사회적 통합이 이루어지기 위해서는 또래 간의 사회적 상호작용이 반드시 선행되어야 하며 질적인 상호작용을 하기 위해 유아들은 적절한 사회적 기술을 배워야 한다. 이 활동 자료에서는 다양한 친구들과 양질의 상호작용에 참여하게 하기 위해서 의사소통적 다양성에 대한 인식(예 수화, 손짓 등 다양한 방식으로 의사소통을 할 수 있음을 인식하기)과 함께 구체적인 상호작용 기술들을 직접 가르칠 수 있도록 활동을 구성하였다. 특히 유아기 상호작용이 주로 놀이를 통해 이루어지기 때문에 친구들과의 놀이에 참여하는 방법, 혼자 노는 친구들에게 같이 놀자고 말하는 방법, 다양한 친구들과 함께 놀기 위해 놀이를 수정하는 방법 등 유아기에 적절한 상호작용 전략들을 지도하기 위한 활동들을 포함하였다.

④ 우정과 협력을 촉진하는 학급 문화 만들기

장애 유아의 사회적 통합은 장애 유아가 한 학급의 구성원으로서 교사와 또래들로부터 인정받을 때 가능하다. 장애 유아가 학급의 구성원으로 인정받는다는 것은 장애 유아를 특별한 도움이 필요한 존재로 대하는 대신 우리 반 친구로 자연스럽게 대하는 것을 의미한다. 따라서 장애 유아의 진정한 사회적 통합은 '장애 유아만을 위한 특별한 도움'으로 성취되는 것이 아니라 서로 돕고 아껴주는 학급의 분위기를 통해서만이 이루어질 수 있다. 이렇게 우정과 협력을 촉진하는 학급 분위기를 만들기 위해서는 무엇보다 교사의 태도가 중요하며 유아들 간의 우정을 형성하고 협력할 수 있도록 하는 활동을 실시하는 것이 필요하다. 따라서 이 활동자료들은 또래 관계에서 나타날 수 있는 여러 가지 문제 상황에 대한 해결력을 증진하며 공동체 의식을 높이고 나아가 유아들 간의 우정 형성을 촉진하기 위한 활동들로 구성되었다.

[자료 개발 대상별 목적]

대상	영역	목적
유아	지식	사람들은 다양한 측면에서 서로 같을 수도 있고 다를 수도 있다는 사실을 습득한다.
	태도	• 외모나 생각이나 능력이 나와 다른 사람에 대하여 긍정적으로 수용하는 태도를 기른다. • 외모나 생각이나 능력이 나와 다른 사람들과도 친구가 될 수 있다는 태도를 지닌다.
	기술	• 외모나 생각, 능력이 다양한 사람들과 함께 놀거나 친구가 되는 방법을 학습한다. • 특별한 도움이 필요한 사람들에게 도움을 주는 방법을 학습한다.
교사	지식	• 장애 및 장애 유아에 대한 올바른 지식을 습득한다. • 통합교육 운영을 위한 지식을 습득한다.
	태도	• 장애 유아도 동등한 학급의 구성원으로 수용하는 태도를 기른다. • 통합교육 실행 및 성과에 대한 긍정적인 태도를 지닌다.
	기술	• 유아들이 장애 유아에 대한 올바른 태도를 가질 수 있도록 대처하는 기술을 습득한다. • 유아들이 장애 유아와 긍정적인 관계를 형성하고 상호작용할 수 있도록 촉진하는 기술을 습득한다.
부모	지식	• 장애 및 장애 유아에 대한 올바른 지식을 습득한다. • 통합교육의 필요성과 혜택에 대한 정확한 지식을 습득한다.
	태도	• 장애 유아 및 그 가족들에 대하여 긍정적으로 수용하는 태도를 지닌다. • 자녀가 장애 유아와 함께 놀거나 친구가 될 수 있다는 사실을 긍정적으로 수용한다.
	기술	자녀가 장애 및 장애 유아에 대하여 긍정적으로 수용하고 상호작용하도록 대처하는 기술을 습득한다.

(2) **유아의 장애 정도와 능력에 따른 특수학교 교육과정 및 교수·학습 자료의 활용**

① 유치원에서 장애아를 위한 특수학급을 설치하는 경우, 유아의 장애 정도와 능력에 따라 유치원 교육과정을 조정하여 운영하거나 특수학교 교육과정 및 교수·학습 자료를 활용할 수 있다.

② 장애 유아는 각기 다른 장애와 능력을 갖고 있기 때문에 그들의 독특한 교육적 요구에 가장 적합한 교육 내용을 구성하여 장애 유아 개개인의 특성에 알맞은 교수·학습 방법으로 이끌어 가는 특수교육 체제가 필요하다. 즉 일반 유아에게 맞도록 편성된 유치원 교육과정을 적용할 수 없으므로 장애 유아의 개별적인 능력에 맞도록 새 유치원 교육과정을 조정하여 운영하여야 한다. 이러한 교육과정 편성·운영상의 조정과 수정 없이 단지 물리적으로 통합하는 것은 장애 유아의 참여를 제한할 뿐만 아니라 학습을 방해하는 다른 행동 문제를 초래할 수 있다.

③ 교사는 필요한 경우 장애 유아의 참여를 촉진하기 위해서 진행 중인 학급 활동이나 교재를 수정하여야 한다. 이때 교사의 개입이나 전문성의 정도에 따라 장애 유아의 개인적 필요나 교수 목표에 대응하는 전략이 달라질 수 있다. 유치원 교육과정을 수정하는 전략으로는 환경적 지원, 교재 수정, 활동의 단순화, 선호도 활용, 적응 도구의 사용, 교사의 지원, 또래의 지원 등이 있다.

[유치원 교육과정 수정 전략]

수정 전략	예
환경적 지원	정리 활동에 참여하기 위해 교구장에 교구 사진을 찍어 표시해 주거나 청각 장애 유아의 자리를 교사의 입 모양이 잘 보일 수 있는 앞쪽 중앙으로 배치해 주는 것 등
교재 수정	조형 활동 작품에 이름을 써야 하는 경우, 글쓰기가 어려운 장애 유아를 위해 점선으로 된 이름본을 제시하고 따라 써 보도록 하는 것
활동의 단순화	색종이 접기와 같이 여러 단계가 있는 조형 활동을 할 때 단계를 간략화하는 것으로, 8단계에서 4단계로 간단하게 조정해 제시하는 것을 말함
선호도 활용	색칠하기 활동에서 유아가 선호하는 그림을 선정하여 이를 색칠하도록 하는 것
적응 도구의 사용	점심을 먹을 때 수저 잡기 자세가 어려운 경우 보조 숟가락, 포크를 제시해 주는 것을 말함
교사의 지원	• 놀잇감을 가지고 그 용도에 적절하지 않게 놀고 있는 경우, 해당 놀잇감의 기능에 맞는 시범을 교사가 보이는 것 • 자동차를 이용하여 유아 곁에서 "자동차가 부릉부릉하며 간다."라고 말하며 놀이의 시범을 보이는 것
또래의 지원	견학을 가거나 교실 도우미를 하는 경우 장애 유아가 선호하는 또래가 짝이 되어 도와주도록 하는 것

④ 유치원의 특수학급 장애 유아들은 개인차의 범위가 넓고 주의 집중이 곤란하기 때문에 효율적인 학습 활동을 전개하기 위해서는 개별화 교육(IEP: Individualized Educational Program)이 이루어져야 한다. 개별화 교육은 장애 유아의 신체 조건, 경험적 배경, 흥미, 인

성적 요구, 학습 능력, 기타의 조건 등이 고려된, 유아의 독특한 교육적 욕구에 부응한 최적의 프로그램과 교수·학습 방법에 의한 교육을 말한다. 개별화 교육은 수업의 초점을 유아 개개인에게 두고 가능한 한 모든 유아가 의도한 교육 목표에 도달하도록 하기 위한 것이다. 이를 위해 각 개인의 능력, 적성, 동기 등을 고려하여 변별성 있게 수업 절차나 자료의 선택, 평가 등을 적절하고 타당하게 수정하여야 한다.

⑤ 유치원의 특수학급에서 특수학교 교육과정 및 교수·학습 자료를 활용하는 경우, 생활 경험 중심으로 교육과정을 구성하는 것이 적절하다. 이 구성은 유아의 흥미와 필요를 토대로 하기에 자발적인 활동을 촉진하기 용이하다. 그러므로 유치원의 특수학급에서 특수학급 교육과정을 활용하는 경우, 장애 유아의 현재 및 장래의 생활과 직접 관련된 분야를 목표와 내용으로 교육과정을 편성·운영하여야 한다. 즉 개인 생활의 확립과 유치원 생활의 적응으로 장애 유아의 발달 가능성을 최대한 실현시킬 수 있도록 하는 교육 내용이어야 한다.

⑥ 특수학급 교육에서 교재·교구의 중요성은 일반 유아들보다도 더욱 크다. 왜냐하면 여러 가지 장애를 가진 특수아들을 대상으로 하는 특수교육은 구체적인 교구와의 상호작용을 통할 때 학습의 효과가 더욱 극대화될 수 있기 때문이다. 장애 유아의 특성을 고려하여 학습 목표와 내용을 적절히 편성하고 장애 유아의 학습을 자극할 수 있는 교수·학습 자료가 제시되어야 한다. 특수학교 교육과정에 준하여 교수·학습 자료로 생활 적응 훈련 자료, 지각·인지 학습 자료, 언어 지도 자료, 감각 운동 자료 등이 구비되어야 한다.

(3) 특수 교육 대상 유아에 대한 적절한 교육 안내

① 장애아를 위한 유치원 교육에서 부모는 가장 중요한 조력자이다. 따라서 부모가 적절한 역할을 수행할 수 있도록 필요한 부모교육을 할 뿐 아니라, 역할 수행을 도울 수 있는 관계 전문가와의 연계를 주선하여 적절한 교육을 받도록 하는 것도 유치원의 중요한 기능이다. 각 유치원은 특수교육 대상 유아가 부모와 관계 전문가의 도움을 받아 적절한 교육을 받도록 안내하여야 한다.

② 통합교육이 성공을 거두기 위해서는 교육과정의 수정이나 전략 사용뿐만 아니라, 장애 유아를 위한 기관의 경영자 및 관련 기관 간의 지원 체계 구축, 그리고 교사, 학부모, 특수교사, 관련 전문가들 간의 협력이 매우 중요하다. 부모나 교사, 전문가는 장애 유아가 일반 유아들에 비하여 모든 능력이 떨어진다는 편견을 가지지 말아야 한다. 무엇보다도 장애 유아가 가진 강점과 남과 다른 능력이 무엇인지 파악하고자 노력하여야 한다. 특히, 부모는 장애 유아의 능력에 따라 구체적이고 실천이 용이한 지원 방법을 모색하여야 한다. 그 구체적인 방법이 개별화 교육(IEP)일 것이다. 장애 유아의 능력에 따른 개별화 지원이 이루어진다고 해도 처음부터 적용하기 어려우므로 개별화 교육 계획의 수립을 위해 특수교육 전문가로부터의 협력적인 도움이 필요하다.

③ 각 유치원에서는 지역사회와의 연계를 위해 복지시설, 사설 특수교육실 등에서 방과 후 교육 활동 프로그램으로 제공하는 치료 서비스에 참여하도록 부모에게 안내를 하여야 한다. 또는 직접 특수교육 지원센터에 요청하여 특수학급에 파견되거나 순회할 치료사를 지원받을 수 있도록 안내한다.

09 유아 한국 문화 정체성 교육

1. 유아 한국 문화 정체성 교육의 필요성 및 방향

(1) 한국 문화 정체성의 개념

① **문화**: 사회 구성원에 의하여 습득, 공유, 전달되는 행동양식, 생활양식의 과정 및 그 과정에서 이루어낸 물질적, 정신적 소득을 통틀어 일컫는 말

② **한국 문화**: 한민족이 겪어 온 생활경험의 전부를 의미함. 즉, 오랜 세월에 걸쳐 한 민족의 문화 발전과정에서 축적되어 온 경험과 지식의 총체

③ **문화 정체성**: 자기 자신이 속한 문화의 이념과 특징, 장·단점 등을 알고, 긍지를 가지면서 더욱 발전시키려고 하는 의식

④ **한국 문화 정체성**
  ㉠ 전통과 타 문화와의 접촉 및 반응을 통해 나타나는 변화를 모두 포함하는 것
  ㉡ 전통문화의 보전할 만한 것들을 선택·수용하여 형성된 것이기 때문에 전통에 대한 이해는 정체성을 파악하기 위한 전제가 되는 것임

⑤ **전통**: 사전적 의미로 어떤 집단이나 공동체에서 지난 시대에 이미 형성되어 계통을 이루며 전하여 내려오는 사상, 관습, 행동 따위의 양식

(2) 유아 한국 문화 정체성 교육의 필요성

① 유아기는 한국 문화 정체성 교육을 하기에 적절한 시기임
  ㉠ 유아기는 개인과 집단생활 경험을 통해 자아개념과 정체성을 형성하고 사회와 문화에 대해 이해하기 시작하는 시기임
  ㉡ 유아들은 우리나라의 다양한 전통문화를 알아가는 과정에서 우리 것에 대한 자부심을 느끼게 될 것임

② 우리 전통문화에 대한 올바른 이해를 바탕으로 한국인으로서의 자긍심을 갖게 됨
  ㉠ 유아기부터 우리의 정체성을 찾아주는 것은 매우 중요한 일임
  ㉡ 전통문화에서 한국적인 것을 발견하고 그에 깃든 문화의 특성을 공감하며 한국인으로서의 자긍심을 갖게 하는 교육이 필요함

③ 세계화, 국제화 시대에 살고 있는 유아들에게 다른 나라의 문화를 이해하는 능력과 존중하는 태도를 길러줄 수 있음
  ㉠ 생활 속에서 다양한 외국 문화를 자주 접하며 살아가는 현대 사회에서 다른 나라 문화에 대한 '이해'는 중요한 덕목이 됨
  ㉡ 세계화 시대에 자랑스러운 한국인으로 성장하도록 도울 수 있음

(3) 유아 한국 문화 정체성 교육의 방향

① 생활과의 접근성

ㄱ 생활 속에서 직접 체험을 통해 전통문화와 접할 수 있는 기회를 많이 주어 전통문화와의 친밀감을 만들어 주어야 함

ㄴ **유아교육에서 전통의 일상화:** 유아교육기관의 건축양식에서부터 우리 말과 글, 우리의 음악과 미술, 예절, 음식, 놀이, 의복 등을 교육과정 전반에 반영함으로써 이루어질 수 있음

② 접근기회의 확대

ㄱ **유아교육 현장의 문제점:** 전통문화를 일회성 주제로 다루어 교육과정에서 일관성을 가지지 못하고 전시적인 운영을 함

ㄴ 전통문화교육은 부모참여수업 및 행사를 위한 주제가 아닌 일반적인 유치원 교육과정 내에서 다루어져야 함

③ 판단기준의 설정

ㄱ 유아기는 자신의 판단기준의 기초를 형성해 가는 시기임

ㄴ 우리 문화에 대한 미적 기준 혹은 가치기준을 마련하여 적절한 판단 기준을 제시해야 함

2. 한국 문화 정체성 교육을 위한 도움말

(1) 민속화 교육 관련

① 민속화는 일정한 사회계층을 대표하는 사람들의 풍속, 취미, 일상생활의 모습 등을 소재로 그린 그림을 말함

② 민속화 화가로는 김득신, 김홍도, 신사임당, 신윤복, 박수근 등이 있음

③ 여러 대표적인 민속화를 직접 보고 공통된 부분을 추출하여 민속화에 대한 정의를 내림

④ 대집단으로 민속화를 볼 때 OHP기기, 실물 환등기를 활용하여 잘 보이도록 준비함

⑤ 그림이 그려지게 된 시대적 배경에 대해 유아들이 이해하기 쉽게 설명해 줌

⑥ 민속화를 감상하며 아이들이 그림에 대한 느낌을 표현할 수 있도록 해야 함

⑦ 그림의 내용이나 표현기법, 화가에 대한 내용이 강조되어서는 안되며, 그림에 대한 설명은 간단하게 이루어져야 함

⑧ 아이들과 교구 활동을 할 때에는 단순한 그림 보기가 되지 않도록, 예를 들어 그림 속의 동물이 몇 마리가 있는지 상호작용하며 놀이할 수 있도록 함

10 장학요원의 질문과 교육과정 설계자로서의 역할

1. 장학요원의 질문

질문내용	• 언어 유형 중 가장 흥미로운 것은 무엇입니까? • 언어 유형에서 '학습'과 '학급관리' 측면의 균형에 대해 어떻게 생각합니까? • 유치원 교사가 자유선택활동 시간 중에 이야기해야 한다고 생각하는 이상적인 유형과 얼마나 일치합니까? 왜 그렇습니까? • 학습의 측면에서 질문의 목표는 무엇입니까? • 학급관리의 측면에서 질문의 목표는 무엇입니까? • 이러한 목표에 도달하는 데 질문이 얼마나 효과적, 비효과적입니까?

2. 교육과정 설계자로서의 역할

교육과정 설계 시 고려할 점	• 기관의 철학에 근거하여 교육 목적을 세운다. • 다양한 교수 전략을 모색한다. • 유아의 요구에 적합한 교실 구성을 계획한다. • 평가 유형과 방법을 계획한다. • 발달적으로 적합한 학습 내용을 선정하고 조직한다. • 유아의 흥미에 기초한 경험을 선정하고 조직한다. • 교육 활동 전개에 필요한 세부적인 교육 계획을 세운다. • 교육 내용 선정 시 초등학교와의 연계성을 고려한다. • 여러 가지 교육 활동을 통합적으로 조직한다. • 지역사회의 특성을 반영한다. • 월간 교육 계획안을 작성한다. • 실내 환경 구성에 대한 전반적인 계획을 세운다. • 실외 환경 구성을 계획한다. • 교육 목표, 내용, 방법의 일치 정도를 고려한다. • 교육 내용 선정 및 조직 시 융통성을 부여한다.

1. 창의성 기법 1 – 육색 사고 모자

창의성 교육의 필요성	• 인성교육이 미래 사회에서 가장 중요한 능력으로 중시되고 이를 위한 교육적 실천이 강조되고 있음. 유아교육 단계에서는 창의성 교육을 어떻게 구성하고 실천할 것인지에 대한 관심이 높아지고 있음 • 만 5세 누리과정이 도입되는 시점에서 유아교육부터 고등교육까지 연계될 수 있는 창의성 교육을 통해 급변하는 글로벌 사회에 대비하는 핵심역량 교육의 토대를 마련할 필요가 있음 • 유아기는 창의성을 발달시킬 수 있는 최적기라는 인식과 창의적 인재 양성을 위한 학교교육은 모든 단계에서 보편적으로 이루어져야 하며, 이는 유아교육에서 고등교육에 이르기까지 일관성 있게 유지되어야 한다는 점에서 중요성이 부각되고 있음 • 유아기는 창의적 사고 발달이 활발하게 이루어지는 시기이며, 특히 유치원에 다니는 만 3~5세 시기는 사고와 언어를 관장하는 전두엽이 집중적으로 발달되는 특징이 있음 • 따라서 이 시기에 유아는 다양한 사물이나 상황에 대하여 보고, 느끼고, 생각하는 경험을 통해 창의적 사고가 발달하게 됨 • 이러한 점에서 유아기는 창의성 교육의 시작 시점이자 효율적인 적용 시기로 유아 단계에서의 창의성 교육 프로그램 개발이 필요함
특징 및 활용법	육색 사고 모자는 여섯 가지 각기 다른 색의 모자를 쓰고, 모자 색깔이 의미하는 유형의 사고를 하는 것으로 새로운 기획이나 아이디어 발상 등에 활용되는 사고 기법을 말함

모자색깔	사고 형태	역할
흰 모자	정보에 대한 사고	정확한 정보에 기초하고 이미 검증된 중립적이고 객관적인 사실을 제시
빨간 모자	직관적이고 감정적인 사고	흰색 사고와는 반대로 자신의 분노, 두려움, 직관과 같은 감정이나 사고를 제시
노란 모자	논리적이며 긍정적인 사고	긍정적이고 낙관적인 측면을 제시
검은 모자	논리적이며 부정적인 사고	부정적이고 비판적인 측면을 제시
초록 모자	창의적인 노력과 사고	창의적이고 확산적인 새로운 측면을 제시
파란 모자	사고과정의 통제	지휘자나 사회자처럼 정리, 요약, 결론적인 내용을 제시

교육 시 유의점	• 사용되는 6가지 색에 대하여 유아가 좋은 모자, 나쁜 모자 등 색에 대한 편견을 갖지 않도록 사고의 특성에 초점을 맞추어 진행하도록 함 • 활동을 처음 소개하거나 유아가 활동에 익숙하지 않을 때 모자의 색깔의 수를 줄여 활동하고 점차 그 수를 늘려 활동하도록 함 • 활동 후 유아가 다른 색깔의 모자로 바꾸어 써 보고 다시 활동하도록 함

2. 활동 – 종이를 아껴 쓰고 다시 써요

창의성 교육 내용	인지적 요소 > 사고의 수렴 > 논리 / 분석적 사고				
관련 생활주제	환경과 생활	활동 유형	이야기 나누기		
창의성 사고 기법	육색 사고 모자	대상 연령	만 3세	만 4세	만 5세
				○	◎
활동 목표	• 자신이 경험한 일을 회상하고 표현한다. • 효율적이고 효과적인 종이정리 방법에 대해 여러 가지 관점에서 생각하고 이야기한다.				
활동 자료	육색 사고 모자, 조각종이 정리함				
활동 과정	• 조형 영역에 있는 조각종이 정리함을 사용한 경험에 대해 회상하기 • 조각종이 정리함의 이로운 점과 개선점 생각하기 • 문제를 해결하기 위한 새로운 방법 제안하기				

고득점 공략!

'육색 사고 모자' 기법의 선정 배경

유아들이 유치원에서 자주 사용하는 종이는 조금만 쓰고 버리거나 필요 이상으로 낭비하는 경우가 있다. 그래서 유치원에서는 조각종이를 정리할 수 있는 바구니나 상자를 활용하기도 하지만 크기나 종류에 상관없이 한 곳에 정리하다 보면 효율적으로 쓰이지 못할 때가 많다. 따라서 조각종이 정리함을 사용한 경험을 회상하고, 이로운 점과 개선해야 할 점 등을 생각하며 보다 효율적이고 효과적인 종이정리 방법을 찾을 수 있도록 한다.

3. 생각 나누기 – 육색 사고 모자

(1) 조형 영역의 조각종이 정리함을 보며 사용한 경험에 대해 회상하기(사실을 설명 / 흰색 모자)

① (조각종이 정리함을 보여주며) 이것은 무엇이니?

> **예** 조각종이 정리함이에요. 우리가 쓴 종이를 정리해요.

② 조각종이 정리함은 언제 사용하니?

> **예** 우리가 쓰고 남은 종이를 정리할 때 써요.

(2) 조각종이 정리함의 좋은 점 찾아보기(긍정적인 측면 검토하기 / 노란 모자)

① 조각종이 정리함을 사용하면 어떤 점이 좋을까?

> **예** 종이를 아낄 수 있어요. 조각종이를 잘 정리할 수 있어요. 조각종이를 다시 사용할 수 있어요.

(3) 조각종이 정리함의 개선점 찾아보기(비판·평가적인 측면 검토하기 / 검은 모자)

① 그런데 조각종이 정리함에는 종이가 왜 이렇게 많은 것일까?

> **예** 친구들이 조각종이를 잘 사용하지 않아서요.

② 왜 조각종이를 잘 사용하지 않는 것일까?

> **예** 내가 쓰고 싶은 종이를 찾기가 어려워서요.

③ 왜 원하는 종이를 찾기가 어려운 것일까?

    예 작은 종이랑 큰 종이가 섞여 있어요. 색종이랑 흰 도화지랑 여러 가지 종이가 섞여 있어 찾기가 어려워요.

(4) 조각종이를 효율적으로 사용하고 정리할 수 있는 방법 생각해 보기
   (새로운 아이디어 제안하기 / 초록 모자)

① 내가 원하는 조각종이를 쉽게 찾으려면 어떻게 정리하면 좋을까? 종이의 종류를 어떻게 구분하면 좋을까?

    예 종이를 작은 종이와 큰 종이로 나누어 정리해요. 색종이는 색종이끼리 정리하고, 도화지는 도화지끼리 정리해요.

② 종이를 구분하여 정리하려면 어떤 것들이 필요할까?

    예 종이를 정리하는 바구니가 하나 더 필요해요. 색종이랑 도화지를 다르게 구분하는 표시가 필요해요.

③ 바구니는 어떤 바구니가 좋을까? 몇 개가 필요할까? 구분하는 표시는 어떻게 만들까? 표시에는 어떤 말을 쓰면 좋을까?

④ 너희들이 생각한 방법으로 조각 정리함을 만들어 보자.

고득점 공략!

> **유의점 및 참고 사항**
> - 육색 사고 모자 기법은 한 활동에서 모두 진행할 수도 있지만, 활동 유형이나 교사의 초점에 따라 그중 선택하여 일부만 적용할 수 있다.
> - 여섯 가지 색깔의 모자를 준비하여 색깔에 따른 사고 기법을 연습할 수 있다. 이때 유아들이 색에 대한 편견이 생기지 않도록 주의한다.

1. 창의성의 구성 요소

(1) 인지적 요소

① 사고의 확장

 ㉠ **확산적 사고**: 다양한 관점에서 새로운 가능성이나 아이디어를 다양하게 생성해내는 사고 능력

 ㉡ **상상력 / 시각화 능력**: 이미지나 생각을 정신적으로 조작하고, 마음의 눈으로 사물을 그릴 수 있는 사고능력

 ㉢ **유추 / 은유적 사고**: 사물이나 현상, 또는 복잡한 현상들 사이에서 기능적으로 유사하거나 일치하는 내적 관련성을 알아내는 사고능력

② 사고의 수렴

 ㉠ **논리 / 분석적 사고**: 부적절한 것에서 적절한 것을 분리해 내고 합리적인 결론을 끌어내는 사고능력

 ㉡ **비판적 사고**: 편견, 불일치, 견해 등을 인식할 수 있는 능력, 객관적이고 타당한 근거에 입각하여 판단하는 사고능력

③ 문제 해결력

 ㉠ **문제 발견**: 새로운 문제를 찾고, 형성하고, 창조하는 것

 ㉡ **문제 해결**: 문제를 인식하고 현재 상태에서 목표 상태에 도달하기 위해 진행해 가는 일련의 복잡한 사고 활동

  • 문제 발견

  • 자료 탐색 및 해결안 생성

  • 실행 및 평가

(2) 성향적 요소

① 개방성

 ㉠ **다양성**: 다양한 아이디어나 입장을 수용하는 열린 마음

 ㉡ **복합적 성격**: 서로 모순되는 정반대(양극)의 성격을 동시에 가지고 있는 것

 ㉢ **애매모호함에 대한 참을성**: 사물이나 현상, 또는 복잡한 현상들 사이에서 기능적으로 유사하거나 일치하는 내적 관련성을 알아내는 사고능력

 ㉣ **감수성**: 미세하고 미묘한 뉘앙스를 잘 느끼고 감지하는 것, 정서 / 자극에 대한 민감성

② 독립성

 ㉠ **용기**: 모험심, 위험 감수, 개척자 정신, 도전 정신

 ㉡ **자율성**: 타인의 말에 쉽게 흔들리지 않고 스스로 선택하고 행동하는 성향

ⓒ **독창성**: 자기만의 방식으로 현상을 판단하고, 유행을 따르지 않는 성향

(3) 동기적 요소

① **호기심 / 흥미**: 주변의 사물이나 현상에 대해 끊임없는 의문과 관심을 갖는 성향

② **몰입**: 어떤 일에 시간이 가는 줄 모르고 몰두하게 되는 완벽한 주의집중 상태

2. PMI(Plus, Minus and Interesting)

(1) 특징 및 활용법

① **PMI**: 아이디어에 대한 좋은 점·좋아하는 이유·긍정적인 측면(Plus), 나쁜 점·싫어하는 이유·부정적인 측면(Minus), 아이디어에 관해 발견한 흥미로운 점(Interest)의 약자

② **활용**: 대상의 긍정적인 면과 부정적인 면, 흥미로운 점에 대해 다각적 측면에서 생각하고 문제를 분석·평가함으로써 보다 더 새로운 아이디어를 얻을 때 활용됨. 또한 타인의 아이디어와 의견을 듣고 객관적으로 분석하고 평가·수용하기 위한 방법으로도 활용됨

③ **특징**: 어떤 문제에 대해 충동적으로 결정하는 것을 막고 시야를 넓혀 주며 열린 마음을 갖게 해 주는 기법

(2) 유의점

① 유아가 다른 유아의 아이디어를 전적으로 따르거나 반박하지 않도록 유아 나름의 비판적 사고 과정을 지도

② 유아가 다각적 측면에서 아이디어를 평가하며 타인의 아이디어를 수용하는 개방적 태도를 격려

고득점 공략!

'PMI' 기법의 예: 버스 안에 있는 의자를 모두 없앤다면

버스 안 의자를 모두 없앴을 때 장점, 단점, 흥미로운 점 찾아보기(브레인스토밍, PMI)

- P: 버스에 더 많은 사람이 탈 수 있다. 버스를 타거나 내리기 쉽다. / 버스를 금방 만들 수 있다.
- M: 손잡이가 줄어들어 버스가 갑자기 서면 사람들이 넘어진다. / 노인이나 어린이가 서 있기 힘들다.
- I: 접는 버스 의자를 만들면? / 버스 한쪽 줄만 의자를 놓으면?

---

3. 'PMI' 기법 선정의 배경

유아들이 적극적으로 활동의 주도권을 가지고 활동할 수 있도록 정해진 선을 따라 지시대로 가는 방법을 다른 방법으로 접근할 수 있다. 유아들이 다양한 방법을 제안하고 활동하는 과정에서 PMI 기법을 사용하여 좋은 점, 부족한 점, 흥미로운 점을 생각해 보고 새로운 의견을 제안한다.

(1) 지시에 따르기(앞으로, 뒤로, 옆으로)

① 선을 따라 걸어보자.

② 앞을 보고 걸어갔네. 다른 방법으로 가는 방법이 있을까?

③ 빠르게 걸으면 선을 잘 따라 갈 수 있니? 천천히 가면 어떨까?

④ 옆으로도 걸을 수 있을까?

⑤ 걸을 때 우리 몸을 어떻게 움직이면 더 걷기가 좋을까? (P)

⑥ 또 다른 재미있는 방법으로 선을 따라 갈 수 있을까?
> 예 네 발로 가 봐요.
> 토끼처럼 뛰어서 가요.
> 콩콩이를 타고 가요.

(2) 선을 따라 이동하는 방법 평가하기

① 어떻게 가는 게 가장 어려웠니? 왜 어려웠던 것 같니? (M)

② 어떻게 걷는 게 재미있었니?

(3) 재미있게 선을 따라 가는 방법 찾아보기

① 어떻게 가는 게 재미있었니? (I)
> 예 토끼처럼 뛰어서요.
> 한 발로요.
> 애벌레처럼요.
> 굴러서요.

② ○○ 방법으로 움직이는 것은 어떤 점이 좋았니?

③ ○○ 방법으로 움직일 때 어려운 점은 없었니?

고득점 공략!

유의 사항 및 참고 사항
- 유아들과 정해진 방법으로 충분히 움직여 본 후, PMI 기법을 사용하여 새로운 방법을 찾아볼 수 있다.
- 선을 따라 이동하는 것은 처음에는 걷기만을 생각할 수 있으므로 유아들이 자유롭게 몸을 움직여 이동하되 기구를 이용하든지, 다양한 표현을 하든지 선을 따라가는 것에 기준을 두고 생각할 수 있도록 한다.

1. 자기 주도적 장학(자기 장학)의 방법

비디오 녹화	자신의 수업을 스스로 녹음 또는 녹화하고 이를 분석하여 자기 반성의 자료로 삼는 방법
자기 평가도구 사용	교사 자체 평가 체크리스트를 이용하여 자신의 교육 활동을 분석하는 방법
현장연구	교실 현장에서의 문제를 중심으로 이를 해결하기 위한 다양한 교수법을 적용해 보고 실험하는 방법
전문 서적 읽기	교직활동 전반에 관련된 전문 서적이나 전문 자료를 읽고 이를 통해 자신의 모습을 반성하고 발전의 기초로 삼는 방법
대학원 진학	자신의 전공 교과 또는 교육학 관련 영역에서의 학사 또는 석사과정을 이수함으로써 자기 발전을 도모하는 방법
전문 단체 가입	교직 전문 단체, 연구기관, 학술 단체, 대학 또는 관련 사회기관이나 단체 등에 가입하여 전문적인 활동에 참여하는 방법
연수 참여	각종 연수회, 교과 연구회, 학술 발표회, 강연회, 시범수업 공개회 등에 참석하거나 학교 상호 방문 프로그램에 참여하는 방법
방송매체 활용	TV나 라디오 등의 방송매체가 제공하는 교원 연수 프로그램이나 관련 분야에 대한 자료를 시청함으로써 자기 발전을 도모하는 방법
유아 관찰	유아의 행동을 비디오 녹화 또는 체크리스트 방법을 사용하여 관찰한 후 이를 분석하여 특정 문제의 원인을 분석하고 해결하려는 노력을 하는 방법

2. 유아교사의 발달 단계

생존기	지원, 이해, 격려, 위로, 지도 등을 받고자 하며 수업 현장에서 즉각적으로 사용할 수 있는 도움을 원함. 이를 위해 선배 교사 또는 동료 교사의 조언을 구할 수도 있으며, 자신의 수업을 비디오로 녹화하고 분석하여 반성적 사고의 기회를 갖음
강화기	전 단계의 경험을 강화하고 개별적인 문제와 아동과 문제 상황에 관심을 갖기 시작하므로, 이 시기에는 전문가와의 접촉으로 조언을 구하거나, 또는 각종 연수에 참여함으로써 자신의 교수 기술을 향상시켜 나갈 수 있음
갱신기	새로운 아이디어, 자료, 기술, 접근법 등을 시도하므로, 다른 프로그램을 운영하는 교사들과의 만남, 전문 협회 참석, 전문 서적 탐독, 타 기관 방문이나 수업 참관의 기회를 갖는 방법 등이 도움이 됨. 또한 시범 연구를 맡거나 자신에게 맞는 현장 연구를 실시함으로써 자신의 문제 해결 능력을 기름
성숙기	교사로서 완전한 자신감과 경험을 갖추게 되는 시기이므로 교육 철학, 성장과 학습의 본질, 학교와 사회와의 관계, 교직 등에 관해 나름대로의 안목과 관점을 갖게 됨. 이 시기의 교사들에게는 전문가와의 협의나 세미나 참석, 학위 프로그램이나 과정, 폭넓은 독서, 다양한 분야의 전문가들과의 상호 접촉이 필요함

3. 자기 주도적 장학 모형

자기 장학이란 자신의 전문성 향상을 추구하는 자율성과 자발성을 지닌 성숙한 교사에게 적합하며 자기 장학이 이루어지기 위해서는 교육행정가의 지지와 지원이 필요하다. 또한 Glatthorn은 자기 장학이 지속적이고 체계화되기 위해서는 최소한의 구조적인 단계가 있어야 한다고 주장하였다.

[Glatthorn의 모형]

목표 설정하기	• 교사들은 자기 개선과 향상을 위한 목표들을 정함 • 자기 장학의 목표는 달성 가능성을 고려하려 명확하게 제시하는 것이 효과적이며 수행계획을 서면으로 작성해 보는 것도 도움이 됨
지원되는 요소들 확충하기	설정한 목표를 달성하기 위하여 요구되는 요소들, 즉 인적·시간적·경제적·물질적 지원 요소들에 대하여 토의하고 이를 확충함
자기 장학 수행에서 발생되는 문제 해결하기	• 교사는 자기 장학 수행 과정에서 발생되는 여러 문제를 해결하여야 함 • 이 과정에서 장학요원이나 학교 경영자의 도움을 받으며, 이들과의 협의 과정을 통하여 문제 해결 방법을 모색함 • 그러나 이러한 협의과정이 교사의 능력 평가와 연결되어서는 안 됨
기록하기	• 자기 장학의 과정에서 교사가 의도하였던 목적에 관한 내용들과 행정적인 기록을 서면으로 정리함 • 이 과정에서 교사들이 경험한 사항들을 종합적이고 구체적으로 기록해야 함

1. 활동 목표

(1) 유아 행동을 분석·이해하는 능력을 기른다.

(2) 유아에 대한 객관적인 진단과 평가를 해 본다.

2. 활동 방법

(1) 협의하기

유아 관찰의 목표를 정하고, 목표가 달성될 수 있는 관찰 대상 행동과 관찰에 대해 논의하여 결정한다.

[참고] 활동 결과 예시 1

> 유아 관찰의 대상 행동은 가능한 구체적이고도 세부적인 것이어야 심도 있는 분석이 가능함

(2) 유아 관찰하기

관찰 대상 행동에 대해 사전에 정한 관찰 기법을 활용하여 관찰 및 기록한다.

[참고] 활동 결과 예시 2

> 두 교사가 직접 관찰 대상 행동을 관찰·기록하는 방법과 비디오 녹화를 병행하는 방법이 활용될 수 있음

(3) 관찰 내용 분석하기

관찰된 내용을 유아 관찰 목표를 중심으로 분석한다. [참고] 활동 결과 예시 3

(4) 분석된 내용 재구성하기

분석된 내용을 재구성하여 유아에 대한 진단 및 평가 자료로 기록해 두고, 조금 더 관찰 혹은 조사가 필요한 부분이 있는지 상의한다.

> **활동 결과 예시 1 – 김 교사와 장 교사의 협의 내용**
> - **유아 관찰 목표:** 유아의 문제 행동의 원인을 규명한다.
> - **관찰 대상 행동:** 활동 때마다 말이 지나치게 많아서 활동의 흐름에 방해가 되는 동진이의 문제 행동을 포착하여 관찰한다.
> - **유아 관찰 방법:** 문제 행동이 일어나는 때를 포착하여 관찰하는 사건 표집의 방법을 활용한다.

활동 결과 예시 2 – 김 교사의 유아 관찰 노트

　미술 시간에 요술 그림 그리기 활동의 방법을 설명해 주고, 아이들끼리 각 분단으로 흩어져 활동을 시작하려고 할 때, 동진이가 질문을 한다. "선생님, 뭐 그리라고요? 놀이 공원이요?" "놀이 공원 말고 다른 건 그리면 안 돼요?" "옆에다 기린 그려도 돼요?" "아래에다 계단 그려도 돼요?" "계단 두 개 그려요? 많이 그려요?" 그림 하나하나를 그릴 때마다 교사에게 와서 물어본다. 처음에는 대구를 하다가 나중에는 아무 대답도 하지 않자 그리기 시작하였다.

활동 결과 예시 3 – 관찰 내용 분석 결과의 일부분

김 교사: 이번 주 미술 활동 때 있었던 걸 간단하게 기록한 것인데, 동진이란 아이에 대해 궁금해서 가져와 봤어요. 호기심도 많고 이야기 나누기 시간에 유난히 말도 많은 아이인데 어떨 땐 동진이 때문에 수업을 진행하는데 좀 힘들어요. 뭐가 문제인지, 어떻게 하면 좋을지 고민이 돼서요.

　(장 교사는 김 교사의 관찰 기록을 읽는다.)

장 교사: 활동의 도입 부분이 어땠나요?

김 교사: 보통 때처럼 테이블 위에 준비물을 올려놓고 지금부터 요술 그림 그리기를 할 거라고 했어요.

장 교사: 뭐라고 활동 소개를 하셨는데요?

김 교사: 음, 흰 도화지에 흰 크레파스로 그림을 그리면 어떻게 될까? 그런 다음 지난번 놀이 공원 갔을 때 본 것들을 그려보면 좋을 것 같다고 하고, 마지막으로 물감으로 칠하면 네가 그린 게 나타날 거라고 했어요.

장 교사: 말로 활동의 결과에 대해 설명을 해 주신 거네요.

김 교사: 네, 말로만.

장 교사: 평소 동진이가 그림 그리기에 흥미가 없거나 그렇지는 않나요?

김 교사: 아뇨, 그림 그리기를 좋아하는 편이에요.

장 교사: 그런데 왜 이 날은 그림을 그리지 않고 질문을 계속 했다고 선생님은 생각하세요?

김 교사: 글쎄요. 동물을 그리고 싶어서 그런 것 같지는 않고요. 정말 뭘 그릴지 몰라서 그럴 아이는 아닌데…

장 교사: 요술 그림이라고 하면서 사전에 너무 많은 정보를 아이들에게 주어서 흥미를 잃어버린 것은 아닐까요?

김 교사: 음… 그럴 수도 있겠네요. 이미 결과를 아니까 호기심이 덜할 수도. 특히 동진이 같은 경우엔 더 그럴 수도 있었겠네요. 그렇다면 이번엔 저의 발문을 좀 더 신경 써서 동진이의 반응이 어떤지를 한 번 봐야겠네요.

1. 멘토링의 개념

멘토링은 경력 있고, 능숙한 교사들이 초임 교사나 기술적 측면에서 지원이 필요한 교사들을 위해 전문적이고 개인적인 발달 증진을 위한 시범적인 역할을 보여주고 격려하는 장학의 과정이다(Missouri, 1996: Sullivan & Glanz, 2000). 멘토를 제공받는 입장에서는 자신들을 도와주는 유용한 인적 지원이 있어서 좋은 것이고, 멘토의 입장에서는 멘토를 함으로써 자신의 전문적 성장을 꾀할 수 있다는 점에서 상호 유익하다고 하겠다. 주로 경력 교사와 초임 교사가 멘토를 제공받는 역할을 하지만 때로는 경력 교사라 하더라도 멘토를 제공받기도 한다.

2. 멘토의 역할 및 자질

(1) 역할

멘토의 역할은 두 가지 점에서 장학요원과 다르다. 먼저 멘토들은 주로 동료 교사로서 안내와 지원을 하며 피드백을 주고 상담을 한다는 것과 다른 또 하나는 공식적인 평가를 하지 않는다는 점이다. 많은 지식과 기술을 가진 숙련된 교사들이야말로 멘토 역할의 적임자일 수 있다. 이러한 멘토의 역할을 통해 의사소통 기술과 성인학습과 같은 분야에 있어 새로운 도전과 학습을 가능하게 하며, 숙련되지 않은 교사로부터도 배울 기회를 가지게 된다.

(2) 자질

모든 숙련된 교사가 좋은 멘토가 될 수 있는 것은 아니다. 멘토가 되기 위해서는 유아만이 아니라 성인이 배우고 성장하는 일에 도움을 주는 것에 기본적으로 흥미를 가지고, 또 자신을 학습자로 생각하며 창의적이고 융통성이 있으며, 반성적이고 성인들과의 대인관계 기술이 좋고 다양성을 존중하는 사람이라야 한다.

3. 멘토와 멘티의 자세

(1) 멘토의 자세

멘토가 피드백을 줄 때에는 특정 교수 행위에 초점을 두고 구체적으로 언급해 주며, 멘티 교사의 변화되어야 할 행위에 대해 말해 주어야 한다. 일반적인 칭찬·비난은 피하고, 피드백 그 자체여야 하며 즉각적인 반응이 바람직하고, 제동된 피드백이 이해되었는지 확인이 필요하다.

(2) 멘티의 자세

멘토를 제공받는 입장에서는 멘토로부터의 피드백을 경청하며 바로 방어하는 태도를 취하지 않도록 하고, 피드백이 유용한지의 여부를 판단하고 결정해야 하며, 지적된 내용을 반영하는 반응적 태도를 취하여야 한다. 아울러 피드백 방법에 불만이 있다면 이를 표현하여 서로가 함께 나아가도록 힘써야 한다.

4. 멘토링의 예시

(1) 경력 1년 교사와 경력 5년의 교사

① 멘토링을 하게 된 동기

이제 경력 1년째의 최 교사는 무엇보다 자신이 맡게 된 만 3, 4세 반의 유아 15명을 통제하는 것이 어려웠다. 그래서 옆 반의 5년 경력의 양 교사에게 자신이 어떻게 하면 보다 유연하게 학급을 관리할 수 있을지에 대해 도움을 청하였다. 양 교사는 먼저 최 교사와 유아들과의 상호작용하는 것을 살펴보기로 하였다. 양 교사는 이야기 나누기 시간에 최 교사의 교실에서 비참여관찰을 했다.

② 최 교사와 유아 간의 상호작용 관찰 내용

최 교사는 개구리 손 인형을 이용하여 유아들에게 오늘의 활동을 소개한다. 손 인형이 한 영역을 지적하면 유아들이 그 방향을 보고, 그때 교사는 개구리 음성을 흉내낸 듯한 목소리로 그 영역에 교사가 준비한 것들에 대해 유아들에게 소개한다. 한 유아가 교사가 가지고 있는 영역을 소개하는 개구리 손 인형을 만지려 하며 다가간다. 교사는 다른 한 손으로 그 유아를 제지하며 다른 영역을 계속해서 소개한다. 유아는 손 인형에서 눈을 떼지 않고 계속 손 인형에 손을 대려고 한다. 교사는 이젠 다른 한 손으로 그 유아의 한 손을 꼭 쥐었다. 다른 몇몇 유아들도 손 인형을 만지려고 손 인형에게로 다가간다.

③ 멘토링

멘토는 이야기 나누기 시간에 교사가 각 활동 영역을 소개하는 과정에서 유아들의 반응이나 교사의 생각이 어떠했는지를 물었다. 교사는 유아들이 여전히 산만해서 준비한 대로 소개하기가 어려웠다고 하였다. 멘토는 개구리 손 인형을 사용하여 유아들의 시선을 끈 것은 좋은 생각이었는데 유아들의 관심에 좀 더 반응을 해주었다면 좋았을 것이라고 하였다. 이야기 나누기 시간에 교사는 새로 준비한 각 영역의 내용을 유아들에게 소개하는 것이 목표이지만 유아들의 반응에 민감하면서도 유연하게 재반응해 가면서 진행하는 것이 유아의 집중을 효과적으로 끌 수 있을 것이라고 하였다. 가령, 유아가 개구리 손 인형에 관심이 있어 만지고 싶어 할 때는 인형을 유아에게 향하도록 하여 잠시 이야기를 나누게 해준다거나, 개구리 손 인형의 존재를 유아들과 친숙하게 만드는 시간을 먼저 가진 다음 영역 소개를 하는 것도 한 방법이라고 말해 주었다.

(2) 멘토링의 결과

최 교사는 유아들과의 상호작용에 힘을 쓰는 데도 불구하고 잘 되지 않는다고 생각하고 있었다. 그런데 양 교사의 지적으로 자신이 유아들의 반응을 살펴 가며 상호작용을 한 것이 아니라, 일방적인 전달의 형태를 취하고 있었음을 알게 되었다. 유아의 흥미를 자극하고 그날의 학습의 목표를 유념하면서도 그때그때의 유아들의 반응에 민감할 수 있도록 주의를 기울인다면 보다 더 원활한 유아들과의 상호작용이 가능해질 것이며, 이러한 상호작용의 기반 위에서 유아들을 통제하는 것이 용이하리라는 사실을 깨닫게 되었다.

1. 갈등관리의 정의

(1) 조직은 다양한 구성원으로 이루어져 있다. 조직의 목표와 구성원의 목표에는 차이가 있을 수 있으며, 이로 인해 조직과 구성원 간, 또 구성원들 간에 크고 작은 갈등이 일어난다. 갈등이란 개인 간이나 집단 간, 조직 내부에서 의견 불일치, 모순, 불화로 인해 나타나는 상호작용 상태로 정의된다(Rahim, 1985).

(2) 갈등은 조직의 운영과 목표 달성에 장애 요인이 될 수 있으나 구성원의 다양한 의견이 개진되고 능력이 발휘되며, 새로운 변화를 가져오는 등 순기능적 면도 가지고 있다. 갈등발생은 조직의 보편적인 현상이므로 갈등발생 그 자체보다는 갈등을 어떻게 관리하는가에 따라 교사의 직무 수행 결과나 영유아 교육기관의 교육 목표 달성의 성패가 달라질 수 있다.

(3) 라임(Rahim, 1985)은 갈등관리 유형을 인간관계 속에서 발생하는 갈등인지의 주체가 되는 자신에 대한 관심의 정도와 타인에 대한 관심의 정도를 근거로 통합형, 배려형, 지배형, 회피형, 타협형의 다섯 가지 유형으로 구분하고 있다.

갈등관리 유형	특징	비고
통합형 **(협동형)**	자신과 상대방의 관심과 이해를 정확히 알고자 하기 때문에 문제의 본질을 집중적이고 정확하게 파악하고 문제 해결을 위한 통합적 대안을 도출해 내는 유형	문제의 취지가 불명확하거나 복잡한 경우에 매우 적절함
배려형 **(순응형)**	원만한 인간관계를 유지하기 위해서 자신의 관심사보다는 상대방의 관심사를 충족시켜 주기 위해 상대방의 주장에 따름으로써 갈등을 해결하는 유형	배려를 해준 후에 무엇인가를 보답 받을 수 있을 때 매우 적절하나, 복잡하거나 악화된 문제에서는 부적합함
지배형 **(경쟁형)**	경쟁적 관계에서 자신의 관심사를 충족시키기 위해 상대방을 압도해 버림으로써 갈등을 해결하는 유형	자신에 대한 관심은 지나친 반면 타인에 대해서 무관심한 사람으로 자기중심적 행동을 선호하고 상대방의 입장에 대한 고려가 부족하고 받아들이기 싫은 해결책이 제시될 때 주로 사용됨
회피형	갈등 문제로부터 물러나거나 이를 피함으로써 자신뿐만 아니라 상대방의 관심사마저 무시하는 유형	문제가 사소한 것이거나 피하는 것이 오히려 이익이 될 경우에 적합한 대안임
타협형	다수의 이익을 우선하기 위해 양측이 상호 교환과 희생을 통해 부분적 만족을 취함으로써 갈등을 관리하는 유형으로 자신과 타인의 공통된 관심분야를 서로 주고받기 위한 대안	• 타협이란 쌍방이 다른 목표를 갖고 있거나 비슷한 힘을 갖고 있을 때 가능함 • 잦은 타협은 오히려 우유부단한 결과를 낳기도 함

2. 영유아 교육기관에서의 갈등관리

(1) 영유아 교사의 역할갈등

주로 교육과 관련된 갈등, 원장 및 관리자와의 갈등, 동료 교사와의 갈등, 학부모와의 갈등, 업무수행과 관련된 갈등에서 비롯된다(김희태, 2004). 영유아 교사들은 대상에 따라 서로 다른 갈등관리 유형을 사용하는데, 동료 교사에는 통합형을, 원장에는 배려적 유형을, 또한 교사들은 대상에 관계없이 지배형을 적게 사용한다. 회피형을 많이 사용할수록 직무 스트레스를 느끼며, 통합형을 많이 사용할수록 직무 스트레스를 덜 느끼는 것으로 나타났다. 통합형을 사용하는 것이 직무만족, 조직적응성, 조직헌신성 등과 같은 조직 효과성에 가장 의미 있게 영향(송미선·김동춘, 2005)을 미쳐, 통합형이 회피형보다 집단의 만족을 높이고 업무의 효율성은 높이는 것으로 나타났다. 특히 원장의 갈등관리 전략은 교육성과에 영향을 미친다(김현경·신동주, 2009).

(2) 효과적인 갈등관리 방안(류운석, 2005)

① 자율성 확보를 위한 의사소통 체계 개선

구성원들 간에 의사소통이 원활하지 않을 경우 이로 인하여 상호 간의 의사가 제대로 전달되지 않아 갈등을 야기할 수 있다. 영유아 교육조직에서 의사소통의 장애로 인해서 구성원이나 학부모, 원아들의 의견이 충분히 반영되지 못할 수 있다. 일방적 의사전달이나 일부 구성원들의 의견만을 수용하는 방식에서 탈피하여 직원회의, 학부모회의, 각종 위원회 활동 등을 통해서 갈등의 원인을 분석하고, 관계자들의 의견을 다양한 통로를 통해서 수렴함으로써 조직에의 참여의식을 높이고 구성원 간의 갈등을 해소할 수 있는 방안을 모색하여야 할 것이다.

② 참여적 의사결정을 통한 갈등 해소

의사결정과정에 교사나 학부모의 개인적인 이해관계와 관련성, 전문성 등을 고려하여 참여 형태와 방법을 결정함으로써 구성원들의 공감대를 형성하여 조직의 갈등을 줄일 수 있다.

③ 변혁적 리더십 발휘를 통한 갈등 해소

영유아 교육조직에서의 리더인 원장은 조직 내에서의 갈등은 불가피한 것이며, 갈등이 존재한다는 것은 그만큼 조직이 건강하다는 표시임을 인식하고(Sciarra & Dorsey, 2002), 권위에 의존하기보다는 갈등을 해결하기 위해서 구성원들을 지도하고 격려하여야 한다. 영유아 교육조직에서 리더는 구성원의 신념, 가치관, 목적을 변혁시켜 기대 이상의 직무수행을 하도록 동기를 유발시키고 개인적 배려를 아끼지 않는 변혁적 리더십으로 조직에서의 갈등을 해소시킬 수 있다.

④ 구성원 간 상호이해 제고를 위한 공동연수 기회 제공

조직에서의 구성원 간 갈등은 상호 간의 이해 부족에서 시작되는 경우가 많다. 각자의 주관적 인식 차이로 인한 갈등을 해소하기 위해서는 상호 간의 상황을 이해하고 공감대를 형성하기 위한 공동연수 또는 대화의 장을 마련하여야 한다. 이에 따라 교직원 공동연수의 기회를 통해서 원장의 경영방침, 교사의 자율권 행사의 범위와 한계, 학부모의 요구와 협조 사항, 행정지원의 범위와 한계 등에 대한 토론의 장을 마련한다.

1. 리더십의 종류

(1) 거래적 리더십

① 전통적 리더십 이론들을 통칭해서 사용하는 용어로, 리더가 상황에 따른 보상에 기초하여 부하들에게 영향력을 행사하는 상황에서 사용

② 거래적 리더십은 개인이 가치 있는 어떤 것을 교환할 목적으로 다른 사람과의 계약에서 주도권을 취할 때 발생

③ 리더는 교환이라는 시각을 가지고 부하에게 접근함

④ 바스(Bass, 1985)의 거래적 리더십 정의

　㉠ 거래적 리더십은 기대하는 바를 구체화하고, 책임을 명확히 하며, 기대했던 일을 수행한 것에 대해 인정하고 보상을 제공함으로써 리더와 조직구성원 체계의 기초를 마련하는 것

　㉡ 기존의 리더십 모델에 거래적 리더십을 범주화시키고 상황적 보상과 예외적 관리를 거래적 리더십의 하위 행동 요소로서 제시

[바스의 거래적 리더십]

상황적 보상 (contingent reward)	부하에게 노력을 한다면 그에 따르는 대가를 보상할 것이라는 것을 제시하고 실질적으로 부하가 기대한 만큼의 노력을 하면 그에 따르는 보상
예외적 관리 (management by exception)	조직구성원이 자기의무를 불이행하거나 기준 성과에 미달했을 때에만 리더가 개입하여 관리하는 것

(2) 변혁적 리더십

① 변혁적 리더십이라는 용어는 번스(Burns, 1978)가 그의 저서 『Leadership』에서 최초로 사용

② 바스(1985)가 그 후 기업 상황에 맞추어 구체화시킴

　㉠ 변혁적 리더와 함께 직무를 수행하는 사람은 리더에 대하여 신뢰감, 존경심, 충성심을 갖게 됨. 리더는 추종자들이 과업결과의 중요성을 인식하게 하고, 조직을 위해서 자신의 이익을 초월하게 만들며, 그들의 상위욕구를 충족시킴

　㉡ 변혁적 리더는 부하들로 하여금 과업수행 결과에 대한 중요성을 인식하게 하고, 부하 자신의 개인적 이득보다는 조직이나 팀의 이득을 우선시하게 하며, 부하가 가지는 욕구보다 더 높은 수준의 고차원 욕구충족, 자기개발과 학습조직을 활성화시킴으로써 예상했던 것보다 훨씬 높은 성과를 올리도록 함

　㉢ 변혁적 리더십은 카리스마, 개인적 배려, 지적 자극의 세 가지 유형으로 구분함

[바스의 변혁적 리더십]	
카리스마 (charisma)	부하에게 비전과 사명의식을 제시하고, 긍지를 불어넣으며, 존경과 신뢰를 얻는 수 있는 능력
개인적 배려 (individualized consideration)	리더가 부하의 개인적 욕구나 목표에 관심을 기울이는 능력
지적 자극 (intellectual motivation)	리더가 부하를 도전하도록 하고, 다른 각도에서 문제를 볼 수 있도록 하며, 새로운 방식으로 그 문제를 해결하도록 자극하는 능력

(3) 분산적 리더십

① 분산적 리더십은 조직의 성과와 책임이 시설장 한 사람에게 집중된 지도성(focused leadership) 즉, 한 지도자가 모든 것을 담당하고 책임을 지는 권위적·영웅적 지도성의 한계를 극복하기 위한 대안으로 주목받음

② 조직구성원의 능동적 참여와 공조 행위를 통한 다수의 지도자들의 집단지도성을 강조

③ 조직효과성, 개인의 전문성과 역량의 극대화를 위해 조직 내 다수의 공식적·비공식적 지도자들이 네트워크를 형성하여 조직의 상황과 맥락에서 목표와 이슈에 대한 의사결정을 공유

④ 상호협력과 전문성 공유를 통해 공동실행을 촉진하는 '지도성 실행'과 '지도성 분산'에 초점을 맞춤

⑤ 다양한 전문적 지식과 기술을 지닌 구성원 간의 공유, 상호의존, 신뢰를 바탕으로 지도성이 공동으로 구성되고 실행되며, 이 과정에서 창출된 조직학습을 통해 확대된 지도자들이 조직개선과 책무성을 도모한다는 점을 강조

⑥ 분산적 리더십이 기관장의 권한과 지위를 배격하거나 부정하는 것이 아니라 조직구성원들과의 밀접한 상호관계 속에서 리더십 실행을 강화하고자 하는 것을 말함

(4) 서번트 리더십

① 조직에서 인간관계가 중시되면서 조직구성원 간의 상호작용 개선을 도모하고, 인간관계의 향상을 강조하게 되면서 등장하게 된 새로운 리더십

② 서번트 리더십에서 리더는 관리자나 서비스 수혜자로서의 리더십이 아닌, 변화의 담당자 혹은 서비스 제공자로서의 리더십을 발휘

③ 영유아 교육기관은 서비스의 대상이 되는 영유아와 학부모에 대한 세심함, 배려, 사랑, 봉사, 가족과 같은 분위기를 강조하기 때문에 기존의 전통적인 리더십보다 구성원들의 자발적인 헌신과 참여, 주인의식과 책임감 고취를 특징으로 하는 서번트 리더십이 필요함

④ 섬김의 문화 속에서의 리더는 지시보다는 지원과 대화를 더욱 중요한 도구로 사용함으로써 잠재력을 발휘

⑤ 서번트 리더십에서 리더는 먼저 보고 앞서는 사람으로 리더에게는 방향제시의 측면과 섬김의 측면이 반드시 공존해야 한다고 주장함

2. 영유아 교육기관에서의 리더십

(1) 기관 관리자의 리더십

① 관리자는 기관의 재무와 인사관리, 재원의 확보와 관련된 역할을 담당하며 주로 기관 내부적인 사항들, 즉 일간·주간·연간 단위별로 지속적으로 보육·교육 프로그램을 운영해 갈 수 있도록 관리하는 책임

② 리더로서의 영유아 교육기관장의 역할은 기관의 유지와 관리를 넘어서서 기관과 구성원의 갱신과 발전에 대한 책임

③ 기관 운영의 본질적인 변화를 위해 리더의 주도권을 과감히 추종자들에게 이양하여 수평적 의사결정체계를 구축하고 그러한 변화의 과정에서 예상되고 요구되는 위험 부담을 감수

④ 우리나라 기관장들의 기관 운영은 리더십보다는 관리적 특성이 두드러졌으며, 이러한 관리적 특성은 기관 차원의 이해 추구와 밀접한 관련성을 지님

⑤ 영유아 교육기관 시설장의 변혁적 리더십과 거래적 리더십은 교사의 주관적 삶의 질과 조직헌신에 긍정적 영향을 끼침

⑥ 영유아 교육기관 시설장이 교사의 조직헌신을 이끌어 내기 위해서는 성과에 따른 적절한 보상을 제공하는 거래적 리더십과 교사들에게 비전과 성취동기를 제공하는 변혁적 리더십을 적절하게 조화시킨 리더십을 발휘하는 것이 바람직함

⑦ 시설장의 서번트 리더십이 높은 집단에서는 낮은 집단보다 영유아 교사와 동료 교사들과의 관계와 영유아 교사와 시설장의 관계 및 직무 자체에 대한 만족도가 더 높음

(2) 교사 리더십

① 교사가 리더로서 다른 교사들을 지도하고 영향을 주며 나아가 가르치는 형태의 개념

② 전통적으로 리더로서의 교사는 다른 동료들과 교육기관의 변화에 영향을 주는 교사의 역량 강화의 측면에서 이해되기보다는 공적인 위치를 갖고 역할을 수행하는 리더로 이해

③ 최근에 교사의 전문성 발달과 관련하여 효율적인 교육적 리더십으로서 분산적 리더십에 대한 관심이 증가

(3) 영유아 교육기관에서 분산적 리더십이 성공하기 위한 조건

① 단선적이고 수직적인 관점의 리더십 유형에서 다양하고 상호작용적이며 협력적인 형태의 리더십으로의 변화가 필요함

② 원장은 교사와 함께 리더십과 권위를 공유할 수 있는 준비가 되어야 함

③ 영유아 교육기관의 교사 문화가 보다 협력적인 풍토로 전환되어야 함

④ 리더로서의 교사들은 도덕성과 책임감을 가져야 하며 이를 위한 적절한 교육훈련 프로그램 제공이 필요함

18 의사전달의 장애 극복하기

1. 활동 목표

교사들 간의 원활한 의사소통은 업무의 효율성을 높여줄 뿐 아니라 친밀감을 형성하는 데 도움을 주므로 의사소통 방해 요인을 찾아 해결하려는 노력은 원 운영에서 꼭 필요하다. 따라서 교사 상호 간의 의사소통 기술을 향상시키는 것을 목표로 한다.

2. 활동 방법

(1) 회의 녹음하기

직원회의나 협의회 진행시간 동안 교사들의 이야기를 녹음하거나 녹화한다.

(2) 회의 녹음 자료 들어보기

녹음된 회의 자료를 다 같이 들어본다.

(3) 의사전달에 방해가 되는 요인 찾아보기

메시지가 잘 전달되었을 경우와 전달되지 않았을 경우의 원인을 분석한다. 참고 활동 결과 예시

> • **환경이 원인인 경우:** 회의실 문제, 전화 벨소리, 손님, 유아
> • **심리적 문제인 경우:** 개인의 견해 차이나 가치 등의 문제

(4) 의사전달의 장애 극복하기

① 의사전달에 방해가 되는 상황에서 문제의 원인을 극복한다.

② 물리적 환경이 문제인 경우는 다음과 같이 극복할 수 있다.

> • 조용한 공간에서 회의한다.
> • 유아가 귀가한 후 회의가 이루어진다.
> • 전화를 받거나 찾아오는 손님을 맞이할 교직원을 원무실에 배치한다.

③ 심리적 문제인 경우는 다음과 같이 극복할 수 있다.

> • 자신과 상대방의 가치, 태도, 편견, 고정관념을 알아간다.
> • 단기간에 극복될 수 있는 문제가 아니므로 여러 번의 회의과정에서 이해될 수 있다.

3. 유의점

물리적 요인이나 환경적 요인은 바로 바꿀 수 있지만, 개인의 편견이나 가치관 등은 바로 극복되지 못하므로 교사 내면의 것을 밖으로 드러내는 활동이 지속적으로 이루어질 필요가 있다.

4. 활동 결과 예시

(1) 회의상황에서 의사전달 장애 요인 사례

> (방송으로 3시 회의를 알린다.)
>
> 김 교사: 선생님들께 알립니다. 오늘 3시에 직원회의가 있으니 원무실로 모여주시기 바랍니다.
>
> (회의내용을 기록할 종이를 가지고 회의실로 모인다.)
>
> 박 교사: 직원회의를 시작하겠습니다.
>
> (모두 서로 서로에게 인사한다.)
>
> 최 교사: 도서계에서 말씀드리겠습니다. **(이때 전화벨이 울려 남 교사가 전화를 받아서 작은 소리로 회의시간임을 알리고 끊는다. 그동안 잠시 회의는 멈추었다가 다시 시작된다.)** 오늘 도서실 정리를 하려고 합니다. 선생님들 힘드시겠지만, 방학 전에 정리가 이루어져야 하기 때문에 4시 30분까지 모여주시기 바랍니다.
>
> 남 교사: 꼭 정해진 시간에 함께 모여서 해야 하나요?
>
> **(이때 문이 열리면서 종일반 유아 중 한 아이가 들어와 선생님을 찾는다. 그러자 박 교사가 데리고 나간다.)**
>
> 최 교사: 함께 모여서 재미있게 이야기하면서 정리하면 좋을 것 같아서요.
>
> 남 교사: 각 교사가 정리할 부분을 나누어서 적어놓으시면 편안한 시간에 가서 함께 정리하면 좋을 듯한데요. 서로 시간 맞추기가 어렵지 않나요?
>
> 최 교사: 전 교사들끼리 모이는 시간도 많지 않고 해서 함께 모여서 하면 좋을 것 같은데요.
>
> (다른 교사들은 이야기를 듣기만 한다.)
>
> 원장님: 그러면 여러분들이 잘 의논해서 정하시되 도서실은 꼭 정리가 될 수 있도록 해주세요.
>
> (모두들 이야기를 적는다.)
>
> 박 교사: 그럼 오늘 회의를 이것으로 마치겠습니다.

(2) 의사전달 장애 요인 분석 및 대책

회의 녹음 자료 분석 결과, 의사전달에 장애가 되는 원인은 환경적 요인이 많았다. 즉, 전화 벨 소리와 유아의 원무실 출입으로 회의가 방해받고 있었다. 이에 대한 대책으로 교사들은 협의를 통하여 회의 중에는 원무실에 보조 교사가 남아서 전화를 받고 다른 교사들은 ○○반 교실로 이동하여 회의하기로 하였다.

1. 교직윤리의 개념

교직윤리는 교직자가 교직 수행에서 지켜야 할 것으로 기대되는 행동규범으로서, 법적인 의무를 넘어서 교사의 내적, 심리적, 잠재적 동기와 자발적, 능동적 규율이 중요하다. 보육교사의 교직윤리는 보육교사의 역할을 수행할 때 기대되는 행동규범으로서, 스스로 실천하기를 기대하는 규범을 의미한다.

2. 보육교사의 역할

(1) 보육교사의 역할은 보육업무 자체가 갖는 특성인 불확실성, 동시성, 딜레마(박은혜, 2010)로 인해 어려움을 겪는다. 즉, 보육과정에서 예측되지 않은 채, 동시에 발생하는 수많은 상황, 여러 가치와 책임이 갈등을 빚는 딜레마 상황을 맞아 보육교사는 결정에 어려움을 겪게 된다. 올바른 가치 판단과 행동 선택의 어려움에도 불구하고 보육교사는 전문가로서 스스로 최선의 판단을 내려주기를 사회로부터 요청받고 있다.

(2) 보육교사의 역할은 크게 가르치는 것과 돌보는 것으로 나눌 수 있으며, 보육교사에게 있어서 돌봄 역할의 상대적 비중이 학교 교사의 그것보다 큰 것이 특징이다(Nowak - Fabrykowiski, & Caldwell, 2002). 돌봄의 역할이 크게 기대되는 보육교사는 돌봄의 윤리를 갖추는 것이 매우 중요한 일이다(Nowak - Fabrykowiski, & Caldwell, 2002).

3. 보육교사의 교직윤리

(1) 교직윤리의 두 가지 차원

보육교사의 교직윤리는 정의 지향(justice - oriented) 윤리와 관계적인 돌봄윤리(a relational ethic of care)의 두 가지 차원으로 분류된다(Dunn, 2003; Giovacco-Johnson, 2011; Woodrow & Busch, 2008). 정의 지향 윤리는 윤리적 의사결정에서 평등과 공정을 촉진하고자 하며, 객관적이고 이성적인 핵심가치, 이상, 원칙을 추구한다(Giovacco - Johnson, 2011). 돌봄의 윤리는 딜레마를 해결하거나 의사결정을 할 때 걱정하고, 돌보고, 배려하는 돌봄 행동과 관련되는 것이다(Tronto, 1993; Giovacco - Johnson, 2011 재인용).

(2) 돌봄윤리의 비중

윤리적 실천은 의사결정 시에 상호의존, 협력, 상호보완의 특징을 보여(Fleer, 2003), 돌봄윤리와 관련이 있다. 윤리적인 교사가 된다는 것은 다른 사람의 관점과 상황의 문화적 복잡성을 고려하고 그들의 행동 결과에 대한 평가를 고려하는 것이기도 하다. 더 어린 영유아가 예전에 비해 더 이른 시기부터 보육기관에 다니게 되면서 보육교사는 영유아와 가족에 대해 더 많은 개별적 배려를 해야 한다. 즉, 돌봄의 역할이 더 커지고 돌봄윤리도 더 중요해졌다.

4. 보육교사의 윤리적 딜레마

보육교사는 매일의 보육 상황 속에서 영유아, 부모, 동료 및 원장 등과의 관계에서 윤리적 딜레마(Ethical Dilemma)를 경험하게 되며, 이러한 상황에서 본인이 보다 중시하는 기준에 따라 윤리적 의사결정을 하게 된다.

(1) 윤리적 딜레마의 의미

윤리적 딜레마란 행위자가 두 가지의 선택해야 할 문제에 대해 양자택일해야 하지만 선택하기 어려운, 최선의 방법이나 적절한 반응이 불확실한 복잡한 상황을 뜻한다. 윤리적 딜레마는 보육교사가 직무를 수행하는 일상에서 수없이 일어나는 도덕적 갈등으로서, 교사 개인이 직업과 관련한 가치 및 책임들 간의 갈등에 직면하여 스스로 적절한 행동을 결정해야 하는 것을 말한다.

(2) 유치원·어린이집 교사의 윤리적 딜레마

유치원과 어린이집 교사의 윤리적 딜레마에 나타난 갈등의 요인을 살펴보면(조형숙, 2009), 영유아와의 관계에서 갈등의 주요 요인은 교사 정체성과 관련된 것이었으며, 영유아 가정과의 관계에서는 교사의 정서 조절, 동료와의 관계에서는 용기와 진실성, 가치판단이었으며, 지역사회와의 관계에서는 배려와 적극성에 관련된 것이었다. 보육교사들은 영유아와의 관계에서 그들을 교육 및 지도할 때 배려와 존중에 근거한 돌봄윤리를 선택할지, 공정성에 근거한 정의윤리를 선택할지 갈등한다(박은주, 2009). 혹은 영유아에게 이로운 것과 부모의 요구가 양립 가능하지 않아 하나의 선택을 해야 하는 딜레마를 겪기도 한다.

(3) 전문직 윤리강령의 필요성

윤리적 딜레마가 발생하는 전문직에는 윤리강령(Code of Ethics)이 필요하다. 윤리강령은 전문직업인이 지켜야 할 도덕적 약속들(commitments)로서, 도덕적 성찰(moral reflection)을 포함하며, 직장에서 일어나는 옳고 그른 행동에 관심을 갖게 하여 개인이 처한 도덕적 딜레마를 해결하도록 도울 수 있는 전문직 윤리규정이다.

1. 지식의 유형

지식(knowledge)이란 무엇을 아는 것, 즉 앎을 체계화시켜 주는 것이다. 유아교사에게 지식은 교사의 역할을 잘 수행하는 데 있어 필수적 요소이며, 특히 교원 평가의 주요 항목인 '학습지도'와 '유아지도'에서 가르쳐야 할 내용을 잘 아는 것과 관련된다. 그리고 유아의 발달 상태를 잘 알아야 하는 능력 등도 유아교사에게 요구되는 지식이다.

(1) 카미와 드브리스의 가치관

유아교육과 관련하여 카미와 드브리스(Kamii & DeVries)는 지식의 종류를 세 가지로 규정하고 있다(Kamii & DeVries, 1993).

사회적 지식	'학교'는 특정 나이가 되면 모든 아이들이 다녀야 하는 교육기관임을 아는 일, 설날이나 추석이 명절이고 우리나라 모든 사람이 음식을 하고 가족이 모이는 날임을 아는 일은 모두 사회적 지식에 해당됨
물리·수학적 지식	사과의 개수를 세는 것, 숫자를 아는 것, 비나 눈이 오는 이유를 아는 일은 물리·수학적 지식에 해당됨
논리적 지식	• 어떤 현상이나 사건에는 인과관계가 있다는 것을 인식하는 것으로, 순서와 절차, 원인과 결과가 일어나는 일에 대해 이해하는 것 • 예를 들어, 무릎에서 피가 나는 것은 넘어졌기 때문이고, 철수가 우는 것은 누가 때렸기 때문임

고득점 공략!

지식의 종류에 대한 문제 예시

• 시계의 이름과 기능을 아는 일은 어떠한 지식인가?
• 해가 뜨면 아침이고 해가 지면 저녁임을 아는 것은 어떠한 지식인가?

(2) 다양한 지식의 유형

지식의 종류에는 카미와 드브리스가 지적한 세 가지 지식 이외에도 명제적 지식, 방법적 지식, 형식지 등 다양한 종류와 유형이 있다.

2. 실천적 지식

(1) 실천적 지식의 의미

엘바즈(Elbaz, 1981)는 예비 유아교사를 거쳐 현직 교사가 되면서 가장 주요하게 요구되는 지식 중의 하나로 '실천적 지식(practical knowledge)'이라고 하였으며, 이는 개인이 살아온 유전적·환경적 요인에 의해 모두 다르게 구성되므로 '개인적 지식(personal knowledge)'이라고도 한다.

(2) 실천적 지식의 형성

실천적 지식은 단순히 경험의 누적에 의해 습득되는 지식이 아니라, 개인 – 자신이 당면한 상황에서 발생하는 다양한 문제와 갈등에 능동적으로 대처하는 기술로서, 교사는 자신이 가지고 있는 모든 지식을 그 상황과 연계하여 실제 상황에 맞게 가장 유용한 방법으로 최선을 다해서 재구성하는 과정에서 형성된다고 볼 수 있다. 따라서 실천적 지식은 유아교사의 역할을 성공적으로 수행하는 데 있어 많은 영향을 미친다.

(3) 학자들이 분류한 실천적 지식의 유형

① 교수 설계로서의 실천적 지식

교사는 교수계획을 세울 때 자신이 경험했던 기억에 의존하여 미리 교수 자료·방법을 계획할 수 있는데, 이렇게 경험에 의해 누적된 실천적 지식을 교수 설계에 사용할 수 있다.

㉠ 교사회의 사례

> 김 교사: 다음 주에 쑥부쟁이를 만들 건데 아이들과 뒷동산 견학을 미리 해서 쑥의 모습을 관찰할 계획을 세웠어요. 유아들과 쑥을 조금씩 캐보고 다음날 쑥부쟁이 만들기 활동을 해보는 게 좋을 것 같아요. 그래서 미리 비닐봉지를 좀 챙겨가기로 했어요. 제가 작년에 해보니까 교사만 비닐을 가지고 있고 유아는 각자 비닐봉지를 가지고 있지 않으니까 매번 선생님한테 달려오느라 쑥을 캐는 활동이 산만해지더라고요.

㉡ 사례 설명

위의 김 교사가 자신의 봄 동산 견학에 대한 계획을 세우는 과정을 살펴보면 김 교사의 실천적 지식이 잘 나타나 있는 것을 알 수 있다. 쑥을 캐본 경험에 의하면 '미리 비닐봉지를 유아에게 나누어 주는 것'이 좋다는 교사의 개인적 경험은 실천적 지식으로 이어지게 된다.

② 교수 방법으로서의 실천적 지식

교사는 수업을 설계하거나 실행하는 과정에서 다양한 실천적 지식을 가지는데, 많은 실천적 지식이 유아들과 상호작용을 하는 과정에서 교수 방법의 기술로 활용된다. 경력 교사들은 유아를 집중시키는 방법이나 교수 자료를 소개할 때 어떻게 소개하는 것이 더 좋다는 식의 교수 방법을 알게 되는데, 이러한 기술을 실천적 지식이라고 한다.

㉠ 사례

> 김 교사: 어제 봄 동산을 견학하고 쑥을 캐는 활동을 즐겁게 하였다. 그리고 미리 비닐봉지를 챙겨가서 유아들에게 나누어 주면서 쑥을 캐려고 하였는데, 개인적으로 나누어 주니까 너무 산발적이고 개별적 활동으로 제한되는 것 같아 비닐봉지를 두 명에 하나씩 나누어 주었더니 유아가 서로 대화도 많이 하고 협력하는 모습을 보여 활동이 더 안정적으로 흘러가는 것을 알 수 있었다. 미리 비닐을 챙겨가야 한다는 것은 늘 생각하고 있었지만, 비닐을 나누어 주는 방식 또한 작년에 해본 방법보다 훨씬 더 잘 된 것 같다는 생각이 들었다.

ⓛ 사례 설명

김 교사가 봄 동산을 둘러보고 쑥을 캐는 활동에 대해 평가하는 것을 살펴보면 김 교사가 실천적 지식을 단순히 교수 계획을 세우는 방식에만 활용한 것이 아니라 활동이 좀 더 나은 수준에서 전개되도록 하는 교수 방법에서도 활용하는 것을 알 수 있다. 두 명의 유아에게 비닐을 한 장 나누어 주는 방식은 각자에게 하나씩 주는 것보다 좀 더 좋은 교수 방법임을 교사가 스스로의 경험을 통해 익히고 있는 것이다.

③ 교수 내용으로서의 실천적 지식

교사는 교육활동을 계획하는 과정에서 교육과정에서 강조하는 교과교육의 내용을 잘 알고 있어야 한다. 실제 교육 활동을 펼칠 때 교수 내용을 교사가 잘 알고 있는가는 활동의 질을 좌우하는 요소가 된다. 교수 내용을 잘 아는 것은 이론지식의 습득만으로는 어려우며, 실천적 지식이 요구된다.

㉠ 사례

> 엊그저께 쑥을 캐는 활동에서 유아들이 궁금한 것이 있어 많은 질문을 하는 것을 알 수 있었다. 한 유아는 '도대체 누가 쑥을 이렇게 많이 심은 거예요?'라는 질문을 하고 '선생님이 미리 심어놓은 거예요?'라 하면서 서로 묻고, 또 어떤 유아들이 '그걸 어떻게 아냐?'라고 하는 등 많은 의문과 호기심을 동시에 보여 주었다. 사실 봄 동산에 가면 알 수 없는 풀꽃들이 누가 심지 않아도 봄이 되면 자연스럽게 피어나는 것을 알 수 있는데, 유아들은 이러한 자연적 생태에 호기심을 보이는 것이었다.
> 사실 평상시에 봄이 되면 자연스럽게 피어나는 풀과 잡초들은 누가 심은 것이 아니지만 그렇다고 아무런 이유도 없이 스스로 피어나는 것은 아니라는 생각을 했다. 어릴 적부터의 오랜 경험에 의하면 작은 풀들은 스스로 씨앗을 옮겨 주기도 하고, 또 미리 땅에 떨어져 있다가 봄이 되면 싹을 틔우는 생태성을 가지고 있음을 알게 되었다. 이러한 봄의 풀꽃에 대한 지식들을 유아들과 교실에 가서 이야기해 보아야겠다.
>
> (김 교사의 저널)

ⓛ 사례 설명

'쑥'을 주제로 한 활동에서 김 교사는 쑥과 관련한 교수 설계, 교수 방법으로서의 실천적 지식을 가지게 되었지만 이제 유아들과 '봄의 풀꽃'이 어떻게 심은 사람도 없는데 이렇게 많이 피어날 수 있는지에 대한 교수 내용에도 관심을 가지게 되었다는 것을 오랫동안 자연에서 자라온 자신의 경험에 비추어 보면서 나물과 풀꽃들의 성장에 대한 실천적 지식을 활용하고 있다는 것을 알 수 있다.

(4) 코넬리와 클란디닌의 실천적 지식

① 실천적 지식과 관련하여 가장 많은 연구와 학문적 기여를 한 사람은 코넬리와 클란디닌이다. 클란디닌은 교사들이 실제로 매우 다양한 지식을 활용하고 있지만 교육 이론에 묻혀 중요하게 다루어지지 않았음을 지적하고, 교사들이 축적한 개인적이고 실천적인 지식이 실제 교수 상황에서 가장 중요하다고 하였다(Connelly & Clandinin, 1988).

② 실제로 교사들은 아이들을 만나 가르치기만 하는 단순한 교수경험을 하는 것이 아니라, 실제 교수 상황에서 자신이 알고 있는 교육학적 지식, 교사 자신을 둘러싼 자신들의 삶, 아이들과 만들어 가는 독특한 시간과 공간경험, 교과목에 대한 지식과 기술들을 총동원하여 매일 교실 현장을 '살아가는' 교육의 주체이며 실천가이다.

③ 교사들은 과거와 현재, 미래를 나름대로 독특한 방식으로 연결 짓고, 문제를 해결하고, 가장 적합하면서도 최선의 방식을 고안해 내는 지식 형성의 노하우를 가지고 있으며, 이를 다양한 방식으로 축적하고 활용한다. 과거에는 교사 개개인이 형성하는 실천적 지식을 중요하게 여기지 않았지만 지식연구에 관심을 가진 학자들에 의해 중요한 교사 지식으로 부각되고 있다.

(5) 실천적 지식과 유아교사

유아교사가 되기 위해서는 교사양성과정에서 교육과정을 통해 많은 지식을 연마하게 된다. 이는 '교양지식', '교직', 그리고 '전공지식'으로 세분화하여 습득된다. 그러나 예비 유아교사 단계에서 가장 취약한 것이 이러한 이론과 교육 현장의 실제를 연결짓는 실천적 지식의 부족임을 많은 학자들이 지적해왔다. 예비 유아교사들이 가장 많은 실천적 지식을 습득하는 시기는 '교육실습' 기간이다.

> "실습을 해보니 정말 학교에서 배운 것과 많이 다르다는 것을 알게 되었어요. 유아들이 제가 묻는 질문에 엉뚱한 답을 하는데, 제가 알고 있는 발달심리나 교과 지식을 총동원해도 잘 대응이 안 되는 상황이었죠. 그래서 유아들과 대화할 때는 유아들을 자리에 앉히는 방법이나 교수 자료의 크기, 꺼내는 순서 등이 교수 학습의 내용에 많은 영향을 준다는 것을 알게 되었죠. 실제 대학에서 '실천적 지식'에 대해 배우기는 했지만 막연했는데, 제가 직접 경험해 보고 몸으로 익히니까 뭔지 이제 좀 감이 오는 것 같아요."   (예비 유아교사의 면담)

(6) 실천적 지식과 반성적 사고

① 실제로 유아교사들은 교실 현장에서 많은 실천적 지식을 연마하게 된다. 그러나 실습을 많이 한다거나 교육 현장에 오랫동안 근무한다는 것 자체만으로 실천적 지식이 잘 형성되는 것은 아니다. 실천적 지식은 교사들이 자신이 겪는 교육적 상황의 맥락을 잘 파악하고 당면한 문제를 다양한 '반성적 성찰'과 '의미화'할 수 있는 과정을 통해 형성된다. 따라서 반성적 사고와 실천적 지식은 불가분의 관계를 주장하기도 한다.

② 앞선 예시를 참고했을 때, 실천적 지식은 김 교사가 자신이 경험한 순간을 부단한 반성적 성찰을 시도함으로써 습득되었다. 김 교사는 자신이 처한 당시의 상황과 문제, 해결 방법을 개인이 가지고 있는 교과 지식과 발달, 교수 학습지식, 개인의 가치와 신념에 기초하여 '반성적 사고'를 통해 분석하고 재구성하고 있으며, 다시 이를 실행하여 자신의 사고를 연마하는 노력을 꾸준히 하였다. 이처럼 유아교사의 반성적 사고와 실천적 사고는 교사를 성장하게 해주는 주요한 지식이자 교수 기술이다.

교사의 갈등관리 유형과 그 효과에 관한 연구

1. 갈등관리 유형

(1) 학자별 유형

여러 학자들이 제시한 조직 내 구성원 간 갈등관리 유형(Follet, 1926; Blake & Mouton, 1970; Thomas, 1976; Derr, 1978; Luthans, 1981; Rahim, 1983; Everard & Morris, 1990; Carnevale & Pruitt, 1992; Murphy, 1994)은 아래와 같이 시대순으로 정리할 수 있다.

[갈등관리 유형 비교]

유형 학자	통합, 협동 문제 해결	양보, 수용 완화	경쟁, 지배 투쟁	회피, 무시 무관심	타협, 협상 거래
Follett (1940)	통합 (integration)	–	지배 (domination)	–	타협 (compromise)
Blake & Mouton (1970)	(9, 9)	(1, 9)	(9, 1)	(1, 1)	(5, 5)
Thomas (1976)	협동 (collaboration)	수용 (accommodation)	경쟁 (competitive)	회피 (avoidant)	타협 (compromise)
Derr (1978)	협력 (collaboration)	–	권력행사 (power – play)	–	협상 (bargaining)
Luthans (1981)	승 – 승 (win – win)	–	승 – 패 (win – lose)	–	패 – 패 (lose – lose)
Rahim (1983)	통합 (integrating)	인정 (obliging)	지배 (dominating)	회피 (avoidance)	타협 (compromise)
Everard & Morris (1990)	문제 해결 (problem – solving)	완화 (smoothing)	투쟁 (fighting)	회피 (avoiding)	타협 (compromising)
Carnevale & Pruitt (1992)	문제 해결 (problem solving)	양보하기 (concession making)	투쟁하기 (contentious tactics)	무활동 (inaction)	–
Murphy (1994)	혁신 (innovating)	억압 (repressing)	강요 (demanding)	무시 (ignoring)	타협 (negotiation)

(2) 유형 정리

연구자에 따라 다양한 명칭으로 제시되고 있지만 유형의 성격은 서로 유사하다. 따라서 공통성을 가진 유형들을 묶어내기 위한 기준으로 자신에 대한 관심과 타인에 대한 관심이라는 이중관심(dual – concern) 기준을 설정하여 분류한 결과는 [그림 1]과 같으며, 갈등관리 유형의 각 하위 요소별 특징을 종합정리한 다음 대표적인 갈등관리 유형의 명칭을 부여하였다.

[그림 1] 갈등관리 유형의 종합

(3) 유형 설명

① 자신과 타인의 관심을 모두 중시하는 유형

학자에 따라 문제 해결형, 협동형, 통합형, 승 - 승(win - win)형, (9, 9)형으로 명명된다. 이 유형은 문제와 갈등을 해볼 만한 과제로 간주하여 견해 차이가 대립되고 여러 아이디어와 정보가 공유되며, 모든 사람들이 이기는 통합적인 해결책을 찾기 위한 공동의 노력이 있게 된다(Hoy & Miskel, 2005). 여러 학자들이 제시한 이 유형의 특징을 종합하면 양 당사자의 목표 공유와 충족, 새로운 대안 탐색, 창의적인 대안 모색, 문제 해결 초점, 최선의 해결책을 찾기 위한 공동노력, 열린 마음과 같은 문제 해결을 위한 개방적이고 협력적 태도 등으로 정리된다. 이러한 특징을 고려할 때 이 유형을 대표할 수 있는 명칭으로 통합형이 적절하다.

② 자신에 대한 낮은 관심과 타인에 대한 높은 관심을 보이는 유형

학자에 따라 양보형, 수용형, 완화형, 인정형, 패 - 승(lose - win)형, (1, 9)형으로 명명된다. 이 유형은 개인은 타인의 관심사에 관심을 가지나 자신의 관심사에 소홀하게 되며, 이러한 방향은 비록 자신의 관심사에 대한 희생이 있더라도 업무관계를 유지하려는 욕구와 관련된다(Owens, 2004). 여러 학자들이 제시한 내용을 종합하면 이 유형은 상대방에 대한 친절과 상대방의 인정 선호, 상대방의 의견 수용 및 우선시, 상대방의 명령에 복종, 타인을 배려하는 이타주의형 등과 같은 특징을 가지고 있다. 이러한 특징을 고려할 때 이 유형을 대표할 수 있는 명칭으로 양보형이 적절하다.

③ 자신에 대한 높은 관심과 타인에 대한 낮은 관심을 보이는 유형

학자에 따라 지배형, 경쟁형, 투쟁형, 승 - 패(win - lose)형, (9, 1)형으로 명명된다. 이 유형은 고도의 공격성과 상대방에 대한 비협력성을 포함하는 경향을 띠며, 이러한 경향을 가진 사람들은 직접적인 명령, 요구 등과 같은 권력행사를 통해 상대방을 복종시키고자 한다(Campbell, Corbally & Nystrand, 1983). 이러한 경향을 Blake 등(1964)은 "승 - 패 권력투쟁"

으로 표현하였다. 여러 학자들이 제시한 이 유형의 특징을 종합하면 자신의 입장에서 문제 판단, 타인의 목표 희생을 통한 자신의 목표 달성, 상대방의 요구와 기대 무시, 자신의 의지 관철과 복종 요구, 승패에 대한 힘겨루기 등과 같은 특징을 가지고 있다. 이러한 특징을 고려할 때 이 유형을 대표할 수 있는 명칭으로 지배형이 적절하다.

④ 자신과 남에 대한 관심이 모두 낮은 유형

학자에 따라 회피형, 무활동형, 패 – 패(lose – lose)형, (1, 1)형으로 명명된다. 냉담, 철회 및 무관심으로 표현되는 이 유형은 갈등이 없다는 의미가 아니라 다루지 않는 것으로 개념화되었다는 것을 뜻하며, 따라서 잠재적 갈등은 존재하며 시기에 따라 다르게 나타날 수 있다 (Owens, 2004). 이러한 경향을 Blake 등(1964)은 "평화로운 공존"이라고 표현하였다. 여러 학자들이 제시한 이 유형의 특징을 종합하면 논란 상황 회피, 갈등없이 살아가는 방식 선호, 문제에 대한 무관심, 대결을 피함, 갈등을 모르는 척 함 등으로 정리된다. 이러한 특징을 고려할 때 이 유형을 대표할 수 있는 명칭으로 회피형이 적절하다.

⑤ 자신과 남에 대한 관심을 중간 정도 충족하려는 유형

학자에 따라 타협형, 절충형, 거래형, no – win / no – lose형, (5, 5)형으로 명명된다. 즉 개인의 욕구와 타인의 욕구 간에 균형을 유지하려는 유형으로 타협점(middle ground), 거래 (trade – off), 그리고 양자를 만족시키거나 양자가 수용할 수 있는 해결 방안을 모색하는 데 초점을 둔다(Hoy & Miskel, 2005). 여러 학자들이 제시한 이 유형의 특징을 종합하면 양 당사자의 적절한 양보를 통한 절충, 조정을 통한 중도적 해법 탐색, 양 당사자 중 어느 누구라도 이기거나 지는 것을 피함, 주고받는 교환관계, 양 당사자가 조금씩 포기하는 태도 등과 같다. 이러한 특징을 고려할 때 이 유형을 대표할 수 있는 명칭으로 타협형이 적절하다.

2. 갈등관리 유형의 효과

(1) 직무만족

직무만족은 학교조직이 얼마나 잘 기능하는지를 판단하는 지표가 된다. Robbins(2005)도 각종 조직행동 연구에서 직무만족이 종속변수로 자주 언급되는 이유로 직무만족과 성과 요인 간의 관계 입증과 많은 조직행동 연구자들에 의한 선택을 들고 있다. Steers와 Porter(1979)는 직무만족을 "조직구성원들이 자기가 맡은 직무에 대해 만족하는 정도"로 정의하고, 하위 요인으로 조직적 요인(급여와 승진기회, 조직의 정책과 절차, 조직구조), 작업환경 요인(감독 유형, 참여적 커뮤니케이션, 작업집단의 규모, 직장 동료들과의 관계, 작업조건), 직무관련 요인(직무범위, 역할모호성과 역할갈등), 개인적 요인(연령, 근속기간, 성격)을 제시하여 직무만족 구성 요소를 조직적 차원에서부터 개인적 차원에 이르기까지 다양하게 제시하였으며, Spector(1997)는 직무만족을 "사람들이 자기들의 직무를 좋아하는 정도"라고 정의하였으며, 하위 요소로 급여, 승진기회, 상사와의 관계, 직무자체, 동료와의 관계, 개인적 발전을 들고 있다.

① 국내 연구자들의 직무만족 개념 및 구성 요소

  ㉠ 김창걸(1983)은 직무만족을 "교사들이 직무를 수행해 가는 과정에서 내·외재적 욕구가 충족되어 직무에 대하여 관심, 열의, 호의 등과 같은 감성적 태도"로 정의하고, 하위 요인

으로 교직관, 행정적 지원, 교육과정 운영, 인간관계, 인사관리, 유인조건, 사회관계를 제시하였다.

ⓛ 김범준(2000)은 교사들의 직무만족을 "학교 조직 내의 한 구성원으로서 사회적, 경제적, 심리적으로 만족하여 자발적이고 적극적으로 교육활동에 참여하여 학교교육의 목표 달성에 기여하고, 개인으로서의 목표 달성을 추구하는 데 있어 만족스러운 마음상태와 태도"라고 정의 내렸으며, 하위 변수로 근무조건, 행정적 지원, 교직자체, 보수, 교육과정 운영, 지역사회와의 관계, 전문성 신장, 자아실현, 감독방식, 후생복지, 의사소통, 인간관계, 업무량, 승진기회, 사회적 지위를 제시하였다.

ⓒ 노종희(2001)는 직무만족을 "개인이 지각하는 직무관련 욕구의 충족 정도에 의해서 생성되는 모든 감정을 포함하는 심적 상태"로 정의하였으며, 교사 직무만족 기본 요인으로 동료애, 업무부담, 보상, 혁신성, 교직의식, 발전성, 자율성을 제시하였다. 이 중 동료애, 업무부담, 보상은 외재적 요인이며, 혁신성, 교직의식, 발전성, 자율성은 내재적 요인에 해당된다.

지금까지 살펴본 선행연구자들의 직무만족 개념을 바탕으로 여기에서는 교사들의 직무만족을 "교사들이 수행하는 직무에 대한 심리적, 사회적, 경제적 만족의 정도"로 정의하고, 직무만족의 하위 요소로는 선행연구에서 공통적으로 많이 인정되는 교직의식, 인간관계(상사관계, 동료관계, 학생관계), 업무수행, 보상, 개인적 발전을 선정하고 각 하위 요소의 내용을 다음과 같이 설정하였다. 교직의식은 교직 자체, 교직의 위상에 대한 만족 정도를, 인간관계는 학교행정가와의 관계, 동료 교사와의 관계, 학생과의 관계에 대한 만족 정도를, 업무수행은 교과지식, 수업능력, 학생상담 및 생활지도, 학급경영, 사무처리에 대한 만족 정도를, 보상은 교직수행을 통해 가르치는 보람, 금전적 보수, 안정성, 근무조건에 대한 만족 정도를, 개인적 발전은 교직을 통한 자기성장 가능성, 전문성 신장에 대한 만족 정도를 의미한다. 따라서 여기에서는 직무만족 하위 요소의 내용을 근거로 하여 직무만족 측정을 위한 설문문항을 작성하였다.

(2) 조직헌신

조직헌신(organizational commitment)은 조직문제와 관련된 개인과 조직의 상호작용을 분석하기 위하여 개발된 구성개념으로서 직무만족과 더불어 조직구성원 개인이 조직에 대해서 갖는 성향을 나타내고 이해하는 개념으로 중시되어 왔을 뿐 아니라 조직성과의 중요한 지표로 간주되고 있다(김기태, 1995). 따라서 직무에 대한 헌신도가 높은 교사는 교직에 대한 자부심을 가지고 있으며, 이직 의사가 낮은 반면에 기대 이상의 노력을 한다(박경희, 2005).

① 국외 연구자들의 조직헌신 정의 및 하위 요소

㉠ Kanter(1968)는 조직헌신을 "사회적 행위자가 조직을 위하여 에너지와 충성심을 바칠 의사"로 정의하였고, 하위 요소로 근속헌신(continuance commitment), 응집헌신(cohesion commitment), 통제헌신(control commitment)을 제시하였다.

ⓛ Mowday, Steers와 Porter(1979: 226)는 조직헌신을 "특정 조직에 대해서 개인이 가지는 일체감과 몰입의 상대적 강도"로 정의하였고, 하위 요소로 일체감(identification), 몰입(involvement), 충성심(loyalty)을 제시하였다.

© Meyer와 Allen(1991)은 헌신을 "조직구성원과 조직의 관계를 특징짓고, 조직구성원 자격 여부 결정과 관련된 구성원의 심리적 상태"로 정의하면서, 헌신의 세 가지 구성 요소로 정서적 헌신, 근속적 헌신, 규범적 헌신을 제시하였다. 정서적 헌신은 조직에 대한 조직구성원의 감정적 애착, 동일시, 그리고 몰입을 의미하며, 근속적 헌신은 조직구성원이 조직을 떠날 경우 발생하게 될 비용의 인식과 관련되며, 규범적 헌신은 고용관계를 지속해야 한다는 의무감을 반영한다.

② Kushman(1992)은 교사 헌신을 조직헌신과 학생 학습 헌신의 두 유형으로 나누었으며, 조직헌신을 "학교에 대한 충성심과 학교의 가치와 목표에 대한 동일시"로 정의하여 교직원들이 학교사명과 목적에 대하여 공감하는 것과 관련되며, 학생 학습 헌신을 "학생들의 학업적 어려움이나 사회적 배경에 상관없이 학생의 학습을 도와주는 봉사"로 정의하여 배움에 대한 학생참여와 학업성취도를 높이는 것과 연결된다고 하였다. 조직헌신의 세 가지 중요한 측면으로 교사직무 노력, 교직원 충성심, 교직원 단결을 제시하였다. 학생 학습 헌신은 높은 교사 효능감과 높은 기대에 대한 생각에 기초하고 있으며, 낮은 학업성취를 보이는 학생을 위하여 노력하는 교사의 의지가 더해진다. 조직헌신과 학생 학습 헌신은 효과적 조직을 위한 교사의 태도라는 측면에서 공통점을 가지고 있다.

② 국내 연구자들의 조직헌신 정의 및 하위 요소

㉠ 김창걸(1983)은 교사의 조직헌신을 "교사들이 학교조직의 목표와 가치를 수용하고 학교조직에 일체감을 가지고 학교조직을 위해 고도의 노력을 경주하려는 의지와 교사들이 학교조직에 계속 머물러 있으려는 욕망을 나타내 보이는 행위"라고 정의내렸으며, 개념의 핵심 요소로 목표수용성, 일체감, 몰입, 잔류의사를 들 수 있다.

㉡ 왕기항(1986)은 조직헌신을 "한 집단이 구성원을 머무르게 하고, 나보다는 우리라는 조직체의 유대로써 긍지·소속감·애착심·상호협조에 대한 구성원들의 지각 정도"라고 하였으며, 하위 요소로 구성원 간의 관용적 태도 정도, 자부심과 긍지, 모임에의 참여, 교무실의 분위기, 적응적 성격의 지역사회와의 유대 등을 제시하였다.

㉢ 노종희(2004)는 교사 조직헌신과 교직헌신을 구별하여 정의하였는데, 교사 조직헌신은 "교사들이 학교에 대해서 나타내는 심리적 애착"으로, 교직헌신은 "교사들이 교과목과 학생, 그리고 교직 자체에 대해서 나타내는 심리적 애착의 상대적 강도"라고 정의하였다. 그리고 교직헌신의 하위 요소로 전문의식, 교육애, 열정을 제시하였다.

여러 학자들의 연구를 바탕으로, 이 글에서는 교사들의 조직헌신을 "학교조직에 소속감과 애착심을 가지고 주어진 직무에 최선을 다하려는 의지"로 정의하고, 조직헌신의 하위 요소는 선행연구에서 공통적으로 많이 언급된 학교 가치수용, 학생 및 수업 몰입, 학교 및 교직 잔류의사를 선정하고 각 하위 요소의 내용을 다음과 같이 설정하였다. 학교 가치수용은 학교의 교육 목표, 방침에 대하여 적극적으로 수용하려는 자세, 학생 및 수업 몰입은 학생교육, 수업에 최선을 다하려는 자세, 학교 및 교직 잔류의사는 재직중인 학교, 교직에 계속 최선을 다하면서 근무하고자 하는 자세를 의미한다. 따라서 조직헌신 하위 요소의 내용을 근거로하여 조직헌신 측정을 위한 설문문항을 다음과 같이 작성하였다.

3. 연구 방법 – 조사도구

[교사의 갈등관리 유형 설문지 내용 구성]

갈등관리 유형	갈등관리 유형의 특징	세부 사항	문항번호 (교사– 학교 행정가)	문항번호 (교사– 동료 교사)
통합형	• 양 당사자의 충족 • 최선의 해결책 탐색 • 양 당사자의 의견 종합 • 정확한 정보탐색 • 대화 • 개방적이고 협력적 태도	• 서로 만족할 수 있는 해결책을 찾기 위해 함께 노력하는가? • 최선의 해결책을 찾기 위해 함께 노력하는가? • 서로의 생각을 통합하려고 노력하는가? • 올바르게 이해하기 위해 터놓고 얘기하는가? • 대화를 통해 바람직한 해결책을 찾는가? • 문제를 해결하기 위해 개방적이고 협력적 태도를 가지는가?	5, 9, 15, 18, 25, 26, 35, 39, 45, 47	5, 9, 15, 18, 25, 29, 35, 38, 45, 48
양보형	• 상대방의 견해 존중 • 상대방의 의견 수용 및 우선시 • 상대방의 관심사 충족 • 상대방의 명령에 복종 • 상대방을 배려하는 이타주의	• 나보다 상대방의 입장을 먼저 생각하려고 노력하는가? • 나의 입장보다 상대방의 견해를 우선시하는가? • 상대방이 만족할 수 있도록 노력하는가? • 상대방의 의견을 따르는가? • 내가 먼저 양보하여 문제를 해결하는가?	2, 8, 11, 20, 23, 27, 32, 36, 43, 46	2, 6, 11, 20, 21, 28, 31, 40, 41, 47
지배형	• 자신의 입장에서 문제 판단 • 자신의 의견 고수 • 상대방의 요구와 기대 무시 • 타인의 목표 희생 • 상대방에게 양보하지 않음	• 내가 원하는 방향으로 문제를 해결하기 위해 노력하는가? • 내 생각을 먼저 고려하는가? • 내 생각을 밝혀 상대방이 받아들이도록 애쓰는가? • 내 생각이 받아들여지도록 노력하는가? • 상대방의 견해보다 나의 생각을 우선시하는가?	1, 7, 12, 17, 21, 28, 31, 37, 41, 48	1, 10, 12, 16, 23, 26, 32, 36, 44, 46
회피형	• 논란상황 회피 • 갈등없이 살아가는 방식 선호 • 문제에 대한 무관심 • 대결을 피함 • 갈등을 피하기 위해 스스로 인내함	• 문제 해결을 위한 대화를 피하는가? • 갈등없이 생활하기 위해 혼자서 해결하려고 노력하는가? • 갈등상황을 피하기 위해 무관심한 태도를 취하는가? • 상대방과 거리를 두어 대립을 피하는가? • 갈등을 피하기 위해 스스로 참고 삭이는가?	3, 6, 14, 19, 24, 29, 33, 40, 44, 50	3, 7, 14, 17, 24, 27, 33, 37, 42, 49

타협형	• 양 당사자의 적절한 양보를 통한 절충 • 조정을 통한 중도적 해법 탐색 • 주고받는(give-and-take) 교환관계 • 누구라도 이기거나 지는 것을 피함 • 양 당사자가 조금씩 포기하는 태도	• 처음부터 조금 양보하여 타협하는가? • 중도적 해결책을 먼저 모색하는가? • 절충안을 먼저 제시하는가? • 처음부터 타협점을 찾으려고 노력하는가? • 의견차를 좁히기 위한 중간입장을 먼저 찾는가?	4, 10, 13, 16, 22, 30, 34, 38, 42, 49	4, 8, 13, 19, 22, 30, 34, 39, 43, 50

[교사의 직무만족 및 조직헌신 설문지 내용 구성]

갈등관리 효과	구성 요소	세부사항	문항번호
직무만족	• 교직의식	• 교직생활 자체에 대하여 만족하는가?	1, 6, 11
	• 인간관계	• 학교구성원과의 관계에 만족하는가?	2, 7, 12
	• 업무수행	• 자신의 업무수행에 만족하는가?	3, 8, 15
	• 보상	• 직무수행에 대한 보상에 만족하는가?	4, 9, 13
	• 개인적 발전	• 자신의 발전에 만족하는가?	5, 10, 14
조직헌신	• 학교가치 수용	• 학교 교육 목표와 방침을 적극적으로 수용하는가?	2, 4, 7, 10, 13
	• 학생 및 수업몰입	• 학생 교육과 수업에 몰입하는가?	1, 5, 8, 11, 12
	• 학교 및 교직 잔류의사	• 학교 및 교직에 종사하겠다는 의사가 있는가?	3, 6, 9, 14, 15

[교사의 직무만족 및 조직헌신 요인분석 결과]

구분	문항	요인적 재량
직무만족	4. 나는 가르치는 일에 보람을 느낀다.	.790
	6. 나는 교직에 종사하는 것을 자랑스럽게 생각한다.	.773
	5. 교직은 미래의 나의 발전을 가져온다.	.764
	1. 나는 학생을 가르치는 것이 적성에 맞다.	.704
	10. 나는 교직생활을 통해 꾸준히 발전해왔다.	.682
	14. 교직생활을 통해 나의 교과 전문성이 신장되었다.	.652
	12. 나를 교실 안팎에서 잘 따르는 학생들이 많다.	.631
	11. 나는 교직이 사회적으로 존경받는 직업이라고 생각한다.	.575
	3. 나의 수업에 적극적으로 참여하는 학생들이 많다.	.557
	7. 나는 친밀하게 지내는 동료 교사들이 많다.	.523
	8. 내가 가르치는 학급의 시험 성적에 만족한다.	.463
	고유치	4.716
	설명비율(%)	42.869
	신뢰도(Cronbach's α)	.8598
조직헌신	6. 나는 우리학교에 계속 근무하면서 학교발전에 기여하고 싶다.	.787
	7. 나는 우리학교의 발전이 곧 나의 발전이라고 생각한다.	.768
	4. 나는 우리학교의 발전을 위해 개인적인 희생을 감수하고 있다.	.714
	2. 나는 우리학교의 일을 나의 일처럼 생각하고 최선을 다한다.	.693
	3. 나는 기회가 주어진다면 지금 학교에서 계속 근무하고 싶다.	.681
	10. 나는 우리학교가 추구하는 가치가 나의 가치와 다르더라도 기꺼이 수용한다.	.658
	13. 나는 우리학교에서 정해진 방침이 나의 생각과 다르더라도 기꺼이 받아들인다.	.645
	5. 나는 학생 교육을 위한 일이라면 개인적 시간도 희생한다.	.604
	11. 나는 수업 목표 달성을 위해 적절한 수업 방법을 활용한다.	.536
	고유치	4.162
	설명비율(%)	46.243
	신뢰도(Cronbach's α)	.8517

22 유아교사의 교직윤리 관련 딜레마에 나타난 갈등 요인

1. 영유아와의 관계

유아교사가 교육 및 보육 현장에서 겪은 윤리적 딜레마는 크게 '영유아와의 관계, 영유아의 가정과의 관계, 동료 및 기관과의 관계, 지역사회 / 사회와의 관계'로 범주화되었다. 각각의 관계에 내포된 교직윤리의 내용 요소를 중심으로 유아교사들이 경험한 교직윤리에 관한 딜레마의 내용과 주요 갈등 요인에 관한 이야기를 다루고자 한다. 먼저 영유아와의 관계에서 유아교사가 겪은 윤리적 딜레마에 담긴 교직윤리의 내용 요소는 다음과 같다. 즉 유아의 흥미와 발달에 적합한 교육 계획 및 실행하기, 유아에 대한 공평한 사랑 및 긍정적 시각 갖기, 유아에게 적합한 문제행동 지도, 유아의 가정환경과 문화 및 언어적 특성을 배려한 교육 및 지원하기, 유아에 대한 복합적이고 객관적이며 정확한 평가하기, 아동학대 및 방임의 징후가 있는 유아에의 관심 및 지원하기, 교사다운 교사의 모습 유지하기, 교사의 전문성 발달을 위한 지식기반 유지하기가 있었다.

(1) 유아의 흥미와 발달에 적합한 교육 계획 및 실행

① 유아의 흥미와 발달 수준에 적합한 교육활동을 계획하고 실행하는 데 있어서의 윤리적 갈등 요인으로는 유아 안전사고의 위험, 원장님의 반대, 교사의 편리함 추구, 교사가 취약한 분야에의 경시, 교사의 교육계획에 대한 욕심, 시간적 여유의 부족, 자료의 불충분, 유아의 발달 특성에 대한 불인정 혹은 지나친 기대, 교육주제 변경에 대한 융통성 부족 등에 관한 갈등하고 있었다.

② 다음의 예는 교사3이 교육활동 구성 및 실행 시 유아의 흥미와 개별차를 고려해야 함을 알지만, 초임 시절 교육 현장에서의 절대적인 시간의 부족, 자료의 불충분, 장학할 사람이 없는 상황에서 교사용 잡지에 있는 교육계획안을 그대로 사용하며 겪은 윤리적 갈등상황이다. 교사 3은 배운 이론을 현장에서 적용하지 못한 것에 대한 후회와 함께 교사로서의 자존감에 상처를 입었으며, 이후 대처행동으로 이론과 실제를 접목하고자 노력하게 되었다고 언급하였다.

> 자료도 충분하지 않지, 그렇다고 우리를 끌어주고 장학해줄 사람들도 없지, 그래서 하나 하나 내 스스로 알아서 헤쳐 나가야 됐기 때문에 실제적으로 도움 받은 것은 월간유아나 그런 교사 잡지였던 것 같아요. 내가 말로만 상호작용 주제 접근법이지만 행동주의와 별로 별반 다를 게 없다고 생각한 게, 월간유아에 짜인 걸 갖다 쓰는 거고, 아이들의 흥미나 개별 발달에 맞게 제시할 수 없었고, 하나 수준 제시하기도 바빴으니까. 내가 하는 게 정말 상호작용이 맞나 그렇게 갈등을 많이 했었어요. 맞나 하면서도 하루살이. 갈등이 되면서도 당장 내일 수업을 해야 되는데 뭐 도움이나 어떤 지원받을 데가 없으니까 어쩔 수 없이 그렇게 했던 거 같고. 내공이 쌓이면서 3년 차부터는 우리가 배웠던 거라든지, 이론 쪽을 많이 접목시키려고 많이 노력을 했지만 그래도… –중략– 속상하지. 실컷 배워놓고 나서 현장에서는 그거를 제대로 적용을 못하는 현실이 참 안타깝고 속상하고 교사 스스로에 대한 자존감 같은 거라고 해야 되나 그런 거에 있어서도 상처를 받았겠지요. 〈심층면담 4회: 교사3〉

③ 다음은 교사4가 영아전담 어린이집에 근무하면서 유아수준의 계획안을 구성하며 겪은 윤리적 갈등상황이다. 수준에 맞지 않고 실행가능성이 없는 계획안임을 원장님께 말씀드릴지, 아니면 본인이 교사로 근무하기 이전부터 형식화된 계획안이며 신참 교사이므로 말씀을 드리지 말지 고민하다 결국 말씀을 못 드렸고, 영아에게 적합하지 않은 수준과 양의 계획안을 구성한 것에 대해 후회한다고 하였다.

> 영아전담 가정어린이집의 교사로 갔을 때 계획안이 만 4-5세 수준이었어요. 계획안을 짜려면 영아 수준에 맞춰 짜야 되는데, 처음부터 수준이 높게 짜여져 있었기 때문에 저도 그 자료를 그대로 빌려와서 썼던 것 같아요. 그런데 프로그램화하면서 실행이 안되잖아요. 이건 정말 적합하지 않고 주안으로만 나가는 계획안이었고 실천하는 것이 많이 없었어요. 수준을 다운시켜서 한다고 해도 그 활동을 다 진행하는 것이 무리였거든요. 제가 오기 전부터 형식화가 된 계획안이었기 때문에 얘기하지 못했었어요. 주변 사람들과 얘기하며 고민을 했는데도 환경적인 것 때문에… 지금 생각해보니 좀 더 일찍 언급했다면 수준에 맞게 그 연령대에 맞게 했었을 텐데 그걸 얘기하지 못해서 1년 동안 원활하지 못한 수업을 했던 것 같아요. – 중략 – 아이들의 수준에 안 맞는 그냥 보여주기 위한 계획안이니까 실행되지 않는 것이 너무 답답했어요. 내용도 너무나 많은 것을 할 수 없는데 계획안에 있는 것을 하려고 했으니까 저희도 너무 힘들고 아이들도 스트레스 받아서 되게 많이 속상했던 것 같아요. 적합하지 않다는 얘길 너무 하고 싶었어요. 그런데 제가 들어간지 별로 안 되고 했기 때문에 얘기를 못했던 것 같아요. 그때 빨리 찾아서 원장님께 얘기를 해드렸으면 좋겠다는 생각이 들어요.
>
> 〈심층면담 4회: 교사4〉

(2) 유아에 대한 공평한 사랑

① 유아 모두를 사랑으로 품고 긍정적인 시각으로 바라보는 것에 있어서의 갈등 요인은 본인의 맘에 들지 않는 행동을 하는 유아에 대한 부정적 시각, 그리고 유아를 부정적으로 단정 및 판단하는 태도 등이 있었다.

② 다음의 예에서 교사3은 유아들에게 공평하게 사랑을 나눠줘야 하지만, 본인의 마음에 들지 않는 행동을 하는 유아에 대해서는 부정적인 마음을 갖게 되고 이 마음이 무의식적으로 유아에게 전달되어 부정적인 영향을 미칠 수 있기에 후회하였다. 만약 지금 그 유아의 교사라면 의식적으로라도 말과 행동으로 그 유아에 대한 사랑을 표현하겠다고 하였다.

> 그 아이가 누구를 크게 때리거나 이런 건 아니었는데 튀지 않게 삐딱하게 계속… 아주 큰 사고를 내지는 않지만 사사건건 약간 삐딱하게 아웃사이더로 돌려서 좀 그렇게 했던 것 같아요. 교사로서 자기반 아이들 모두를 사랑으로 품을 수 있고 긍정적인 시각으로 봐주고 그래야 되는데 지금 생각해보니까 그 애가 약간 떠오르네. 미안한 마음과 함께… 내가 좀 더 긍정의 마음으로 칭찬을 많이 해주면서 아이의 행동의 변화라든가 올바른 행동으로 가도록 이끌었어야 되는데, 나도 사람인지라 조금 그런 거 있잖아요. 아유 꼴 보기 싫다, 왜 이렇게 미운 행동을 할까하고 마음속으로 품었던 것 같아요. 그러니까 그런 마음을 가졌다는 것 자체가 미안한 거지. 아이들은 말을 안해도 다 통하잖아요. 누가 자기를 더 예뻐하고 안 예뻐하고 뭐 이런 거 있는데, 그 때 그 마음이 아마도 좀 전달되지 않았을까… 내가 겉으

로 일부러 차별 대우를 하지는 않았었겠지요, 안하려고 노력은 했겠지만 또 요렇게 아주 예쁜 행동을 하는 아이는 아니다라는 생각을 가졌다는 것 자체가 또 그 행동으로 인해서 무의식적으로라도 바깥으로 표출되거나 그래서 그 아이한테 아마도 부정적인 영향을 미쳤겠지요. – 중략 – 그 아이한테 일부러라도 행동적으로라도 더 사랑해라는 말을, 안 사랑해도 계속 사랑해 하면 말이 씨가 된다고 그런 게 많이 바뀌었을 것 같아요. 일부러 행동을 하면서 내 마음, 바라보는 관점도 행동으로 인해서 바뀔 수 있다고 요즘 생각이 들거든요. 그렇게 하면서 부모들과 상의도 하고 좀 긍정적으로 대할 수 있는 많은 적극적인 노력을 할 것 같아.

〈심층면담 1회: 교사3〉

(3) 유아에게 적합한 문제 행동 지도

① 유아의 문제 행동 지도 시 유아의 개별적 특성과 입장 및 의도를 고려하는 것에 있어서의 갈등 요인은 유아의 대그룹 활동시간에의 적응, 문제 행동 지도방법에 대한 동료 교사의 조언, 반복적인 문제 행동을 하는 유아인 경우 등이 있었다.

> 3월 학기 초에 아이들이 오는데 우리 반(만 3세 반)의 특징이 연령이 어리잖아요. 그래서 적응하는 기간에 우는 아이들이 굉장히 많지요. 그런데 그 중에서 걔는 평상시에 항상 고집도 세고 울음을 너무 그치지 않아서… 원래 우리가 3주 정도가 되면 이야기 나누기 그런 수업이 들어가야 되는데, 이 아이가 너무 울고 있기 때문에 그게 안되더라고요. 그런 상황에서 생각하는 의자에서 생각도 해보고, 다 해봤는데 아무것도 안 되었어요. 그러니까 모여 앉기만 하려면 그게 안 되더라고요. 그래서 주임 선생님께서 저에게 가르쳐준 방법, 얘를 교실 문 밖으로 그냥 내놓으래요. 그래서 네가 자꾸 이렇게 이 공간에서 울면 다른 친구들이 선생님과 함께 얘기를 해야 되는데 이야기가 들리지 않기 때문에 네가 울지 않으면 이곳에 같이 있을 수 있지만 니가 울면 선생님은 너를 저 문 바깥으로 나갈 수 있게 할 수도 있다고 그랬거든요. 그래도 울더라고요. 그래서 결국에는 얘를 밖에 끝까지 안 나가겠다고 떼굴떼굴 구르고 그러는데 들어서 밖에 내놨어요. 그 때 그렇게 하기까지는 굉장히 마음이 찔리고 얘한테 이렇게까지 해야 할까 하는 이런 생각이 들었는데, 또 막상 하고 나서는 얘네한테는 너무 좋은 성과지요. 그나마 두 번 세 번 반복했으면 얘가 굉장히 힘들어 했을 텐데 한 번으로 끝내줘서 너무 감사했던 적이 있어요. 그래도 마음속에는 아직까지도 그 아이에 대해서 미안한 마음이 있지요. 어떤 공포감 같은 것이 들었을 텐데…

〈심층면담 1회: 교사2〉

② 위의 예에서 본 바와 같이 교사2는 학기 초에 적응이 오래 걸리고 계속 우는 유아의 경우 개별적 특성을 배려하는 상호작용이 필요함을 알지만 그룹 활동(이야기 나누기)에의 적응 및 주임 교사의 조언에 따라 유아를 문밖에 내놓으며 겪은 윤리적 갈등을 경험하였다. 교사2는 유아에게 부적합한 지도방법을 사용하여 공포감을 심어준 것에 대해 후회하면서도 그룹 활동 시 유아가 적응하는 계기가 된 것에 대해서는 만족한다고 언급하였다.

③ 그리고 유아의 문제 행동 지도 시 유아의 인격(언어, 정서, 신체)을 존중하는 것에 있어서의 갈등 요인은 과중한 교사업무로 인한 시간의 부족, 교사의 감정 절제의 어려움, 지시에 따르지 않거나 행동변화가 더딘 유아의 경우 등이 있었다. 다음의 사례에서 교사5는 유아들의 문

제 행동 지도 시 정서적, 언어적인 해를 끼치는 용어를 사용하지 않고 인격을 존중해야 함을 알지만, 과중한 업무로 인해 대화의 시간이 부족하고, 유아의 행동변화가 잘 나타나지 않으며, 본인의 감정조절이 잘 되지 않아 여러 유아들 앞에서 그 유아를 꾸중하고 직접적인 강화 방법을 사용한 것에 대해 후회하였다. 그 이유는 교사가 순간적인 감정으로 유아를 대함으로써 수치심과 상처를 주었기 때문이라 하였다.

> 아이들이 모여 이야기 나누기를 할 때 하나의 잘못된 행동을 하면 그 아이를 보호해주고 지칭하지 않아야 되는데, 다른 유아들이 "누가요, 누가 그랬는데요?" 알고 싶어할 때 그냥 무의식중에 이름이 탁 나오거나, 그 친구에게 여러 번 얘기했음에도 불구하고 안 되었을 때에는 너무너무 답답하고 속상한 마음에 "○○야, 너 그렇게 하면 되겠니? 선생님이 여러 번 얘기해 줬는데도 너 혼자 왜 그렇게 하는데?" 그러면 그 유아가 수치심을 느끼게 되는데, 안해야지 하면서도 답답하면 그 아이한테 직접적으로 얘기를 하게 돼요. 그냥 개인적으로 불러서 해야 되는 말들인데, 솔직히 여러 아이들 앞에서 그 아이를 꾸중하고 야단하는 케이스잖아요. 차라리 동화라든지 손 인형으로 해줄 수 있는 방법을 충분히 알고 있음에도 빨리 직접적으로 어떤 강화적인 벌과 훈육으로 바로 들어가는 경우가 좀 많아요. 시간적인 면도 있고, 그동안 많이 해왔음에도 불구하고 이 아이의 행동변화가 나타나지 않고… 교사들도 솔직히 사람인지라 그때 감정에 따라 하면 안되는 걸 알면서도 도저히 안되겠어 하면서 그냥 그런 과정을 생략하고 바로 직설적으로 대하는 경우가 있지요. – 중략 – 하고 나면 속이 시원하기보다는 교사로서 이렇게 하지 말아야 되는 건데 내가 순간적인 감정으로 나 갔구나, 그 친구가 상처를 받았겠구나…
>
> 〈심층면담 3회: 교사5〉

(4) 유아의 가정환경과 문화 및 언어적 특성을 배려한 교육 및 지원

① 유아의 가정환경, 문화, 언어적 특성을 배려하는 교육 및 지원에 있어서의 갈등 요인은 다른 유아들의 편견에 대한 염려, 튀지 않는 조용한 유아의 경우, 유아의 상처에 대한 고려, 다문화 가정에 대한 지식의 부족 등이 있었다. 한 예로, 교사4는 한부모 가정의 유아들을 배려하는 것과 관련하여 가족구조에 대한 이야기 나누기 시 일괄적으로 그대로 진행할 지, 아니면 해당 유아가 상처 받을까봐 간단히 축소할 지에 대해 고민하였다. 결국 활동을 단순화시켜 이야기 자료를 통해 가족구조에 대한 이해를 간단히 하고 넘어가게끔 했는데, 유아들에게 실질적이고 직접적이며 심도 있는 가족구조에 대한 이해 및 관심 가질 기회를 주지 못한 것에 대해 후회한다고 언급하였다.

> 가족형태에 대해서 설명을 해야 되지만, 이런 것을 하게 되어 그 친구들이 상처를 받게 되면 안좋은 거니까 축소시킬까, 아니면 항상 하던 것처럼 일괄적으로 그대로 갈까… 그 친구에게 상처를 덜 주기 위해서는 간단히 하고 넘어가는 게 오히려 낫지 않을까. 일반적으로 그대로 하고 넘어가는 거에 대한 갈등. 일단 그런 기본적인 내용 진행은 다 했는데요, 활동을 단순화해서 예를 들면서 이런이런 가족형태가 있다고 자료를 통해서 하고 넘어갔던 것 같아요. – 중략 – 좋은 건지 나쁜 건지는 모르겠는데, 실질적으로 아이들에게 가족형태를 물어보는 것이 더 직접적이고 편하고 즐거워하잖아요. 일단은 아이들이 평소에 관심이 없었던 가족형태에 대해 알려주고 그 친구들 개개인들이 가족형태에 대해 소개한다면, 그렇지 않은 일반적인 가정에서는 자기와 다른 가정에 대해 평소보다 더 많은 관심을 가질

수도 있었을 텐데 이야기 자료를 듣고 이야기 형태로 얘기해주니까 이해를 가볍게 하고 넘어갔던 것 같아요. 〈심층면담 2회: 교사4〉

(5) 유아에 대한 복합적이고 객관적이며 정확한 평가

① 유아에 대한 복합적, 객관적, 진실된 평가를 하는 것과 관련된 갈등 요인으로는 유아에 대한 단편적이고 외양에 치우친 편견, 부모에게 보여주기 위한 평가에 초점, 다면적인 평가에 대한 관심의 부족 등이 있었다.

② 다음의 사례는 교사1이 유아들에 대한 내적, 외적인 면을 모두 포함한 복합적인 평가를 해야 한다고 생각하지만, 그림이나 글을 잘 읽고 쓰는 유아를 우수하다고 평가하는 등 단편적이고 외양적인 것만을 기준으로 유아를 평가함으로써 겪은 윤리적 갈등으로 본인의 행동에 대해 후회하였다. 그 이유는 유아들에 대한 차별 대우를 한 것, 교사의 유아에 대한 판단이 곧 또래 유아들의 인식에도 영향을 줄 수 있기 때문이라 하였다.

> 유치반하면서 애가 얼마나 많이 알고 있는지, 글씨를 아는지, 외양적인 부분에 많이 치중하지. 사회성을 귀중하게 생각하고 아이가 공부 못 해도 잘 놀고 잘 먹고 잘 지내면 그걸로 괜찮다고 생각하는데, 그림 잘 그리고 읽기 쓰기 등의 활동을 잘 하고 이런 애들은 교사 입장에서 수월하거든. 도와주지 않아도 스스로 해오고, 표현 잘 하고. 그런 쪽에서 아 얘는 우수한 애라고 생각하지. 반면에 이런 활동을 못 하면서 잘 노는 애가 있어. 그러면 얘도 참 좋은 애긴 하지만 "너는 가서 글씨 좀 배워. 엄마한테 글씨 좀 가르쳐주십사." 얘기를 할 때가 있거든. 약간 보이는 부분으로 애들을 판단하게 되지. 자라는 아이들인데 내가 단편적인 보이는 것만으로 판단하고… 그리고 사람인지라 애가 집에서 얼마나 많은 귀여움과 관심을 받고 자라는지 알 수 있는 옷차림이나 그런 것으로 내가 판단할 때도 있어. 어떨 때 나도 귀여워 보이고 깔끔해 보이는 애들한테 더 예쁘다고 해 주는 건 아닌가, 그리고 조금 더 손이 필요하고 엄마가 직장을 다니거나 할머니가 키운다거나 이런 애들을 더 보살펴 줘야 하는데 어떻게 보면 나도 겉모습으로 판단하는 경우가 있지 않았나. –중략– 아, 나도 똑같은… 교사면서 평등하지 않구나. 왜 우리도 학교 다닐 때 교사가 차별 대우 한다고 말했으면서 내가 차별하고 있구나. 애들도 선생님이 날 예뻐하는구나, 아니구나 알거든. 〈심층면담 2회: 교사1〉

(6) 아동학대 및 방임의 징후가 있는 유아에의 관심 및 지원

① 아동학대 및 방임의 징후가 있는 유아를 돕는 것과 관련된 갈등 요인으로는 유아 지원에 대한 적극성의 부족, 부모의 상처 및 자존심이 상하실 것에 대한 염려 등이 있었다.

② 다음의 예는 교사4가 아동학대 및 방임의 징후(불청결, 멍 자국)가 보이는 유아를 적극적으로 도와야 함을 알지만, 아버지가 상처받으시고 자존심 상해하실까봐 얘길 못하면서 겪은 윤리적 갈등이다. 교사4는 유아가 또래들에게 방임되는 상황이 지속되는 것을 보며 본인의 행동에 대해 후회하였으며, 대처 방안으로 또래관계 개선을 위해서도 아버님께 청결에 신경 써주시길 부탁해야겠다고 언급하였다.

어느 날은 화장실에서 소변을 볼 때인가 저희가 발견했는데 무슨 멍인지 자국인지 좀 있었어요. 그래서 선생님을 불러 누군가에게 맞은 것 같지 않냐고 얘길 했거든요. 그러고 나서 아버님을 관찰해도 그러실 분 같지도 않고… 걱정만 하다 어디에 멍든 부분이 있다 말씀을 드렸더니 아버님은 어디에서 놀다가 부딪혔다고 말씀하시더라고요. 물론 의심을 하는 것은 조금 안 좋긴 하지만 그런 것을 조금 경험해봤어요. 그 아이가 또 저희 반이 되었거든요. 약간 지저분한 것은 있어요. 옷을 세탁하는데도 불구하고 냄새가 나고 피부는 여전히 더럽긴 한데 조금 깨끗해지긴 했거든요. 그런데 멍 자국이 많이 발견되지는 않더라고요. 그때 이 아이에게 필요한 거라면 제가 좀 더 아버지에게 여쭤봐서 알아보거나… 아니면 아동학대 자료는 많이 읽어봤는데 적극적으로 나서지 않았던 것. 교사들에게만 알리고 아버지의 말씀을 듣고 그냥 넘어갔던 것. 그리고 씻겨주세요. 이런 이야기를 아버지가 자존심 상할까봐 얘길 못하고… 친구들이 얘기 하거든요. 냄새나서 너랑 짝 안해라고. 자연스럽게 아이들한테 방임이 되는 것 같아요. 그게 너무 걱정스러워서 얘기를 해야될 것 같은데 아버님이 상처를 받으실까봐 얘기를 못하고 있고 또 저희들이 그 애를 씻길 수 있는 상황, 시설도 아니고 그게 좀 갈등이 돼요. 얘기를 할까 말까. – 중략 – 아버님이 좀 바쁘셔도 지금은 또래관계가 중요한 시기인데 청결을 우선적으로 해주신다면 아이들과 가까워질 수 있는 환경이므로 요청을 하고 싶은 마음, 그래야 된다고 생각하는데 아버님께 선뜻 말씀을 못 드렸지요. 그 얘기를 해야지 아이들하고 관계가 멀어지지 않을 텐데 하는 마음을 항상 갖고 있어요.

〈심층면담 2회: 교사4〉

(7) 교사다운 교사의 모습 유지하기

① 교사다운 모습은 건전한 몸과 마음으로 유아들을 대하는 것, 유아들에게 늘 웃어주고 기쁨을 주는 것이라고 하였고, 이러한 교사로서의 품위를 유지하는 것과 관련된 갈등 요인으로는 부정적인 언어습관, 일의 피곤함 누적, 유아들에게의 화풀이, 자신을 돌아볼 마음의 여유 부족 등이 있었다.

② 다음의 사례는 교사6이 교사로서 유아들에게 웃음과 기쁨을 주어야 하지만 원장님에게 혼났을 때 유아들에게 화풀이하게 되는 윤리적 갈등상황으로, 좋은 교사가 아닌 변덕스러운 교사라는 인상을 유아들에게 준 것에 대해 후회하였다. 대처 방안으로, 교사 자신을 돌아볼 마음의 여유를 갖기 위해 일에만 매이지 않고 휴가나 여행 혹은 교육의 기회갖는 것이 필요하다고 하였다.

'교사로서 애들한테 더 많이 웃어주고 애들에게 뭔가 기쁨을 주는 선생님이 되어야지.'라는 게 있었는데 원장 선생님한테 혼났을 때는 짜증이, 막 애들한테 화를 내는 거예요. 제가 '이러면 안 되는데'하면서 그랬던 적이 있었던 것 같아요. 원장 선생님한테 야단맞았을 때는 애들한테 화풀이를 하는 거죠. 소리를 지르고 화를 내면서. 그럴 때는 '이래서는 안 된다.'라는 생각이 있었어요. 너무 그렇게 심하게 애들한테 화를 안 내도 되는 상황이었는데, 화를 내니까 애들 딴에는 변덕스런 선생님. 자기들이 그렇게 화풀이 대상이 될 이유도 아니었는데 원장님한테 혼났다고, 야단맞았다고 자기들한테 화풀이를 하는 선생님이니까 좋은 선생님이라고 인상은 못 줬을 것 같아요. – 중략 – 애들에게 웃어주는 교사가 되려면 자기를 많이 다스릴 수 있도록, 짬을 내서 자기를 돌아볼 수 있고 휴가도 다녀오고 여행을 다니면서 마음을 넓히고 그런 마음의 여유, 넓은 마음의 소유자가 되기 위해서 교사 자신이 교육도 받으러 다니고, 시간을 내서 여행도 다니고 그런 게 참 필요할 것 같아요.

〈심층면담 4회: 교사6〉

(8) 교사의 전문성 발달 위한 지식기반 유지

① 지식기반을 유지함으로써 교사의 전문성 발달을 꾀하는 것과 관련된 갈등 요인에는 지식개발 위한 시간의 부족, 기존상황(지식)에 안일 및 안주하는 마음, 원에서의 재정지원이 안되는 경우 등이 있었다.

② 아래의 사례에서 교사3은 유아들에게 체계적인 활동 및 새로운 지식(정보)을 제공해야 함을 알지만, 안주하는 마음에서 같은 연령의 경우 반복적으로 활동을 제공하거나 본인이 좋아하는 분야에 치중한 활동을 제공한 것에 대해 후회하였다. 이후 대학원에 진학하게 된 본인의 행동에 대해서는 유아들에게 질적교육을 제공하게 된 것에 대한 만족하는 마음과 함께 유아들에게 충분히 시간 할애를 못해준 것에 대해 후회한다고 하였다.

> 계속 내가 7세 반을 많이 맡았었어요. 그래서 하게 되는 거 또 하게 되고 계속 돌리게 되잖아요. 했던 프로그램. 물론 전에 했던 것 중에서 또 집어넣고 보충을 하고 하기는 했지만 그래도 항상 부족함을 많이 느꼈지요. 특히 과학 이런 쪽을 그 당시에는 별로 안 좋아했기 때문에 내가 좋아하는 분야 말고 내가 안 좋아하고 기초지식이 별로 없는 활동 같은 경우는 제공을 잘 안 해준 거 같아요. 아이들한테 활동 기회조차를 빼앗은 거잖아요. 아예 제공조차를 안 해줬기 때문에. – 중략 – 죄책하게 됐지 뭐. 스스로 너무 안일했던 거죠. 아 귀찮으니까 했던 거 또 하지, 안일하고 안주하는 마음이 있는가 하면, 좀 더 체계적이고 새로운 것들도 많이 제공해줘야 되는데 하는 그런 마음도 있었고. 대학원 다니면서 시간이 절대적으로 부족하잖아요. 아이들한테 예전에 시간을 쏟아 부었던, 아무래도 그것보단 덜 쏟아 부어서. 시간 자체적으로는 그렇지만 대학원에서 새로운 자극들을 많이 받고, 나 자신을 반성할 그런 기회가 많았기 때문에 새로운 정보나 지식을 접할 이런 것들, 재교육이 이루어지니까 질적으로 애들한테 그나마 플러스 요인이 되지 않았을까 생각이 들었어요.
>
> 〈심층면담 4회: 교사3〉

2. 영유아의 가정과의 관계

다음으로 영유아의 가정과의 관계에서 유아교사가 겪은 윤리적 딜레마에 담긴 교직윤리의 내용요소는 다음과 같다. 즉 기관에서의 유아의 문제 행동에 관한 진실한 정보 제공하기, 부모역할 지원하기, 기관에서 일어나는 일에 대해 진실한 공개하기, 부모와의 사적관계 형성 혹은 개인적인 기대하지 않기, 유아와 가족의 사생활 및 사적정보 보호하기, 유아에 대한 객관적이고 정확한 평가자료 제공하기가 있었다.

(1) 기관에서의 유아의 문제 행동에 관한 진실한 정보 제공

① 기관에서 유아의 문제 행동에 관한 진실한 정보 제공에 있어서의 갈등 요인을 살펴보면 부모가 자녀의 문제 행동을 인정 및 수용하지 않는 경우, 교사의 개인적 특성(연령이 어리고 경력

이 짧음)으로 인한 용기의 부족, 부모의 자녀에 대한 높은 기대 수준, 민감한 부모의 경우 등이 있었다.

② 한 예로, 교사1은 부모에게 기관에서의 유아의 문제 행동에 관한 솔직한 정보를 제공해야 한다고 생각하지만, 부모가 자녀의 문제 행동을 인정 및 수용하지 않고 오히려 이해해주길 요구하는 갈등상황에서, 부모에게 유아의 문제 행동에 대해 다 얘기하지 않고 줄여서 이야기하였다. 이로 인해 부모와의 관계는 부드러워졌지만 유아의 문제 행동은 변화되지 않아 후회한다고 하였다.

> 저번에 ○○ 같은 애가 나에게는 제일 많이 힘들었던 때였어요. 그 엄마는 자기 아이가 최고라고 생각했고 원에서는 걔가 문제 행동을 많이 일으키는데 난 그래도 엄마에게 그 아이에 대해 알 수 있게, 집에서는 그렇지만 기관에서는 이런 행동을 보인다고 알려줄 의무가 있었고, 또 얘가 학교 갈 나이가 되었으니까 엄마가 이걸 알고 좀 대처해줬으면 하는 바람에서 솔직하게 이야기 했는데… 일단 엄마가 바뀌지 않으니까. 엄마는 그 애에 대해 아무리 얘기해줘도 '우리 애가 걔와 친해지려는 하나의 방법이니까 우리 애를 이해해달라'는 식으로 이야기하시고. 교사가 우리 애에 대해 너무 부정적인 생각을 갖고 있으니까 우리 아이를 맡길 수 없다고까지 말씀하시니까. – 중략 – 엄마가 크게 서운하게 생각하시니까 이 엄마에게는 그렇게 얘기하는 것이 결코 좋은 방법이 아니구나 싶어서 그 아이에 대해 열 개를 말해야 할 것을 하나로 줄인다거나, 원장님과 내가 합동이 되어가지고 그 엄마랑 의사소통을 하게 되고. 그래도 그 아이가 우리 반에서 미치는 나쁜 영향들은 줄지 않았어요. – 중략 – 잘한 것은 아니었지. 교육적으로 보자면 이 아이가 이렇다 하더라도 어머니에게 그 실제에 대해서 좀더 얘기해줄 부분, 제 3자의 객관적인 입장에서 얘가 이러이러한 부분이 있다고 하는 것이 교사의 임무고 엄마도 알아야 할 권리가 있는데 엄마와의 관계가 껄끄러우니까요. 보통의 아이들도 그렇긴 하지만 걔에 대해서는 더 숨겨서 이야기했지요. 진실되게 이야기 안하고 어차피 학교가면 알게 되실 거라는 이런 식으로 조금 방치했다고 해야 하나… 뭐 그랬어요.
>
> 〈심층면담 1회: 교사1〉

(2) 부모역할 지원

① 부모의 양육자로서의 역할을 지원하는 것에 있어서의 갈등 요인은 부모의 교사에 대한 지나친 기대심리, 가정상황 파악의 어려움, 부모의 자녀에 대한 무관심, 부모교육에 대한 실제적 지식과 능력의 부족, 부모의 오해에 대한 염려 등이 있었다.

② 다음의 사례는 교사5가 유아의 문제 행동 지도에 대한 부모의 적극적인 협조가 이뤄지지 않을 때, 즉 관심있는 척만 하고 실제로는 자녀에게 관심을 가져주지 않는 부모이지만 그래도 아이를 계속 이끌어줄 것인가, 아니면 혼자만의 힘으로 역부족이므로 포기할 것인가 갈등하는 상황이다. 교사5는 때를 기다리며 아이를 다그치지 말아야 하는데 포기한 것에 대해 후회하고 이후 다시 이끌어주게 된다고 언급하였다.

> 지금도 보면 엄마가 관심 있는 척은 하는데 선생님이 얘기해주는 것은 한 귀로 듣고 한 귀로 흘려버리고, 주말에 뭐했냐고 하면 엄마는 집에서 잤고 자기는 할머니와 놀았다고 할머니와 노는 것은 많고 엄마와 주말에 지낸 것은 가장 적어요. 그래서 엄마에게 뭐 좀 부탁

을 드리고 그래요. 너무 힘든 게 뭐냐면 아이들한테 관심 있는 척, 선생님하고 대화할 때는 해주지만 실질적으로는 엄마가 관심이 없다라는 거예요. 그러니까 솔직히 얘가 하나도 변화가 없어요. 발달적인 것이 제자리 걸음을 하는 것을 볼 때 속상하고 답답하잖아요. 이럴 때 과연 내가 이 아이를 더 이끌어주어야 되는지, 그냥 손을 놓고 싶고 포기하고 싶어요. 왜냐면 나도 아무리 해주고 싶지만 내 힘으로는 안 되고 역부족인 걸 어떻게 해요, 그래서 엄마에게 도움을 요청하고 이렇게 해주셨으면 좋겠다고 했지만 잠시 그 때 뿐이고 다시 원상태인데 내가 만날 해봤자 엄마는 별로 신경 쓰면서 받아들이지 않는데 나만 속 터지니까 엄마가 그런 스타일이면 나도 그냥 그런 스타일로 맞춰야 되는 거 아닐까… – 중략 – 하루에 열두 번도 포기되는데, 그 아이가 다른 아이들에 비해서 자꾸 뒤쳐지는 것 같고 변화가 없는 것 같으면 이끌어주고 싶은 생각이지 포기는 안돼요. 그냥 때를 기다리는 게 가장 정답인 것 같아요. 언젠가는 변하겠지, 내가 조바심을 내지 않아야 그 아이를 다그치지 않게 되고 그렇게 항상 결론이 나와요. 〈심층면담 3회: 교사5〉

(3) 기관에서 일어나는 일에 대한 진실한 공개

① 기관에서 일어난 일 및 유아가 전염병에 노출될 위험성에 대해 부모에게 솔직히 공개하는 것과 관련된 갈등 요인으로는 기관의 책임회피 및 이미지 고려, 본인에게 돌아올 화살에 대한 염려, 부모들의 항의 방지 등이 있었다.

② 아래의 사례에서 교사4는 기관에서 일어난 전염병 발생 사실에 대해 부모에게 솔직히 알려야 하지만 기관의 책임을 회피하고자 거짓말로 이야기한 본인의 행동에 대해 후회하였다. 대처 방안으로, 소수의 유아들이 전염되었을 경우에는 사실대로 이야기하겠다고 언급하였다.

수두였던 것 같아요. 그런데 이 아이가 이미 걸려 있었던 건데 교사가 미리 파악하지 못해서 이미 전이가 다 시작된 거죠. 하지만 어머님한테는 쉬고 있는 중이라고 얘길 한 거예요. 이미 발생되었을 때 같이 있었는데. 저희가 잘 파악하지 못해서 전염되었다고 얘기를 못하고요, 발견이 되어 집에서 가정보육을 하고 있었는데 벌써 전이가 되었나봐요. 이런 식으로 얘기를 했어요. 어떻게 보면 사실을 알리는 것이 중요하잖아요. 그럴 때 저희가 거짓말 한 것, 그 전에 미리 저희가 대처하지 못한 것에 대한 갈등이 있었어요. – 중략 – 사실대로 말할 수 있는 부분도 있지만, 원의 탓으로 돌리지 않기 위해서 저희가 거짓말 했던 것에 대해서는 조금 후회가 되지요. 상황에 따라 다르겠지만, 많은 아이들이 전염되면 얘기를 못해줄 것 같고요, 한두 아이만 전염이 금방 되었다면 그럴 때에는 사실대로 이러이러해서 전염이 되었다고 얘기할 것 같아요. 소수라면… 〈심층면담 2회: 교사4〉

③ 이 외에도 유아의 연구참여 사실에 대해 부모에게 공개하는 것에 관련된 갈등 요인으로는 연구참여의 형평성 문제, 유아의 발달에 저해되는 경우 등이 있었다. 한 예로 교사1은 유아의 발달 및 복지에 저해되는 연구참여를 허락하지 않고 부모에게 자녀의 참여 사실에 대해 오픈해야 함을 인식하지만, 형평성의 문제가 있기에 부모에게 이를 알리지않고 선택된 유아들만 연구에 참여시킨 것에 대해 후회하였다. 대처 방안으로, 연구에 대해 공개하고 참여 의사를 밝힌 부모의 자녀들만 연구에 참여하게 하겠다고 하였다.

어느 대학교에서 아이들 대상으로 웩슬러 검사인가 그걸 하고 있거든. 그래서 30명을 선정해 달래. 유치반이 합쳐서 50명인데 30명만 뽑기 뭐하잖아. 행여 그 애 엄마들한테는 알릴 수 없는 게 우리 애는 했냐 안 했냐 물어보실 거 아니야. 그래서 알리진 않았어. 근데 애들이 검사하다가 한 명씩 불려나가더라. 검사하고 나면 선생님이 지우개를 주더라고. 그러면 선생님 "왜 얘만 지우개를 줬어요?" 물어보지. 그러면 나는 응, 그래, 그냥. 그렇게 말을 해 버리지. 크게 봤을 땐 아이들이 한 명씩 불려나가니깐 수업에 약간 저해가 되는 때가 있다. 안 해도 상관없는데 거기서는 필요하고 우리 유치원도 홍보가 되는 입장이잖아. 전체적으로 다 하면 문제가 없겠지만 누군 하고 누군 안 하고 하니깐 형평성은 떨어지지. 이왕 다 참여하면 엄마들한테 "우리 아이가 이런 걸 합니다." 알려주면 더 좋을 것 같고 아니면 엄마들한테 이런 거 있는데 참여하실 어머니 계시냐고. 〈심층면담 2회: 교사〉

(4) 부모와의 사적관계 형성 혹은 개인적인 기대하지 않기

① 부모와의 사적관계를 만들거나 개인적으로 기대하지 않는 것에 있어서의 갈등 요인으로는 교사의 인간적인 기대심리, 부모의 권유를 뿌리치지 못하는 교사의 성격 등이 있었다. 한 예로 교사3은 학부모와 개인적인 관계에 얽히지 않는 것이 바람직하다고 생각하지만, 학부모의 동생을 소개로 만나서 난처해진 갈등상황을 경험하며 본인의 행동에 대해 후회하였다. 그 이유는 학부모의 유아를 대하는 데 있어 조심스러워지고 교사의 유아에 대한 행동들을 부모가 잘못 오해할 수 있기 때문이라 하였다.

한 번은 학부모가 내가 마음에 들어서 본인의 동생을 소개시켜 주겠다고 해서 나중에 만났어요. 몇 번 만나기도 하고 그랬어요. 결국은 두세 번 만나고 안 만나게 됐는데 계속 우리 동생 괜찮다고 말씀하셔서 좀 난처했던 경우가 있었어요. 학부모와 교사의 관계였으면 좋겠는데… - 중략 - 바람직하지 않은 것 같아. 한 번 개인적으로 얽히고 나서는 교사와 학부모의 관계가 애매하게 되는 거예요. 애한테 말을 해도 긍정적인 얘기를 너무 하게 되면 저 사람 미안해서 오버하는구나라고 할 테고 부정적인 얘기를 하게 되면 쟤가 연결이 안 돼서 나한테 복수하나 보구나 할까봐 내가 굉장히 조심스러웠어요. 〈심층면담 2회: 교사3〉

(5) 유아와 가족의 사생활 및 사적정보의 보호

① 유아와 가족의 사생활 및 사적정보의 보호에 있어서의 갈등 요인으로는 가족의 비밀얘기를 재미로 생각하는 것, 무의식 중에 언급하는 것 등이 있었다. 다음의 예는 교사2가 가족의 사적정보에 대해 외부로 유출하지 않아야 함을 인식하지만, 유아의 이름과 함께 입양된 사실에 대해 외부로 유출했던 것에 대해 후회하는 갈등상황이다. 그 이유는 심각한 가정사이고 입양 사실을 그 유아가 알게 될 수도 있기 때문이라 언급하였다.

유치원에 온 애가 입양된 약간 장애가 있는 아이였거든요. 일부러 그런 아이를 입양해서 하는데… 그 동네에서는 거의 다 모른다고 그러더라고요. 성도 그냥 목사님의 성을 따르고. 입양되고 그런 것은 그 자녀는 정말 모르고 자랄 수 있는 문제잖아요. 그런데 저 그 얘기를 하고 다녔던 것 같아요. 사람들 만나면 그 애가 그 교회에 입양된 아이였더라 그랬던 것 같아요. 얘기를 할 때는 그냥 했는데, 얘기를 하고 나서는 내가 이런 이야기를 해도 되나? 왜냐하면 그건 가정사잖아요. 우스갯소리도 아니고 어떻게 보면 심각한 한 사람의 그게 걸려있는… 말하고 나니까 이런 것은 집에서도 비밀로 하는 얘기인데 내가 어떡하다 이걸 알게 되어서 얘길 했을까 하고 그 뒤로는 얘기한 적 없는 것 같아요. 후회했지요. 다음부터는 조심해야 되겠다. 웃는 얘기는 웃는 얘기로 끝날 수 있지만, 이 말이 흘러 흘러서 심지어는 그 아이가 다른 사람의 말을 통해서 자기가 입양된 사실을 알게 될 수도 있잖아요. 그래서 그게 조금 마음에 너무 걸렸던 적이 있어요.　　　　〈심층면담 2회: 교사2〉

(6) 유아에 대한 객관적이고 정확한 평가자료의 제공

① 유아에 대한 객관적이고 진실한 평가자료를 부모에게 제공하는 것에 있어서의 갈등 요인으로는 부모들 간에 정보가 오픈되거나 충격 받으실 것에 대한 염려, 부정적인 교사라는 인식에 대한 염려, 원장님의 시선 등이 있었다. 한 예로 교사5는 한 학기 유아의 발달에 대한 소견(평가서) 작성 시 부모가 유아의 심각성을 인식하도록 솔직하게 기술할지, 아니면 부모들 간에 서로 정보가 오픈되고 해당 부모가 충격 받으실 수 있으며, 교사가 부정적이라고 인식할까봐, 그리고 원장님의 눈치로 인해 솔직하게 기술하지 말지에 대해 고민하였다. 결국 최대한 포장해서 부모에게 상처되지 않는 범위 내에 평가 내용을 기술하였지만 이러한 본인의 행동에 대해서 후회한다고 하였다.

한 학기에 한 번 5개 영역 발달에 관한 소견을 쓰는데, 거기에서 누구는 칭찬만 많이 쓰지 않았나, 누구는 장점보다는 보완할 점, 단점들만 많이 쓰지 않았나, 이 엄마랑 이 엄마랑 친한데 혹시 파일을 보다가 ○○는 뭐라고 써있어? 그러면서 맞바꾸어 볼 수 있잖아요. 선생님이 우리 애만 미워하는 거 아닌가 이런 생각 하실까봐 솔직히 못쓰는 경우가 많아요. 그래서 이 아이 잘하는 것 없는데도 이러이러한 것은 잘하고요, 한두 가지 보완할 점을 써주죠. 왜냐면 서로 정보가 오픈될 수 있기 때문에. 솔직하게 쓰고 싶은데 이 아이한테는 솔직하고 이 아이한테는 너무 안되는 것만 쓰게 될 경우, 안되겠다, 이 엄마랑 친하고 같은 단지이니까 나름 이 아이한테도 조금 잘하는 것도 많이 잘하고 우수하다고 그러고 정말 안되는 것만 해주자. 그럼 서로 맞바꾸어도 기분이 나쁘지 않잖아요. 그러면서 속으로 그러지요. 아, 엄마도 알아야 되는데, 엄마도 애의 심각성을 알아야 되는데. 내가 말을 하면 이 엄마에게 충격이 될 텐데 라고 해서 말을 못하는 경우. ‒ 중략 ‒ 맨날 자책이에요. 왜냐면 원장님 눈치도 있죠, 어머님들이 받을 상처도, 또 너무 직접화법으로 쓰여지는 것이 아닌가 라는 것이 고려되어서, 최대한 포장해서 써요. 그건 앞으로도 갈등할 것 같고 오픈하지 못할 것 같아요.　　　　〈심층면담 3회: 교사5〉

3. 동료 및 기관과의 관계

해당 관계에서 겪은 윤리적 딜레마에 담긴 교직윤리의 내용 요소는 동료 교사와 업무분담 및 협력적 관계 유지하기, 동료 교사의 개인적 특성 수용 및 존중하기, 동료 및 기관장의 비윤리적 행위에 대한 건설적인 해결 방안 도모하기, 동료 및 기관과의 신뢰적이고 따뜻한 분위기 조성을 위해 노력하기, 기관 주변의 위해 요소에 대한 주의 및 안전 위해 노력하기가 있었다.

(1) 동료 교사와 업무분담 및 협력적 관계 유지

① 동료 교사와의 업무분담 및 협력적 관계 유지에 있어서의 갈등 요인에는 많은 업무량으로 인해 내 반만 챙기는 경우, 맡은 일에 대한 책임 전가(무성의), 독립적인 스타일의 동료 교사, 일 처리속도가 늦은 동료 교사 등이 있었다. 한 예로, 교사6은 업무분담 시 동작이 굼뜬 동료 교사가 공적인 일에 대한 관심이 없고 일부러 안한다고 느껴지므로 공공업무에 참여하라고 이야기할지, 아니면 관계가 껄끄러워질 수 있으므로 이야기하지 말지 갈등하였다. 말하지 않고 그 교사가 맡은 공공의 업무를 대신 해준 것에 대해 만족하였으며, 대처 방안으로 업무분담에 대한 회의를 하거나 대신 해주는 것도 좋은 방법이라고 제안하였다.

> 청소 문제 있잖아요. 다섯 살반 선생님은 자기 반 챙기기만 바쁜 거예요. 그 선생님은 자기 반 정리하다 보면 청소시간에 못하는 거예요. 그래서 저 선생님은 왜 저렇게 동작이 굼뜨나, 빨리 해서… 자기 반 말고도 청소할 곳이 많잖아요. 원장님실이나 공공으로 놀이하는 홀 같은 곳, 화장실, 마당, 현관 청소하는 것들이 다 분담되어 있거든요. 그래서 말해야 되나 하다가 그냥 제가 한 적이 있어요. 나중에는 그 선생님도 하더라고요. 처음에는 공공의 일에 전혀 관심이 없는 건지, 아니면 일부러 하기 싫어서 안하는 건지 그런 생각이 들었어요. 그렇다고 그 선생님에게 말한다면 사이가 껄끄러워질까 봐 말을 못했던 것 같아요. – 중략 – 다같이 모여서 청소구역이 있는데 누가 어떻게 분담할 것인지 이야기하고, 만약 그 선생님이 자기 반의 일이 힘들다면 제가 해줄 수도 있고. 일단은 모여서 청소에 대해 어떻게 하면 좋을까 회의하면 좋을 것 같아요. 〈심층면담 3회: 교사6〉

(2) 동료 교사의 개인적 특성 수용 및 존중(반편견)

① 동료 교사의 개인적인 특성을 수용하고 존중하는 것과 관련된 갈등 요인으로는 동료 교사와 호흡이 잘 맞지 않는 경우, 경력이 많고 자기만의 주장이 뚜렷한 동료 교사인 경우, 외양적인 기준에 의한 판단, 무의식적으로 갖게 된 편견, 동료 교사의 호의에 대한 선입견 등이 있었다.

② 한 예로 교사4는 동료 교사가 기관의 한 일원으로 참여하도록 존중해야 함을 알지만, 어머니이고 나이가 많으며 컴퓨터 능력이 낮은 것을 보고 업무능력까지 낮게 평가했던 본인의 행동에 대해 후회하였다. 그 이유는 본인의 선입견으로 인해 그 동료 교사의 자존감이 낮아지고 무능력감을 갖게 되지 않을까 염려된다고 하였다.

> 연장 선생님이 계세요. 아줌마 선생님이시고 나이가 있으세요. 공동업무를 같이하게 될 경우에는 하던 일을 멈추고 다 같이 참여하는데 그분은 약간 나이도 있고 결혼도 하고 연장 교사이어서 그런지 참여를 잘 안하세요. 여기에서 편견이 나오나 봐요. 솔직히 연장에 관련된 서류적인 업무가 되게 간단한 거거든요. 저희가 봐도 너무 단순한데 저희 공동업무 하는 동안 내내 그것만 하세요. 같이 공동업무에 참여하라고 얘기하고 싶은데 그분이 아줌마이시고 나이가 있으시고 컴퓨터도 어려워하세요. 그래서 업무능력이 뒤떨어지는 것이 아닌가 하는 생각을 저도 모르게 갖게 되는 것 같아요. 그런 일에 있어서 약간 열외시키는 것 있죠. 그 선생님이 원하시든 않든 공동업무에 참여시켜서 하나의 일원으로 존중을 받게 해야 되죠. – 중략 – 사람이 일을 하다보면 책임감을 갖게 되고 일원으로서 뭔가를 해야 되는

데, 혹시 그 분이 느끼시기에 약간 내가 능력이 없어서 일을 안시키나 그런 마음을 갖게 되지 않았을까? 그런 생각이 드네요. 맡겨도 충분한데 그분에게는 분명히 이런 거 못하실거야 라고 맡기지 않는 것들. 〈심층면담 3회: 교사4〉

(3) 동료 및 기관장의 비윤리적 행위에 대한 건설적인 해결 방안 도모

① 동료 및 기관장의 비윤리적 행위에 대한 건설적인 해결 방안의 도모에 있어서의 갈등 요인으로는 인격에 대한 비존중, 편애하는 태도, 근무수당의 권리 침해, 부당한 교사 면직 등이 있었다.

② 아래의 첫 번째 사례는 '인격 비존중'에 관한 것으로, 교사6은 유아들의 작은 실수에도 심하게 화를 내는 동료 교사에게 조언을 해줄지, 아니면 동료 교사와의 관계가 껄끄러워질 것에 대한 두려움과 본인의 성격(남에게 싫은 소리를 하지 않음)으로 인해 조언해주지 말지 고민하였다. 이후 본인이 조언해주지 않은 행동에 대해 후회하였고, 대처 방안으로 용기를 내어 차 마시면서 유아들에게 좀 더 관대하길 이야기해주면 좋겠다고 하였다.

> 4세 반 맡았을 때 함께 하는 선생님이 너무 무섭다고 해야 하나, 화를 잘 내는 선생님이에요. 저도 무서운데 애들은 얼마나 무섭겠어요? 저보다 어린 선생님인데 애들한테 그렇게 화를 잘 내요. 그 선생님이 애들한테 너무 심하게 대한다, 네 살 애들인데. 우리 어른도 밥 먹기 싫으면 밥을 남기잖아요. 그런데 밥을 끝까지 먹게 하고 그런 것들이 맘에 안들었는데… 그런데 저는 말을 못했어요, 무서워서. 네 살 수준에서 실수도 많은데 용납해줄 수도 있을 텐데 조금 너무 심하다… 하면서 저건 아닌데… 하는 생각이 들었어요. 그런데 내가 싫은 소리를 하면 그 선생님과 사이가 껄끄러워지니까 그런 것들을 두려워했던 것 같아요. – 중략 – 내가 용기 있다면 선생님하고 차 마시면서 "네 살 아이인데 좀 너무 심하지 않냐, 우리가 어른이니까 좀 더 관대하게 봐줄 수 있지 않냐." 그렇게 말했어야 하는데, 지금 그 선생님을 만나도 말을 못할 것 같아요. 〈심층면담 3회: 교사6〉

③ 아래의 두 번째 사례는 '편애'에 관한 것으로, 교사2는 원감님이 주임 교사의 잘못을 눈감아 주고 터치하지 않는 것에 대해 갈등하면서 이를 원장님께 말씀드릴지, 아니면 원장님의 연세가 많고 권위적인 기관의 분위기로 인해 말씀드리지 말지 고민하였다. 결국 말씀드리지 못한 것에 대해 후회하였는데, 그 이유는 주임 교사뿐 아니라 원장님에 대한 불만이 함께 쌓였기 때문이라 하였다.

> 아침마다 항상 늦으시는 분이 그 주임 선생님이셨어요. 하물며 아침 차량 타는 시간에도 안오셔서 다른 사람들이 돌아가면서 차를 탔어요. 어쩔 때에는 그 반 아이가 와 있는데 그 선생님이 안 계셔서 우리가 내려가서 그 아이랑 함께 있어야 되고 그런 걸 원장님이 아시지요. 원장님이 조금만 해주시면 우리의 골이 그렇게 깊어지지는 않았을 텐데, 1 – 2년이 다가 도록 원장 선생님께서 거의 터치를 안하시는 분이셨어요. 잘못하는 걸 눈 앞에서 보시면서도 그걸 말씀을 안하시더라고요. 그분을 많이 감싸시는, 교사들 개개인에게 공평하게 대해 주시는 것은 아니었던 것 같아요. 그러니까 너희들도 알아서 주임 선생님의 말을 들어라 이런 식 있잖아요. 원장 선생님께 말하면 안될까 이런 마음이 있었는데, 우리가 어린데 나이

도 60이 다 되어가시는 원장님한테 대놓고 참 얘기하기가… 약간 권위적인 흐름이 흘러가는 그런 분위기죠. 그러니까 원장 선생님도 왠만하면 주임 선생님의 말씀을 들어라 이런 것들. 말을 해야되겠다는 생각은 있었는데 그 생각을 절대 실천은 하지 못하고 우리끼리만 끙끙 앓고 있는 그런 상태였던 것 같아요. 그러니까 불만족이죠. 주임 선생님에 대한 불만과 원장 선생님이 우리를 알아주지 못하는 것에 대한 불만이 같이 겹쳐지는 상태로 있다가 나중에 나오게 된 것 같아요.

〈심층면담 3회: 교사2〉

④ 아래의 세 번째 사례는 '근무수당의 권리 침해'에 관한 것으로 교사3이 퇴직금, 상여금을 계약한 대로 주지 않는 원장님에 대한 갈등이다. 기관운영이 잘 돌아감에도 불구하고 주지 않을 때 원장님께 왜 주시지 않는지에 대해 문의드렸지만 다른 원의 교사들과 비교하여 말씀하시므로 어쩔 수 없이 수용할 수밖에 없었는데, 이는 원의 일방적인 통보이므로 불만족스럽다고 하였다.

그때 IMF 터졌다고 교사연봉이 깎이고, 한 달씩 교사월급을 안받아도 되니까 그냥 직장에 붙어있게 해달라고 이런 분위기였어요. 그런데 우리 원은 그 정도는 아니었거든요. 그런데 상여금을 안주시는 거야. 그러니까 너무 화가나더라고. 당연히 받아야 되는데 다른 원이 안준다고 해서 따라서 안주시는 거예요. 그러니까 그게 너무너무 섭섭하고… 왜냐면 그 이사장님은 어마어마한 부자거든요. 그런데 우리 교사들을 존중하지 못하고 100만 원 가지고 그렇게 한다는 게 너무 내가 무시당하는 기분이고 그래서 굉장히 화가 났어요. 내가 노력의 대가로, 분명히 계약을 하고 들어갔고, 그래서 나는 최선을 다해서 일을 했고, 만약 우리가 파탄 직전이라고 그랬으면 나도 양보를 했겠지만 자연히 잘 돌아가는 상황에서 안주시니까 굉장히 분노지… 속상하고, 화나는 감정이었지. 말은 했지요. "왜 안주시는데요?" 그랬더니 "어디는 선생님들 내보냈대."이런 식으로 말씀을 하시니까 더 이상 할 말이 없고, 얘기하고 싶지도 않았고. 나는 나가지 않은 것만으로도 감사하게 생각하라 이건가, 이러면서 굉장히 분노했었지요. - 중략 - 어쩔 수 없어. 일방적인 통보였기 때문에 나하고 뭐 상의하고 그런 것이 아니라. 나로서는 더 이상 어떻게 할 수가 없었어요.

〈심층면담 3회: 교사3〉

⑤ 아래의 네 번째 사례는 '부당한 교사 면직'에 관한 것으로, 공립 유치원에 있다가 사립 유치원에 와서 잘 적응하지 못하는 교사를 원장님이 면직시키고자 할 때의 교사1의 갈등이다. 인품이 좋고 아이들을 사랑하는 마음이 있는 교사이며 같은 동료이기에 이 교사를 감싸줄지, 아니면 원장님의 뜻에 따를지 고민하였고, 교사를 감싸준 본인의 행동에 대해 만족하였다. 그 이유는 시간이 지나면 그 교사가 적응할 것이라 기대하였고 교사들과의 관계 좋은 교사이기 때문이라고 하였다.

그 선생님은 공립에만 있어서 사립의 이런 것을 잘 몰랐고 엄마들하고 전화하면서 많이 힘들어하기도 했지만 우리의 분위기랑 잘 어울렸어요. 그런데 공립에서는 출석카드가 있냐, 차를 타냐, 챙겨줄 것이 그리 많지는 않잖아요. 여기는 맨날 챙길 것, 유인물이며 교구 봉투며… 이 선생님이 적응을 못하고 항상 놓치고 엄마한테 전화 오고 이러다보니까 원장님이 마음속으로 나가기를 바라셨어요. 그래도 난 그 선생님이 성격이 괜찮고 애들도 예뻐하고 그래서 있는 게 낫겠다 싶어서 원장님, 이 선생님 괜찮으니까 써 보시라고 왜 그러시냐고 했더니 선생님이 원장이냐면서 약간 언성이 높아진 적 있었어요. 결국 나가긴 했지요. 이때 같은 교사로서 이 선생님을 감싸줘야 되어야 되는 건지, 아니면 원장님의 뜻에 따라서 그만두게 해야 되는지… 교사들은 이 선생님을 감싸주려고 했어요. – 중략 – 끝까지 감싸 주려고 했던 마음이 있었던 거에 대해 만족해요. 그래도 이 선생님이 정도 많고 애들도 예뻐하고 그래도 실수하는 부분은 애들 잘 못챙겨줘도 내가 도와주면 되고 얘기해주면 되고 그건 시간이 지나면 할 수 있는 거잖아요. 또 이 선생님이 교사들하고도 되게 잘 어울렸거든. 그래서 여기에 있는 것이 낫다고 생각한거죠.   〈심층면담 3회: 교사1〉

⑥ 이 외에도 교사5는 동료 교사의 비윤리적 행동, 예를 들어 교사로서의 모습과 밖에서의 모습이 다른 경우, 다음 날 일에 지장될 정도로 술 담배를 많이 하는 경우, 유아들과 함께 있을 때 매니큐어를 칠하거나 휴대 전화로 문자를 보내는 경우를 보았을 때 동료 교사에게 조언 및 충고를 해주고 싶지만, 수용하지 않아 싸움이 발생되기도 하고 원장님께 말씀드려도 믿지 않으시므로 갈등했던 경험을 이야기하였다. 그래서 교사5는 밖에서 그 교사와 음식을 먹으면서 자신에 빗대어 대화를 나누었고, 동료 교사가 당시에는 듣기 싫어해도 차후 도움이 되므로 본인의 대처 행동에 대해 만족한다고 하였다.

> 저 선생님은 교사를 하지 않으면 참 좋겠는데. 선생님으로서의 모습과 밖에서의 모습이 정말로 다른 선생님이 계셨어요. 이 선생님이 애들을 예뻐하고 참 잘하지만 밖에서의 생활은 누가 보면 이 사람이 교사야 할 정도로… 다음 날 지장이 될 정도로 술 담배를 좋아하는 선생님이셨거든요. 담배나 술이 하나의 기호식품이라고 하지만 저로서는 솔직히 안 좋아 보이거든요. 또 그 선생님은 대화가 안돼요. "선생님, 원장 선생님한테 걸리면 어떡하려고 그래? 가급적이면 원에서 피지 마." 이런 식으로 충고를 해 드려도 그것을 받아들이시지 않더라구요. 그래서 원장 선생님께 말씀드리자니 이 사람에 대해서 험담하는 것 같고… 애들 놀 때 상호작용을 해야 하는데 휴대 전화 문자 보내는 이런 선생님들을 보면 가끔씩 충고를 해 줘요. – 중략 – 뭐 먹으러 가자고 그래요. "내가 했더니 이런 실수를 밟았는데 선생님도 이런 실수를 하는 것 같다." 저를 빗대서 얘기를 해 주죠. – 중략 – 저는 만족을 해요. 지금은 듣기 싫어도 자기 자신을 한 번이라도 돌아보는 시간을 갖는다면 도움이 된 거거든요. 교사들 간에 이 얘기를 해 줘야 되나 말아야 되나 이런 경우가 가장 큰 갈등이죠.
> 〈심층면담 2회: 교사5〉

(4) 동료 및 기관과의 신뢰적이고 따뜻한 분위기 조성을 위한 노력

① 동료 및 기관과의 신뢰적이고 따뜻한 분위기의 조성을 위한 노력에 있어서의 갈등 요인으로는 말이 와전되는 속도가 빠른 불신적인 기관의 분위기, 개인적 상황(가정사, 월차, 결혼, 병가 등)에 대한 배려가 안되는 기관의 분위기, 원장님의 기분에 좌우되는 분위기 등이 있었다.

② 한 예로 교사4는 주임 교사가 후임 교사들과 비밀리에 가진 모임에 관한 얘기를 할 때 같은 동료이므로 이 정도는 들어도 된다는 생각에 들어줄 지, 아니면 서로 간 신뢰의 문제이므로 옳지 않기에 들어주지 말지 고민하였다. 동료로서 들어준 본인의 행동에 대해 후회하였는데, 그 이유는 언젠가 그 교사들이 본인이 그 사실을 알게 된 것에 대해 기분 나빠하지 않을까 하는 염려 때문이라고 하였다.

주임 선생님이 저와 사적으로 친하다보니까 어린이집에서 일하는 후임 선생님들의 행동에 대해서 많이 언급을 하세요. 업무지시를 했는데 후임 선생님들이 간혹 잘 챙기지 않고 안 해놓을 때가 있어요. 확인을 해야 "어, 안했다." 하면서 나중에 해오는 것들이 많아서 주임 선생님이 비밀리에 불러서 얘길 했어요. 이렇게 일을 신중하게 생각 안하니까 일을 그르치지 않냐, 확인절차를 밟을 때까지 하지 않냐 라고 이런 것에 대해서 약속을 지켜주라고 했어요. 그 얘기를 주임 선생님은 정말 진심 어리게 얘길 했어요. 그런데 그 모임은 조용히 은밀하게 가진 것인데, 저나 친한 경력자들에게 주임 선생님이 "내가 오늘 그런 이야기를 했다."라고 했을 때 저 선생님들은 비밀리에 불러 얘기한 것을 알고 있고 그렇게 믿고 있을 텐데 우리에게 얘기하는 것이 옳지 않다는 생각이 조금 들었어요. 하지만 한 동료로서 얘길 들어준 것 같아요. － 중략 － 동료로서는 좋았지만, 그 선생님들이 어떻게 보면 문책을 받은 거라 부끄러울 수도 있는데 제가 알게 된 것에 대해서는 기분 안 좋아할 것 같아요.

〈심층면담 4회: 교사4〉

(5) 기관 주변의 위해 요소에 대한 주의 및 안전 위한 노력

① 기관 주변의 위해 요소에 대한 주의 및 안전을 위한 노력에 있어서의 갈등 요인으로는 원의 재정부족으로 인한 환경개선의 어려움 등이 있었다. 한 예로 교사6은 교통사고가 날 정도로 위험한 기관의 주변 환경에 대해 원 재정이 어렵고 원장님도 그 위험성을 인식하고 계시므로 그대로 수용할지, 아니면 유아들의 안전을 위해 원장님께 건의할지 고민하였다. 당시에는 건의하지 않고 보다 유아들의 교통안전에 신경 쓸 수밖에 없었다고 하였다.

민간시설이 바로 길가라서 애들이 차량을 타려고 할 때 대로니까 애들이 튀어나가면 마주오는 차하고 교통사고가 날 수 있는 위험한 환경이었던 거 같아요. 그런데 그 상황에서는 어쩔 수 없었어요. 왜냐하면 민간시설이 돈이 부족하니까. 그냥 '너무 위험하다, 내가 만약 어린이집을 차린다면 이런 걸 고려해서 해야겠다.'라는 마음이 있었죠. － 중략 － 원장님도 모르는 바가 아니고 자기도 돈이 없어서 세를 얻고 하는 거니까 건의할 필요가 없었던 거 같아요. 위험성은 원장님도 알고. 그냥 건의할 건더기가 없었죠. 원장님이 경제적 능력이 있어서 딴 데 안전한 데 해주면 좋은데. 건의하기보다는 제가 더 조심하게 되고 그랬어요.

〈심층면담 3회: 교사6〉

4. 지역사회 / 사회와의 관계

지역사회 / 사회와의 관계에서 유아교사가 겪은 윤리적 딜레마에 담긴 교직윤리의 내용 요소는 다음과 같다. 즉 기관 시설물 및 행사를 지역사회와 공유하기, 지역사회와의 지속적인 연계활동 위해 노력하기, 유아교육 관련법 및 정책 제정 시 적극적 참여하기, 기관 운영이 법에 위배되는 경우 건설적인 해결 도모하기, 기관 및 지역사회 아동들의 요구와 권리를 위해 노력하기가 있었다.

(1) 기관 시설물 및 행사의 지역사회와의 공유

① 기관의 시설물 및 행사를 지역사회와 공유하는 것에 있어서의 갈등 요인에는 기관 시설물의 훼손에 대한 염려, 일의 확대로 인한 교사업무의 증가, 추가비용에 대한 부담, 원장님의 거절에 대한 염려 등이 있었다.

② 한 예로 교사6은 보육시설물을 지역의 아동과 공유해야 함을 알지만 지역 아동들이 놀이터를 사용해서 지저분해지는 것에 대해 갈등을 하였다. 대처 방안으로, 지역주민들에게 사용 후 정리정돈 및 훼손하지 않기로 규칙을 정하고 시설물을 공유하는 것이 좋겠다고 언급하였다.

> 월요일만 나와서 보면요, 그러니까 보육시설 밖의 놀이기구가 엉망진창이에요. 월요일 아침에 오면 그걸 청소하면서 많이 화냈던 것 같아요. 주말만 되면 아이들이 여기에 왔다가 놀았던 것, 놀이기구를 정리 안하고 그냥 가버리면 월요일에 와보면 놀이터가 엉망진창이에요. – 중략 – 지역사회 엄마들이나 통장님한테 먼저 이용해도 좋지만 규칙을 정해서 사용했으면 제자리에 잘 갖다달라고 부탁드리고, 또 안되면 가정마다 방문하는 것은 어렵고요. 동네에서 만나는 어머님들한테 잘 부탁한다고… 〈심층면담 1회: 교사6〉

(2) 지역사회와의 지속적인 연계활동을 위한 노력

① 지역사회와의 지속적인 연계활동을 위한 노력에 있어서의 갈등 요인으로는 기관의 비협조적인 자세, 교사와 지역기관의 유아를 보는 시각의 차이, 본인의 중요성에 대한 인식 및 노력의 부족, 교사 혼자만의 힘으로는 변화시키기 어렵다는 생각, 일회적이고 형식적인 연계활동으로 끝나는 경우 등이 있었다.

② 아래의 첫 번째 사례는 교사4가 지역사회와의 진실하고 지속적인 교류활동을 제공함으로써 관계를 유지해 나가는 것이 중요함을 알지만, 본인의 중요성에 대한 인식 및 준비성의 부족으로 계획대로 실행하지 못할 뿐만 아니라 형식적이고 일회적인 활동으로 끝나는 것에 대해 후회한다고 하였다. 그 이유는 지역주민에게 뭔가를 준다는 뿌듯한 경험이 아닌 단순한 일회적인 경험에 그치기 때문이라 하였다.

> 지역사회와 연계를 하려고는 했지만 잘 이루어지지 않더라고요. 계획은 항상 많이 잡아요. 우체국 등으로 갔다오는 것도 연계활동이지만 갔다 와서 사후활동으로 그 분들에게 감사를 표현하는 방법들도 연구하고 했었거든요. 그런데 실상으로 잘 이루어지지 않아요. 저희가 지역사회에 대해서 크게 생각을 안하는 것 같아요. 양심에 찔리는 것은 형식적으로 하는 거, 의도는 좋지만 한두 번만 노인정에 가서 아이들이 간단한 공연을 하고 오는 것 자체가 어떻게 보면 지역사회와 연계하는 것 같지만 저희들이 성심성의껏 준비해서 가는 것이 아니기에 좀 양심에 찔리죠. 노인정에 방문해서 할아버지, 할머니와의 관계를 돈독하게 만들어주고 와야 아이들에게도 어느 정도 진실한 관계를 형성해 나갈 수 있을 텐데, 형식적으로 왔다 갔다 하니까 아이들과 그분들과의 관계형성이 뚜렷하게 되지 않는 것 같아요. 갔다 오고 나서도 일회성이라는 생각이 많이 들고, 정말 아이들에게 필요한 교육이라면 정기적으로 방문해서 할아버지, 할머니에게 뭔가를 줬다는 뿌듯함을 가져야 되는데 그런 것을 느끼지 못하게 일회적으로 끝나는 게 안타까운 것 같아요. 〈심층면담 4회: 교사4〉

③ 아래의 두 번째 사례는 교사6이 지역사회와의 연계교육 시 그분들의 수고와 고마움 및 애로점 등을 알게 하는 것이 필요함을 알지만, 형식적이고 주입식 교육에만 치중한 지역사회 연계교육을 했던 것에 대해 후회하였다. 그 이유는 교사로서 지역연계 프로그램에 관해 연구하고 활동을 심화하는 노력이 부족했기 때문이라 하였다.

> 전 5세 반 데리고 갔었거든요. 한 바퀴 쓱 돌아보고… 한 아이 시켜서 그냥 형식적으로 저금해보고 그렇게 했던 것 같아요. 그런 것에 대해서 더 많이 연구하고 생각해보는 교사가 아니었던 것 같아요. 더 애들한테 지역사회의 고마움이라든가, 그분들의 수고에 대해서 많이 애들한테 인식시키려는 그런 것들이 부족했던 것 같아요. 그냥 단원에 맞춰서 한번 지역사회를 쓱 둘러보고 형식적으로 "우리 기관에는 이러이러한 것이 있고 은행에 가면 이러이러한 단계를 거쳐서 저금을 한다, 우체국 가면 편지가 우리 집에 오기까지 이렇게 한다." 그냥 애들한테 주입식 교육에만 치중했던 것 같아요. 맞아, 그런 것들이 부족했던 것 같아요. 선생님으로서 그런 걸 연구하고 심화시키는 그런 것들은 부족하지 않았나 싶어요.
>
> 〈심층면담 4회: 교사6〉

(3) 유아교육 관련법 및 정책 제정 시 적극적 참여

① 유아교육 관련법 및 정책 제정 시 적극적으로 참여하는 것과 관련된 갈등 요인에는 참여의 중요성에 대한 인식 및 적극성의 부족, 정책변화에 대해 기대 부족, 유아교육 관련법 및 정책에 대한 이해의 부족 등이 있었다.

② 한 예로 교사2는 유아들과 관련된 정책 및 법 제정 시 유아들에게 필요한 것이며 변화되리라는 긍정적 효과를 기대하고 한 명이라도 명수를 채우고자 서명에 참여할지, 아니면 크게 달라질 거라 기대하지 않기에 참여하지 말지 고민하였다. 이후 참여한 것에 대해 만족하였는데 그 이유는 올바른 일에 참여하였고 유아들을 지키는 큰 일을 한듯 한 마음이 들기 때문이라 하였다.

> 특히 아이들하고 연관된 거, 폭력, 부모 뭐 그런 거 있잖아요. '아동을 지키기 위해서 몇만 명의 서명이 필요합니다.' 그런 거 있잖아요. 그런 거는 사인해 줬었거든요. '참여를 해야 되지 않을까?' 그냥 나 한 사람이라도, 물론 마음은 '이거 한다고 뭐 크게 달라지겠어?' 라는 생각이 좀 있는데 그래도 '이렇게 필요하다면 해줘야 하지 않을까?' 그래서 그런 거는 했던 적이 있어요. 마음은 뭐 달라질래나 싶지만 그래도 만약에 달라진다면 나 한 사람이라도 명수가 채워지는 게 중요한 거잖아요. 변화되리라는 어떤 그런 긍정적인 효과를 좀 기대하고 서명을 하게 되는거죠. 왜냐면 우리나라는 뭘 이렇게 한다고 해서 확 달라지는 나라가 사실은 아니잖아요. 여태까지 내려온 내력을 보면. 그러지만 그래도 바뀌었으면 하는 마음에서 하게 되는 것 같아요. – 중략 – 후회하고 돌아서는 것보다는 마음이 좀 가볍지 않나요. 왜냐하면 내가 안 해주고 돌아섰을 때에는 좀 찜찜해요, 막 붙잡고 '이거 꼭 해주세요.' 이러는데 그래도 올바른 일이라고 생각되었을 때 하고 돌아섰을 때는 뭔가 큰 일을 한 거 같은 그런 마음이 좀 들잖아요.
>
> 〈심층면담 4회: 교사2〉

(4) 기관 운영이 법에 위배되는 경우 건설적인 해결 도모

① 기관 운영이 법에 위배되는 경우 건설적인 해결을 도모하는 것과 관련된 갈등 요인에는 원장님의 비수용적인 자세, 원장님과의 관계가 껄끄러워질 것에 대한 염려, 현실적인 원 운영상태의 어려움에 대한 인식, 원장님의 호의에 대한 고마움, 권위적인 원장님인 경우 등이 있었다. 기관 운영이 법에 위배되는 경우는 크게 세 가지가 있었는데 첫째는 교사 대 아동 비율의 초과, 둘째, 국고 지원비 및 상장 수여의 불공정, 셋째, 교사자격증의 오용이었다.

② 먼저 '교사 대 아동 비율의 초과'와 관련된 사례로, 교사5는 교실 면적(평당) 대비 초과된 인원수를 알고 난 후 부모에게 떳떳하고 비리가 없는 기관에서의 소속감을 갖고자 법을 지킬지, 아니면 현실적인 원 운영상태를 이해하고 평소 원장님의 호의에 대한 고마운 마음에 법을 지키지 않을지 고민하였다. 이후 법을 지키지 않고 원아들을 더 받은 본인의 행동에 대해 만족하였는데, 그 이유는 원의 입장을 생각하고 원아가 들어옴으로써 발생한 이익금을 보육환경에 투자함으로써 보다 질적 보육이 이루어질 것을 기대하기 때문이라 하였다.

> 인원 같은 경우는 허가인원, 평당 인원이 두 배 이상으로 가지 않으면 이익발생이 솔직히 어렵잖아요. 항상 정원 초과를 하게 되는 거예요. 솔직히 그렇게 하면 안 되는데 라는 생각은 하죠. 근데 어머니들한테 자신 있게 얘기하죠. 교사 대 아동비율, 평당(면적)은 빼고 교사 대 아동비율만 얘기하고 넘어가죠. 한편으로는 우리 원 감사 나오면 어떡하나, 큰일 났다. 이렇게 되는 거예요. 근데 기관에 보고할 때는 허가인원으로 넣죠. 그러면서도, 구청에 보고할 일이 아니다, 왜냐면 원장님이 악덕기업자라고 고자질 할 수 있잖아요. 우리한테 줄 거 제대로 안주고 자기의 권리만 내세우면 사이트 들어가서 민원 넣을 수 있잖아요. 근데 원장님이 그렇지 않기 때문에, 우리를 위해서 조금이라도 더 해주려고 하고, 애쓰려고 하니까. 그래, 원장님도 진짜 이 돈 갖고는 남는 거 있을까? 원장님, 한 명이라도 더 받아요. 괜찮으니까 더 받아요. 이렇게 얘기를 하는 입장이에요. 솔직히 한쪽으로는 법을 지키고 싶어요. 왜냐면 엄마들한테 떳떳하고 싶고요, 내 자존감, 나는 절대 비리가 없는 곳에 소속되어 있다, 어떤 소속감 있죠. 근데 현실적으로는 원장님이 우리 월급이며, 지출경비해서 안 된다는 걸 알기 때문에 '어쩔 수 없다.' 그런 생각이 들어요. 수지타산이 안 나온다는 걸 알기 때문에. – 중략 – 한 명이 들어옴으로써 이익발생이 되면 원장님이 선생님들한테 해줄 거 다 해주면서도 아이들 쓰는 물품이며, "경제적인 게 되면 이런 것도 사줄까, 애들?" 이렇게 하기 때문에 그게 손실은 아니라는 생각이 되는 거예요. 이익발생이 되면, 교구 하나, 교구장 하나 더 사자, 에어컨 하나를 더 달자. 환경적으로는 더 이익이라고 생각이 드는 거예요. 그래서 보고 안하고 한 명 더 받고 싶어요. 〈심층면담 4회: 교사5〉

③ 다음으로 '국고 지원비 및 상장 수여의 불공정'에 관련된 사례로, 교사4는 시청에서 주는 공로상 후보자 선정 시 원장님과 몇 분의 의견에 순응할지(그 분이 받을 확률이 높고 원장님의 결정 사항에 반대하는 느낌이 들기에), 아니면 교사의 협의를 통해 후보자를 선정할지 고민하였다. 이후 원장님의 말씀에 순응한 본인의 행동에 대해 후회하였는데, 그 이유는 경력을 떠나 물심양면으로 자신을 헌신한 교사에게 공로상을 주는 것이 옳기 때문이라 하였다.

> 시청에서 교사 한 명 정도 공로상인가 하는 걸 주셨어요. 기관에서 회의 중에 그분에게 주는 것이 어떨까 하는 얘기가 나왔대요. 그런데 제가 볼 때에는 교사들이 열심히 협의해서 누구 주자라는 얘기가 나온 것이 아니라 원장님과 몇 분 사이에서 준다고 하는데 의견이 어떤지 통보식으로 물어보는 거였기 때문에 그분이 받으실 확률이 높은데 거기에다가 구체적으로 교사협의를 해보는 게 어떤지와 같은 의견을 내놓으면 너무 무안해하실 것 같고 이미 결정된 사항에 대해서 저희가 반대한다는 느낌이 들까봐 얘기를 못했었어요. 그래서 다음에 또 상 받는 기회가 있다면 교사들이 협의해서 그 사람이 잘한다면 경력을 떠나서… 약간 우리나라는 경력이 많으면 밀어줘야 된다는 생각이 있는 것 같아요. 그것보다는 아이들에게 물심양면으로 자기를 쏟는다면 그 사람이 경력이 없다 하더라도 상을 받을 수 있다는 생각이 들어요. 그런 사람이 있다면 그분에게 주는 것이 옳지 않을까 해요.
>
> 〈심층면담 4회: 교사4〉

(5) 기관 및 지역사회 아동들의 요구와 권리를 위한 노력

① 기관 및 지역사회 아동들의 요구와 권리를 위해 노력하는 것에 있어서의 갈등 요인에는 교사의 바쁜 업무로 인한 지역 아동들을 돌봐볼 여유 부족, 지역 아동들을 돕기 위한 용기와 적극성의 부족, 지역사회 아동 관련 지식과 교사의 힘의 한계 등이 있었다.

② 한 예로 교사3은 지역사회의 아동들이 충분히 안전하게 놀만한 공간이 없다는 사실에 대해 분노와 갈등을 겪으면서 이를 시에 건의할지, 아니면 교사 한 명이 뭘 할 수 있을까? 하는 생각과 용기의 부족으로 건의하지 말지 고민하였다. 이후 건의하지 못한 본인의 행동에 대해 후회하였고, 대처 방안으로 기관장님을 통해 지역사회에 건의하는 것이 좋겠다고 하였다.

> 내가 교사였을 때에는 위험 요소 생각하니깐 그 동네 놀이터가 없어요. 아주 큰 길 건너서 저쪽에 하나 있었는데 너무 낙후되었어요. 오히려 애들이 가면 위험할 것 같은. 왜냐면 항상 중고등학교 애들이 담배피고 있거나 어른들이 깽판치고 소주병 깨놓고…… 그런 위험한 요소, 지저분하기도 했고 위험하기도 했고 그랬기 때문에 최소한의 놀이, 아이들의 놀 공간조차 없다는 게 굉장히 안 되기도 하면서 위험하기도 한 거지. 항상 내가 교육할 수 있는 건 "그런 데서 놀지 말아라."하는 것 뿐이죠. 지저분하고 이런데 위험하니까 "뭐해라, 뭐해라" 주의 사항만 알려주고 했지. 내가 뭐 안전한 시설공간이 되게 하기 위한 어떤 구체적인 외부와의 노력은 없었던 거 같아요. 왜냐면 교사 한 명이 뭐를 할 수 있으랴와 같은 생각이 있었던 것 같고, 지금이라면 나 혼자라도 할 수 있을 거 같아요. 근데 그때는 사회경험이 없고 맨날 다음 곧바로 곧바로를 걱정해야 할 하루살이 교사였고, 구체적으로 용기도 많지가 않았고, 그래서 구청과나 그런 거는 잘 못했지 않나… - 중략 - 반성의 여지가 있지. 그때 기관장이나 그런 분들을 통해서 건의를 넣었다던가 원장회의 같은 것들 그런데다가 건의를 해서, 그거는 지역자체 기관장 회의니까 그런데는 좀 파워가 있을 텐데. 그런 아쉬움이 있어요.
>
> 〈심층면담 4회: 교사3〉

구분	수업컨설팅	수업분석	수업비평	수업장학
목적	• 수업 관련 의뢰 문제와 과제의 해결 • 수업의 질적 개선	관찰된 정보를 통해 수업의 특징과 문제점을 분석하고, 후속될 수업 협의회를 위한 전략 수립	수업 현상의 이해와 해석	교사의 수업 기술과 방법의 개선
주요 관련자 (주체 및 대상)	• 의뢰인 • 수업컨설턴트 • 수업컨설팅 관리자	• 수업자 • 수업분석자	• 예술가 • 비평가	• 교장 및 교감 • 초임 교사, 저경력 교사, 수업 기술 향상의 필요성이 있는 교사
주요 산출물	수업컨설팅 결과보고서	양적·질적 수업 분석지	질적 비평문	수업 협의록
주요 원리	• 자발성의 원리 • 전문성의 원리 • 한시성의 원리 • 독립성의 원리 • 자문성의 원리 • 학습성의 원리	–	–	• 학교 중심성 존중의 원리 • 자율성 존중의 원리 • 협력성 존중의 원리 • 다양성 존중의 원리 • 계속성 존중의 원리 • 자기 발전성 존중의 원리
방법 및 기법	• 양적 수업 진단 기법 • 질적 수업 진단 기법 • 멘토링 기법 • 코칭 기법	• 관찰된 내용을 전체적·부분적 서술식으로 기록하는 방법 • 관찰된 사항을 약어나 부호를 사용하여 그 빈도를 기록하는 방법 예 학생들의 과업 집중도 기록법, 교사와 학생의 언어 흐름 기록법, 교사와 학생의 이동 기록법, Flanders 상호작용 분석법 등 • 관찰된 사항을 체크리스트를 사용하여 기록하는 방법 • 녹음이나 녹화하는 방법	질적 수업 관찰	• 임상 장학 • 교장·교감 주도의 수업 연구 • 마이크로 티칭 • 초임 교사 대상 수업 관련 지도·조언 활동

memo

구분	수업컨설팅	수업분석	수업비평	수업장학
활동 결과의 공유 여부	의뢰인을 중심으로 한 주요 관련자	관련 당사자	잠재적 독자	관련 당사자
참여의 강제성	자발적 참여	관련 활동에 따라 다름	자발적 참여	의무적 참여
절차	① 준비 ② 진단 ③ 해결 방안 구안 및 선택 ④ 해결 방안 실행 ⑤ 종료	–	① 수업과의 만남을 위한 사전 준비 ② 수업관찰 및 촬영하기 ③ 관련 자료 수집·분석 및 수업 전사하기 ④ 수업의 중심 주제 부각시키기 ⑤ 수업비평문 작성하기	① 관찰 전 협의회 ② 수업의 관찰과 분석 ③ 관찰 후 협의회

* 자료 출처: 변영계·김경현(2005), 윤정일 외(2010), 이윤식(2002), 이혁규(2010a), 이혁규(2010b), 진동섭·김효정(2007), 진동섭·홍창남·김도기(2009), 천호성(2011).

24 교육과정

1. 교육과정의 의미와 개발

> 교육과정의 의미를 설명하고, 교육과정이 조직화된 지식이어야 하는지 아니면 학습경험이어야 하는가
> 에 대한 자신의 입장을 근거로 들어 논하고, 교육과정 개발의 원리 3가지를 논술하시오.

(1) 어원상의 정의와 교육내용

① 1918년 보비트(F. Bobbit)가 쓴 『교육과정(The Curriculum)』 / 쿠레레(Currere)

② **어원**: 경주 코스(course of race) → 학생들이 공부해 나가야 할 일련의 내용들 / 의미형성

③ **교수 – 학습내용으로서의 교육과정**: 조직화된 지식(항존주의나 본질), 학습경험(진보주의)

(2) 교육과정의 의미

① 교육 목적을 달성하기 위하여(목적) 선택한 문화재 또는 생활경험을(내용) 교육적인 관점에서 편성하고(편성 / 선정과 조직) 이들 학습이 언제, 어디서, 어떻게 행하여질 것인가를(운영 / 시행) 종합적으로 묶는 교육의 전체 계획

② **초·중등교육법**: 학교교육에 있어서 학생들에게 어떤 교육 목표를 어떠한 내용과 방법을 통하여 성취시킬 것인가를 국가수준에서 정해놓은 공통적 기준

(3) 교육과정의 유형(주체에 따라)

국가	공약으로 (고시)
시·도 수준	
시·군·구	기관
학교	
교사	전개된
학생	결과

※ 학생의 의미형성이 중요

(4) 교육과정의 학습 영역

의미와 이론모형	• 의미, 유형과 구성 요소 • 교육과정 이론 • 교육과정 이론모형: 전통주의 / 개념경험주의 / 재개념주의
교육과정의 유형 (내용에 따라)	교과, 경험, 학문, 인간, 통합, 구성주의

교육과정의 절차	• 목적 • 내용(내용기준 / 선정과 조직) • 지도(운영 / 방법) • 평가
교육과정의 변화	사회변화에 따른 개정(전략 / 교사의 태도)
우리나라 교육과정의 변천	1~6차 / 제7차 교육과정 / 2007년 / 2009년 / 2012년 개정 교육과정

2. 교육과정의 유형(내용과 방법에 따라)

> 교과 중심, 경험 중심, 학문 중심, 인간 중심, 통합교육과정의 대두배경과 특징 그리고 한계점을 설명하시오.

(1) 교과 중심 교육과정

목적과 의미	사회적 존재로 만들기 위해 교수요목(教授要目), 즉 학교의 지도 하에 학생이 배우는 모든 교과와 교재
이론적 배경	① 본질주의와 항존주의 ② 형식도야설 ③ 7자유과, 중국의 사서삼경
특징	① 논리적 · 체계적 중시 ② 학습영역의 한정성 ③ 교사 주도, 설명 위주
장 · 단점	① 장점: 문화유산의 체계적인 전달과 평가 용이 ② 단점: 수동적 학습태도, 고등사고기능 함양 곤란, 비실용적인 내용으로 아동의 흥미와 필요를 무시함

(2) 경험 중심 교육과정

목적과 의미	생활인이나 사회적응인 육성, 일상생활에서 당면하는 문제 해결 능력 신장을 위해, 학교의 지도 하에 학생들이 가지게 되는 모든 경험과 활동
대두배경	① 1920년대의 교과 중심의 획일적인 지식 중심 교육 비판 ② 실용주의, 실험주의, 진보주의 등의 교육철학 배경
특징	① 문제 해결력과 과외 활동 중시 ② 전인 교육 중시 ③ 아동 중심과 아동의 필요 · 흥미 · 능력에 바탕
장 · 단점	① 장점: 학생들의 자발적인 활동을 촉진, 능동적 학습태도 배양, 생활 문제 해결력, 민주적 태도와 생활방식 배양(협동성, 책임감, 사회성), 표현력, 사고력, 분석력 등 고등정신 ② 단점: 기초학력 저하, 계열성 문제

(3) 학문 중심 교육과정

목적과 의미	• 장래 생활 준비에 필요한 지적 능력 고양을 위해 '구조화된 일련의 의도된 학습 결과로서 각 학문에 내재해 있는 지식 탐구 과정의 조직'을 의미 • 각 학문의 성격(지식의 구조)을 밝히는 일과 그것을 학생들에게 이해 가능한 형태로 번역하는 일
대두배경	① 사회적 배경: 1957년 스푸트니크(Sputnik) → 1959년 Woods Hole 『교육의 과정』 ② 사회적 배경: 지식과 기술, 정보의 폭발적 증가 ③ 철학적 배경: 본질주의와 항존주의 ④ 심리적 배경: Piaget의 인지 심리학은 발달 단계에 따른 교육 　(교육의 계열성)
특징	① 지식의 구조: 학문의 가치를 이루고 있는 일반적인 개념과 아이디어 ② 나선형 조직: 학교·학년에 따라 폭과 깊이가 넓어지는 교육과정의 조직 형태 　[참고] 　• 브루너 가설: '어떤 교과든 지적 성격을 그대로 두고 발달의 어떤 단계에 있는 어떤 아동에게도 효과적으로 가르칠 수 있다.'는 가설 　• 나선형 교육과정의 기본 전제 　　– 지식 구조의 동일: 학년 수준, 아동의 발달 단계와 무관하게 어디서나 동일 　　– 학년 수준에 맞게 번역: 동일한 교과가 해당 학년의 수준에 맞게 번역되어야 함 　　– 교수 가능성: 아동의 준비성과 관계없이 교육과정을 조직할 수 있음 　• 지식 번역의 방식: 지식을 각 단계에 맞게 번역하는 지침(표현방식) 　　| **상징적 표현** | 기호나 수식으로 표현하는 것을 말함 예 2+3을 더하게 함 | 　　| **영상적 표현** | 모형이나 그림을 통해 원리를 표현하는 것을 말함 예 사과 그림 2개와 배 그림 3개를 보여주고 더하게 함 | 　　| **작동적 표현** | 아이들이 직접적 행동을 통하여 원리를 이해하게 하는 것을 말함 예 사과 2개와 배 3개를 제시하고 더하게 함 | ③ 탐구과정 중시: 학자들이 하는 일과 본질상 동일한 일, 내적 동기유발에 의한 발견학습을 강조 　[참고] 탐구학습: 스스로 의문을 품고 탐구하여 그 해답을 발견하게 하는 방법
장·단점	① 장점: 높은 학습 전이의 가능성, 내적 동기유발, 창의적 활동의 배양, 질 높은 교육의 가능성 ② 단점: 정의적 교육 소홀, 학습자의 요구와 흥미 및 사회의 요구 소홀

고득점 공략!

교과, 경험, 학문 중심 교육과정의 비교

구분	교과 중심	경험 중심	학문 중심
교육과정의 목적	이성의 계발	전인적 인간형성	탐구력의 배양
조직 형태	분과형	통합형	나선형
교육과정의 내용	문화유산	생활경험	구조화된 지식
교육내용을 조직하는 방법	논리적 배열 방법	심리적 배열 방법	절충된 배열 방법
지향점	과거 지향적	현재 지향적	미래 지향적

(4) 인간 중심 교육과정(인본주의)

목적과 의미	전인적 능력을 계발하여 자아실현을 돕기 위해 학교의 지도·의도·계획 하에 가지는 경험과 의도되지 않은 경험의 총체
대두배경	① 타율과 복종, 학습된 무력감을 길러 주는 비인간적인 교육의 장인 학교 현실 비판 ② 학문 중심 교육과정이 인간성 개발을 외면하고 있다고 비판 ③ 실존주의 철학, 인지심리학, 인본주의 심리학
특징	① 자아실현 ② 잠재적 교육과정 중시 ③ 통합교육과정 중시 ④ 교사의 인간적 영향 중시(진실한 교사, 아동의 존중과 공감적 이해) ⑤ 학교환경 중시(인간 중심의 환경) ⑥ 협동심 강조
문제점	① 구체성 결여 ② 효과 측정 곤란 ③ 개인을 강조하는 개인주의 우려

3. 교육과정의 유형(공식성의 정도에 따라)

표면적 교육과정과 잠재적 교육과정, 영 교육과정의 의미와 예를 들어 설명하고, 잠재적 교육과정과 영 교육과정이 교사에게 주는 시사점을 논술하시오.

(1) 공식적 교육과정

교과서에 제시된 내용이면서 교사들이 수업을 통해 표현한 것
(국가수준의 교육과정 문서, 시·도 교육청의 교육과정 지침, 지역 교육청의 장학자료, 학교의 교육방침, 교과서를 비롯한 교수 – 학습자료)

(2) 잠재적 교육과정

개념	① 학교에서 계획한 바 없으나, 학교 생활을 하는 동안에 은연 중에 가지는 경험 ② 학교에서 의도했으나 의도와 다른 학습 결과가 나타난 경우와, 학교에서 의도하지 않았으나 학생 행동에 중요한 변화를 일으킨 경우
대두배경	① 의도되고 계획된 학교 교육이 전인 교육에 실패하자 그 원인 탐색에서 주목됨 ② 일리치의 '탈학교론'과 라이머의 '학교 유해론'의 비판 ③ 머튼(R. Merton): 사회 제도가 의도하거나 인식되지 않았던 결과 기능이 단서
특징	① 학교에서 의도하지 않았지만 은연 중에 배우는 것 ② 장기적이고 반복적이어서 항구성을 지님 ③ 학생의 흥미, 태도, 가치관, 신념 정의적 영역의 발달과 영역과 관련 ④ 학교의 문화 풍토 → 학교의 분위기 결정 → 이런 분위기에서 경험 → 학생의 태도와 가치관 형성 영향 ⑤ 교사의 인격적 감화의 영향 ⑥ 도덕적으로나 사회적으로 바람직하지 못한 것이 섞여 있을 수 있음
표면과 잠재적 교육과정의 관계	상호보완적일 때 학생 행동에 강한 영향을 끼침
잠재적 교육과정이 교육에 주는 시사점	① 전인교육의 실천 ② 건전한 학교 풍토와 문화 조성 ③ 교사의 솔선수범

고득점 공략!

표면적 교육과정과 잠재적 교육과정의 차이

구분	표면적 교육과정	잠재적 교육과정
개념	학교에서 의도적으로 조직되고 가르쳐지는 교육과정	학교가 의도하지 않았지만 학교 생활 동안 은연 중 배우게 되는 것
강조	교과	학교의 문화 풍토
영역	교과를 통해서 배우는 지적인 영역	학교 문화에서 익히게 되는 흥미, 태도, 가치관, 신념 등 정의적 영역
내용의 성격	교과가 중심이므로 바람직한 내용	바람직한 것뿐만 아니라 바람직하지 못한 것도 포함
교사의 영향	교사의 지적·기능적인 영향	교사의 언행 등 전인격적인 영향
영향력	교과는 단기 학습으로 영향이 일시적	학교의 생활은 장기에 걸쳐 반복되므로 영향이 항구적

(3) 영(零) 교육과정

배경	아이스너(F. W. Eisner)의 저서 『교육의 상상』에서 제시
개념	학교에서 관습적으로 또는 의식적으로 가르치지 않는 교과 영역이 학생들에게 영향을 줄 때를 의미함
발생원인	① 학생들이 공식적 교육과정을 배우게 되는 동안 놓치게 되는 기회학습의 내용 ② 교육과정이 선택과 배제, 포함과 제외의 산물 → 영 교육과정은 공식적 교육과정의 필연적 산물 ③ 사회적 필요에 의하여 발생하는 경우도 있음 　(셈하기는 한때 영 교육과정이었음) ④ 영 교육과정이 사회 · 문화적으로 금기시된 경우(자본주의 경제론−소련)
예	① 공식적 교육과정에서는 논리적 사고력이 강조되나, 직관력, 상상력이 소홀히 취급 ② 학교의 과학에서는 창조론을 가르치지 않음 ③ 1960~1970년대의 우리나라에서도 여성문제, 갈등의 순기능, 노동문제, 환경문제 소홀
영 교육과정이 교육에 주는 시사점	① 표출 목표나 문제 해결 목표를 중시해야 함 ② 학습자 중심의 다양한 교육 내용 선정을 위해 그동안 소홀히 되었던 교육과정을 고려함 ③ 교육과정 설계에서 거미줄 모형의 방식으로 조직되어야 함 ④ 교사는 교육적 상상력으로 예술가와 같은 자질을 발휘하고, 교육적 감식안으로 평가해야 함

1. 지도성의 의미와 카츠(Katz)의 특성론

(1) 지도성의 의미

① 조직목적 달성을 위해 구성원에게 영향력을 행사하는 과정

② 지도자의 지시에 동의, 추종, 복종하려는 정도

(2) 카츠(Katz)의 특성론(전문적 자질)

① **지도자의 전문적 자질**: 사무능력, 인간관계, 상황파악 능력

② **사무능력**: 구체적인 과업을 수행하기 위하여 지식, 기술, 방법을 활용하는 능력

③ **인간관계능력**: 사람들과 함께 사람들을 통하여 일을 하는 데 필요한 능력과 판단

④ **상황파악능력**: 과업을 전체적으로 조망하고 파악하는 능력

⑤ 상위직은 상황파악능력과 인간관계 능력이 요구되고, 중간관리자는 상황파악능력과 인간관계능력, 사무능력 필요하며, 하위직은 인간관계능력과 사무능력이 필요함

2. 행위론(leadership behavior)

(1) 행위론의 특징

① 지도자가 어떤 특성을 가진 사람인가보다는 어떤 행동을 하느냐에 분석의 초점을 둠

② 상황 내에서 지도자의 행동을 관찰하여 지도자들 간에 나타나는 행동양식의 차이점을 유형화함

③ 성공적인 지도자가 어떻게 행동하는가를 알기 위해 효과적인 지도자와 비효과적인 지도자의 행위를 비교함

(2) 행위론의 유형

조직목표 ↑	과업지향형	효율형, 팀 경영형
	비효율형	관계지향형(인화형)
	→ 구성원배려	

3. 피들러(Fidler)의 상황적 지도성이론(★2013년 기출/중등)

※ 지도자의 특성·행위는 지도성을 발휘하는 상황과 맥락 속에서 고려함

(1) **기본입장**

상황의 호의성(지도자가 집단에 영향력을 발휘하기 유리한 정도)에 따라 지도성 유형을 고려함

(2) **상황의 호의성 변인**

① 지도자와 구성원 간의 관계는 지도자가 구성원들에 의하여 매력적인 인물로 지각되는 정도 (신임과 충성도)

② 과업구조는 과업의 내용이나 방법이 상부의 지시를 받고 있는 정도

③ 지도자의 지위권력은 지도자가 가진 보상과 처벌권 및 공식적 권한

(3) **상황과 지도성 유형의 관계**

① 상황이 호의적이거나 비호의적일 때는 과업지향적 지도자가 더 효과적임

② 상황이 중간 정도 호의적일 때는 관계성 지향적 지도자가 더 효과적임

4. 허시와 블랜차드(Hersey & Blanchard) 상황적 지도성이론

(1) **기본입장**

구성원의 성숙도를 상황적 변인으로 지도성 모형을 개발함

(2) **성숙도 유형**

① **직무 성숙도**: 개인적 직무수행 능력

② **심리적 성숙도**: 성취욕구와 책임을 수용의지를 반영한 개인적 동기수준

(3) **지도성 행위 유형 기준**

① **과업행위**: 무슨 과업을 언제, 어디서, 어떻게 수행할지 설명

② **관계성행위**: '심리적인 어루만짐'을 제공하고 일을 촉진하는 행동

(4) **지도성 행위 유형**

① **지시형**: 과업행위와 관계성 행위 중 높은 과업행위와 낮은 관계성

② **지도형(설득형)**: 높은 과업행위와 높은 관계성을 지도형

③ **지원형(참여형)**: 낮은 과업과 높은 관계성

④ **위임형**: 낮은 과업과 낮은 관계성

(5) 구성원의 성숙수준

구성원의 성숙수준에 따라 지도성 유형을 적절히 변화시킴으로써 지도성효과를 극대화함

(6) 성숙도와 지도성 유형

성숙도의 정도	지도성 유형	지도성의 특징
구성원의 동기와 직무수행 능력이 낮을 때	지시형	높은 과업, 낮은 관계성
구성원이 적절한 동기를 갖되 낮은 능력을 갖고 있는 경우	지도형(설득형)	높은 과업, 높은 관계성
구성원이 적절한 능력을 갖되 낮은 동기를 갖고 있는 경우	지원형(참여형)	낮은 과업, 높은 관계성
구성원이 높은 능력과 높은 동기를 갖고 있는 경우	위임형	낮은 과업, 낮은 관계성

참고 허시와 블랜차드(H & B)의 상황적 지도성이론
① 지시형의 성숙도의 정도와 지도성의 특징
② 지도형의 성숙도의 정도와 지도성의 특징
③ 지원형의 성숙도의 정도와 지도성의 특징
④ 위임형의 성숙도의 정도와 지도성의 특징

5. 카리스마와 문화적 지도성

(1) 카리스마적 지도성

탁월한 비전, 압도하는 인간적 매력을 소유한 지도자

(2) 문화적 지도성

① **의미**: 구성원의 의미추구 욕구 만족으로 학교의 주인으로 만들고, 조직의 제도적 통합 실현

② **효과적 문화형성**: 비전, 동료관계, 신뢰와 지원, 가치와 흥미, 참여, 개인적 권한부여, 조직의 가치와 비전을 토론하고 조정하는 의사소통

(3) 초우량적 지도성

① **의미**: 구성원 개개인을 지도자로 성장·변화시키는 지도성

② **특징**: 조직구성원 각자가 스스로를 통제하고 자신의 삶의 진정한 주인이 될 자율적 지도력 계발함

6. 도덕적, 서번트, 분산적 지도성

(1) 도덕적 지도성

① **의미**: 개인적인 자질에 기반을 둔 영향력으로 도덕적인 지도자

② 도덕적 측면에서의 선의와 관리적 측면에서의 성공: 성공과 선의, 성공보다 선의

(2) 서번트 리더십

① 타인을 위한 봉사에 초점을 두며 종업원, 고객 및 커뮤니티를 우선하고, 그들의 욕구 만족을 위해 헌신하는 리더십

② 부하를 성공과 성장의 대상으로 인식, 리더와 부하의 관계는 섬기고 지원하는 관계

(3) 분산적 지도성(공유리더십)

① **의미:** 리더와 팀원과의 수평적 관계로 보고, 사회네트워크 이론과 같이 구성원들 간의 정보 공유, 조언, 지원(Brass)

② **요인:** 조직의 상황과 맥락에서 문제나 이슈에 대한 의사결정을 구성원과 공유하면서 역량 강화, 공동의 지도성을 실행하고 공동 책임을 수행하면서 조직의 효과성 극대화

7. 변혁지향적 지도성(2013, 2018년 기출/중등)

의미	구성원의 성장욕구를 자극하여 동기화시킴으로써 구성원의 태도와 신념을 변화시키고 조직문화나 풍토 개혁과 창출하는 지도성
요인	솔선수범, 교사 등 구성원의 배려, 자율성 존중, 비전 제시, 타성이나 구습에 젖은 조직문화혁신 등
시사점	꿈과 비전 제시, 학생의 자율성과 배려, 지적 자극과 영감, 건전한 학급풍토조성, 교사의 솔선수범

해커스임용

백청일

알짜배기
유아 교직논술

개정 2판 1쇄 발행	2021년 1월 4일

지은이	백청일
펴낸곳	해커스패스
펴낸이	해커스임용 출판팀

주소	서울시 강남구 강남대로 428 해커스임용
고객센터	02-566-6860
교재 관련 문의	teacher@pass.com
	해커스임용 사이트(teacher.Hackers.com) 1:1 고객센터
학원 강의 및 동영상강의	teacher.Hackers.com

ISBN	979-11-6454-817-0(13370)
Serial Number	02-01-01

해커스임용

· 임용 합격을 앞당기는 해커스임용 스타 교수진들의 고퀄리티 강의

· 풍부한 무료강의 · 학습자료 · 최신 임용 시험정보 제공

· 모바일 강좌 및 1:1 학습 컨설팅 서비스 제공